江苏人民教育家培养工程丛书（第四辑）

在希望的田野上

——我的田野课程之旅

ZAI XIWANG DE TIANYE SHANG
WODE TIANYE KECHENG ZHI LÜ

汪　丽　著

江蘇鳳凰教育出版社
Phoenix Education Publishing, Ltd

感谢您使用本书。您在使用本书时如有建议或发现质量问题，请联系我们。
【内容质量】电话：4008283622
【印装质量】电话：4008283610

图书在版编目（CIP）数据

在希望的田野上 ：我的田野课程之旅 / 汪丽著. 南京 ：江苏凤凰教育出版社，2024. 11. --（江苏人民教育家培养工程丛书. 第四辑）. -- ISBN 978-7-5743-1236-4

Ⅰ. G612

中国国家版本馆CIP数据核字第2024WU0167号

江苏人民教育家培养工程丛书（第四辑）

书　　名 在希望的田野上——我的田野课程之旅
著　　者 汪　丽
责任编辑 林　静
出版发行 江苏凤凰教育出版社（南京市湖南路 1 号 A 楼　邮编 210009）
苏教网址 http://www.1088.com.cn
照　　排 南京紫藤制版印务中心
印　　刷 南京顺和印刷有限责任公司（电话：025－83682876）
厂　　址 南京市江宁区麒麟街道天和路 78 号
开　　本 787 毫米×1092 毫米　1/16
插　　页 2
印　　张 16
版　　次 2024 年 11 月第 1 版
印　　次 2024 年 11 月第 1 次印刷
书　　号 ISBN 978－7－5743－1236－4
定　　价 45.00 元
网店地址 http://jsfhjycbs.tmall.com
公 众 号 苏教服务（微信号：jsfhjyfw）
邮购电话 025－85406265，025－85400774
盗版举报 025－83658579

江苏人民教育家培养工程丛书（第四辑）
编委会

为江苏未来教育家成长奠基

自党的十八大以来，特别是2018年1月中共中央、国务院印发《关于全面深化新时代教师队伍建设改革的意见》以来，全国教师队伍建设有了新的里程碑，教师发展整体面貌发生了新变化。贯彻党的二十大精神，落实立德树人根本任务，办人民满意的教育等等，都需要充分发挥教师的作用。教育家是教师队伍的重要组成部分和中坚力量，也是推动教育综合改革，实现教育现代化的积极参与者、实践者和贡献者。

纵观世界教育史，每一次深刻的教育变革都离不开教育家的参与和推动。邓小平同志在1986年就提出“希望中国出现一大批三四十岁的优秀的科学家、教育家、文学家和其他各种专家”。2007年《国家教育事业发展“十一五”规划纲要》明确提出了“倡导教育家办学”的方针。《国家中长期教育改革和发展规划纲要(2010—2020年)》也明确提出，要创造有利条件，鼓励教师和校长在实践中大胆探索，创新教育思想、教育模式和教育方法，形成教学特色和办学风格，造就一批教育家，倡导教育家办学。

倡导教育家办学，要在扎根于民族文化土壤的同时，吸纳一切人类文明成果，形成具有本土特色和全球视野的教育实践和教育智慧。在我国源远流长的几千年文明发展进程中，不仅积淀了丰富的教育话语体系，而且涌现出一批又一批的优秀教育家。如，有被推崇为“大成至圣先师”“万世师表”的孔子，有“匹夫而为百世师，一言而为天下法”的韩愈，有“捧着一颗心来，不带半根草去”的人民教育家陶行知，等等。

江苏素有重教兴学的优良传统。明清两代全国202名状元中，有66人出自江苏，约占总数的三分之一。新中国成立以来，两院院士三分之一以上是江苏籍。“十一五”规划以来，江苏认真贯彻国家、省教育规划纲要，坚持把优先发展教育作为强省之基，把科教与人才强省作为经济社会发展的基础战略，扎实做好教育改革发展各项工作。为顺应发展要求，江苏在2009年启动实施“江苏人民教育家培养工程”，旨在通过培养一批具有教育家潜质的校长、教师，带动全省师资队伍建设，提高全省教育质量。工程启动和实施以来，得到了省内外同行的高度关注，《中国教育报》《人民教育》等权威教育媒体纷纷予以报道，给予了很多的支持和鼓励。在工程的带动下，全省基础教育人才队伍建设工作蓬勃开展，人才梯队不断优化，人才培养形成常态。无锡的“教育名家培养工程”、常州和镇江的“名师工作室”、苏州的“姑苏人才计划”、南通和淮安的“名师名校长培养工程”、连云港的“中小学高层次人才‘333’工程”、泰州的“中小学卓越教师培养”、扬州的“领雁工程”等，都取得了良好成效，为江苏基础教育事业的明天提供了人才支撑。

一、设计思路

古今中外的教育家，虽然成长路径各不相同，但他们身上有一个共同特点，那就是都有强烈的发展愿景，都是积极主动、持之以恒地追求自我发展。而有计划的培养可以促其自觉、使其坚定、催其奋进、助其提高。实践证明，通过有效地整合社会资源，建立系统而完整的培养制度，对培养对象进行引领、促进、支持，给予他们相对良好的成长空间和必要的规制，有助于他们更快更好地成长。我们认为，确立“人民教育家是可以培养的”观念，是科学的人才观、发展观在师资队伍建设中的体现。

确立目标宗旨。为一批立志终身从教、教育理念新、科研能力强、专长突出、风格鲜明、发展潜力大的中小学教师和校长创造条件，提供平台，给予重点培养，帮助他们在教育理论素养和创新实践能力等方面得到全面提升，使其个人专长更加凸显，特色风格更加鲜明，为他们成长为社会公认的人民教育家奠定基础，并以此带动和促进全省中小学师资队伍水平的整体提升，为江苏建设教育强省、率先实现教育现代化、办人民满意的教育做出更大的贡献。

制订培养计划。工程实施的目标是培养基础教育高端人才。从2009年起，计划在全省范围内分四批选拔200名特级教师进行重点培养。200个培养名额，低于特级教师总数的20%，不到中小学专任教师总数的万分之三。分四批培养，每批50人，确保每一名培养对象都能享有足够好、足够多的专家资源、活动资源、财力资源和实践平台，保证培养过程更加具有科学性、针对性和有效性。

明晰选拔标准。分析近代以来我国教育家表现出来的特质，我们发现他们有三个方面的共同特质：一是志存高远，具有远大的教育理想，“敢探未发明的新理”，善于发现和潜心研究教育问题，形成自己独到的教育思想；二是学高为师，具有丰富的学识和科学的经验，勇于探索，在办学理念和思路、学校建设与管理、教育教学方式等方面形成鲜明的特色和风格；三是身正为范，具有高尚的人格魅力，热爱学生，尊重学生，对学生有大爱之心，并有较大的社会影响。为此，在培养对象的选拔上，我们确定了“坚持一个基本条件，着重考察三个方面”的原则。基本条件是必须是特级教师，是“师德的表率、育人的模范、教学的专家”。在此基础上，着重考察培养对象是否有正确的、强烈的成长动机，有为人民教育事业奋斗终身的坚定理想和不懈追求；是否具有深厚的教育理论素养、文化素养和专业素养，有成为人民教育家的基础条件和发展潜力；是否具有高尚的人格魅力，在区域和学科专业领域内声望高、影响大、示范性强，受到同行、学生、家长和社会的广泛敬重和好评。

二、制度建构

“江苏人民教育家培养工程”是一项系统性工程，旨在探索高端教育人才培养的政策、制度和实践模式，以培养对象的教育思想、办学行为和先进事迹激发全省所有校长、教师的教育热情和奉献精神。经过五年的实践探索，逐步形成了一套比较完整的培养体系，制订了《江苏人民教育家培养工程实施指南》，形成了管理、培养、考核“三位一体”的培养工作机制。

建立了管理机构。在管理上，江苏省教育厅成立了“江苏人民教育家培养工程领导小组”，负责培养工作的整体把握和指导，指定江苏省教育科学研究院负责工程的具体实施工作。根据培养对象的特点和研究方向，成立了分学段或分学科领域和学校管理等不同培养方向的五个研修组。与培养对象相对应，组建了五个专家指导小组，通过个别指导和集体指导相结合的模式，就培养对象的发展规划、研究方向、课题研究进行指导。

搭建了培养平台。在培养上，以“政府创设平台、专家引领指导、个人主动发展、团队共同提高”为培养机制，以帮助培养对象“提高师德修养、拓展教育视野、创新教学理念、提高教育教学能力水平”为核心培养内容，规划实施了九大系列培养计划：催生教育主张——培养对象理论素养提升计划；聆听高端讲座——培养对象知识结构更新计划；牵手农村教育——培养对象责任修炼计划；推动教育创新——培养对象实践模式构建计划；走近教育家——培养对象分类阅读计划；聚焦实践问题——培养对象小组合作研究计划；带动共同发展——培养对象团队建设计划；教育家办学——影响力论坛计划；行者无疆——教育考察计划。围绕计划，在2017年至2022年第四期培养对象培养期内，共开展省级集中活动20余次、小组活动近100次。

制订了考核制度。在考核上，江苏省教育厅委托江苏省教育科学研究院与培养对象签订“目标责任书”，依据目标责任书开展年度考核、中期考核和终期考核工作。其中，年度考核实行报告评价式考核，研修小组和培养对象每年要做一次工作总结，报告一次研修心得；中期考核在培养期的第三年举行，实行发展性评估考核；终期考核按目标责任书实行目标考核。培养周期完成，在个人考核的基础上，成立“培养工作评估项目组”，对项目实施情况进行整体评估。

提供了条件保障。主要从专家、平台、经费等方面为工程实施及培养对象提供专业支持、环境支持和政策支持。一是组建了专家指导团队，聘请了国内一流专家。目前共聘请专家 119 人次，其中为第四期培养对象聘请的专家有 37 人。二是设立江苏省教育科学规划“十三五”人民教育家培养对象专项课题，鼓励培养对象申报教育科研课题，通过课题研究推动培养对象成长。三是为每位培养对象至少安排一次出国研修的机会，召开一次教育思想研讨会，资助出版一部专著，为他们形成教育教学思想创造条件。

三、实践成效

工程实施以来，每一位培养对象都以教育家的素养标准要求自己，经过五年努力，提升了综合素养，取得了很多教育教学成果，带动了区域内多元团队的共同发展，还通过跨区域的合作在更大范围发挥了重要作用。

素质显著提高。五年的研修对每一位培养对象来说都是一个迅速进步的过程，他们的专业素养与教育能力不断提升，教育思想已现雏形。其一，潜心读书，提升了专业素养。有的培养对象五年阅读了 100 多部专著，撰写了 40 多万字的读书笔记。其二，实践探索，提高了教育能力。通过构建自己的课堂教学模式提高课堂教学质量，通过成立名师工作室和建设学科基地发挥辐射作用，通过管理模式的变革寻求学校的优质发展，已成为培养对象的自觉行为。其三，活动研修，拓宽了教育视野，丰富了发展内涵，增强了服务江苏教育发展的责任感与使命感。其四，自省反思，凝练了教育思想。通过回顾和反思、梳理和归纳，做到更深刻地认识、更清晰地表达自己的教育理念，初步形成了自己的教育思想。

研究成果丰硕。五年来，各位培养对象在实践研究方面积极进取，取得了丰硕成果。据不完全统计，第四期培养对象公开发表论文 734 篇，其中核心期刊发表 163 篇；编著、专著 103 本；市级以上课题（项目）203 项；国家级教学成果奖 9 项，省级教学成果奖 36 项；县级以上公开课、讲座 1429 节（次）；市级以上奖励 311 次；媒体报道 410 次。教学办学上，他们不仅善于把自己的教育理念运用到实践中去，而且非常注重特色成果的形成，成为江苏基础教育改革大背景下一例例鲜活的典型。他们的教育教学实践获得了广泛认可，产生了深远的影响。这些成果来之不易，体现了各培养对象不断超越、勤于探索的精神。

带动效应显著。培养对象皆有自己领衔的发展团队，不仅有学校管理团队、教师集体和学科教师团队，而且有市（区、县）的名师团队、骨干教师团队，为带动当地教师发展做出了很大贡献。在团队发展过程中逐渐形成了由“被动发展”走向“主动发展”、由“短期性发展”走向“持续式发展”的良好格局，表现出相当高的发展水平与强大的辐射力。另外，第四期培养对象共开展“牵手农村教育”活动近30次，覆盖近30个县、市(区)50多所农村学校，发挥了培养对象的专业服务作用，带动了农村地区教师专业发展。难能可贵的是，他们在成为“培养对象”后，依然有着清醒的自我认识。他们常常淡看自己的努力和成就，却对“机遇”怀有感恩之心。正如一位培养对象所说：“孔子的彼岸是闻达于诸侯，我在想我们的彼岸是什么？也许我一辈子也成不了教育家，但我可以拥有教育家的志向、教育家的情怀、教育家的理想。在培养工程一千多个日日夜夜里，我如农夫般日日耕耘，如哲人般时时自省。从此岸到彼岸，是岁月的距离，更是成长的步履。让我们揣着梦想、带着感恩、携着激情，执着行走在成为教育家的路上，不为彼岸只为海！”

当前，江苏教育系统正在全面学习贯彻落实党的二十大精神，全力推进教育现代化建设，坚持以立德树人为根本，以发展素质教育为主题，以提高教育质量为核心，以促进教育公平为重点，以服务经济社会发展为重任，以深化教育教学改革为动力，以扩大教育对外开放、提升教育国际合作交流水平为重要路径，以教育信息化为着力点，以争取加大教育投入、建设高素质专业化教师队伍为关键，探索建立中国特色现代学校制度，努力营造健康向上的校园文化和有利于教育改革发展的社会氛围，努力办好人民满意的教育。衷心地希望“江苏人民教育家培养工程”的实践探索能给我国推进教育发展和办学专业化、促进高端教育人才成长提供借鉴。

编委会

2023年6月

序一 FOREWORD

田野的忠诚守望者

汪丽的《在希望的田野上——我的田野课程之旅》正式出版了，这是她个人专业发展生涯中的一件大事。我和其他几位老师一起见证了她选题、形成思路及成稿的过程。这本书记录并反思了她专业学习、专业发展和带领团队创新变革的历程，有基本的发展线索，又有重要的发展节点；有感性的描述，也有重要的理论参照；有个人专业发展的历程，也有团队发展的主要台阶；有课程建设的主线，也有全园发展的截面。全书娓娓道来，有很多鲜活的成长故事，生动细腻，有事实，有思考，充满了教育智慧，充满了对专业的热爱，充满了对儿童、对幼教事业的责任感。读完全书，我受益良多。

我跟汪丽的接触，大致有四个阶段。第一个阶段是她做教师期间。20世纪90年代，时任南京市太平巷幼儿园的园长臧勤带领几位副园长来到我家，希望我去指导南京市太平巷幼儿园，说是我的恩师张慧和老师建议的，我就答应了。从此我就延续了与南京市太平巷幼儿园20多年的情谊。那时汪丽是一线教师，有时我也会路过看看她的班级，能感受到班级的良好氛围，但缺乏深入观察和交流。第二个阶段是她在南京师范大学本科函授学习阶段。因为我主讲"幼儿园课程"这门课，汪丽属于班上我一开始就认识的几个学员之一，她又经常坐在前排，因此，也常常会被提问。也正是在这门课上，我感受到了她的勤奋和善于思考的特点，对她的专业素养有了更多的了解。第三个阶段是她担任园长以来。我见证了她带领老师们继续推进田野课程研究的过程；领略了她的组织和管理能力，以及亲自投入课程研究的踏实作风；体会了她把自己作为教育质量第一负责人的责任感，以及课程建设不断取得新突破的成就感。第四个阶段是作为“江苏人民教育家培养工程”培养对象期间。我作为培养对象的导师组成员，参与指导学前教育专业的四位培养对象。这个过程是相互讨论和启发的过程，是共同成长的过程。因为常去南京市太平巷幼儿园，讨论的机会相对多一些，我经常能从跟她的讨论中获得很多新的启发和思考。

我感觉到这本书记述了汪丽个人的成长历程，是一部个人迄今为止的成长史，充满了个人的回忆、感慨和反思。书中至少包含了三个方面成长的内涵：

第一是学习的经历。从幼儿师范的学习，一直到后来的本科学习、研究生学习、参加省“人民教育家培养工程”的学习，一个总体的感觉就是汪丽不断学习，不断打牢自己的专业基础，不断充实自己，不断追求进步。我们组织的很多公开讲座和学术活动，都能看到她的身影。幼儿园里的专业书籍阅读和研讨活动，她总是高度投入、积极参与、有效组织。在她的影响和组织下，南京市太平巷幼儿园延续了很好的学习氛围，形成了一个乐于学习、积极向上的学习型团队。

第二是专业成长的历程。从这本书里，我们可以感受到汪丽在专业发展的不同阶段，有对儿童、对教育、对职业的理解和认识的提升，有对学前教育责任和价值的认识的提升。她用自己的方式，通过理论与实践相结合的话语，阐释了自己对学前教育基本价值、基本理念、基本准则和基本规律的理解，这些理解是长期学习积累和深入思考的结果，是深入课程改革和不断反思改进的结果。可以说，她已经形成了自己的基本教育立场和理念，也形成了指导课程建设的基本思路和范式。

第三是管理意识和能力发展的历程。我感觉到，南京市太平巷幼儿园课程建设的历程在一定程度上映射了汪丽的管理意识和能力发展的历程。她是与田野课程共成长的，这种成长不只是课程建设能力的成长，也是专业管理意识和能力的成长。正是由于系统的管理和组织，才可能激发广大教师的专业热情和聪明才智，南京市太平巷幼儿园的课程建设才可能取得了显著的成绩。南京市太平巷幼儿园的多项课程建设成果曾获得首届基础教育国家级教学成果奖二等奖、省特等奖和一等奖。南京市太平巷幼儿园的教师对课程建设已经形成了基本的共识，形成了坚定的信念，形成了行之有效的实践路径和策略体系。我觉得，汪丽管理意识和能力的提升，带来了团队建设水平和专业素养的提升，最终促进了课程建设和保教质量的提升。

在本书即将出版之际，汪丽即将进入江苏省教育科学研究院工作，这又是她专业发展的新征程，一定会面临新的挑战和新的机遇，相信她也一定会一如既往地学习和研究，在新的岗位上谱写专业发展的新篇章。

虞永平

2022 年 10 月 12 日

序二 FOREWORD

汪丽园长的田野课程之旅，经历了1.0版本的走进课程领域，把先进的课程理念，落实到课程实践中；2.0版本的架构课程体系，整体优化课程实施；3.0版本的实现课程自我超越，以项目化活动为抓手，创造新的课程生活。汪丽一路走来，拾级而上，渐入佳境，给人启迪良多。

理论与实践相互激荡。田野课程的创生，是以我国基础教育课程改革为深层底色的。20多年幼儿教育课程改革，其实也是先进幼儿教育理念普及与落地的过程。汪丽和她的团队具有高度的理论敏感，并进而通过学习、实践转化成理论自觉。在1.0的时代，可以看到瑞吉欧方案教学和《幼儿园教育指导纲要（试行）》给他们带来的理论洗礼；在2.0时代，幼儿教育课程理论在他们那里得到结构化的落实，园本化成为他们鲜活的经验；在3.0时代，他们在可持续发展理论的指导下，通过项目活动的实施，开辟了田野课程的新天地。理论与实践双重探索，相互激荡，无疑是他们获得成功的重要原因。值得激赏的是，汪丽对理论学习如饥似渴的态度，她带着问题，希望从理论中寻求答案。在实践中寻求理论与实践的互动，使她不时超离日常生活经验，从更高的视角反思自己的实践；理论与实践的成功对话，让她深刻体悟到对于一线教育工作者，理论的启迪和引领多么重要，而取得的成就又会激励她继续前行，创造更大的成就。

关键他人助力成长。关键他人指的是个人社会化和成长过程中具有重要影响力的具体人物。人总是生活在一个社会的具体情境之中。按照杜威的说法，经验是活的生物与环境相互作用的事情。在一般情况下，社会环境比自然环境更为重要。汪丽讲述她成长的故事，提到多位对她产生积极影响的师长和同伴，比如在安徽省徽州师范学校求学时相识的曹恂副校长，初到南京市太平巷幼儿园相遇的包玲老师、沈长华老师，特别是在课程改革中的引路人虞永平教授，等等。回望以往，汪丽的笔触是饱含深情的："虞老师让我理解并遵从'发展至上'，崇尚并追求'正德厚生'。他犹如明灯，在我们探索彷徨时指引方向；犹如号角，将我们召唤进充满希望的田野；更如文化的象征，弥漫在我们周围，春风化雨般滋养并引领我们成长。"真情藏沃土，虞永平教授对田野课程用心、用力、用情令人钦佩！但在这里我要说的是，关系总是相互的，汪丽得到那么多师长的指导、同伴的支持，以及社会人士和家长的帮助，是因为她"素以为绚兮"，有着积极向上的人格底色；是因为她乐观悦群，有着令人惬意的交往品质和合作能力；是因为她具有使命意识，想要一个有意义的人生并且懂得通过寻求关键他人，促成自己把理想化为现实。

越而胜己升腾人生。牟宗三先生说，有两种人生，一种是向上升腾，一种是向下坠落。从田野课程之旅，我们可以感受到汪丽的精神生命不断升腾。人们常说，人生最好走的路是下坡路，只要自我放纵就行了。要往上走，是会常常气喘吁吁、大汗淋漓的。而这种"吃力"，一方面需要成长性思维，把生活的不如意化成挑战和机遇，另一方面需要经常以自己为认识对象，不断反思，超越自我。我们看到汪丽和大家一样，也有人生不如意处，比如年轻时就因生病离开保教一线，到幼儿园的资料室工作。她没有抱怨人生，更没有自暴自弃，而是找准定位，创新工作，把资料室的工作做得有声有色。更重要的是，她从中体会到人生不如意处对自己成长的价值。汪丽是个反思型的实践者、创造者，越而胜己是她的重要品质。她的田野课程，甫一面世，就收获了鲜花与掌声。她的可贵就在于享受成功时总是躬身自省，系统地梳理问题，发现不足，进而探求解决的方案。2.0 版、3.0 版都是带着鲜明的问题意识，都为前一版带来整体性的提升。知不足而自省，望远山而力行。"而今迈步从头越"，于是，汪丽常常让我们对她前方的旅程，有着更美好的想象。

2022 年 8 月 17 日

目录

CONTENTS

第一章　引子：生命中的相遇 / 1
简介 / 1
与徽师相遇 / 2
环境文化熏陶心灵世界 / 2
丰富活动充盈专业素养 / 3
乡村经历滋养教育情怀 / 4
与太幼相遇 / 5
日常工作培养专业态度 / 5
开放活动磨砺专业能力 / 7
专题创建激发创造热情 / 9
与南师相遇 / 12
求学中寻找专业发展动力 / 12
养育中增进对儿童的理解 / 13
师生情谊延续着永恒的爱 / 15

第二章　田野课程 1.0:走进课程的领域 / 19
简介 / 19
对方案教学的理解 / 20
系统教学 / 21
项目活动 / 23
主题活动 / 26
对儿童一百种语言的理解 / 31
儿童的学习 / 31
儿童的表征 / 33

读懂儿童 / 37
对《幼儿园教育指导纲要(试行)》的践行 / 38
以儿童发展为本 / 39
落实主动学习 / 39
通过环境进行教育 / 41
基于问题的改革 / 42
义无反顾地走向田野课程 / 44
课程现状分析与期待 / 44
从改变时空开始 / 47
尝试主题活动的开展 / 50
欣喜与困惑 / 54
家长的卷入 / 56
《田野课程——观念与实施》/ 58

第三章 田野课程 2.0:架构课程完整体系 / 61
简介 / 61
丰富的课程实践活动 / 62
教师的热情与挑战 / 62
与家长建立良好关系 / 65
人人参与课程 / 68
多样化的活动 / 71
活动记录与成长档案 / 84
园本化的理念 / 93
渴望理念 / 94
寻找理念 / 95
凝练理念 / 97
支撑性的环境 / 99
新园新挑战 / 99
种植生发课程 / 102
环境的变革 / 105
三级资源库 / 110
有效的课程审议 / 112
审议出智慧 / 113
三级审议 / 115

学习促成长 / 117
协同进取的组织 / 118
导师团的引导与培训 / 119
试点班的改革与探索 / 121
研究组的组建与实践 / 122
全园性的引领与推动 / 123
《田野课程——架构与实施》/ 131

第四章 优化田野课程 2.0:步入课程改革深水区 / 133
简介 / 133
教与学 / 134
什么是学 / 134
什么是教 / 140
经验对儿童发展的重要性 / 145
环境、资源与经验 / 147
我们理解的环境 / 147
我们理解的资源 / 149
有效利用环境与资源 / 155
区域活动研究 / 160
全面发展与区域活动 / 160
区域活动研究的组织 / 162
区域活动的回归与变革 / 164
在区域中生发学习 / 166
回归课程的本质 / 178
幼儿园课程的本质 / 178
以游戏为基本活动 / 179
课程的生活化 / 181
建设课程提升质量 / 182

第五章 田野课程 3.0:实现课程自我超越 / 186
简介 / 186
在学习中成长 / 187
从经典著作中感受真知 / 188
在与同伴对话中增进智慧 / 195

在解剖当下中改变思维 / 199
支持项目活动深度展开 / 204
项目活动的发生 / 205
项目活动的推进 / 211
让幼儿获得新经验 / 215
践行共同生活 / 220
树立新的生活观 / 221
与幼儿共同生活 / 223
与同事共同生活 / 233

致谢 / 240

第一章　引子:生命中的相遇

简　介

我始终觉得自己是个幸运儿,生命中那么多相遇,无论当时是快乐的、困惑的乃至痛苦的,最终都是美好的、有意义的。

从不同层面看,人有不同的生命,包括学业生命、专业生命、家庭生命。生命中的有些相遇,更多意味着机遇、责任、压力和挑战,这些构成了一个人发展的重要环境和关键事件。人类发展生态学认为,人的发展受到与其有直接或间接联系的生态环境的制约,发展从来就不是在真空中发生的,总是根植于特定环境中的互动,且具有时间维度的意义。

本章节按时间逻辑,以叙说故事的方式,讲述我跨入幼儿教育领域后生命中的重要相遇。这些相遇,对我而言,都意味着新的打开方式,有着重要意义。充满好奇、探究到底、乐观向上的行为习惯得以保持,以人为本、基于生活、重在行动的教育理念逐渐清晰,以爱为魂、求真坚守、热情创造的教育情怀持续增强。我庆幸,30 多年前,因为特殊原因,我进入安徽省徽州师范学校,正是这 4 年的幼师学习生活,让我深受陶行知先生教育思想的熏陶,受益终身;我庆幸,能在南京市太平巷幼儿园这片沃土上,与代表着无限可能的儿童和优秀的教工团队始终在一起,乐在其中,收获满满;我还庆幸,工作几年后,便有机会进入拥有全国唯一的学前教育学国家重点学科的南京师范大学学习,专业有爱、担当有为的老师们引领并激励着我和团队寻找意义、不懈追求。

20 世纪 90 年代中期,为回应时代召唤、解决学前教育的现实问题,我国有一批幼儿园充满热情、脚踏实地地开展课程实践与研究,态势如雨后春笋般喜人。与此同时,因不同品牌登场带来的风向不定,幼儿园课程改革也时常显得纷纷扰扰、雾里看花。此时,既需要对未知事物充满好奇,通过持续学习辨明方向,更需要始终恪守内心深处的信念和法则,在困惑与逆境中理性审视、坚定向前。

随着时间的推移,我不断意识到并越发地确定,我和学前教育的关系套用当下流行的一句歌词,那就是"确认过眼神",我不仅"入对行",还遇上众多"对的人"。正是这些美好而有意义的相遇,让我有了坚定的教育信念和真挚情怀,我与一批批伙伴才能始终对幼儿及其成长有着深切迷恋和深厚守望，我们不断解读童年的秘密，努力与他们共同生活、一道成长。在和孩子一同书写生命最初篇章的同时，我的生命也在悄然发生变化，不断延展，因为，我和孩子们、伙伴们一直在无垠的、充满希望的田野上奔跑。

希望这些故事能够表达我所理解的：一个人的当下既联结着过去，也将延续到未来，一个人的成长离不开时代背景、环境支持和自我努力。我们的成长需要良好环境和契机，需要依赖正确价值观的自我笃定，更需要永不停息的自我挑战。我们在任何时候都应当倍加珍惜、坚守初心、追逐梦想，扎根学习与实践，以应对充满挑战的、未知的、不确定的未来。

与徽师相遇

安徽省徽州师范学校（以下简称“徽师”）诞生于 1905 年，坐落于中国历史文化名城——歙县县城内，1952 年，在周总理“要在黄山脚下办好一所师范学校”的指示下获得快速发展。歙县，史称“徽州府”。“一生痴绝处，无梦到徽州”是明代戏曲家汤显祖留下的千古绝唱，体现古人对古徽州的向往与期盼。这里山川秀丽、文风昌盛、人才辈出，伟大的人民教育家陶行知先生出生、成长于此。自 20 世纪 80 年代，徽师开启了轰轰烈烈的践行陶行知先生教育思想、深化师范教育教学改革的浪潮，我是这一改革的见证者和受益人之一。因为多种原因，我初中毕业后上了师范，虽然，这对怀揣大学梦的我来说的确是个不小的打击，但“塞翁失马，焉知非福”，徽师的历史积淀、大胆创新、先进理念及多姿多彩的生活让我受益终身，也开启了我追寻幼儿教育意义的人生之路。

环境文化熏陶心灵世界

一所学校的环境文化体现了它的灵魂，表现出独特的价值取向，它如春风化雨、润物无声。

徽师四季鸟语花香，植被多样，200 多年的苍天古树、名贵的罗汉松与质朴典雅的建筑将自然与文化完美融合。独特历史、秀丽自然、严谨学风、创新精神，让这里成了读书求知、滋养心灵、学做真人的好地方。

至今，我仍清晰记得，走进徽师大门，映入眼帘的是“献身教育，为人师表，教学做合一”的十三字校训，学校的行知园、地理园、盆景园、山坡、竹林等都是我和同学们喜欢的地方。万世师表陶行知先生的雕塑矗立在行知园内，底座上“爱满天下”四个大字刚劲有力，这是先生的毕生追求，也成为全校师生献身教育的精神力量。我们在行知园看书交流，在地理园观测天气，在盆景园欣赏学艺，在山坡竹林观察写生，践行陶行知先生教育思想的课程设置，让我们有太多机会和这儿的一草一木、一景一物充分接触，有很多时间慢慢品读“捧着一颗心来，不带半根草去”“千教万教教人求真，千学万学学做真人”等教育思想。这儿，正如陶行知先生所说的：“要把教育、知识变成空气一样，弥漫于宇宙,洗荡于乾坤,普及众生,人人有得呼吸”①。就这样,我们被幸福地浸润着。

更重要的是,陶行知先生的诸多教育思想已经流淌在徽师教师的血液里,老师和我们亦师亦友,大家一起运动、学习、劳作、创作……记得在某次一年一度的即兴演讲比赛中,曹恂副校长巡视现场,正在等待抽签、准备的我们看到后非常高兴,不知是哪个同学调皮地说:“校长,您也来参加我们的演讲吧!”曹校长满口答应,并且严格按照抽签、准备、演讲的程序参与其中。我痴痴地听着曹校长的演讲,他的观点清晰明了,逻辑递进严密,声音浑厚圆润,如山间清泉时而潺潺流淌、滋润心田,时而又澎湃击石、震撼心灵。我享受并感动着,内心受到鼓舞:一定要好好学习,成为像曹校长那样有学识、有激情、有魅力的教师。工作以后,翻看《陶行知文集》,当读到陶行知先生在《南京安徽公学办学旨趣》一文中写的:“教职员和学生愿意共生活,共甘苦。要学生做的事,教职员躬亲共做;要学生学的知识,教职员躬亲共学;要学生守的规则,教职员躬亲共守。我们深信这种共学、共事、共修养的方法,是真正的教育……”②我忽然明白了,为什么这么多年过去,我对曹校长和我们一起演讲的故事记忆犹新,原来这就是陶先生所说的真正的教育力量!

优美怡人的自然环境、博大精深的教育思想、以生为本的人文精神,陶冶滋养了我们。我们打开心窗、主动进取,我们发展兴趣、接受挑战,我们磨炼意志、丰盈内心,在这儿,我们获得了人生启迪、智慧光芒和精神力量,也为我们的教育人生打好了绚烂的底色。

丰富活动充盈专业素养

徽师的活动丰富多彩,徽师的生活充实有趣。陶行知先生的“生活即教育,社会即学校”教育思想,让我们走出课堂,走出校园,走进广袤的社会和田野,我们开展丰富的兴趣小组活动,体悟“小先生制”的魅力,我喜欢这样的生活。

从入学到毕业的四年间,许多活动历历在目。新生入学第一课——参观陶行知纪念馆,是我初识陶先生,很快就被他的教育思想和人格魅力所感染;黄宾虹、戴震等名人故居,新四军革命圣地,新安江、黄山等河流山川留下了我们探访的脚步,我感受到家乡的美好及地方文化所蕴含的重要价值;一年一度的体育节、艺术节、知识竞赛、即兴演讲以及别开生面的毕业汇报,为我们每个人展示十八般武艺和学习处理集体与个体的关系提供了多种可能的舞台,我真正感受到每一个人都有自己的闪光点,感受到集体的精神和力量。美术课上,我们走街串巷,选择自己喜欢的对象写生、摄影;语文课前的五分钟即兴演讲,让很多同学内心纠结,大家担心被点名又期盼得到锻炼;生物老师经常带着我们走进竹林果园、田间地头观察植物、动物,开展标本制作、饲养、解剖等活动……这些有趣、真实、生活化的课程活动,为我今后开展田野课程的实践研究打下了坚实的

① 江苏省陶行知研究会,南京晓庄师范学校.陶行知文集(修订本)[M].南京:江苏教育出版社,1997:565.

② 江苏省陶行知研究会,南京晓庄学院. 陶行知文集(上)[M].南京:江苏凤凰教育出版社,2008:146.

专业基础。凌晨的徽师操场也是一道亮丽的风景,同学们或是在黄梅戏剧团老师的指导下走云步、练武术,或是在晨跑、打球,或是在朗读、交流……

活跃在课外的兴趣小组活动更是拓展了课堂内容,满足了同学们的个性需要,单单一个语文教研组就成立了三个兴趣小组,分别是书法社、文学社、推普组。作为书法社成员,我和伙伴们走出校园寻找诗词碑文、摩崖石刻,感受山谷间潺潺流水的清凉,感受汗水浸湿衣裳的畅快,我们用身体的尺度理解自然的尺度,与此同时,中华民族的文化与自然瑰宝也悄然流入我的身体,灌注着、滋养着。作为推普组成员,我苦练基本功,在努力做好"小先生"的同时,自身得到的锻炼也显而易见。

丰富的课程、文化、活动、实践让我们走出课堂、走进生活、关心社会,把课堂学习和课外实践密切结合起来。丰富生动的课程实践样态体现了徽师把我们当作一个完整的人、主动的人,支持我们的专业能力及综合能力的发展,使我们成为更好的自己。事实上,在这些基于真实生活、现场和兴趣需要的活动中,我们获得关于自我、社会、自然的真实体验,建立了学习与生活的有机联系,生活中那些榜样的鲜活事例和生动形象更容易唤醒我们这些同龄人的情感体验,从而激发每个人追求理想的愿望和激情。

乡村经历滋养教育情怀

陶行知先生提出,乡村教师"是改造乡村生活的灵魂"①,他以为:乡村师范学校负有训练乡村教师改造乡村生活的使命,要想每一个乡村师范毕业生将来能负改造一个乡村之职责,就是在他毕业之前教他运用各种学识去做改造乡村之实习。20 世纪 80 年代中期,徽师开始招收定向师范生,为的是让乡村小学能够走得进、留得下优秀师范生。于是,毕业前的最后一年,我和同学们也陆续开始了改造乡村之实习,这是一段有着不小挑战、难以忘怀的经历。

徽师在徽州地区的三区四县中设有 11 所中心校,这些中心校一方面成了毕业生的实习基地,另一方面承担着为师范教育提供源源不断的研究课题并合作解决的责任。然而,对于没有农村生活经历的我来说,一开始在中心校的实习生活并不那么顺利,我听不懂也不会说那儿的方言,缺乏和村民直接打交道的经验,对地方民俗也并不了解,幸好有同学的关心和团队的关爱,让我渐渐适应了实习生活。实习期间,除了认真备课、组织活动、关心幼儿的生活外,我还时常和同学们走进果园学嫁接、走向麦田学收割,春节前给村民写对联、剪窗花,我们还参与广播站活动。虽然直到实习结束,除了开展幼儿保教活动以外,其他方面的能力我仍有太多的欠缺和不足,但这段填补空白的真实生活经历让我对乡村教育有了一定的了解,建立了较为深厚的情感。即便在几十年后的今天,当我参加江苏人民教育家培养工程组织的"牵手乡村教育"活动时,当我参加江苏省优质幼儿园现场评估走进农村幼儿园时,当我面对农村幼儿教师开展培训时,我都有一种莫名的亲切感。我乐意和他们交流并探讨问题,我乐意更多地去倾听和试图

① 江苏省陶行知研究会,南京晓庄学院.陶行知文集(上)[M].南京:江苏凤凰教育出版社,2008:229.

理解他们的想法及所面临的困难,我更会为他们在并不太友好的环境中取得进展和成果而高兴、点赞、钦佩,这种感觉很深切也很美好。

以学做真人为核心的师表教育、以中心小学为中心的新农教育、以现代科技为重心的师能教育,构成了徽师学陶师陶、深化教育教学改革的课程基本框架。其中,学做真人的师表教育是首位、是核心。徽师把我引进了学习陶行知思想的教育大门,唤醒和激发了我对陶行知教育思想的热爱,我崇尚"小孩不小",崇尚"六大解放",崇尚"行知行",崇尚"教学做合一"……我崇尚的陶行知教育思想还有很多很多。

人生没有完美可言,真实的生活处处存在遗憾,师范毕业后我再一次非常痛苦地与大学擦肩而过。就在此时,幸运之神再次降临,毕业后我走进的南京市太平巷幼儿园,早在1981年就开始了学陶师陶之路,这样的无缝对接,成全了我得以几十年来始终走在学陶、师陶、弘陶的道路上,使我的教育信仰更加坚定,教育理念更为清晰,我将永不停歇、坚定地走下去。

与太幼相遇

1990年夏,我来到南京市太平巷幼儿园工作,当地人简称"太幼",是17所江苏省首批示范幼儿园中的一所。按当时的说法,太幼是江苏省、南京市幼教的"窗口",是白下区幼教龙头上的"龙眼"。作为外省的毕业生,能进入太幼学习与工作,何其幸运!我和家人都很开心,我暗暗告诉自己:要努力,要珍惜!

与太幼相遇不仅是幸运的,同时更意味着挑战,意味着一系列不小的挑战。一方面,两省学前教育环境与资源的差异很大;另一方面,在此之前,太幼的新教师均为本地优秀的在园实习生,因为学陶的缘故,学生时期我常常走进乡村学校,走进乡村幼儿园,根本没有类似在太幼这样的城市幼儿园见习与实习的经验,面临的挑战和压力可想而知。踏入太幼,这儿环境陌生,人才济济,文化差异大,庆幸的同时我更感压力巨大,需要学习和适应的地方实在太多。事实上,至今我仍时常遇到各种各样的挑战,然而,每个人不正是在经历各种挑战中不断得到历练和成长的吗?

日常工作培养专业态度

懵懵懂懂的年纪,来到一个全新的环境,我对一切都感到陌生和好奇,此时师傅就是"领进门"的那个人。

我的师傅——包玲老师,为人平和、工作认真、关注细节,她还有一双灵巧的手,时至今日,我仍记得当看到她制作的那只活灵活现的小兔子时的惊讶和赞叹。

从工作第一天起,包老师就要求我每天早晨至少提前15分钟进入班级。每天的第一项工作是从抹灰开始的,我需要把窗台、钢琴、桌子等统统抹一遍,然后准备好孩子们用于抹椅子的水盆和抹布,最后摆放好玩具或准备好小型运动器材。这样做的目的是,孩子们入园抹好自己的小椅子后就可以开心地玩了。到了月底，全园每个班级都要进行大扫除，要用肥皂水把活动室内外的水磨石地刷得干干净净，每一扇窗户、玻璃门都擦得锃亮。虽然班级清洁卫生工作主要由保育老师负责，但包老师总是带上我参与干活，大家通力合作，每一处都毫不含糊，就这样，在一身汗水中，活动室窗明几净。

每年的秋季开学，因为升班要换活动室的原因，总有两三天时间需进行搬家等劳动。当时的硬件条件与现在不可同日而语，除桌椅外，大板床、大橱柜等需要自己扛，大家还要给金属运动器械刷油漆、拔草、洗刷水池……这几天女老师们变身为搬运工、粉刷匠、清洁工，一天下来腰酸背痛，要过几天后，肌肉才不再疼痛。身为班长的包老师，总是带着我干活，毫不松懈。

现在想来，这些最为平常的日复一日的清洁工作以及年复一年的体力劳动，让我形成了“要让孩子一来园就可以玩”的意识，养成了关注环境卫生、卷起衣袖说干就干、不怕辛劳的劳动观念，理解了教师和保育员“分工不分家”的团队精神。也许就在那时，“从孩子出发”“关注日常”“动手做”“我们”的观点已悄然萌芽，尽管当时的我并没有清楚地意识到。

还记得在我工作的第二年，幼儿园开展“爱”的系列教育活动，小班是“爱爸爸、妈妈”，中班是“爱家乡”，大班是“爱祖国”。太幼离夫子庙不远，夫子庙是南京人最爱去的地方之一，对于夫子庙孩子们有经验也感兴趣，于是，讨论后我们决定，班级的主题墙就以泡沫浮雕的方式展现我的家乡一景——夫子庙。当时电脑还是稀罕物，影像资料等也不丰富，包老师就安排我去夫子庙写生。幸好在徽师期间，美术老师经常带着我们走街串巷在户外写生。泡沫浮雕顺利制作完毕，吸引了孩子们的关注，自由活动时，孩子们经常前来参观。孩子们自然而然地参与其中，他们的绘画作品、手工制作也被自然地融入其中。

幼儿园课程不仅仅限于室内、园内，还应走向室外、走向社区。我想这个观点现在应该能得到普遍认同。可那时是1991年，是在30多年前，我园的课程已然不是“关起门”的课程，而是已经关注孩子的生活和兴趣，已经有意识地走向社区，在社区中、在地方文化中寻找课程资源。

除了幼儿园指定的班级师傅外，幼儿园的其他人也会在不经意间给我留下深刻印象，并持续产生影响。

工作第一年，我所在班级活动室的斜对面是教师办公室，每天这儿灯火通明，老师们一起备课、讨论，其乐融融。中午12点后，班级孩子陆陆续续睡午觉，整个幼儿园也随即安静了下来。

一天中午，不经意间，我发现教师办公室亮着一盏泛着温暖黄光的小台灯，还有一个非常专注的背影。偌大的教师办公室只有这个背影，我很好奇：“她是谁？”“在做什么？”因为很安静、很专注，我觉得不能前去打扰。之后，我时常会关注午间的教师办公室，经常被这黄色的灯光所吸引，也总是能看到一个熟悉而又陌生的背影。我的好奇心越发强烈了,问了之后了解到,她是江苏省特级教师沈长华。原来,她就是隔壁班的那位气质优雅、形象精致、轻言细语的老师啊!虽然来园时间不长,但她无论对谁,尤其是面对孩子时,那种随时都能感受到的友好、尊重、关爱已让我印象深刻。第二年,沈老师调到其他幼儿园做园长,虽然我和她作为同事只有短短的一年,然而,那盏小黄灯和专注的背影却深深地印刻在脑海中,久久不能忘却。

也许就是缘分吧,10 多年后,新园落成,幼儿园的硬件条件得到了极大改善,因为对 0～3 岁婴幼儿早期教育的共同兴趣,在我和有关领导的盛情邀约下,已过花甲之年的沈老师又回到太幼,引领一批年轻教师开始了 0—3 岁婴幼儿早期教育的研究与实践,这是一项从无到有的开创性工作。沈老师手把手带领年轻教师学理论、创环境、研活动……基于学习,更基于对不同年龄段婴幼儿的细致观察,搜寻、设计适宜的教玩具,对每一个空间、每一个环节、教师的每一个言行包括表情都仔细琢磨,不断优化。这是一个不断创造、持续打磨的过程,过程中充满着挑战,更带来了无穷的乐趣,因为我们惊讶地发现,3 岁以下的幼儿甚至只有 8 个月左右的婴儿,他们小小的身体中居然藏着巨大的生长与学习的潜能。

作为江苏省第一批幼儿教育的特级教师,因其专业性和影响力,沈老师在全国幼教界小有名气,她也给培养和成就自己的太幼留下了诸多宝贵财富,影响了一代又一代年轻人。

从那盏午间总是亮着的小黄灯,我更多看到的是勤勉、好学、热爱、坚守和追求,看到了前辈高高树立的标杆,特级教师称号来之不易,更应当之无愧!作为一名教师,任何时候都需坚守初心、自律上进,做"专业的常青树"应是一生的追求。这盏灯也似我心中明灯,让我深刻理解踏实奋斗的意义,理解"不积跬步,无以至千里;不积小流,无以成江海"的含义,引领我在幼教道路上耐住寂寞、磨炼意志、锲而不舍、不断攀登。

因为开展 0～3 岁婴幼儿早期教育实践研究的缘故,我和同事们与沈老师有了更多零距离接触的机会,我们发现她总是处在以儿童为中心的学习、思考和进行实践创新的状态,发现儿童并支持他们发展是她所有工作的出发点和落脚点。她时常说"以儿童为本""给宝宝最好的环境和支持""与家长成为朋友",这些观念也深深地影响了我们。我们敬佩沈老师,敬佩她对工作高度负责、热情投入的态度,敬佩她专注学习、乐于创造的品质,敬佩她以人为本、倾情孩子的情怀。

其实,沈老师是太幼这个优秀群体中老一辈教师形象的缩影,包老师是成长于太幼的改革开放后第一代幼师毕业生的代表,从她们身上,我们这些后来人看到了老一辈太幼人的爱心与创造、坚守与情怀。这些太幼重要的文化基因,决定着太幼独特的精神气质,也为幼儿园的持续发展提供着强大的精神动力,当然,也一定在有意识无意识间代代相传。

开放活动磨砺专业能力

在他人眼中,太幼是教师成长的沃土,事实上,也是如此。

太幼有个传统活动，新教师入职一年后的期末要在全园开展“汇报课”，就是要上一节集体教学活动，由幼儿园领导班子及部分老师观摩并评课。按照课程表，我要上的课是小班数学活动“认识上下里外”。在我绞尽脑汁设计并向包老师请教后，活动主要分两个环节，第一环节是采用桌面故事表演的方式，帮助幼儿感知和理解“上下里外”；第二环节是通过音乐游戏，帮助幼儿体验和理解“上下里外”。我改编了当时孩子们特别喜欢的歌曲《大猫和小猫》，由孩子们扮演小猫、教师扮演猫妈妈，开展“捉迷藏”的音乐游戏，期待孩子们在游戏中体验并巩固对“上下里外”的理解。因为孩子们坐在座位上，他们被故事表演深深吸引，第一个环节进行得非常顺利。在第二个活动环节中，第一次“捉迷藏”游戏后，孩子们的兴趣明显高涨，甚至兴奋不已，他们在桌子上、床底下、纸盒里、教室外到处躲藏。当猫妈妈说“我的小猫在哪里呢”时，“小猫”们从四处奔跑围拢过来，说一说自己躲在哪里。随着游戏的推进，孩子们不时发出大笑和尖叫声，也会出现一些不守活动规则的现象。15 分钟很快就过去了，接下来是评课环节，一些老师认为这样的活动虽然好玩，但后面的环节“太乱了”，这样可不行，以后班级常规可怎么办？尽管如此，大多数领导和老师们还是更多给予了肯定和鼓励。

这次“汇报课”给我留下深刻印象的主要原因有：首先，通过本次活动，我进一步理解并确信，游戏对幼儿而言具有不可抵挡的魅力，幼儿喜欢玩游戏，也能通过游戏进行学习，他们在玩游戏的过程中可以获得认知、技能与情感的发展。其次，我切身体会到相较于单一学科而言，这种多学科融合的综合性活动更符合幼儿的学习特点，也更容易达成活动目标。对我来说，本次活动是一次有益的尝试，对往后学科教学的优化有一定的借鉴意义。最后，作为新教师的我感受到了太幼鼓励创新、允许不同的幼儿园文化。我们知道，早在 1991 年，幼儿跟随教师一步一步稳稳向前是集体教学活动的常态，良好的常规更是当时一堂好课的重要指标。然而这节活动的最后环节显然不符合这个标准，但绝大多数的领导和教师在指出问题的同时，更多给予了鼓励，她们认为活动设计有创意，活动中幼儿开心、参与性强，活动目标达成率高。大家有理有据的专业评价以及真诚善意鼓舞了我这个新手教师，我不仅得到了具体教学策略的指导，更得到了勤于思考、尝试创新的鼓励。对于像我这样，从小就喜欢改一改、变一变、换种方式玩一玩的“自由人”来说，太幼这样的文化氛围何其宝贵。

在我工作第四年的一天，当时分管教学的臧勤副园长来到班级，介绍了幼儿园曾经辉煌的音乐教学研究与实践，她的描述令人鼓舞。她也说明，幼儿园已邀请音乐教学领衔人、已经退休的吴梅筠老师来园指导，每周一次，分别指导一个小、中、大班的音乐教学活动，并问我是否意愿参加，我自然是特别乐意的。事实上，在接下来的一年，密集的开放、观摩、评课活动在一定程度上让我喜忧参半，“每周一课”的开放节奏对于任何一位教师来说，应该都不是一件轻松的事情。

吴老师很有创意且极具表现与感染力，特别是她在活动中与孩子们如行云流水般的互动，时而平静，时而掀起高潮，那种游刃有余的状态让我们惊叹。她选择的活动内容轻松有趣，通常提前一周确定，我和同班的陈老师也便有了一周的准备时间，但有时活动内容也会临时调整，让我和陈老师措手不及。每次开放活动后紧接着就是点评，我们既期待，也有压力。我和陈老师经常在结束一天的工作后讨论、练习、模拟、制作教玩具……经过一段时间的磨合，我们俩越来越默契，慢慢地达到了有时不再需要语言交流而心领神会的状态，我们可以根据孩子现场的状况来决定是否需要增加演唱或游戏的次数，是否需要对某一个乐句进行重点练习。这种默契的状态令人愉悦，默契不仅来自时间的累积，更因为我们对孩子学习状态的理解与支持策略的认同。

之后的一年，也就是在我工作的第五年，每周开放改为每两周开放，学科也由音乐教学活动改为社会教学活动。在我看来，无论是活动设计还是活动组织，社会教学都比音乐教学难很多，特别是当我们希望全班孩子能够真心实意地投入到一节“社会课”中，真的不是一件容易实现的事。为期一年的社会教学开放活动让我明白，要想单纯通过“课”的方式实现社会学科的教育目标，实在是一种不明智的选择。

连续两年的密集性开放活动虽然很辛苦，但我得到了更多的专业指导和帮助，也在磨砺中不断积累实践经验、提升专业能力。

一年的音乐教学开放活动，让我更多关注幼儿的兴趣和需要，关注集体教学活动的游戏性。我明白了，对于幼儿来说，“好玩”是多么重要，无论是活动环节、情境、任务等都需要能够吸引幼儿和教师的兴趣，这样也许才能更好地实现活动的目标与价值。

一年的社会教学开放活动让我意识到，不同学科因其独特性，也就有独特的学习方式，社会领域本身的特点决定了它具有渗透性、生活性和长期性的特点。这一年纠结的、较为受挫的体验，对于我之后理解《幼儿园教育指导纲要（试行）》中的社会领域部分有很大帮助，我能更好地理解创设良好环境、提供机会与条件、关注一日生活、注重活动渗透的含义和意义，并努力践行。

感恩幼儿园为年轻教师成长搭建的平台，感恩在此过程中指导帮助我的每一个人。太幼是成长的沃土，一个人的成长需要沃土，更需要发自内心的需要和坚持不懈的付出，正如古诗“宝剑锋从磨砺出，梅花香自苦寒来”所寓意的，一切美好的事物都需要通过不断努力、修炼、克服困难才能达到。“痛并快乐着”应该也是对每个人成长过程的另一种表达吧。

专题创建激发创造热情

生活总是这样，不知道什么时候就会改变我们的节奏和方式。就在我已经习惯并享受天天和孩子们在一起时，由于身体原因，我被调整到幼儿园资料室工作，成了一名资料室老师。

幼儿园资料室老师的主要职责是采购、制作、整理、提供教玩具，以及创设幼儿园公共环境、准备公开活动场地、整理摄像和资料等。最常规的工作就是每周根据班级的需要提供相应资料与材料，每日服务于前来领取和归还物品的老师。节庆活动前后的那段时间尤为繁忙，从设计、制作展板，自制装饰品悬挂在公共活动空间，到大市场采购全园需要的材料、整理班级教师归还的有些凌乱的物品……那段时间资料室好比大卖场、工作坊，偶尔也像垃圾场，日复一日地采购、收纳、整理等工作对于喜欢整洁和急性子的我来说，是一种不舒服且时而有点沮丧的体验。

难道往后就只能这样了吗？离开了保教一线，离开了与孩子的朝夕相处，我的专业生命也就此结束了吗？除了做好后勤服务工作，我还能和一线的保教活动联系得更紧密一些吗？办法总比困难多，在幼儿园领导的指导和支持下，资料室结构及物品存放、保管、领取等方式不断被优化，一些物品资料改为开放状态，一定程度上满足了教师自主取放、参与管理的愿望，同时，我在时间上也有了一定程度的解放。90 年代中后期，学前教育的书刊较以前有了不少增加，幼儿园资料室的书籍和杂志随之增加，然而，班级老师每天忙忙碌碌，大多时候来资料室是为了取放物品，借阅或查询图书和杂志的情况则比较少。这样一来，一些新书被闲置，实在是可惜。于是，我在资料室门口新增了一个类似于宣传栏的版块"每周推荐"，目的是每周向大家推荐一本书、一份杂志或是一篇论文，贴上照片并撰写推荐理由，我觉得这项工作很有意思，但凡有点空，我就翻阅书籍、杂志，寻找与我园当下实践活动有一定关联的理论、案例等。这项工作实际操作起来却并不那么轻松，倒逼着我不得不养成阅读与思考的习惯。随着阅读活动的开展，慢慢地，我发现日常工作也是需要不断反思、总结和改善的，于是我开始尝试将再平凡不过的资料室工作加以梳理。居然，我撰写的关于展板制作及节庆活动开展的思考发表了，这可是我工作以来第一次在省级期刊上发表文章，而且不止一篇，这让我感到惊喜，也得到不小的鼓舞。

从一线到后勤，从红花到绿叶，从刚开始的不适应、小失落到之后找准定位、创新工作、收获成长。因为愿意，因为热情，在资料室工作的四年，我有了更多机会参与到幼儿园的教科研工作中，有了更多机会参与到全园性活动策划、服务中。虽然已不在一线，也没有之前那么多优秀的前辈给予专业指导和帮助，却是工作以后论文发表及获奖最多的时期。想来，也许就是因为在资料岗后参与机会更多、承担事项更多、危机感更强的缘故吧！

现实中，我们常常不能选择岗位，不能选择环境，但我们可以决定自己的态度和对事物的看法，这段经历以及太多事实不断告诉我：一个人坚定的内心信念和不断追求的力量，往往比自己认为的更加强大。任何事情、任何时期，只要热爱，只要心甘情愿，始终保持对生活的爱与热忱，总是能努力把每一天过得简单、充实且有意义。这段一开始无奈甚至是沮丧的经历，对我的成长依然很有价值，我再一次体会到"塞翁失马、焉知非福"，我更懂得了坚守初心的意义。

作为资料员，我更多地承担或参与到幼儿园的各项创建工作中。创建工作可能是每所幼儿园都会面临的工作，通过专题创建，创立并建造一个新生事物，这个过程必将面临新问题，需要提出新理念、想出新办法，建立或完善新体系。创建工作是一项系统且具有创造性的工作，创建过程对一所幼儿园来说，通过以创促建，以建促发展，那么，对个人而言,又何尝不是创造性解决问题并获得成长的过程呢?

1998 年,幼儿园决定创建南京市合格档案室,当时对档案工作毫无经验的我接受了这个任务。

幼儿园帮助联系了区档案馆的李科长,她耐心地给我讲解了何为档案及档案建立与管理的基本要求。对于我来说,这就是一场关于档案的扫盲活动吧。紧接着,幼儿园安排我参加了市档案馆组织的为期五天的培训与考核,我取得了南京市档案管理员资格证。通过学习,在对档案室创建工作整体框架有了初步了解的基础上,我着手制订档案室建设所需硬件环境和物资的明细,尝试编制档案目录,建立档案管理制度,梳理开展创建工作思路、举措以及存在的问题与困难。在此过程中,李科长的悉心指导和幼儿园的充分尊重都给了我莫大的支持与鼓励。

一切并不那么顺利。因为多种原因,幼儿园只有近 4 年的档案资料,之前 40 多年间幼儿园发展过程中所形成的有价值资料几乎为零。档案资料严重缺失,得知这个情况,我心急如焚,一筹莫展,要创建合格档案室,这犹如“巧妇难为无米之炊”。但更重要的是,通过之前的学习,我知道一个单位的历史档案资料的重要意义和价值,幼儿园历史资料的缺失不仅仅是一种遗憾,更是一种重大的损失。怎么办?

办法总比困难多。在园领导的支持下,我们组织退休教师座谈会,邀请前辈们参与档案收集工作,很快,就收集到不同时期的老照片以及课题研究、幼儿评语、新闻剪报、获奖论文等珍贵的影像、文档资料。我们还根据大家的回忆,到市、区档案馆查找、复印相关资料。这个过程虽然烦琐,但让我们充实、高兴。

因为时间紧、任务重,大部分教师或多或少参与到档案馆的创建工作中,大家分工协作、共同努力,创建结果自然令人满意。多年后,区档案馆的李科长还时常感慨太幼人的团结、执着与创造。

尊重历史、尊重传统、尊重文化,应该也是一所优秀幼儿园该有的样子,也许它也一直深藏在太幼的文化中。太幼历史,其实就是太幼记忆,是那群曾经奋斗在这里而拥有共同记忆的前辈们的精神认同,也是当下和今后幼儿园的现实需要。它是太幼历史的真凭实据,是联系过去和未来的信息纽带,也是太幼后来人开展传统教育的生动教材,这些在太幼发展过程中形成的档案资料,无论对过去还是将来都具有重要价值。

作为太幼后来人的我们,对培养我们这片沃土的最大尊重,就是要尽最大努力给予她真实的复原。事实再次证明,办法总比困难多——从有了坚定决心的那一刻起。

如今,幼儿园大厅的文化广场以及党建活动室等多个地方,依然能看到当年收集的这些珍贵档案的影印件,它们一直在默默地诉说着奋斗与辉煌,也一直在静静地发挥着引领与影响的作用。

与南师相遇

求学中寻找专业发展动力

俗话说好事多磨。从初中起，我就憧憬大学生活，但因多种原因我上了幼儿师范学校，虽已毕业工作，但内心的大学梦一直不曾淡去。

1992 年，我终于在工作之余走进南京航空航天大学，接受财务管理专业的专科学习。高等数学、线性代数、概率论以及 BASIC 语言等科目，延续了我对于数学的兴趣，三年的学习生活很快结束，它让我的生活充实而美好。我决定继续学习，虽然对文科的喜爱远不如理科，但自己毕竟是一名幼儿园教师，实践工作中也常常面临因理论不足而无法解释、无法解决的困境，对专业理解和专业成长的渴望促使我对学习学前教育专业有着强烈的愿望。

1996 年，南京师范大学开设学校管理（学前教育方向）本科函授教育，得知这一信息我兴奋不已！虽已有身孕，我还是毫不犹豫地选择报考，也如愿以偿地走进了这一全国学前教育人向往的圣地。在这里，我见到了以前只能在书本上、杂志上才能看到的“大咖”老师，我心满意足，如饥似渴。

中外学前教育史是一门重要的学前教育专业基础课，这门课程由唐淑教授开讲，她全面系统地讲解了学前教育理论研究与实践的发展历史，深入浅出地阐述了古今中外不同时期主要思想家的学前教育思想，并反复强调古为今用、洋为中用、辩证取舍、推陈出新。从中我初步了解了从古代、近代到现代学前教育的演进，对不同流派的教育理论和思想有了粗浅感知，更是从许多优秀教育家献身学前教育事业的感人事迹中受到启发和鼓舞，投身幼教事业的信念进一步坚定。顾荣芳教授的学前儿童卫生与健康教育，让我较为系统地了解了学前儿童心理卫生、营养卫生、疾病预防、健康教育等知识，也让我明确地认识到学前教育的培养目标是体智德美，体应该排在首位，健康教育对儿童的全面发展具有重大意义。顾教授系统且细致的授课，让我不限于知其然，更努力地追求知其所以然，在这个过程中，我的健康观和健康教育观也不断得到更新。孔起英教授的学前儿童美术教育带给我最大的认知冲突是，学前儿童美术教育与成人美术教育有着本质区别，儿童天然喜欢美术，认知与技能不是儿童美术教育目标的全部，儿童美术教育不仅是艺术教育，也是情感教育，更是满足儿童审美情感需要的教育。绘画、手工等美术活动是儿童的游戏之一，是他们生活感知、内心情感的个性化表达，是他们把握世界的一种方式。由此及彼，学前儿童其他领域的教育也是如此，这一认知的转变对于反思当时重认知技能、轻情感态度的现实具有积极意义，这一转变警醒我应该更多关注儿童和正确理解儿童的全面发展。谭顶良教授的学习风格论和王小柳教授的教育科学统计对我来说都是全新的领域，填补了已有知识结构的空白，为今后系统地、理性地思考与分析问题奠定了一定基础。

对于我来说，虞永平教授的幼儿园课程论这门课最为“烧脑”，仅“课程”二字就令我抓耳挠腮、难以捉摸。那个时候，对于一线教师来说，课程一词更多代表的是上课、学科、活动内容，当虞教授写了满满一黑板古今中外幼儿园课程概念的关键要素的时候，我对它的认识却越发模糊了，幼儿园课程到底是什么呢？我反复琢磨课堂笔记，努力整理自己的理解并试图加以表达，可结果并不如意，总觉得说不清、道不明。有趣的是，人的大脑总是渴望知道更多，好奇心促使我想进一步弄清楚幼儿园课程是什么，我被这捉摸不透的幼儿园课程所吸引。通过虞教授为期一年全面系统的理论阐述和案例剖析，我理解了幼儿园课程有其特质，它与中小学课程有着明显差异，这是由幼儿身心发展的特点和学习规律决定的。我了解到幼儿园课程应根据幼儿生活的逻辑加以组织，以幼儿的兴趣加以引导，有目的地选择、组织和提供综合性的有益经验，最终以感性的、具体的、多样的活动形式对幼儿身心产生作用。关于幼儿园课程的这些认识，为我在之后的幼儿园课程开发与建设实践中奠定了较为科学而稳定的理论基础。虽然那时，我对“经验”一词也深感困惑，并且困惑了很多年。

与南京航空航天大学及南京师范大学的相遇，让我实现了人生中的一个圆满。这种圆满不仅仅是圆了我多年前的大学梦，更让我开阔了眼界，看到了自身的不足，通过学习、反思与实践，夯实原有知识结构，养成学习与反思习惯，由此不断增强内在的专业发展动力。持续的学习带给自己的是不断挑战和改变，以成为更好的自己，做自己真正想做的事，从中不断获得满足感与幸福感，也许这就是我求学的真正意义吧！众所周知，完成学业对于承担着不少工作及生活压力的人来说，需要付出更为艰辛的努力，求学路上并不总是充满风景，但无论怎样，人生需要学习，需要成长的动力。

事实上，在这个日新月异、充满挑战和极具不确定性的时代，终身学习理念已深入人心，学习已经或必须成为人们日常生活中不可缺少的一部分。

养育中增进对儿童的理解

英国浪漫主义诗人威廉·华兹华斯在《彩虹》诗中写道：“儿童乃是成人的父亲。”意大利儿童教育家蒙台梭利将此引用到《科学的幼儿教育方法》一书中。从为人师到为人母角色的转变，让我对这句话有了切身的感悟，在陪伴和养育女儿的过程中，我对儿童、儿童的成长以及儿童与成人的关系有了更为全面、深切的理解。

一岁多的女儿能够独立而且平稳地走路了，那个阶段她对走路特别感兴趣。一天，她在楼下玩，一个不长的、缓缓的坡道吸引了她，她顺利走到坡道的尽头，然后转过身来，稍微停顿了一下，往坡下走，下坡时脚步有些紧张，表情也略微有些严肃。一次、两次、三次，随着来回次数的增多，她的脚步明显一次比一次稳，表情也轻松了，来回过程中还不时发出开心的笑声。在我的印象中，女儿从蹒跚学步到平稳走路，似乎没有摔倒过，因为她总是有着极强的自我保护意识，哪怕是从房间到客厅的那个小小台阶也需要扶着门框走下来，但在我看来，事实上她这方面的机体已经成熟。那个阶段我正在南京师范大学求学，想到皮亚杰曾经指出，神经系统的成熟只是提供了可能性，要实现某种可能性必须具有其他的先决条件，其中最直接的条件就是与动作结合在一起的机能上的练习。想到这里，我走到坡道的侧面，鼓励女儿从侧面的台阶跨下来。她自然是不愿意的，于是我一边用语言鼓励一边伸手帮助，她犹豫了一会儿后，站到了坡道的侧面，紧紧拉着我的手，很认真地看着前方，小心翼翼地挪动着身体跨了下来。在我的夸赞与鼓励下，她开始尝试自己跨下台阶，有时也会踉跄一下，其实这时我也心头一紧，但职业的敏感还是让我竖起拇指并点头微笑。接下来她又重复了几遍，每次成功走下台阶都会开心地自己拍拍手笑笑。跨下台阶的动作持续了一段时间，她兴趣依然浓厚，而且开始尝试再高一些的台阶。这个小小的坡道游戏持续了半个多小时，女儿迈腿的坚定性和身体的平衡性越来越好，大笑、拍手等愉悦反应也随之增强。我静静地站在旁边观察、微笑、拍手、竖起拇指，时而也会说："真好玩""真勇敢""再来一次""好开心啊"。接下来的几天，女儿对这个小坡道情有独钟。

一段再平常不过的斜坡在孩子的眼中是这么的有趣！一岁多点的孩子会有自己的玩法，在成人的小小帮助和鼓励下，自己也能不断挑战、不知疲倦地玩半个多小时。在这个也许很多成人看似简单乃至有些无趣的游戏中，女儿上下坡、跨台阶的技能不断提高，腿部力量和身体平衡得到增强，也更乐意勇敢地尝试，而且成功后的愉快体验显而易见。事实上，只要我们用心观察，许多现象都表明，很小的孩子对环境就很敏感，他们能作出判断和选择，通过不断重复的动作、游戏来发展、完善自己的某种能力。他们似乎很了解自己，当然也需要成人的适当帮助，他们在自由游戏中实现自主学习，并通过不断增加游戏难度让任务更具挑战性，哪怕在成人眼中只是一个不断重复的简单动作而已。此时，成人所需要做的是用心关注和适时回应，理解、尊重他们并给予充足的时间、耐心陪伴。

两岁多的女儿上托班了，刚进入集体生活的她，对很多事情都很好奇，每天回家时小嘴巴总是说个不停。一天，女儿说："男生是站着尿尿的，我也要站着尿尿。"我觉得很有趣，心想，这可能是幼儿园厕所是开放式的原因吧，我耐心地用她听得懂的话进行解释。可是，第二天，她又提出了同样的要求，我又认真地解释了一遍，然而，接下来发生的事情让我哭笑不得，她真的站着尿了，结果可想而知。在帮她清洗更换的过程中，我反复强调："你是女孩子，女孩子应该坐着尿尿。"可就在接下来的一段日子里，女儿又站着把裤子尿湿两次。终于，在此之后，再也没有发生过类似情况，只是在某一阶段，她去尿尿时经常自言自语："男生站着尿尿，女生坐着尿尿，我要坐着。"经历了三次尝试失败的体验后，她终于接受了这个对成人来说毋庸置疑的事实。

暑期的下午，1986 年版的《西游记》如期播放。这是女儿最开心的时刻之一，也是我母亲的快乐时光。可是很快，母亲就面临了难以招架的困境。那段时间，女儿经常问："婆婆，我什么时候能飞呢？"母亲总是回答："人是不会飞的。""可是孙悟空会飞呀！""对啊，孙悟空会飞，小鸟会飞，飞机也会飞，可是人是不会飞的呀！"母亲的这些解释只能让女儿暂时停止讨论。过了几天女儿说："我知道了，等我长大后就能飞了。"母亲扑哧一笑，又开始耐心解释："你看，婆婆都长这么大了，还是不会飞呀。"一天，母亲正在忙活着，女儿兴奋地跑过来说："婆婆，婆婆，我知道了，你不会飞，可我长大后会飞。因为我姓孙。"母亲和我分享了这个有趣的故事，也不无烦恼地说："这可怎么办呢？解释不清啊。"幸好，那个阶段，因为虞教授的推荐，我们刚接触到了意大利瑞吉欧的方案教学。我和女儿展开了讨论："你想怎么飞？有什么东西可以帮助我们飞起来……"紧接着，我们找来了一些纱巾、斗篷、帽子、小棒和水果纸箱。再接下来，女儿就开始了各种忙碌，她忙着装扮自己，忙着爬上爬下，忙着尝试各种往下跳的方式，还忙着指挥我把坐在纸箱中的自己高高举起，在房间里来回跑动。她一边跳一边兴奋地喊："我飞起来啦，我飞起来啦！"为了更好地保护她，我在地板上铺了好几层被子。这样的游戏持续了一段时间，在满足了"我飞起来啦"的愿望后，游戏自然结束。

这两件事虽都已过去 20 多年，却一直深深地留在了我的记忆中。它们时常提醒我，孩子的世界有别于成人的世界，孩子关于世界的认识也不是成人给予的，他们有自己的认知方式，有自己的朴素理论，有自己的逻辑解释。他们通过自己的观察、体验甚至在试误中获得经验，自己看一看、想一想、试一试、玩一玩才是他们应有的学习方式。这种通过多种方式获得，并与自己生活紧密相连的实际经验的学习是无法取代的，再小的孩子也是学习和成长的主人。并且，他们各自也有着与众不同、个性化的学习与表达方式。

作为父母，我们在养育孩子的同时，孩子也在不断教会我们许多，孩子让我们看到他们的世界独特且不同凡响，让我们了解到他们小小的身体里隐藏着巨大的自主发展的潜能。陪伴女儿成长的过程不断给我启发和忠告，让我得以更好地理解孩子、理解早期教育。成人用心地去发现童年的意义并满怀敬意地"与儿童一起生活、共同成长"，这才是学前儿童养育、教育的应有之意吧。

师生情谊延续着永恒的爱

南京师范大学作为一所百年老校，名家大师辈出，文化底蕴深厚。"严谨朴实"的学术品格、"以人为本"的厚生传统、"追求卓越"的创新精神影响并哺育了一代又一代教师和学子。南京师范大学学前教育专业的教师们功底深厚且为人谦和，他们是可敬、可信、乐为、敢为的，对我和太幼的老师们产生了深远而有意义的影响。其中，虞永平教授是"经师"与"人师"的典型代表，他和我们有着不解之缘，情谊延绵不息。

虞永平教授是我在南京师范大学求学期间教授幼儿园课程论的老师，他儒雅谦和、眼光独到、善解人意。幸运的是，自 20 世纪 90 年代中后期，我园尝试开展园本课程——田野课程建设以来，虞教授一直引领着我们扎根"田野"、深耕"田野"。他领着我们学习先进的课程理念和科研方法，陪伴我们经历探索的喜悦及纠结与困惑，激励我们始终追寻"发展至上"的基本理念和使命担当。在我和老师们的心目中，虞教授早已成为我们密不可分的伙伴、家人，而不仅仅是专家、导师。

我们和虞教授太熟悉了，但当我真的要着手写和虞教授的故事时，却犯了愁，最大的困难是无从说起。因为20多年来，在高频率的观摩研讨、分享学习中发生的故事太多太多，这些故事既印象深刻又是那么平常，我真的一时很难用几个故事加以表达。当我想从老师们那儿得到启发时，发现不仅是我，老师们也有同感 。就如老师们所说的："虞老师离我们很近很近，但是好像真的要形容他却感到挺难，我感觉就像想要形容自己的父亲一样，他是一位非常值得尊敬的长者，他和我们真的很亲，但我却真的很难一下子能够描画清晰。""我感觉虞老师是我们中的一个，他就像满天星火，点亮了我们。"既然如此，我就来说一说虞老师和我们在一起时的主要活动与状态吧。

用心观察与倾听。每次来到幼儿园，虞老师都会到幼儿园各个角落转一转、看一看，他对师幼活动现场以及幼儿园环境资源情有独钟，他总是仔细观察活动中师幼的言行以及环境中留下的活动痕迹，并和我们讨论可能获得的经验。说来惭愧，虞老师总能像孩子那样，发现一些我虽身在其中却熟视无睹的细节，有时我们会戏说虞老师的眼睛好似扫描仪、耳朵好似录音机，任何一个细节都将被敏锐地捕捉并真实地记录。在他的影响下，慢慢地我发现自己关注细节的意识和能力不断增强。一次，在观察小池塘中的植物时，他说："最近增加了菱角、茭白，很好啊。"有时他会问："上次讨论的空间利用，实践中有突破了吗？""他们班的课程故事梳理好了吗？"此时我总是好奇，虞老师那么忙，怎么能记得这么多事情呢？我想除了好记性外，更重要的应该是用心吧！另外，虞老师在观察与倾听中流露出的尊重、理解和包容，极大程度地保护了教师的自尊心和积极性。在我园每一次的课程研讨活动中，虞老师总是静静地坐着，笑眯眯地带着欣赏的眼光观察孩子，研讨环节也是笑眯眯地听老师讲述自己的实践、发现和困惑，即使是再年轻的教师或是我们自己听着就有明显问题时，他依然那样静静地、温和地看着，当年轻教师忐忑不安时，他会说："很高兴能听到这么多年轻老师的发言。"他的讲话打消了每一位老师的顾虑，这种没有压力和距离感的交流保全了老师的自尊，更激励了大家积极表达的愿望，大家畅所欲言，各抒己见。

激发反思与动力。关于儿童评价，虞老师曾经建议："多看少说，多听少帮，多核少判。"和我们在一起时，虞老师也是这么做的。虞老师从不主观地对孩子或老师的行为做出评判，他也不会告诉我们应该怎么做而不应该这么做，但他总会想方设法引发我们进行自我反思。就拿每两周一次的课程活动研讨来说，讨论、辩论乃至争论是家常便饭，特别是当有虞老师的博士生和研究生参与时。我园的老师和他的学生对具体情境的理解和做法时常有不同的见解，每当我们辩得面红耳赤时，虞老师总是耐心等待，他不说话更不评价谁对谁错。最后，他会帮助学生分析我们的行为，帮助我们了解学生刚才所说的理论和概念的含义，他帮助大家在理论与实践间架起一座桥梁，每一次这样的辩论过程对我们都很有意义。当我们有困惑请教时，虞老师通常不会告诉我们所谓的标准答案，而是以探讨的方式诱发我们思考并讨论，他也许是给我们阐述某一理论，也许是给我们列举一个案例，也许是讲述一段故事，也许是一连串的提问。老师们就在这种交谈、问答、辩论的过程中,反思自己认识上的矛盾冲突,也从理论故事案例中受到启发,最终找到也许不止一种的问题解决方案。在我看来,这个过程类似于苏格拉底的"产婆术",很好地激发老师们思考问题的积极性与主动性,在虞老师的帮助下,老师们的内在经验和力量被不断诱发,大家的反思、归纳与解决问题的能力也不断得到提升。

引领学习与实践。虞老师知道我和老师们专业前进道路上的拦路虎是什么,他也知道如何滋养我们,"用理论武装头脑"是他常说的话,给我们开书单、引读或带着我们精读是他常做的事。我记得2000年前后,虞老师连续拿来几本复印书,阅读那些密密麻麻的繁体字需要我们沉下心来,一开始我们并不习惯。事实上,这对已经习惯了整天忙忙碌碌的幼儿园老师而言,本身就意味着挑战和改变。随着阅读活动的开展,它像是为我们打开了一扇视窗,我们开始被吸引并尝试改变。虞老师引领我们开展课程建设的过程,可以说就是引领我们持续学习理论和优化实践的过程。从最初的《方案教学的理论与实务》等,到《有准备的教师——为幼儿学习选择最佳策略》《幼儿教育的原点》《关注儿童的生活——以儿童为中心的反思性课程设计》《幼儿全人教育》《小小探索家——幼儿教育中的项目课程教学》,到近年的《让早期学习理论看得见》《幼儿与环境——致力于可持续发展的早期教育》《游戏、学习与早期教育课程》等,虞老师总是针对我们在课程建设中存在的主要问题开出书单。在他的倡导和帮助下,我园经常开展读书会,虞老师也会尽力抽空参与其中,必要时也会带领我们精读其中的某个段落甚至是关键字句,因为他知道对于我们一线老师来说,学习理论、运用理论并不是一件容易的事,他也总有办法让我们明白并坚信,理论是实践的眼睛,实践能解决理论所不能解决的疑难。他将理论与实践紧密联系的解读让我们受益良多,在他的鼓励下,我们开始尝试用理论解释自己的行为,尝试对课程实践进行理性梳理并形成自己的理论,我们努力打破对自己而言已长期存在的理论与实践间的壁垒,在这种有些痛苦但很有意义的过程中,我们不断实现着"教师"与"科研人员"角色的融合,我们的儿童立场、课程意识、发展意识不断增强,与之同时,我们的课程实践样态也持续优化。

我和老师们觉得和虞老师离得很近很近,可能还因为他能够时刻包容和接纳我们的认知现状,他太了解作为一线教师的我们所付出的努力及面临的挑战。他引领并期待我们成长,他不批判、不贴标签,不提出这样那样所谓规定的要求和标准,更多的是观念引领及思路、策略建议。当然,他也不会直接告知答案,总是以温和的方式引发我们独立思考和与我们共同探讨。他尊重、关爱我们中的每一个,理解我们的不一样,事实上,我们知道很多时候自己做得并不好,且问题始终存在。他从不给我们压力,但有趣的是,我们总会自加压力,换句话说,我们总想做得更好,尤其是在每一次和虞老师的交流之后。我想,也许这就是"高山仰止,景行行止,虽不能至,然心向往之"吧!

20多年来,我和老师们看到虞老师为了更广大儿童的幸福童年倾心研究、谏言献策、言传身教,他以远大的教育理想、强烈的责任使命、广博的眼界学识引领我们着眼于完整儿童的培育。所谓“经师易求，人师难得”，虞老师让我理解并遵从“发展至上”，崇尚并追求“正德厚生”，他犹如明灯，在我们探索彷徨时指引方向；犹如号角，将我们召唤进充满希望的田野；更如文化象征弥漫在我们周围，春风化雨般滋养并引领我们走向更加美好的未来。

虞老师和我们，师生情谊延绵不息，以爱为魂，薪火相传。

第二章　田野课程 1.0：走进课程的领域

简　介

至今，我依然能清晰地记得，20 世纪 90 年代末，《幼儿园教育指导纲要（试行）》呼之欲出，意大利瑞吉欧方案教学的理念风靡全球，这给我国幼儿教育注入了新的活力。机遇与挑战总是并存，处于那样的时代背景下，作为江苏省首批示范园主人翁的我们，深受鼓舞，很是新奇，也倍感压力。我们跃跃欲试，1999 年春，在南京师范大学虞永平教授的引领下，在臧勤园长的带领下，开启了幼儿园课程建设之旅。

我们的课程之旅是从学习、回顾、反思开始的，我们学习中外学前教育理论、先进课程模式、最新文件精神。学习给我们带来了新鲜的、前所未有的视角，在此基础上对现有幼儿园课程进行全面而深入的分析与反思，我们期待改变，期待做得更好。2000 年夏，臧勤园长被提拔到教育局，由我负责幼儿园工作，从作为核心组成员参与课程改革实践，到作为课程领导者引领、组织、推进课程整体改革，这是一个不小的挑战，此时，是太幼团结奋进的文化给予我强力的支撑。我和伙伴们在课程建设起步阶段的经历让我们终生难忘，那时大有不破不立的冲动和决心，我们不受框框条条的限制，无论是理念上还是行动上，对课程实施途径、内容、方法、空间、时间等进行了大胆的尝试与突破，在这个阶段，我们确定了园本课程的名字为“田野课程”，“田野”二字是课程核心理念的浓缩体现，应该说，这一阶段的课程实践改革是开创性的。我们有时激情澎湃，有时纠结困惑，但更多的是收获满满。我们有太多的惊喜，尤其是关于儿童及其学习和发展的发现与认识让我们兴奋不已，儿童给我们带来的惊喜促使我们必须重新思考儿童的学习与教师的工作，因而我们更加关注儿童的主动学习、环境的课程意义、内容的组织方法以及家园的协作力量。

既然是改革，我们必然也面临着各种压力，除了改革对教师的专业性提出了具有冲击性的挑战外，来自家长、同行、管理者质疑的压力也的确不小。一方面，我们开放心态，认真了解大家的疑惑和建议，找出关键问题；另一方面，我们也意识到幼儿园课程改革本来就是一项长期的系统工程，需要逐步地整体推进，于是我们改变管理理念，倡导人人参与，强化行知合一，采用多种方式让教师们从学习、探索开始，在学思行中积极参与、更新观念、转变行为，优化互动方式以改善家园关系，期待大家从了解到理解并努力达成共识，以营造良好的课程改革环境，集聚课程改革力量。

本章将从我和伙伴们的学习思考及课程实践两个方面，与您分享我们走进幼儿园课程建设的背景、情境和困惑，分享专家引领下的团队学习给我们带来的意外收获、认知冲突、观念更新和改革激情，分享我们的实践突破、师幼状态、面临的问题及解决方案。全面推进田野课程建设 3 年后，我们出版了第一本课程专著——《田野课程——理念与实施》，书中梳理了指导我们课程实践的主要教育理念，列举了部分以网络方式展开的主题活动案例，这是我们改变课程内容组织方式的重要尝试。这本书稿的撰写、整理工作对于我们来说，既是课程实践改革的阶段性小结，更是下一步整体推进课程改革的发展动力。

对方案教学的理解

20 世纪 90 年代末，意大利瑞吉欧教育经验的影响在世界范围内迅速扩大，虞永平教授给我们带来了这一资讯。第一次他带来的是几张纯英文的复印件，一两年后，他带来一本有着密密麻麻繁体字的《方案课程的理论与实务》复印本。之后，《方案教学的理论与实务》《开启孩子的心灵世界——项目教学法》《小小探索家——幼儿教育中的项目课程教学》《儿童的一百种语言》等幼儿园项目取向课程的图书相继成了我们的枕边书。

丽莲·凯兹和西尔维亚·查德两位教授，因在世界幼教界的影响，有人称他们为“方案教学大师”，我们如饥似渴地阅读着他们关于方案教学的著作。事实上，我们并不习惯于阅读繁体字，当时我们的理论基础也比较薄弱，对方案教学更是一无所知，但这一困难并不影响我们对阅读的热切与激动。有关方案教学的一系列书中对儿童学习的深刻理解，对项目教学的深入阐述，尤其是一个个项目教学实例、一张张网式计划提纲、一幅幅幼儿作品及分析无不深深吸引着我们。我们经常对书中开放丰富的空间、幼儿的作品、教师档案记录中幼儿所表现出的超凡才能感慨不已，我们看到了不一样的课程理念、师幼关系和活动开展方式，我们看到了幼儿沉浸在活动中的快乐以及所展现出的巨大潜力。我们还经常与同事聚在一起探讨，这样的学习为我们打开了一扇视窗，为我们注入了生机，当然也向我们提出了挑战。我们多么希望，我们的孩子能如同书中描述的那般自由成长、潜能无限，我们自己也能如此富于创新和智慧，我们希望这样的景象在不久的将来能成为现实。

学习方案教学的理念并尝试将其纳入园本课程——田野课程的实践中，我们着重对项目活动进行深入的学习与实践探索，通过对比了解系统教学、项目教学的主要区别和互补关系。我们尝试开展主题活动，在主题产生、活动线索、主题网络以及情境脉络等方面有了自己的理解。接下来，我将围绕“系统教学”“项目活动”和“主题活动”三个关键词，回顾我和同伴们的学习理解与实践感悟。

系统教学

在阅读《开启孩子的心灵世界——项目教学法》一书时，我第一次看到“系统教学”一词，心中便产生了疑问：系统教学是什么？为什么称为系统教学？它与我们平时所说的教学有什么不同？

该书中的系统教学被定义为一种教学法，指：“系统教学通过教授孩子个人一系列互相关联的子技能，来达到使他们熟练掌握阅读、写作和算术所需的总技能为目的。系统教学指学习那些需要具体和连续的子技能才能掌握的技能的过程。”[①]它与项目教学有着诸多本质的区别，但具有互补关系。作为一门课程的两个方面，系统教学和项目教学能使教师的作用得以充分发挥，从而为学生，尤其是幼儿园和初小阶段的学生提供各种不同的经历，从不同的侧面帮助他们更好地学习和成长。

在 20 世纪 90 年代的那个时期，受到教育观念和教育经历的影响，我们所说的教学主要指教师把知识、技能传授给幼儿的过程，教学的关注点在知识、技能等方面，而通常这些知识、技能是具体的、零碎的、孤立的、未能成体系的。那么，系统教学与我们所说的教学有什么不同？我有些好奇，也有些疑惑。可那时的我们还很难理性地开展考证、比较与分析，结论也就不得而知。尽管如此，在我看来，“系统”二字仅从字面意义也似乎带着某种暗示和启发，在我们的教学中，是否应该用综合的、联系的眼光，努力让那些具体的、零碎的、孤立的知识和技能等在横向和纵向上产生一定的联系，形成一定的关系，从而增强教学的效果？

此时，虞永平教授给我们提出了“知识系统化”这一概念。于是，我尝试着阅读相关书籍，希望能对“知识系统化”有所了解。知识系统化是苏联经过长时间理论与实践探索的成果，认为知识是有体系的，由于有了系统性，知识才变得更有效、灵活，人们可以在认识问题和解决实际问题时迅速地使用它们。四川师范大学的彭俊英教授曾在 21 世纪初对此作过深入研究，她认为幼儿园知识系统化指：“在向幼儿传授关于现实事物和现象的知识时，引导他们理解反映知识的简单联系和规律的知识体系。”[②]她指出系统化知识的实质是相互关联的知识组成的网络状知识团，强调儿童不仅要认识事物的外部特征，而且要理解其隐含的本质规律，不仅要知晓个别零散的知识，而且要把握知识之间的联系，从而构成由表及里、由此及彼的立体状知识网络结构。同时，她认为系统化知识是促进儿童发展的有效手段，它有利于儿童头脑中的新旧知识发生相互作用，有利于扩大儿童的认识潜力，有利于培养儿童用深入、联系的

---

① 丽莲·凯兹，西尔维亚·查德.开启孩子的心灵世界：项目教学法[M].胡美华，译.南京：南京师范大学出版社，2007：12.

② 彭俊英.知识系统化理论对当前我国幼儿园教育的启示[J].学前教育研究，2002(3)：11.

眼光看待事物的习惯。①

诸如这些对知识系统化的关注和研究，对当时的实践与思考具有现实指导意义。20世纪80年代以后，特别是90年代末21世纪初，我国幼教界热衷于学习美国等国家的学前教育思想，强调儿童在活动中的主体地位等思想深入人心并逐步成为主导观念。与此同时，批评苏联学前教育理论的声音不断出现，很多人认为在倡导儿童是学习者的背景下，苏联关于知识系统化的研究已经落伍，具体的、线性的知识不利于幼儿的学习理解和掌握。其实，这种认识是由于对苏联这一理论有所误解而形成的，这样的理解是有些狭隘、不够深入的。事实上，苏联的知识体系化本身就包含着纵向与横向的联系，强调知识之间是有关联的，除了纵向的联系以外，横向的联系也很重要。假如幼儿获得了有联系的经验，将更有利于他们的学习，并更好地理解事物和现象内部的关系是互相联系和互相依赖的，这种关系思维的建立事实上至今都很重要。比如，要想给幼儿介绍草原上的羚羊，不仅仅需要介绍羚羊本身，还要让幼儿了解它们的生活环境是怎样的、食物链是怎样的，让幼儿了解这些与羚羊相关的知识和经验，目的是帮助幼儿理解羚羊与其生活环境之间的联系，从而了解到动物是需要适应环境的这一自然规律。

对苏联知识系统化的正确理解给我们带来启示，加深了我们关于课程内容的选择和课程实施的反思。在课程建设中，选择内容时应该针对幼儿的已有经验和认知特点，不仅关注事物或现象的零星知识、内外部表面特征，还要关注知识之间的联系及其隐含的本质规律、一般原理，这也符合《幼儿园教育指导纲要（试行）》中关于教育活动内容的选择应遵循"既适合幼儿的现有水平，又有一定的挑战性"的要求。在课程实施中，即便是在集体性的教学活动中，我们也不能单单考虑一个领域的内容和目标，也不能将领域划分得很细致，否则就会出现割裂的现象。我们需要将活动放在一个立体、系统的网络中加以思考，关注到知识、经验在纵向、横向间的联系，既考虑到领域自身的内在逻辑，也考虑到领域之间的关联。

通过学习"知识系统化"而形成的这些理解，给我们带来了重要的现实指导意义，我们是这样理解的，也是这样践行的。如，在大班"天气"主题活动中，幼儿不但对各种各样的温度计感兴趣，而且希望用温度计测量幼儿园不同地方的温度。那么此时认识温度计是每一个幼儿都需要掌握的，于是教师开展了关于认识温度计的教学活动。但假如仅仅了解温度计的外形结构以及知道如何看懂刻度是远远不够的，我们还需要让幼儿通过经常性使用，鼓励幼儿观察、记录温度计在不同季节、不同场所、不同状况下的刻度变化，结合自己在这些季节和场所的感受，从而发现温度与白天黑夜、阴晴变化、生态环境及人们生活等之间的密切关系。我们对"知识系统化"的理解也体现在环境建设上，如我园对种植园地的规划与设计，不只是将其限定为一个种植、收获的场所，而是努

① 彭俊英.知识系统化理论对当前我国幼儿园教育的启示[J].学前教育研究，2002(3)：11－12.

力体现关系和生态的理念。我们努力使这儿不仅是农场、菜园、果园、竹林，因为有小鸟、毛毛虫、蜗牛、蝴蝶、蜻蜓等加入，这儿也自然成了一个小小动物园；我们更为幼儿提供了充足的活动时间和机会，鼓励和支持幼儿通过喜欢的、多样化的活动获得综合的、立体的、系统的知识与经验，这是基于我们对"知识系统化"以及生态理念的理解和运用。无论在观念层面还是实践层面，无论是课程实施还是环境打造，我们都在不断努力，提醒自己在为幼儿提供关于现实的某方面知识体系的同时，更关注并期待他们能够理解简单的现象、联系和规律，我们认为这样能更好地帮助他们学习和成长。

现在看来，我们当时的课程实践中已有了关系思维的萌芽，对关系思维的关注和培养对于每一个幼儿以及教师来说，都是必要且大有裨益的。为更好地实现自我、幼儿及学前教育的可持续发展，我们需要采用系统、生态的思维方式来发现问题并解决问题，努力从碎片式的、短期的、只顾眼前的思维方式转变为系统的、长期的、着眼于未来的思维方式。关于这点，我们一直在努力。

项目活动

伴随着学习，一些对新事物充满好奇并富有挑战精神的教师率先开始了探索性的项目活动实践，三个试点班班长陆晓民、邱梅蓉和陈丹琴老师就是积极探路者的代表。在试点班教师的探索引领下，在项目活动魅力的吸引下，更多教师陆续开始了大胆尝试，鱼、鸟、影子、面点、超市、运动会、我们的身体、汽车、各种各样的草、几何图形、图书、家等都是幼儿感兴趣的话题，教师经常和幼儿在一起讨论并追随他们的兴趣，展开持续一段时间的探究活动。

一个雨天的早晨，因为无法进行户外锻炼，陆晓民老师便和孩子们在室外走廊上活动。过了一会儿，陆老师发现两个孩子蹲在自然角的花盆边热烈地说着什么，一旁还有两个孩子探着身在听。陆老师也好奇地凑了过去，原来孩子们发现了一只蜗牛，他们兴奋地叫着、说着、争论着。接着，孩子们开始忙碌地寻找更多的蜗牛，有更多的孩子加入这支队伍，此时一个孩子发现了蜗牛的"家"，密密麻麻的蜗牛群更是引起了大家的惊叹，人群瞬间沸腾，极少能看见如此多的蜗牛聚集在一起，孩子们兴奋极了。

晨间锻炼时间结束该回班级了，可孩子们进入教室以后依然很兴奋，他们沉浸于蜗牛的话题中。陆老师一方面感觉到自己也许无法把孩子们从这个兴奋点中拉回来，另一方面她自己也享受其中并愿意进一步尝试，她决定放弃当天计划好的活动。当陆老师允许孩子们带蜗牛回班级和讨论关于蜗牛的事情时，孩子们用愉悦的表情和状态告诉老师，自己有多么的幸福。

孩子们自选伙伴三五成群地把蜗牛带回班级，然后聚在一个活动角展开了热烈的讨论。班级两位教师拿着本子到各活动角记录孩子的讨论，中午交流各自的记录情况，进一步了解孩子的经验、发现和问题，聚焦讨论话题的主要线索。

第二天早上，养在纸盒里的蜗牛大多爬了出来，孩子们手忙脚乱地找蜗牛。孩子们有了新的发现，蜗牛壳的出口处为什么会有一层膜？椅子腿上的蜗牛为什么不会掉下来？这一条黏黏的东西是什么？为什么有的只剩下了壳，蜗牛到哪里去了？它是去睡觉了吗？……为了不让蜗牛离开自己的家，孩子们和老师决定给蜗牛做一个合适的家。大家讨论、策划如何做蜗牛的家，并开始分工合作，有些孩子选择了大大的透明糖果罐，有些孩子找来了玻璃鱼缸，因为他们希望蜗牛的家是亮亮的，自己也能很清楚地看见它们。如何让蜗牛的家既能通气又不能让蜗牛爬出来呢？这个问题让孩子们觉得有些难。此时，老师参与了讨论，给出了一些建议，孩子们开始寻找、制作、捆扎、粘贴，有些孩子负责在老师的帮助下在糖果罐上方剪出或钻出一个个小孔，有些孩子找来了网并用不一样的方式固定在鱼缸上，有些孩子捡来了树叶……

因为需要饲养蜗牛，老师和孩子们在班级的一角建了一个蜗牛资料库，他们查阅资料，了解蜗牛的习性，坚持每天照料蜗牛，记录蜗牛的样子、状态、吃的食物及每天发生的故事。他们给蜗牛画像，使用多种材料制作蜗牛模型，也有一些孩子商量着画一组有故事情节的蜗牛组画。他们还和父母商讨如何将自己打扮成一只蜗牛并动手尝试，孩子们和蜗牛之间发生了很多有趣的故事，在老师的建议和协助下，孩子们创编了一个个关于蜗牛的故事，并进行扮演。最后大家决定邀请父母来园参加关于蜗牛的展示活动，在老师的帮助下，动手把活动室重新划分成介绍区、运动区、化妆区、讲解区、表演区等。

这是2000年秋，陆晓民和班级教师与幼儿一同开展的一次项目活动，现在看来，依然觉得活动很有趣，教师与幼儿的行为都值得赞赏。因为从中我们清晰地看到：幼儿的兴趣对项目活动的产生及发展发挥着积极的作用；教师的儿童观念发生了根本性的变化，教师更愿意倾听、了解幼儿的兴趣和需要，并用多种方法支持他们自主选择、主动探究，在那个年代，能做到这一点特别了不起；在幼儿的主动活动中，教师和家长以多种不同的方式参与其中，但并不包揽活动计划及发展过程，更多的则是讨论发展方向、规划可能的活动线索；教师和幼儿一起为活动开展做着各种准备，这也成了活动和学习的一部分；幼儿在持续探究中所体现出的综合能力、成功感与满足感给了我们信心和鼓励。活动中幼儿自始至终的兴趣和热情是显而易见的，他们有想法、愿表达，他们也有一定的问题解决能力，在这样的活动中他们更主动、更愉悦……对于第一批摸索着开展项目活动的教师来说，在这样的活动中不但能进一步认识幼儿，还给自己和同事们带来了极大的鼓舞，老师们发出感叹："孩子们太能干了。""项目活动真有趣。""我们也是可以像瑞吉欧教师那样的。"

这个"蜗牛"项目活动是我们在最初阶段的一次尝试，现在看来可以做得更好，如可以支持幼儿开展更多的户外自然探索活动，幼儿也许能发现更多感兴趣的软体动物或昆虫，又如可以支持幼儿继续探索蜗牛与自然、环境及人们的关系，如此，关于蜗牛的项目活动的内涵和外延就能得以拓展，幼儿的经验也能得到不断发展并产生更多联系。虽然起步阶段的项目活动还略显稚嫩，但在20多年前，不能不说是一种了不起的创新与突破，我为拥有陆老师等一批课程改革创新者而骄傲，她们乐于学习、敢为人先，为我园课程改革一直在探路。

随着更多项目活动的开展，事实表明，幼儿喜欢项目活动，并能在其中获得更好的发展。其实，对充满好奇并富有创新精神的教师来说，项目活动无疑是具有极大吸引力的。这种吸引力来自活动中幼儿不断带给自己的惊喜，让教师发现了不一样的儿童，吸引力同样来自项目活动的开展给自己带来的诸多挑战，它挑战着教师几年乃至几十年来形成的理念和习惯，然而正是面对挑战并战胜挑战的过程，让教师发现了不一样的自己，大家有了更多的幸福体验，变得更为自信，这种内在激励的力量是巨大的。实践过程中始终伴随着的惊喜、创造和愉悦感，让教师觉得项目活动似乎也没有那么难了，随着时间的推移，越来越多的教师主动加入，参与到项目活动的实践中。

表 2-1　1999—2001 年开展的项目活动列举

小班	中班	大班
开水果店 班级的萝卜地 热闹的马路 小鸡出壳 我是一只小蝴蝶 带爸爸妈妈参观幼儿园 ……	调查水族馆 消防车 做面点 我们班的超市 我们爱锻炼 蔬菜美食会 到朋友家做客 小蝌蚪找妈妈 赛龙舟 ……	爱鸟宣传 蜗牛世界 班级服装店 我们的时装秀 我的树朋友 公园里的标志 独一无二的我 饲养蚕宝宝 天气预报员 班级图书馆 桥梁博物馆 我们去远足 我要上小学 ……

以上是我园 1999—2001 年开展的部分项目活动。从列表可以发现，随着年龄的增长，幼儿开展项目活动的数量明显增多和可能性明显增强。田野项目活动被界定为幼儿自主选择，通常以小组活动的形式，在教师支持下围绕感兴趣的问题进行持续、深入的探究活动。开展项目活动意味着挑战，这种挑战不仅仅针对教师，对幼儿来说同样如此。中、大班幼儿坚持性更好、规划能力更强、探究能力更高，更易生发和推进项目活动，但这并不代表小班幼儿不能开展项目活动，只是对于不同年龄段的幼儿来说，项目活动在时空、经验的广度与深度上有所不同，在对教师的依赖程度上存在明显差异。

因为不在班级与幼儿共同生活，没能直接参与幼儿经历项目活动展开的迷人过程，于我而言，不能不说是一种遗憾。但事物总是有两面性的，从另一方面来看，通过规划、讨论、环境创设、活动观察与记录等方式，我有机会参与更多班级展开的项目活动，虽不如班级教师的体验那么丰富而真切，但对全园课程实践的情况有了更为全面的感知和了解。通过学习、参与和思考，我逐渐认识到项目活动的一些原则和特点。

一是项目活动基于并追随幼儿的兴趣和需要。幼儿的兴趣和需要是生发和推进项目活动的前提，项目活动必须能激发幼儿的动机，引发幼儿的兴趣，不然，幼儿进行持续的、自主探究的动力便失去了源泉。

二是项目活动大多以小组为单位进行。幼儿的问题、兴趣、需要以及已有经验往往存在差异，基本不可能存在全班幼儿围绕一个问题开展持续探究活动的情况，通常以小组或者个人的方式进行。

三是项目活动围绕并解决真实生活中的问题。项目活动同其他活动一样基于生活、源于生活、为了生活，但它对生活的依赖和贡献度则更为凸显。生活中的问题既是项目活动的来源，也是项目活动的发展导向，对幼儿来说，问题意味着兴趣，包含着挑战、隐含着机会，幼儿在经历发现问题、解决问题、产生新问题的过程中不断获得发展。

四是项目活动让幼儿经历了一个自主的深入探究的过程。项目活动不仅源于幼儿的兴趣和问题，他们也有权决定进程，他们不怕犯错，因为他们知道教师会认可、理解并支持他们，因而也会感到开心自在。活动中幼儿会不断有新的发现、萌生各种想法，无论是时间、空间还是形式、方法，他们都可以按照自己的想法持续展开一系列探究活动，鼓励幼儿自主、深入探究是这一过程最重要的特征。然而，虽然项目活动强调教师尽可能少直接介入，但并不是听之任之，更不是被幼儿牵着鼻子走。教师需要及时对活动的教育价值作出判断，需要通过观察倾听、创设情境等多种方式协助幼儿的工作，从而确保幼儿在项目活动中更加有效地学习。

另外，项目活动中幼儿和教师的主要工作也有一些共同之处。如幼儿的主要工作有观察、交流、策划、分工、准备、探究、记录、表征及总结反思等，教师的主要工作是观察、倾听、价值判断、记录、引发、建议、协助、反思等。

从以上基本原则和共同要素可以看出，那时田野课程中项目活动的基本特点是“自主的、综合的、探究的”。

主题活动

主题活动是田野课程内容的主要组织方式之一，在项目取向的田野课程中，教师和幼儿经常围绕一个幼儿感兴趣且有教育价值的中心话题，以多种方式展开一系列有益于幼儿获得综合发展经验的活动。主题活动是一种开放的结构，一方面，从来源来看，主题活动不一定是预成的，有时也会生成，主题活动的设计不必有多么严密的方案，也不可能事先完全计划好，而是在预设关键经验和主要活动线索的基础上，在师幼互动中不断调整和发展。另一方面，从实施来看，主题活动的展开具有一定的开放性，它的实施不是刻板地严格按照最初的预设展开，或许在预设时活动会比较多，但实际的实施过程中则会依据幼儿的兴趣选择那些对幼儿发展更有价值的活动，又或许因幼儿的兴趣、需要及产生的新问题而产生新的活动。

当然，开放性并不等于教师事先不需要作计划，与以前的教学活动计划相比，这种计划是教师依据自己对幼儿的了解以及对教育目标的考虑，充分预设多种可能性而形成一个粗略的框架。关于预设主题活动可能性方面的探究，我们经历了三个阶段。

第一阶段，从活动线索开始探究

20 世纪 90 年代末，我们开始尝试开展主题活动，这种围绕核心话题、整合不同经验而开展的系列活动对我们来说是陌生的，在此之前的教学大多是分科的、单个的。那么主题活动中的一系列活动从何而来、如何选择、怎样展开？这些问题困扰着我们。通过学习，我们对主题活动具有一定开放性的特征形成共识，即主题活动不是一种完全预设的活动，活动有计划的成分也有非计划的成分，换句话说，教师预设的是活动和经验的可能性，是一系列可能开展的活动线索，于是我们讨论、梳理主题可能开展的活动线索。在考虑线索时，我们关注的不是教师教的线索，不是教师可以让幼儿去做些什么；相反的，我们考虑的是幼儿可能开展的活动线索，考虑幼儿喜欢、可能、需要做什么。这一从幼儿视角出发的观念、立场，与以前设计集体教学活动的计划相比，转变是巨大的，这种转变非常关键。例如，在中班主题活动“鱼”中，教师预设的活动线索有：幼儿的问题、参观水族馆、布置展览“鱼的世界”、填写记录表、制作鱼模型、泥塑“海底世界”、养鱼、表演等。又如，在大班主题活动“鸟”中，教师预设的活动线索有：幼儿的问题、饲养小鸟、参观鸟类园、制作小鸟的家、设计百鸟树、访问鸟类专家、表演鸟的故事、开展爱鸟宣传等。再如，在大班主题活动“超市”中，教师预设的活动线索有：我知道的超市、参观超市、调查超市里有什么、我会买东西、10 以内加减、我们班开超市啦、食品加工、广告设计等。讨论和梳理可能的活动线索，给教师展开主题活动提供了方向、思路和选择。

第二阶段，尝试编制主题网络

在最初开展主题活动时，可能的活动线索为教师提供了一定的帮助，遗憾的是，活动之间的联系以及活动的开放度不够，使得这种方式还不太理想，于是我们尝试编制主题网络。因为有了预设活动线索的经验，我们在梳理主题网络时并不觉得有很大的困难。我们将中心主题分解为一个个有逻辑的主节点，再将主节点分解为一个个有逻辑的子节点，这些节点或是要素或是问题，或是活动抑或是情境，通常由主题活动名称为中心向外扩散二至四个层级而形成主题网络的结构。主题网络为主题活动的展开提供了多种可能的线索，这些线索呈网络结构展开，不同的线索间也有可能产生一些关联，主题网络编制理顺了相关活动线索间的关系。通过一个阶段的探索，我们梳理形成以下四类主题网络。

第一，以要素为线索建构主题网络。这是将主题根据性质分解成若干要素，并以这些要素为线索展开的建构方式。要素式的网络有利于教师尽可能全面地把握核心话题所延伸出的线索，有利于提供给幼儿完整的经验。例如在大班主题活动“服装”的网络中，教师把“服装”这一话题分解为服装的种类、作用、质地、制作等要素。

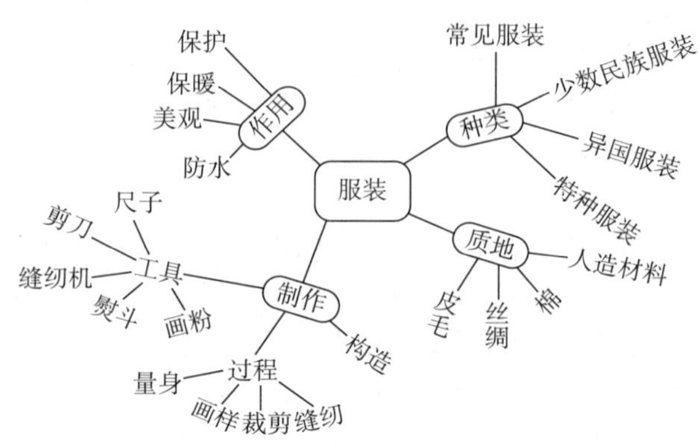

图 2-1 大班主题活动“服装”主题网络①

第二，以活动为线索建构主题网络。此类主题网络中，先预设主题的主要活动，在此基础上预设或生发出其他相关的项目活动、系统活动和游戏活动等，这些主要活动也许就是主题中的活动，也有可能是主要的活动线索。如，在大班主题活动“健康的身体”网络中，“贪吃的嘴巴”“血液的秘密”等都是主题中的活动。其中，用实线标注的是主题实施前预成的活动，用虚线标注的是主题实施过程中生成的活动。

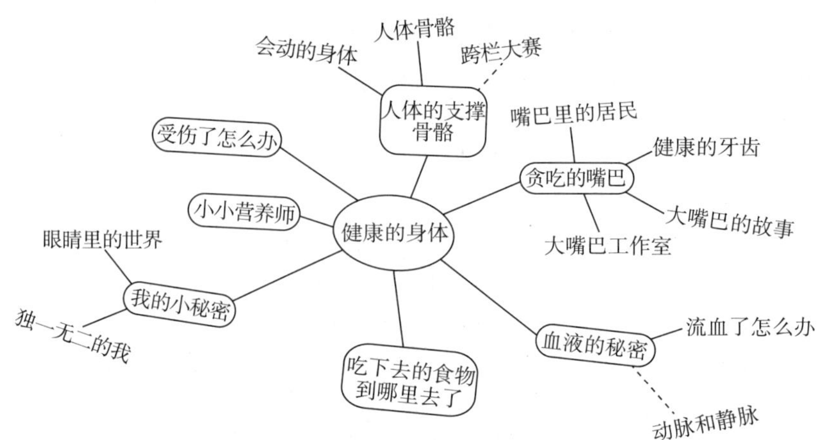

图 2-2 大班主题活动“健康的身体”主题网络②

第三，以问题为线索建构主题网络。这类主题网络以问题为线索，在回答问题的基础上完成主题网络的建构。例如在大班主题活动“我要上小学了”中，教师通过调查幼儿对小学的问题，形成了主题开展的主要线索有“小学是什么样的”“小学生怎样生活”

① 汪丽.田野课程：架构与实施[M].南京：南京师范大学出版社，2008：72.

② 汪丽.田野课程：架构与实施[M].南京：南京师范大学出版社，2008：72.

"小学生学什么""我要做什么准备"。

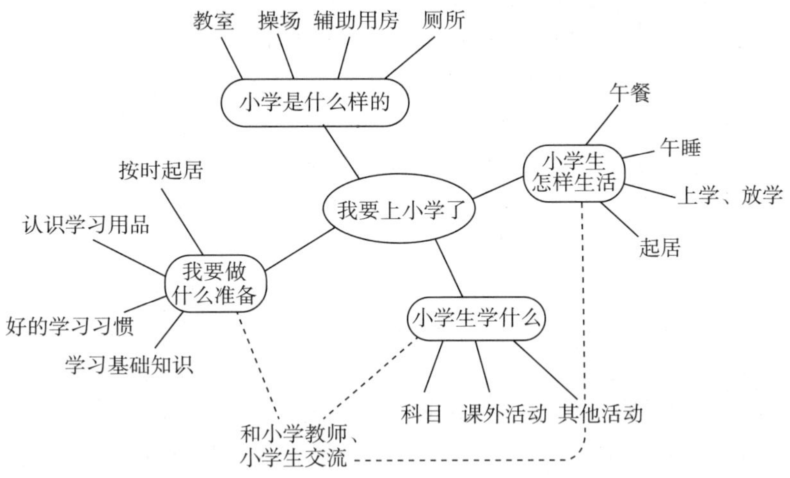

图 2-3　大班主题活动"我要上小学了"主题网络①

第四,以情境为线索建构主题网络。在此网络中,主题被分解为几个相关情境,通过情境进行主题活动的开展。如在大班主题活动"春天里,我们在……"中,教师引导、支持幼儿在不同的真实情境中寻找、感受、表达春天的景色与生活。幼儿园、郑和公园、郊外等真实的活动情境,使得幼儿从主题活动中获得的经验更为真实、丰富和有意义。

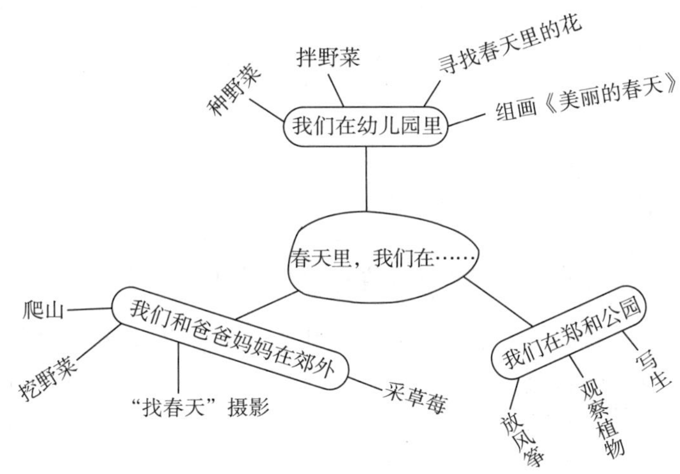

图 2-4　大班主题活动"春天里,我们在……"主题网络②

① 汪丽.田野课程:架构与实施[M].南京:南京师范大学出版社,2008:73.

② 汪丽.田野课程:架构与实施[M].南京:南京师范大学出版社,2008:74.

第三阶段，尝试绘制情境脉络

当我们已经比较能得心应手地建构主题网络，寻找主题活动实施线索的时候，一次课程研讨中，虞永平教授向我们抛出这样的问题："除了主题网络外，有没有其他的主题展开方式？""主题网络是不是最好的展开方式呢？"这个问题让我们重新反思已沿用多年的以主题网络展开主题活动的思考方式，重新审视主题活动的展开过程。我们发现：有时，主题网络各节点、线索在一定程度上缺乏联系性和整体性，不足以有效帮助教师很好地展开主题活动，也不利于支持幼儿的前后经验间建立联系，这些看似分散实则有联系的线索需要用一种方式让它们之间产生联系。

此时，情境认知理论给了我们很多启发，对低龄幼儿来说，需要在真实的情境中学习，因为他们的思维和学习应在特定的情境中才有意义，不存在非情境化的学习。那么，我们能不能尝试将主题活动中的多个情境用一条曲线串联在一起，形成一组相关联的情境呢？在和虞永平教授一次次的碰撞与实践中，一种新的主题展开方式——情境脉络展现在我们眼前，教师将主题网络中的各条线索梳理成一系列动态的、相关联的、层层递进的情境组合。

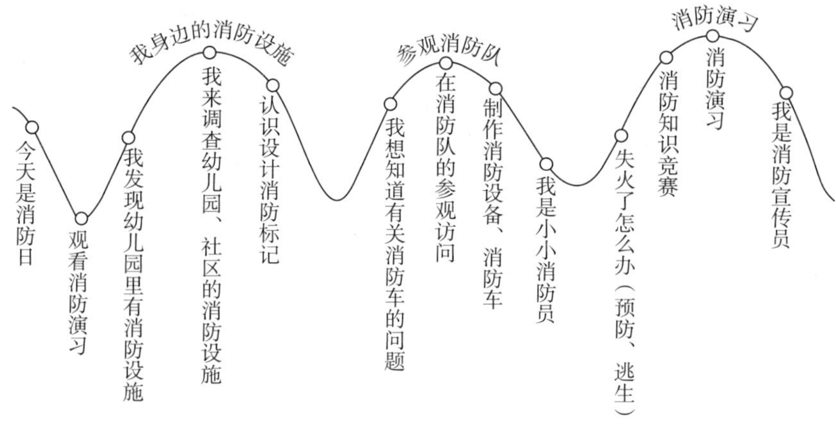

图 2-5　中班主题活动"消防车"情境脉络①

每个主题有多个情境，每个情境中有多个相关联的活动，教师往往采用曲线的方式表示情境脉络。情境脉络将主题中的活动置于相互关联的多个情境中，让主题中的活动更具联系性与完整性，有利于幼儿将前后经验联系起来，从而获得连续的、完整的、系统的经验。

将主题网络和情境脉络相结合的方式使得田野主题活动的展开不断优化、走向理想状态。

① 汪丽.田野课程：架构与实施[M].南京：南京师范大学出版社，2008：76.

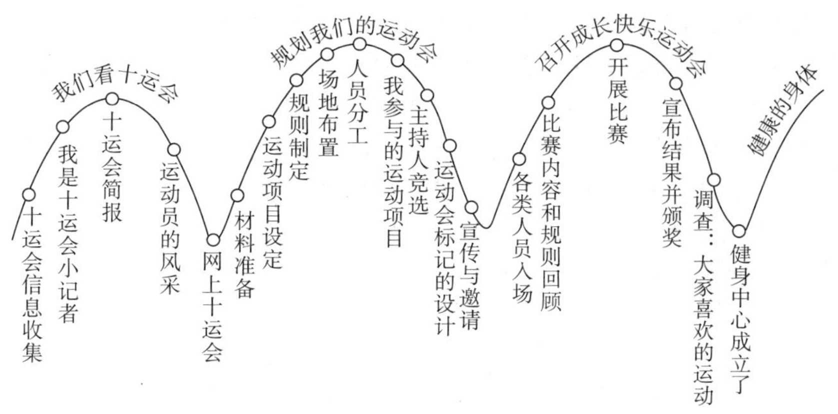

图 2-6　大班主题活动“我们爱运动”情境脉络①

对儿童一百种语言的理解

瑞吉欧·艾米莉亚教育者提出的“一百种语言”理论，是他们对国际早期教育作出的重要贡献，《儿童的一百种语言》便是反映瑞吉欧教育实践的一本著作。我们被罗里斯·马拉古奇(Loris Malaguzzi)的诗《不，一百种是在那里》震撼了，这首诗常常让我们陷入反思。书中所呈现的儿童作品、谈话记录、儿童活动照片及描述、教师笔记、观察记录和各类图表，生动地向我们传递了很多信息，如儿童是学习者、儿童与家长及教师相互依存、儿童丰富的表征、项目活动的开展等，尤其是关于整个课程的精神及哲学思考，都给我们带来了深深的反思和启发。

2002 年，在阅读台湾版的《儿童的一百种语言》时，如同之前阅读“方案教学”一样，我的内心反复受到冲击，这种冲击再度让我兴奋、焦虑，更增强了学习、实践、变革的愿望和勇气。对于我和伙伴们而言，《儿童的一百种语言》不仅是一本书，也是一种理念、一种教育思潮，更意味着幼儿教育的革命性改变。

儿童的学习

“儿童的一百种语言”理论为我们打开了视野，让我们意识到儿童作为学习者的本质，作为学习的主体，儿童有着在建构中不断成长的强大能力。接受采访中，瑞吉欧教育的领头人罗里斯·马拉古奇明确指出：“幼儿的学习并非教师教授后的一个自行发生的结果，反而大部分是由于幼儿自己参与活动的结果及利用我们提供的资源自己动手做的结果。”②

---

① 汪丽.田野课程：架构与实施[M].南京：南京师范大学出版社，2008：76.

② 卡洛琳·爱德华兹，莱拉·甘第尼，乔治·福尔曼.儿童的一百种语言[M].罗雅芬，连英式，金乃琪，译.南京：南京师范大学出版社，2006：64.

"儿童的一百种语言"还告诉我们，儿童有自己的学习愿景，能够自主规划并努力达成。对此，罗里斯·马拉古奇也有明确的表述："在任何一个情境下，幼儿并不会等待对自己提出问题或形成关于想法、原则或感觉的策略，不管在任何时候，任何地方，幼儿一直于学习与理解的建构与获得中，扮演主动、积极的角色，学习是一种令人满足的经验。……在许多情况下，尤其是当挑战来临时，幼儿告诉我们他们知道如何往理解的道路前进。"①

在不断加强理论学习和开展反思性的课程实践中，在将理论与实践紧密结合中，我们对儿童学习的理解也在不断发生转变，观念的转变也给我们带来了课程实践的变化。下面，让我们先来看一组在我园司空见惯的一些情景吧。

下雨了，小班的孩子们赶紧穿上雨披、雨鞋到户外场上欢快地跑着，他们像小猪佩奇一样在水坑里跳来跳去，有些小朋友用手甚至是用脸接着雨，还有几个小朋友聚在一个窨井盖周围讨论着什么。春天来了，幼儿园的小竹林里冒出来许多小竹笋，大班孩子选自己喜欢的竹笋做朋友，给自己的"竹笋朋友"起名字、挂标牌，每天测量并记录"竹笋朋友"有多高以及当天的天气情况。竹笋越长越高，竹林里的竹子越来越多、越来越密，听说这样并不好，是真的吗？孩子们请教专业人员，在大人的帮助下给竹子间伐。消防日前夕，消防车来到了幼儿园，孩子们兴奋极了，跑来跑去观察消防车的样子 ，还向消防员叔叔问个不停。在参观消防中队了解消防员叔叔的生活和工作后，孩子们俨然变身为小小消防员，他们在园里寻找、记录消防设施和通道等，还在游戏等活动中开展演练。秋天的幼儿园美极了，大班孩子站在画架前给自己种植的蔬菜写生，把透过玻璃看到的银杏树画在玻璃窗上，中班孩子拿着观察镜观察着什么，小班孩子收集大自然的美好馈赠，有落叶、秋果、干花、树枝，带着无限创意和期待，用它们拼贴、绘画、建构、游戏。大班孩子与一墙之隔小学的学生们做起了朋友，调查他们的学习和生活，中班孩子收获自己种的菜、做面点、拌野菜，他们经常到幼儿园对面的郑和公园散步，找一找幼儿园里没有的花，观察、记录、讨论公园里人们的活动，小班孩子在泥巴池中东倒西歪艰难地走着，他们饲养小鸭子直到鸭妈妈生蛋……

那么，以上描述的情景中幼儿在学习吗？他们学到了什么？又是怎么学的呢？答案自然是肯定的。幼儿在学习，他们就在这些观察、测量、调查、讨论、规划、搭建、阅读、表演、交往、比较、推测、总结、反思等活动中学习，获得了对他们当下乃至一生都很重要的综合性经验。

在2000年前后的那个阶段，专家引领的理论学习及课程实践中的真切感悟给我们提供了理论支撑，让我和伙伴们对儿童学习的认知相较于以前有了颠覆性的改变。我所理解的儿童学习再也不是教师指向哪里，他们就走向哪里，儿童有自己的学习愿景，儿童参与学习的规划而不是执行教师的精心规划，儿童有自主学习的权利，他们是学习

---

① 卡洛琳·爱德华兹，莱拉·甘第尼，乔治·福尔曼.儿童的一百种语言[M].罗雅芬，连英式，金乃琪，译.南京：南京师范大学出版社，2006：65.

图 2-7　下雨天,幼儿在户外

图 2-8　春天里,大班幼儿拌野菜

的主人;儿童的学习是在与所处情境中各种关系进行互动的探索过程,这一过程会伴随着不断出现的矛盾和冲突,儿童在最近发展区内自主建构的学习最有效;儿童有着强大的不可估量的学习潜能,有自己独特的学习方式,每一个儿童都是如此;儿童的学习就在做事中,在做诸如观察、调查、表达、交往、思考等事中,正如泰勒指出的:"学习是通过学生的主动行为而发生的;他学到什么取决于他做了什么,而不是教师做了什么。"①

我们进一步理解了儿童的学习,那么,我们又该如何为他们提供更加积极的、有价值的条件和帮助呢?我想教师所要做的也许是:为幼儿提供与周围环境互动的机会;通过多种方式了解幼儿的兴趣并以专业眼光判断其价值;给予幼儿充分的时间和空间开展讨论、制订规划、推进活动;尊重幼儿的选择,包括伙伴、方式、内容等;引发、支持幼儿用多样化的方式进行探究和表征;引发幼儿间的分享与讨论;以适合的方式给幼儿带来挑战,不断提升幼儿学习的有效性。我和伙伴们学习着、实践着、反思着。

儿童的表征

在这本书中,"儿童的一百种语言"是指儿童可以通过一百种方式来表达他们对自己和周遭事物的认知及态度,这些语言可以是文字、动作、图形、绘画、建筑、雕塑、皮影戏、拼贴、戏剧或音乐等。"更精确地说,假如教室文化允许的话,幼儿可以使用一百种不同的象征符号。""一种语言不只包含一组符号语言,语言包括符号传达意义的规则"。②

幼儿的表征方式非常多样,甚至可以说是"有一百种"。这一点对于作为幼儿园教师的我们并不难理解,只是在此之前我们比较少用"表征"这个词。在持续关注中,我对幼儿的表征的认识逐渐清晰,概括起来有以下几个方面。

一是,幼儿真的"有一百种"表征方式。通过田野课程的实践,教师真正认识到幼儿多样化的表征方式和超凡的表征能力是令人惊讶的!

---

① 拉尔夫·泰勒.课程与教学的基本原理[M].罗康,张阅,译.北京:中国轻工业出版社,2008:55.

② 卡洛琳·爱德华兹,莱拉·甘第尼,乔治·福尔曼.儿童的一百种语言[M].罗雅芬,连英式,金乃琪,译.南京:南京师范大学出版社,2006:248.

瞧！幼儿的表征可能是一幅绘画。他们在建构区绘制规划蓝图，这份蓝图是幼儿和同伴在共同参观、讨论、协商的基础上，展现他们将要建构的南京长江大桥的模样。幼儿的表征可能是一次表演。他们在阅读了《西游记》后，对最感兴趣的片段，自己分配角色、制作道具、合作排练，将自己对于《西游记》故事的理解呈现在表演中。幼儿的表征可能是一次分享。他们发现了幼儿园种植园地有一个超级大的冬瓜，从来没有见过这么大的冬瓜！它到底有多重？与班上的小伙伴比一比，谁重？孩子们从保健室借来体重秤，通过实际操作，真实比较瓜和人的重量。这么有趣的一次探索，当然值得和全园的小朋友一起分享，于是他们将这次有趣的经历通过国旗下讲话的方式进行了分享，呈现了探索的过程和他们的感受。幼儿的表征可能是一次长廊的展览。在这次展览中，他们呈现了自己对"十运会"召开的了解和理解，呈现了他们和爸爸妈妈以及老师举办的"我们班的运动会"的过程和"盛况"，让我们看到他们作为社会的一员，也在关心、关注着周围世界发生的大事。幼儿的表征也有可能是他们建构的"我们的幼儿园"、可能是他们演唱的一首歌曲、可能是他们记录的升旗台上悄悄生长出的蘑菇……在我们的幼儿园里，幼儿的表征无处不在，它们就是孩子们的"语言"，述说着他们的发现、思维、想象、创造……只要被允许，幼儿的表征愿望和能力比我们想象的要强得多。

二是，幼儿的表征富于想象和创造。幼儿的表征并不是对现实的客观反映，换句话说，幼儿任何一种方式的表征似乎都离不开想象和创造，年龄越小，表征的想象成分越多。

小班孩子在户外玩树叶，有时无意间将两片叶子靠在一起，看上去像极了蝴蝶，她很开心，接下来拼出了更多大小不一、颜色不同的蝴蝶，还加入了树枝、石头、小果子等材料。通过想象，孩子的作品不断丰富、变化着，也许还能产生"蝴蝶一家"的故事。中、大班孩子的表征则会有目的、有计划得多，但仍不失想象与创造。如中班孩子在探索蚂蚁的活动中，用多种材料在一面大墙上建了一座蚂蚁的"宫殿"，一间间贮粮室、保育室、卧室等生动形象，许多蜿蜒曲折的通道连接着每一个房间，看上去地下"宫殿"简直就像一座迷宫，加上惟妙惟肖的蚂蚁形象，这些中班孩子已经基本再现了蚂蚁的地下世界。但假如教师只是这么看看，那就太可惜了，当教师仔细观察并且倾听孩子的介绍时，欣喜地发现了这里也像是孩子们的家，这里有他们自己家的样子，有他们和家人发生的生活故事，也包含有孩子们的理解和情感。孩子们通过迁移、想象已经将自己的生活融进了蚂蚁世界的表征中。

幼儿常常通过想象力的发挥，更多地感知、理解、表达现实的世界。事实上，教师会发现，有些时候幼儿在表征之初其实并没有想得那么完整和清晰，也许是他们无意中的发现，或者往往只是一个念头、一种感觉，是他们通过操作和想象不断创造出自己想要表达的理解和想法。对于儿童来说，想象力真的很宝贵，其实，想象力对于人的一生都是至关重要的。

三是，幼儿的表征既是他们经验的反映，也是教师解读幼儿的重要依据。就如前面所说的蚂蚁的"宫殿"，幼儿喜欢将自己的生活经历和感受转化到作品中，他们也喜欢将

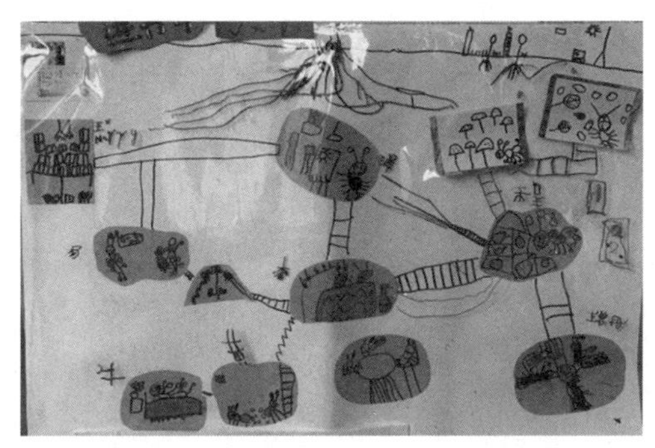
图 2－9　幼儿设计的蚂蚁“宫殿”

图 2－10　幼儿制作的蚂蚁“宫殿”

探究的结果转化成作品，这些作品不但反映了他们在日常生活和探究活动中的认知、理解、情感、态度，还能反映他们自己的理论和所建立的概念。另一方面，幼儿的表征也可以向其他人传递他们的想法和发现，如果教师愿意以真诚的态度倾听、追问他们的想法，那么，幼儿一定会以多种方式告知他们知道了什么及还想知道什么，于是，教师便可以更好地解读那一个个活生生的幼儿。正如维·维奇认为的那样：“有一点很重要，不要单单只着眼于艺术作品本身（这也是较为常见的现象），而是将精力更多地投入到儿童在思考创作过程中的想法和理念上。”①不过，在我看来，幼儿的表征不仅仅是限于这里所提到的“艺术作品”，而是要丰富得多。

四是，幼儿的表征对他们本身也是挑战，是经验的提升，当然也是获得自我肯定、不断增强自信的重要方式。幼儿在表征过程中，常常会面临各种各样的问题，如用什么方式表征，选择什么材料合适，如何安排空间，平面和立体之间如何转换，如何与他人合作，怎样表达自己的想法才能让其他人明白，遇到困难时怎么办，等等。这些有一定挑战的问题的出现和解决，对于幼儿而言，即是学习的机会和经验提升的过程。

幼儿园里安装了一组新的运动器械，孩子们可开心了。那段时间，大一班的孩子们正在开展关于“地图”的研究，一部分孩子对于玩滑梯的线路产生了兴趣，在经过讨论、尝试、绘制等活动后，一幅玩滑梯的线路图完成了。这幅图能清楚地告诉大家在不同线路上玩可能遇到什么困难，哪一条线路离顶端最近，哪一条线路可以快速通向观测台，小、中、大班的孩子分别适合怎样的路线。这幅线路图的完成让孩子们有了成功的体验，这是孩子们的一种表征方式，可是孩子们还有更大的愿望，那就是他们想在每周一

① 卡洛琳·爱德华兹，莱拉·甘第尼，乔尼·福尔曼.儿童的一百种语言：转型时期的瑞吉欧·艾米利亚经验（第3版）[M].南京：南京师范大学出版社，2014：317.

的晨会上向全园小朋友介绍这个新滑梯的玩法。这可是一个不小的挑战，挑战包括梳理清楚想法和建议、选择清晰的表达内容和方式，当然也包括勇气和协作。邢雯和张梦蝶两位老师觉得孩子们的想法很有趣也很有意义，于是给予孩子们积极的鼓励。通过班级的公平竞选后，有几个孩子成了本次分享的班级代表，他们开始认真准备，从分工、内容到站位，从语速、表情到动作，他们进行了仔细的讨论和练习。为了做得更好，他们讲给家人听，做给同伴看，在面向全班孩子进行介绍后，其他小朋友也给他们提出了许多具体的建议，如：说到哪儿时可以停顿一下，可以带些班级孩子做的模型到现场，应该怎么拿图才能让别人看得更清楚……还有孩子自告奋勇地帮着拿东西。在大家的共同努力下，孩子们在晨会上的分享得到了全园孩子和老师的热烈掌声。因为太喜欢幼儿园的新滑梯，在接下来的日子里，孩子们用多种材料和方式制作了幼儿园的新滑梯，表征方式更为多样，经验获得更为多元。

图 2 - 11　大班幼儿设计的“幼儿园的新滑梯”路线图

图 2 - 12　大班幼儿用陶泥制作的“幼儿园的新滑梯”

图 2 - 13　大班幼儿的毕业作品《幼儿园的新滑梯》

这次面向全园的分享活动，其实也是幼儿的一种“语言”，是他们的系列表征活动之一，其中面临的挑战显而易见。对参与分享的幼儿来说，能够面对那么多人大胆清楚地表达，需要考虑对方的体验，挑战自我，调整心理、表情、声音等，过程中不断思考和练习并包容不同人的建议等，这些都很有意义。对于全班幼儿来说，观察思考、提出建议，为了一个共同的目标大家献计献策、互帮互助，思考与表达的能力及集体意识不断增强。在这样的表征活动中，挑战带来了收获，成功带来了幸福与满足，他们再一次觉得自己真的很了不起！事实上，正确的自我认知、自我肯定和自信心的不断增强，对每一个人来说真的很重要。

读懂儿童

儿童是学习的主体，儿童有一百种语言，教师应尊重儿童，这些观念越来越被我们所认同并付诸实践。“追随儿童”是我们当时常常提起的词语，这似乎让教师在一段时间内陷入了两难的境地。通过学习和实践，事实证明，对儿童的尊重并不意味着教师处于被动的状态，在保教活动中，教师依然是主动作为者，是儿童发展的促进者。那么，教师如何做到在尊重儿童的前提下支持他们发展呢？我们的深切体会是读懂儿童，读懂儿童是支持儿童发展的前提，也是关键。

读懂儿童可不是一个简单的命题，无论对于处于怎样经验水平的教师来说，都不是一件容易的事。那我们就从观察这一司空见惯的教师工作说起吧，我们都知道，观察是了解儿童的第一步，要想读懂儿童，观察是首要的，更是必不可少的。

我们认为：观察不仅仅是用眼睛看、用耳朵听，而是需要调用多种感官，更重要的是要用心、用情。假如观察时教师能真正静下心来，保持敏感和开放的态度，那么就不仅仅能看到、听到儿童的言行，也许还会进入一种对话和反思的状态，会将眼前的情景与以往的或是将来的联系起来，会将自己与他人联系起来。这样的观察不仅能让教师更好地解读儿童，还能在反思中实现专业成长。大班的许晶晶老师在一篇随笔中这样写道：

一天午睡时，孩子们陆陆续续睡着了，午睡室格外安静，可时不时有一个小朋友哼哼，于是我蹑手蹑脚地一一寻找，终于找到了，原来是谷天朗，蒙着被子不知道在哼着什么，我悄悄地在他身边停下来，侧耳仔细听着，差点笑出声来，原来这个小家伙在被子里练习《报灯名》呢：“这些个灯，那些个灯，灯官儿我一时说不清……”不错，念得还挺字正腔圆的。这还没完呢，刚念完《报灯名》，《说唱脸谱》又开始唱上了：“蓝脸的窦尔敦盗御马，红脸的关公战长沙……”虽然蒙着被子，我也能够想象到他边唱边陶醉的模样。每一次当表演组的孩子练习自己要表演的内容时，他总是跟着一起说、一起唱，爸爸妈妈说他回家以后也是唱个不停，每一个京剧选段他都能一字不落地唱下来，唱起京剧来，他的小脸上都散发着喜悦的光芒。我轻轻地拍了拍他，顿时没了动静，我说：“中午先好好休息吧，下午起床才能表演得更精彩哦。”他点点头，不过一会儿之后，又悄悄地把头蒙了起来，轻声地在被窝里不知又唱起了哪一段。坐在他身边的我，心想这就是发自内心的喜爱吧，因为热爱，因为真实的体验，喜爱京剧的种子正在他的心里生根、发芽……这个小故事是主题活动“我是小戏迷”的一个缩影，由此我联想到整个系列活动中每个孩子和每件日常的小事，感动之余总会激发我思考，在这个主题活动中究竟帮助孩子实现了什么？最重要的，正是这些看似不起眼的小事，它们在时刻提醒着我应该保留着对儿童的那份好奇和期待，每一个孩子都是独一无二的，是不断发展和变化的，都蕴含着无限的可能，这就是生命的力量吧。作为教师，我只有始终保持着这份好奇和期待，才会持续不断地探究，才能做到真正地理解，从而才能走进他们的内心世界，陪伴着他们共同成长。①

是的，不仅是许老师，其他的教师常常也有这样的感触，儿童时常教会我们很多。因为读懂了儿童，教师自己也在不断发生变化，这应该就是教学相长的含义吧。

观察儿童是读懂儿童的第一步。教师心目中的儿童形象决定着教师对儿童的理解，教师的课程意识、观念以及实践智慧决定着教育行为的适宜性以及师幼关系的质量。从这个角度说，教师的儿童观、教师观及课程观的不断更新则显得尤为重要，也是需要每一位教师乃至教工始终努力的艰巨任务。

对《幼儿园教育指导纲要（试行）》的践行

2001年，《幼儿园教育指导纲要（试行）》（以下简称《纲要》）颁布了，这是我国幼教界的一件大事。《纲要》指出：“从本地、本园的条件出发，结合本班幼儿的实际情况，制定切实可行的工作计划并灵活地执行。”同时，明确提出“为了每一个儿童的发展”的理念，强调幼儿园课程不再是统一的方案，而是实现儿童发展的载体或途径，幼儿园课程具有“体验性”“建构性”“生活化”等特征，幼儿园课程是“儿童的经验”“儿童获得成长的过程”。从中我们不难看出，《纲要》不但从法理层面上给园本课程的开发提供了保障，还为园本课程的建设提供了学理上的指引。

《纲要》颁布之日起，全面学习并贯彻其精神成了我园每一位教师的首要任务，也是我开展管理工作的重中之重。我园采用多种方式，如专家讲座、阅读解读、教工论坛、专题沙龙等，开展了一轮又一轮的全员性学习与培训，我们清醒地认识到促进幼儿身心健康、富有个性的发展是自己的使命。学习不但促使我们转变教育观念，也让我们明确了建设适宜本园、本班幼儿的课程是自己应尽的职责，我们有责任做个行动派，努力将观念转化为行为，把《纲要》精神切切实实落实在幼儿园课程实践中，推进课程实践改革，从而真正促进每个幼儿的发展。

---

① 作者许晶晶，南京市太平巷幼儿园教师，选用时略有删节。

以儿童发展为本

《纲要》体现的儿童立场是显而易见的。我们明白，在尊重、理解的基础上促进每个幼儿富有个性的发展是自己的根本任务，对儿童的尊重与理解是前提、是基础、是姿态，也是儿童观的体现，但尊重儿童并不代表教师是被动的，更不是袖手旁观。“教师应成为幼儿学习活动的支持者、合作者、引导者。”选择教育内容要体现“有一定的挑战性”“有利于其长远发展”“有助于拓展幼儿的经验和视野”等原则，我们如何达到《纲要》所提出的这些要求，既能尊重幼儿，又能成为他们学习和长远发展的引导者呢？通过反复探讨，我们确定了基本思路，那就是努力让幼儿的生活充实且有意义。我们重新审视幼儿的在园生活：他们的生活充实吗？有意义吗？有没有虚度的现象？幼儿在活动是不是就有意义？活动有挑战吗？挑战适宜吗？在一系列思考和追问下，全园教师开展了有意识的实践探索与反思。

首先，我们反思幼儿的生活有没有消极等待的现象，如果有，则分析造成这一现象的原因，而后采用多种方式逐一解决。其次，我们反思幼儿的生活是单一的还是多元的：包括类型是否多样？内容是否丰富？经验是否综合？是否能将幼儿的家庭和社会生活紧密相融？是否探寻多样互补的活动方式及丰富融合的活动内容等。最后，我们反思幼儿的生活是否有一定的挑战，是否有利于拓展幼儿的经验，这一点特别重要。幼儿是在活动中学习的，但并非所有的活动都是学习，有挑战的活动对幼儿的发展才有意义，否则，看似忙忙碌碌的幼儿活动，实际上是在浪费，只不过是一种隐形的浪费。基于这样的认识，我们不断优化幼儿一日生活的设置与开展，即便是每天的点心活动，也是可以隐含一些挑战的。如从小班、中班到大班，从教师服务到自我服务再到为他人服务，从单一用具到不同工具的加入，从提供点心到自制点心，自制方式从简单到复杂，当然还可以加入参与餐具准备、统计人数、清洗整理等工作，这些伴随在活动中的挑战给幼儿带来了学习与发展的机会。只要教师足够用心，足够专业，哪怕是在最为日常的生活活动中，幼儿也可以面临一定挑战，获得多方面经验的发展。

当然，这一切都需要教师在教育观念以及教育行为上，都能真正做到以儿童为本，以儿童发展为本。

落实主动学习

《纲要》明确指出：“幼儿园的教育活动，是教师以多种形式有目的、有计划地引导幼儿生动、活泼、主动活动的教育过程。”在这里虽然没有提出“主动学习”这一概念，但对“主动学习”的强调毋庸置疑。我们对此并不陌生并且认同，特别是在前几年学习意大利瑞吉欧教育的实践中，我们对“主动学习”有了更为丰富且理性的理解。一方面，我们越来越深刻地意识到幼儿是学习的主体，幼儿就是在主动与环境的互动中不断建构、成长的，幼儿必须通过自己的主动学习获取经验，此外没有人能够代替。另一方面，正如之前讨论过的，强调幼儿在学习中的主动性并不意味着教师是被动的，我们不能将幼儿的主动学习理解为“幼儿在前，教师在后”的学习，不能理解为教师不可以参与到幼儿的学习中。

事实上，幼儿的主动学习离不开教师的引导与支持，幼儿的主动学习并不仅指幼儿主体性作用的发挥，也意味着在这样的学习中幼儿将会是面临挑战的，是具有发展意义的。那么适宜的挑战是什么？挑战又如何隐含在情境、活动、任务中呢？这对每一位教师来说都是考验，教师对活动中挑战的理解和把握是专业性的重要体现，从这个角度讲，在幼儿的主动学习中教师发挥作用非常重要。正如苏联心理学家维果茨基提出的“最近发展区理论”，认为儿童具有两种发展水平，第一种是“现有发展水平”，第二种是“最近发展水平”。“最近发展水平”表现为儿童还不能独立解决问题，但在教育者的帮助下可以解决这些问题。维果茨基进一步指出：“童年期的教学只有走在发展前面并引导发展，才是好的教学。”①

正是基于这样的认识，我们开始不断改变教与学的方式，在确保幼儿作为主动学习者的基础上，为他们创设主动参与学习的机会和条件，主要包括在时间、空间上满足需要，创设丰富、开放具有挑战的环境、情境，与家庭、社区密切协作形成合力，当然最重要的还是建立良好的师幼关系，形成温暖而有支持作用的班级文化。

和幼儿聊一聊是我园教师每天都会做的事情，师幼间友好的交谈也是教师了解幼儿想法的重要途径之一。从一次自由交谈开始，中班的樊伟老师与幼儿在幼儿园对面的郑和公园开展了一系列活动。

记得那是一次午餐后的自由交谈，也是我第一次和孩子们聊到公园。刚刚谈起公园，孩子们就表现出了无与伦比的激动，一个个七嘴八舌地抢着表达，嘴里冒出最多的词便是“喜欢”！孩子们讨论中呈现出的高涨热情感动了我，既然孩子们对公园是那么的喜爱，那就在这阳光明媚的春天，让我们一起到公园走走、看看、逛逛吧！

“哈哈，一起去逛公园啦！”大家都很激动，还说出了想去的公园，他们想去的公园可真多。问题来了，“我们到底去哪个公园呢？”“是呀，我们不是去春游，没有车”……孩子们提出了问题，让气氛安静了一会儿。“我们去郑和公园吧！”一个孩子提出了这个想法，并得到了同伴的赞同。于是，大家决定第二天去郑和公园逛一逛。“逛公园要注意什么？可以带些什么？可以看些什么、做些什么？”当天下午，我参与了孩子们的讨论。中班的孩子看着不大，但是他们已经开始有明确的想法和意愿，孩子们说到了安全问题，说到文明行为，还提到需要带相机，给自己最喜欢的地方拍照……

这是我和孩子们第一次带着我们自己确定的目的走进郑和公园，孩子们的眼中闪着光，他们在公园里走走看看，讨论着……“你看，有人在跑步。”“这个爷爷牵着一条狗，好可爱！”“树上有好多鸟，小鸟在笼子里唱歌。”“这儿有个蹦床，我玩过，可好玩啦！”“山顶上有亭子，我们可以上去吗？”“上次我和奶奶带吃的来喂鱼的，有很多大鱼哦！”“那些爷爷奶奶在跳舞，中间那个爷爷在唱戏。”……我们就这样边走、边看、边说地在郑和公

① 维果茨基.维果茨基教育论著选[M].余震球，译.北京：人民教育出版社，2005：247.

园里绕了一大圈,没有一个孩子说累,也没有一个孩子抱怨,他们用手中的相机记录下他们喜欢的一切。

回班之后,孩子们激动地讨论起在公园中自己的所见所闻。我建议每个孩子选一张自己最喜欢的照片洗出来,和大家分享,孩子们很乐意。

之后的一天,在和好朋友分享自己最喜欢的照片后,孩子们把照片贴在展板上,大家一起将这些照片进行了归类和统计。我们发现:有10个孩子喜欢公园里的花草树木,有3个孩子表示喜爱娱乐设施,分别有2个孩子喜欢公园里的路、池塘、假山,有8个孩子关注到了公园里甩鞭子、打陀螺、写毛笔字、跳舞、唱戏的人……

通过分享照片的故事,孩子们看到了自己眼中的公园,也看到了同伴眼中的公园。孩子们对郑和公园的兴趣也随着初次的观察而变得更加强烈。"为什么有这么多人喜欢到公园来?""现在公园里到底有多少种花在开放?哪些花是幼儿园没有的?"公园里那些看上去古老的建筑也引起了孩子们的兴趣,大家还想再去逛一逛。

在接下来的日子里,孩子们在郑和公园中用不同的方式记录找到的花,比较古老建筑上那些不一样的窗户,采访人们来公园的原因,向爷爷学习打陀螺,清楚地记录和向他人介绍自己的发现与想法,在解除误会后,尝试用不同的方法和听力有障碍的老人交流。孩子们发现记录花的数量并不是一件容易的事情,因为花开花谢,花的数量每天都在变化。他们了解到不同窗户的花纹代表着不同的寓意,还发现公园里老人和孩子最多,总结了人们喜欢公园的理由,感受爷爷奶奶对自己的关爱,也会把爱回馈给大家……①

从幼儿喜欢的"逛公园"出发,教师和幼儿带着自己的目的走进了郑和公园,因为喜欢,幼儿主动且较为深入地开展了许多活动。教师则基于幼儿的兴趣,充分挖掘活动的教育价值,引导幼儿开展了一系列有趣又有一定挑战的活动,如清楚地介绍自己最喜欢的照片并进行分类、统计、分析;为了让记录更清晰,不断调整记录方式;制订采访计划,大胆访问他人;发现、比较建筑元素中所蕴含的传统文化;用适合的方式与有特殊需要的人进行交流、表达关爱;等等。教师凭借自己的专业理解,将这些具有一定挑战性的经验建立在幼儿主动学习的基础上,比起单靠幼儿探索或教师教授,这种基于幼儿的兴趣、得到教师有效支持的幼儿探索活动,学习效果自然是最佳的。

通过环境进行教育

《纲要》总则第四条明确指出:"幼儿园应为幼儿提供健康、丰富的生活和活动环境,满足他们多方面发展的需要,使他们在快乐的童年生活中获得有益于身心发展的经验。"《纲要》强调环境是重要的教育资源,指出墙面、设施、材料、常规、同伴群体、教师集体、态度、管理方式、家园关系以及自然与社会环境等均属于环境的范畴,要求教师应通过环境的创设和利用有效地促进幼儿的发展。通过学习与实践,我们对环境重要意义

---

① 作者樊伟,南京市太平巷幼儿园教师,选用时略有删节。

的认识及其概念和内涵的理解也在发生着变化。

在此之前，我们也常说“环境是第三位教师”，但反映在实践中更多的是努力实现目标“让每一块墙壁都会说话”，将墙壁作为展示空间，展示幼儿的作品、活动过程照片及师幼的记录等。现在，我们不但认可“环境是第三位教师”，还以实际行动努力打造“有准备的环境”。“有准备的环境”意味着不是随意的，而是需要精心设计的，是与幼儿发展相适应的，是能满足幼儿需要的，是能引导幼儿发展的。现在我们理解的环境也不再仅指室内，还包括室外，强调室内与室外环境的互补；同时，不再仅指园内，还包括园外，包括家庭及社区，强调幼儿生活与学习空间的拓展及更广泛资源的充分利用；环境也不仅仅包括物质环境，还包含时间、空间、人与人、人与物的关系，其中，成人与幼儿之间的良好关系是支持性环境的核心。对于环境概念与内涵认识的转变，为我们的课程实践带来了不一样的景象：

活动中孩子们时常走向户外，在泥坑游戏，在沙池玩耍，在竹林探索，在菜地种植，共同在幼儿园的每个角落畅游；他们与自然亲密互动，下一场“叶子雨”，煮一锅“石头汤”，春日寻花开，夏日听蝉鸣，秋日赏落叶，冬日观雪景，找蜗牛、寻蚯蚓、拾杏果、摘柿子，翻一翻埋在泥土里的宝藏，寻一寻小池塘里四季的秘密……

孩子们时常来到园外，孟春之月，幼儿园携手家庭、社区种植爱心林，播下生态种；金秋十月，师幼、家长走进石象路，登上明城墙，领略南京古城秋韵；结合主题，大小人儿参观农科院，寻找古石桥，走进长江大桥，观摩图书馆，感受社会文化及古今文明的魅力。

不仅如此，当幼儿在时间和空间上有了更多的自主权时，随之而来的便是他们与教师的关系发生着变化，幼儿的心理空间也越来越大，他们知道自己被允许、被欣赏、被理解。于是，当有了开展“理发店”游戏的愿望时，大家商量着选场地、找材料，和教师、爸爸、妈妈到理发店体验、观察、调查；在剧院欣赏完戏剧，也想举办一台京剧小戏迷表演时，餐前故事《西游记》引发大家想办一场西天取经的舞台剧时，孩子们自己选剧本、编剧本、角色分工、排练合作、设计舞台、发现问题、解决问题，在教师、家长、非遗传承人、电影导演、票友等的鼓励与支持中，拥有了属于自己最难忘、最闪闪发光的表演记忆……

基于问题的改革

深入开展的《纲要》学习活动，使得我们的观念不断得到更新，实践也不断得到改善，但理论学习和实践优化却是一个长期的过程，总有不少问题等待我们进一步解决。于是，经常开展多种形式的教研、反思，梳理当下课程实践存在的问题，也是我们学习并落实《纲要》精神的重要方式之一。当我们时常以《纲要》精神审视课程时，发现课程实践面临诸多问题，主要有：在儿童观方面，或多或少存在着观念与行为的脱节现象。我们对儿童的真正理解和支持还不够，教师时常做得多了些、幼儿的空间少了些，口头上强调尊重儿童，但行动上还有距离；活动中注重提供操作材料，但数量和种类还不足，且以同质化、结构化材料为主。在生态观方面，总体来说，室内开展的活动多了些、室外开展的活动少了些,活动形式仍不够多样;虽已打开围墙,走向家庭和社区,但之间的联系仍不够密切,实践还不够深入。从教师的参与度来看,虽有越来越多的教师主动加入,但没有达到人人参与的理想状态,同时,还不能很好地汇集教师的个体智慧以形成集体智慧。这些问题的聚焦,为我们明确了课程实践改革的方向,我们决定:

向儿童的心灵靠近一步

尊重和理解儿童,需要我们不断靠近他们,但只有身体的靠近是远远不够的,而必须是心灵的靠近。假如我们就在儿童身边,但如果没有让儿童感到自在、温暖和信任,如果我们没有从儿童的视角理解他们、支持他们,那么,我们与儿童的实际距离仍然很远。在和虞永平教授的互动中,我们常常被这样的理念所吸引,即“走进儿童的心灵”。这让我想到了一部名叫《蓝调从何而起》的科幻小说,一群儿童决定派一位代表作为密使去成人的世界,那么,我们是不是也应该到他们的心灵世界去看一看呢?

儿童需要安全与认可,需要理解和倾听,需要时间和空间,需要机会和权利,他们需要更广阔的舞台和更有效的支持,他们的这些需要我们能读懂吗?能给予适宜的支持吗?能否读懂儿童并给予适宜支持的专业水平,决定着我们是否能真正走进儿童的心灵。当儿童在水洼地里跳来跳去,看着水中自己和同伴的倒影不断变化着夸张的表情,还发出欢快的笑声时,我们能理解这样的行为吗?当一张原本画面丰富、色彩和谐的绘画,却瞬间被黑色覆盖,看上去一团糟的样子,我们该怎么办?当儿童坚持自己的意见,把叶脉说成是蜘蛛结的网,我们是如何理解的?当儿童询问问题,但其实并不是希望教师直接给出答案,我们能明白他们的心思吗?儿童的作品、表演等反映了他们的生活、心情和想法,我们能读懂他们的表征吗?

儿童是神奇的、丰富的、有差异的。我们只有在正确儿童观的引领下,通过一次次的观察和反思,一次次的交流和解读,一次次的理解、关爱和适宜的参与支持,才开始一点点地靠近儿童的心灵,此时,我们也许会得到来自儿童的回馈,这些回馈给我们带来愉悦、成就和满足,我们也因此离儿童又近了一点,新型的师幼关系在这种积极的互动中逐步建立。

向儿童靠近一点,再近一点,直至“走进儿童的心灵”相当重要,也着实很难,我们一直在努力,从未松懈!

走向真正的生态观

《纲要》总则中指出:“幼儿园应与家庭、社区密切合作,与小学相互衔接,综合利用各种教育资源,共同为幼儿的发展创造良好的条件。”在我看来,这是关于人的发展生态观的一种体现。发展生态学理论认为,儿童的发展受到与其有直接或间接联系的生态环境的制约,儿童生活的场所及其周边环境,尤其是家庭、幼儿园和社区对他们的影响很大,并且这些场所及环境之间相互联系、相互制约。

在我园的一些课程实践活动中,幼儿已走出幼儿园,走向家庭,走向社区,教师已经有了挖掘并利用环境中教育资源的意识,也尝试不断拓展幼儿生活与学习的空间与环境，但对于不同环境之间联系的关注还不够、实践还不多、研究也不深。我们需要进一步加强学习、研究与实践，加强与自然、家庭、社会的联系和互动，走向真正的生态观。

珍视教师的集体智慧

真正落实《纲要》精神，切实提高保教质量，取决于我园每位教师乃至教工的共同努力，班级教师是幼儿园课程改革最重要、最根本的力量。每一位教师在认真学习、贯彻《纲要》精神的实践过程中，以新的教育理念指导、审视和反思自己的工作，形成了一些属于自己的实践智慧与理论。对于优化我园课程改革实践来说，这是一笔不可小觑的宝贵财富，如何将教师的个体智慧转化为集体智慧，是对我以及管理团队的考验。关于这一点，我必须高度重视并学习琢磨。

义无反顾地走向田野课程

20 世纪 90 年代末，在人们期待新世纪到来之际，我国的《纲要》呼之欲出，意大利瑞吉欧方案教学的课程经验传入我国，作为幼教人的我们为之振奋。在这个伟大的时代，始终具有高度责任感和创新精神的太幼人，和我国一些先行先试的幼儿园一样，决定开启神秘和冒险的旅程。我们在虞永平教授的引领下，义无反顾地走进园本课程——田野课程的开发与建设，可以说，这在当时是非同寻常、十分勇敢的一种选择。我们的课程建设从一开始就是一个不断向内聚力、向外求索的过程，在此过程中，我们如同儿童探索世界那般充满好奇、矛盾和惊喜。

课程现状分析与期待

虞永平教授认为："园本课程，顾名思义就是指以幼儿园之'本'为基础的课程或是在幼儿园之'本'的基础上建立起来的课程。在此，'本'是指基础、现状、背景、实际、条件及可能等反映幼儿园现实的因素。因此，园本课程是指在幼儿园现实的根基上生长起来的、与幼儿园的资源、师资等条件相一致的课程。"①那么，我园的"本"是怎样的呢？在学习的基础上，我们着手进行现状分析，包括优势分析及问题与需求分析，诸多情况和问题必须经过广泛而认真的讨论，因为只有在对园所内外环境、条件、课程现状与问题等进行细致分析的基础上，才能明确我园课程开发的取向和起点，从而进行合理、有效的开发。

幼儿园优势分析

太幼地处市区中心，交通便利，人文荟萃，经济发展好，社区资源丰富而密集。

作为江苏省首批示范园，在良好园风的熏陶下，我园有一群充满爱心与责任心的年轻教师，他们好学向上，勇于创新，学历及专业水平不断提高，教师本科率达 34%。

---

① 虞永平.试论园本课程的建设[J].早期教育，2001(15)：4.

家长文化程度较高，其中本科及以上学历占比为 46%，所学专业广，普遍重视幼儿教育，部分家长关注幼儿教育理论。

我园重视教育科研工作，以研促教、以研促发展的意识强，并积累了一定的研究经验。自 20 世纪 80 年代始，我园学习践行陶行知先生“生活教育”与“创造教育”理论，关注幼儿生活，将幼儿生活作为课程的重要资源，引导幼儿关注周围生活中独特、有趣的事物及现象，鼓励幼儿大胆提问。“八五”期间开展了江苏省教育科学规划课题“3—6 岁幼儿德育研究”的研究，通过一日生活的渗透，将幼儿的社会性发展融入幼儿生活，该课题成果荣获南京市教科研成果一等奖。“九五”期间开展了江苏省教育科学规划课题“幼儿创造教育的启蒙与发展”的研究，通过为幼儿创设丰富而具有挑战性的生活和问题环境，开展“小问号”活动，鼓励幼儿好奇、好问，激发幼儿探究的兴趣，鼓励幼儿提出问题并尝试解决问题。以上两个课题的实践研究，营造了良好的研究氛围，也奠定了一定的研究基础。

在十多年学陶、师陶、弘陶的研究与实践中，不少教师对课程研究有了一定的敏感性，积累了一些很好的做法和经验，我园形成了一定的保教特色，也初步形成了课程内容体系，在家长、同行、社会中具有一定的影响力和美誉度。

90 年代中后期，方案教学的课程经验传入我国，在分析其特质并与我园的课程现状进行比较后，我们发现两者在一些观念上有相似之处，尤其是“关注幼儿的生活”“关注幼儿的兴趣”“把时空留给幼儿”的思想如出一辙，这为我园开展项目取向的课程开发与建设提供了前提，奠定了坚实的基础。

课程问题与需求分析

总体来说，我园的课程体系仍不够完善，实施途径仍不够丰富，评价方式仍不够多样；与瑞吉欧方案教学相比差距很大，尤其是在观念上保障“幼儿权力”、实践上支持“幼儿主动学习”等方面，存在巨大差异。

从课程内容看，还不能很好地贴近幼儿的兴趣、经验和需要。幼儿园学期课程内容由年级组骨干教师参考以往内容并依据自己的经验进行微调加以确定，每一节活动的具体安排则是提前两周主要通过集体备课的方式加以确定，教师根据本班幼儿的状况进行调整的情况较少出现。

从课程实施看，还不能满足不同幼儿对于多样化活动的需要。幼儿园课程实施主要有教学活动、游戏活动和生活活动三种方式，从园内研讨和教师评价的角度看，教学活动是最受幼儿园和教师关注的一种实施途径，教学活动主要在室内进行。

从课程目标看，没有充分考虑和依据幼儿的已有经验。学期目标、月目标、周目标和日活动目标大多是提前较长时间集体预设，活动中调整的情况比较少。

从活动形式看，大多是集体活动，个体活动和小组活动较少。无论是教学活动还是生活活动，基本上以全班集体的形式开展，且在时间上有明确的规定。另外，我们还不能很好地回答以下问题：

我园课程的指导思想有哪些？

我园课程有何特质？

我园课程的总体结构是怎样的？

我园课程如何更好地吸收古今中外先进的幼儿教育相关理论？

我园课程如何充分体现《幼儿园工作规程》及即将出台的新《纲要》精神 ？

我园课程如何更好地尊重幼儿学习的特点，支持幼儿主动学习，满足个体发展需要？

我园课程如何能让每一位教师和更多的家长积极参与其中，并与幼儿、课程共成长？

我园课程是否能够回应21世纪对于高质量幼儿教育的呼唤？

如果我园要走园本课程建设之路，还有哪些可能的条件和资源？

…………

一方面，通过对幼儿园的优势分析，我们增强了开展园本课程建设的信心和愿望。另一方面，通过持续的学习与反思，我们发现了现行课程的问题和差距。通过学法规、学理论，无论是在教育观念还是行为方式上，我们都受到了巨大的冲击，内心也不断受到鼓舞，课程改革势在必行，因为我们有着太多的期待。

我们对幼儿的期待是，幼儿成为真正的主动学习者。关注幼儿的生活、兴趣和问题已是我园教师形成的共识，但在课程实践中还不能像瑞吉欧的教师那样把幼儿放在舞台的中央，基于幼儿的兴趣和他们一道经历有意义的、主动的探索过程。我们需要不断学习和反思，通过不断更新儿童观、教育观等观念，不断优化课程实践，让幼儿成为学习的主人，基于自己的兴趣，在成人的支持下，在具有一定挑战性的环境与活动中积极互动，主动建构经验，成为真正的主动学习者。

我们对教师的期待是，教师不仅是实践者还要成为研究者。在原来的课程实践中，大多数情况下，教师实施的是确定好的活动计划。然而，在园本课程建设中，教师不再是课程的执行者，而是课程的领导者。教师一方面需要了解幼儿的兴趣和需要，在对幼儿的已有经验和可能的发展作出评估的基础上，通过多种方式支持幼儿主动学习。另一方面，教师还需要以一个研究者的身份和眼光审视课程的实施过程，这些都是发现问题、分析问题、解决问题的研究过程。从这个角度看，教师必然是课程的研究者，研究是教师的资格，也是教师的责任，教师是课程的实践者和研究者。

我们对家长的期待是，家长成为重要的课程参与者。原来家长或多或少参与幼儿园活动，但总体上不够密切、相对被动。事实上，家长和教师共同承担着支持幼儿发展的责任，他们理应是教师的合作伙伴。在幼儿园课程建设中，家长对幼儿的了解、具有不同的专业背景和拥有的丰富资源等，使他们的参与对课程建设可以起到互补作用。家长有权利、有责任、有必要参与到幼儿园课程建设中来，成为重要的课程参与者。

我们对课程的期待是，课程具有整体性和生长性。我们并不是要推翻现有的课程，而是希望给现有课程注入思想、完善体系、推进实践。在吸收古今中外教育理论和课程理念的基础上，比较、分析现有课程的优劣势，我们发现原来把更多时间花在了集体教学的实践研究上，还没能有意识地对课程内容、课程实施、课程理念等进行系统的整体建构，这不利于课程的完善和推进。那么，如何实现课程的整体性和生长性呢？从课程内容组织方式来说，我们希望以主题活动作为突破口，让内容和经验间形成联系。在课程实施途径上，我们希望有更为丰富、相互联系、形成互补的多种方式。从空间上，我们希望用一种全方位的整体视野，将室内外、家庭、社区包含在内。总之我们期待能建立一个整体的、可以不断生长的课程。

我们对幼儿园的期待是，做课程改革的引路人、排头兵，站在课程改革的前沿。作为一所出身平凡、深居小巷的幼儿园，80 年代初却跻身江苏省首批示范园，追根溯源，关键是因为一代代太幼人坚持以爱为魂及重视开展实践研究的结果。太幼人不仅爱孩子，还自始至终对新生事物及如何做得更好有着强烈的兴趣和责任。幼儿园的影响力和美誉度来之不易，站在新的历史时期，新一代太幼人应该继承精神、薪火相传、扎根实践，站在我国幼儿园课程改革的最前沿，在不断提升课程质量、促进幼儿发展的同时，为更多幼儿园开展课程建设、提升保教质量积累可供借鉴的经验。

从改变时空开始

我们被瑞吉欧幼儿园的师幼活动状态所吸引，我们很向往那种自由、生动且深入的探究状态。我们必须想办法让教师和幼儿从诸多规定、束缚中解放出来，让他们拥有更多的权利和可能。那么，在日常活动中，教师被哪些规定和习惯牢牢约束，什么可以作为实践改革的突破口呢？我和伙伴们几经商议，决定从改变时空开始尝试。

于是，我们首先将目光聚焦到时间上，从集体活动时间的改变开始，而后扩展到如何更为合理地安排一日活动时间。

20 世纪末，在幼儿园课程改革之前，幼儿一日生活的每个环节在时间上都有明确的规定，从集体教学活动看，三个年龄段的时间也是明确规定的，教师在规定时间上完是一节好课的标准之一。在以儿童发展为本的课程实践中，儿童学习的进程不可能由教师严格规定且整齐划一，这种时间上的严格规定显然是不合理的。我们必须改变这一传统的规定，把教师和幼儿从不合理的评价标准中解放出来。于是，我们改变一节好的集体教学活动的评价标准，时间已不再成为重要指标，而是由教师根据活动现场的需要自主决定，在时间上可以延长，也可以缩短。下面以集体教学活动时间的改变为例，反映当时我们在时间上所作的思考与实践。

一般来说，对于预设的集体教学活动，有经验的教师在时间方面是心中有数的。但活动中的幼儿毕竟是活生生的，倡导幼儿主动学习的活动本身就具有开放性的特点，活动中因经验、兴趣等产生一些新情况、新问题，从而缩短或延长了预设的活动时间，这是集体教学活动中再正常不过的一种现象。为消除教师的束缚和压力，从而更好地关注活动中的幼儿，在时间上，我园取消了以往那些严格的要求，时间长短已不再作为衡量集体教学活动优良与否的重要标准，当然，我们也会关注隐形浪费时间的现象。这种对于集体教学活动时间的理解、提倡及在制度上的调整,在那时应该说是一个不小的创新与改革。对集体教学活动时间的认识以及评价标准的改变,其实是对长期以来被认为是天经地义的一些规范的挑战与打破。

集体教学活动依据需要,既有预成的也有生成的。如在主题活动的开展过程中,当很多幼儿面临了同样的、新的困难和挑战时,往往会生成一些集体教学活动。如在“服装”的主题活动中,孩子们开设了一个服装加工厂,有一些孩子在剪裁衣服,剪裁活动必然需要用到关于测量的经验。对于测量,孩子们是有经验的,他们知道测量的起点和终点,知道在衔接时要首尾相连,他们会看尺子上的刻度,会用尺子及自然物测量桌椅等的长宽高,也许在成人看来他们已经学会了测量。可事实上,在制作服装的过程中,孩子们关于测量的困难依然存在,最大的挑战是孩子们以前测量的是直线,而现在是曲线,怎么量曲线?这对孩子来说不是一个简单的问题,尤其是对于当时刚刚开展项目活动的孩子来说。在活动的分享环节,老师请这些孩子提出了自己的困难,小伙伴们展开了讨论,有一些孩子提出了自己的想法并且进行了尝试,但依然没能解决。班级陆晓民老师觉得这是一个全班孩子共同面临的难题,有必要在此时增加一个集体教学活动,于是决定第二天上午开展一个有关曲线测量的集体教学活动。因为在这个集体教学活动中只需要解决如何测量曲线的问题,所以大概只需要十几分钟,而以往大班集体教学活动的时间通常是 30 分钟。现在,我们已经能够明确认同这样的观点,即集体教学活动的时间不是固定不变的,它的长短取决于孩子们遇到问题的难易程度,以及孩子们需要教师给他们什么样的帮助。

事实上,不仅是幼儿,教师对于自己有了支配时间的权利同样感到非常开心。让集体教学活动的时间具有弹性的这一改变,使得集体教学活动的样态发生了变化,活动中的幼儿和教师也更加愉悦、积极,活动质量和效益也随之提高。

教师在自主调控集体教学活动时间上积累了相关经验,他们能够较好地把握和调控时间,也感受到了因此带来的不同。在此基础上,教师对于时间的调控权由集体教学活动逐渐覆盖到一日活动。教师和幼儿在时间上获得的自主权,不仅让他们更多地感受到了尊重,也让教师在活动中更多地关注幼儿的兴趣、学习过程,使教师尊重差异成为可能。

活动时间上的放权带来了可喜的变化,紧接着,我们开始思考活动空间的问题。如:目前的空间使用合理吗?幼儿喜欢怎样的空间?还有哪些空间没有被充分利用?在对这些问题展开讨论的基础上,我们开始尝试改变空间。我们想要创设这样一种空间,在这里,幼儿有不受成人控制、他人干扰的私人空间,有三五成群的讨论场所,有自由进出、发现探秘的可能。当然,这里依然是在成人的视线范围之内,我们深知,在任何时候,能看得见幼儿,保护好幼儿的安全,是我们的首要职责。

首先,我们根据主题活动的需要,打破原先班级的空间格局。以前班级空间大多分为两块,一块是满足集体教学活动的需要,由桌、椅、活动柜组成,另一块是满足幼儿午睡的需要，摆放了儿童床。为了确保幼儿有小组活动或个人活动的空间，一天，教科室成员和试点班教师在活动室里比画着、讨论着，大家通力合作把活动室来了个大变样，除了保留一块用于集体活动的稍大空间外，其他班级空间都用活动柜或床隔成了一个个“小房间”，这些“小房间”里放有小桌子、小柜子和操作材料等。室内空间的大变样，让幼儿感到好奇、惊喜，一些幼儿还会悄悄地溜到隔壁班门口看一看，然后跑回来像发现新大陆一样介绍着。空间的变化不仅吸引了幼儿，也让教师有了新奇感和愉快的发现，给教师的工作带来了变化。在一个冬日的午后，我和陆晓民、陈丹琴两位教师手捧一杯热水，回忆起田野课程开始的故事。

“田野课程是怎样开始的？”陈丹琴老师说：“我记得那个时候我们把教室变成了一个个小小的房间，孩子可以在里面活动。”陆晓民老师开始了回忆：“是的，原来我们班的床是 U 形摆放的，在 U 形的开口处还有一排床，再往前就是很大的一块场地，开展数学、绘画等集体学习活动时这儿摆放 6 张桌子，孩子们围坐在桌子旁；开展音乐活动时，孩子们将椅子围成半圆形。2000 年秋季开学不久，我们班开始进入主题活动，一两周以后，大家就觉得班级空间似乎不太合适活动的开展。然后，我记得教科室的老师们来到班上，大家商量着并一起动手拖动幼儿午睡的小床，大家边规划、边拖拉、边商量，最终把原来一字排开的床围合成了一个个小方格，就是你所说的一个个小房间，我记得一共有 8 个这样的小房间。我为什么印象特别深呢？因为连班级的孩子都特别稀罕，他们非常开心，就连睡午觉都比以前安静了。更有意思的是，这样一来，每一个孩子都可以安安静静地在小房间里玩，比如说在“蛋”主题活动中，他们有的在做蛋壳拼贴画，有的在做醋泡蛋等小实验，还有的在看书……同一段时间内，孩子们可以在不同的房间里做着不一样的、自己喜欢的事情，而不再像原来那样，全班只能一起涂色或画画。孩子们非常高兴，因为这些活动是他们自己选择的，他们的交流也更加自主、自然、频繁了。他们可以随时和身边的伙伴说说悄悄话，表达自己的发现和愿望，而且，伙伴们的距离是那么的近。作为老师，我也觉得特别新奇，我们的教室原来是可以这样子的呀！我可以通过自己的观察和判断，觉得哪里需要我就到哪里去，当我觉得哪儿都不需要我时，就可以到我自己更感兴趣的地方看看孩子们在做什么。和以前相比，孩子们更自主了，老师们也更自主了，最重要的是孩子们比以前更专心地做自己的事，老师也能更清楚地看到每一个孩子。从那个时候开始，我和班级的其他老师只要没有特殊情况就会一直在班上，我们会分别和一部分孩子在一起，哪怕是就一个话题聊聊天，我们都非常开心。”

可以看出，室内空间的变化给幼儿和教师带来惊喜。空间的变化，不仅为教与学方式的改变提供可能，还让师幼更热情地投入其中。因为，这样的空间和学习方式对幼儿来说更有吸引力，这样的活动形式能让教师更好地观察幼儿、了解幼儿、走近幼儿。

其次，根据不同活动的需要，我们自由选择室内外空间。除了以往开展的体育活动外，在开展其他活动时教师也会更多利用室外空间。于是，幼儿有更多机会走到室外，

图 2-14　活动室内被改变的空间

享受与自然亲密接触、与其他班幼儿交往。教师根据幼儿的活动需要，交替使用室内外空间。实践证明，幼儿对在室外开展的活动更感兴趣，在户外，幼儿也会有更多诸如发现、观察、交往、表达、探究等活动行为的出现。

总之，在时间和空间的改变上，我们明确了一个基本原则，那就是把时空还给幼儿、还给教师，让幼儿和教师拥有尽可能多的支配时间和空间的权力。通过学习和实践，我们拥有了更为科学的关于时空的理念，也有了明确的基本原则。但实际上，无论是教师把时空还给幼儿，还是管理者把时空还给教师，要想达到理想状态，其实都并不容易，需要持续努力。尤其是在 20 多年前的时代背景下，我们受到传统观念和习惯的影响实在太久太久。从改变时空开始，我们坚定地迈出了田野课程改革的第一步，这也让我们真切地感受到改革的力量，见证了改革的希望，我们为之着迷。

尝试主题活动的开展

我们尝试以主题活动为课程内容的组织方式之一，是我们学习瑞吉欧方案教学的结果，对我们来说，这是一种全新的、前所未有的方式。我们尝试开展主题活动的主要目的，是想在推进课程与幼儿生活、课程与幼儿兴趣以及前后活动经验间的联系方面有所突破，以更利于幼儿获得全面、整合的经验。

田野主题活动内容来源于幼儿生活，包括幼儿园生活、家庭生活及社区生活。主题的生发与展开均是教师对幼儿仔细观察与倾听的结果，并以幼儿的兴趣和需要为主要发展方向。主题网络的编制也是一个持续的过程，编制前，教师细致地考虑与主题相关的各种可能性，并根据幼儿在讨论中的经验和问题拟订一个初步的主题网络。主题活动开展过程中，教师通过观察、谈话、作品分析等途径，充分了解幼儿的经验、兴趣、需要和可能，敏捷地捕捉到有价值的活动线索并作出反应，在此基础上补充、修改主题网络，而后选择并支持幼儿深度展开活动。

主题活动的展开始终具有开放性的特征，它没有预先定义的进展，过程中有着多种生长的可能。主题活动开始之前，不能也不可能决定好过程和结果，这就意味着教师必须时刻关注幼儿并敏感地对待他们的经验、问题和需要，不断调整和改变主题活动的实施。主题活动开展的过程可能是短期的、中期的或是长期的，也有可能是连贯的，或是不连贯的，主题活动持续时间的长短取决于幼儿对这个主题有多入迷及经验延展的可能。在活动过程中，教师通过问题、材料、情境等唤醒幼儿的思考，不仅关注各条线索的活动开展，也关注各要素、各线索之间的相互联系，这样有利于生发出新的活动内容，活动的持续性、探究性不断增强，活动所涉及的领域经验更为广泛，也就更有利于幼儿获得相互关联的、整合的经验。

20 世纪 90 年代末及 21 世纪初的那段时期，是我国超市业迅猛发展的阶段，这一新型的零售方式成为当时的潮流，引发人们的热情，改变着人们的消费习惯，也给生活带来了便捷。去超市逛逛、购物自然成了幼儿日常生活的一部分，“超市”时常出现在幼儿的话题中，于是，陈丹琴老师所在的中班进入了主题活动“超市”。

主题来源：

随着社会的进步，城市中出现了方便人们生活的各种超市。一次秋游，幼儿在午餐时边吃边交流自己的食物是从哪里买的。他们讨论着小区周围有哪些超市、超市有什么、超市里好玩的推车等。幼儿喜欢和家长去超市，超市里的物品、工作人员，尤其是商品吸引了幼儿，他们对超市很感兴趣，也有很多问题。于是，教师和孩子们一起通过调查、分享、交流、体验、游戏等方式，在真实的现场中解决问题、丰富经验。

主题网络：

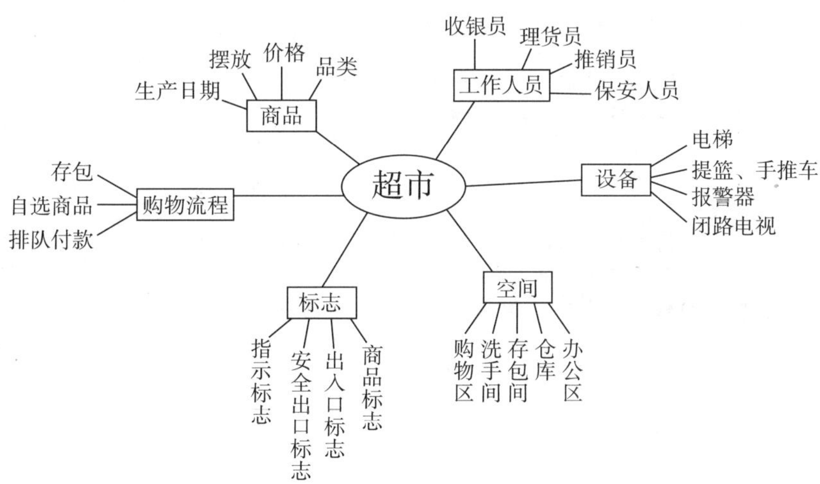

图 2－15　主题活动“超市”网络图

关键经验：

● 调查、了解超市的购物环境、相关标志、设备及工作人员的劳动，知道购物流程及需要遵守的规则。

●积极交流并能较为清楚地表达自己的发现和想法，感受超市给人们生活带来的方便。

●利用各种材料创造性地表现对超市的认识，愉快地开展超市游戏。

活动列举：

表 2-2 “超市”主题活动列举

活动内容	活动目标/线索列举	资源/材料	相关活动
亲子调查：我去过的超市	1. 调查周围的超市，了解超市名称、标记及商品等 2. 知道超市的功能及给人们带来的方便	周围超市调查表	1. 展示幼儿的调查表 2. 幼儿与同伴自由分享发现和想法
系统活动：我知道的超市	1. 与同伴、老师分享交流自己的调查和发现，了解超市和人们生活的关系 2. 积极参与交流和讨论，能较为清楚地表达自己的想法	幼儿调查表、超市照片	在区域提供一些关于超市的图书、照片等，进一步丰富幼儿的经验
集体参访：金润发超市	活动线索： 1. 师幼讨论参观的线路、注意事项及想了解的问题 2. 教师与超市工作人员、家长志愿者交流参访的目的、步骤以及需要关注的地方 3. 幼儿参访超市，通过观察、采访交流等方式了解关注的问题，进一步了解超市的特点及功能	金润发超市、家长志愿者记录表等	1. 幼儿用绘画等方式记录 2. 幼儿与同伴、家长或教师交流自己的收获 3. 针对幼儿的兴趣和问题，邀请超市工作人员来园和幼儿互动
亲子活动：我会买东西	活动线索： 1. 制订简单的购物计划 2. 和家人一起逛超市，体验亲自购物的过程，了解购物流程和规则 3. 记录购物过程及感兴趣的问题和发现	超市记录表	1. 幼儿用自己的方式记录购物的过程及发现，有些幼儿在语言区用连环画的方式呈现 2. 和幼儿交流购物的经历、问题、收获及感受，梳理商品种类、购物流程及规则 3. 针对幼儿的问题和兴趣进行相关活动：认识人民币、超市里的安全常识、物品摆放方式等
系统活动：认识人民币	1. 认识 1 元、2 元、5 元、10 元不同面值的人民币，知道名称及面值 2. 在游戏中初步体验“钱币”的换算	人民币、有价格标签的商品	提供玩具钱(练功币)，让幼儿在游戏中尝试使用“钱币”

续　表

活动内容	活动目标/线索列举	资源/材料	相关活动
系统活动：超市里的安全	1. 通过交流、讨论，了解超市里的安全设施和标志 2. 初步了解超市安全常识，有初步的自我保护意识	图片、视频	1. 观察并寻找生活中的安全标志，了解其含义 2. 在区域中为幼儿园设计安全标志
项目活动：我们班的超市	1. 规划班级超市，并作项目准备：分工、搜集材料、选择超市地点等 2. 幼儿分小组进行项目活动，运用各种材料表现心中的超市	积木、纸箱、置物架、废旧材料、剪刀、胶带等	1. 结合工作内容在不同区域完成相关工作，如在美术区用废旧材料制作超市冰柜、小推车等储运工具 2. 给超市取名、设计标志等
游戏活动：我们班的超市（一）	1. 利用建造的超市，规划游戏角色、规则、材料等 2. 丰富并布置游戏场地，为游戏开展作进一步准备 3. 讨论游戏规则，开展超市游戏	超市情境、各种商品包装、货架、标志等	1. 在区域中完善游戏材料，如在美术区设计购物袋、制作角色工作牌等 2. 创设食品加工区，制作各种点心、蔬菜等食物并包装
游戏活动：我们班的超市（二）	1. 尝试制作广告语，为“我们的超市”作宣传 2. 了解广告的特点及功能，用绘画、手工等方式设计有趣的广告	广告视频、画纸、笔、废旧材料、胶带等	展示幼儿设计的广告，充分交流和欣赏

回顾整个主题活动的实施，主题内容来源于幼儿的生活，我们从幼儿的兴趣出发，通过多种活动方式不断丰富经验。我们特别关注幼儿的问题和兴趣，如：参访超市、体验购物后，针对幼儿的问题和兴趣，邀请超市工作人员来园和他们交流，让幼儿进一步了解不同人员及工作；体验购物后，引导幼儿在区域中用连环画的方式表现购物的过程；在生活中寻找标志，通过项目活动和游戏活动表现超市的经验。幼儿在亲身参与的活动中，计划、表达、提问、动手操作、分工合作等各项能力得到充分的发展。印象最深的是在项目活动中，幼儿为了创建自己的超市，他们在规划准备后，和同伴分工合作进行活动，当遇到存包柜的门关不起来、散掉时，他们一起想办法解决问题，在教师的支持下调整方法，使用工具粘贴存包柜。在这个过程中，幼儿观察、分析问题及解决问题的能力得到发展。幼儿的表现让我意外，也进一步明白了幼儿的潜力是无穷的。我们应进一步学会等待、相信幼儿，给他们充足的时间和空间，在需要的时候做引导者、支持者、合作者。①

20 多年前开展的主题活动“超市”，现在看来也是一个了不起的突破。该主题活动源于幼儿的真实生活，从幼儿的兴趣出发，充分挖掘超市这一资源的课程价值，激励家长积极参与，尽可能使幼儿园生活及家庭生活产生联系，支持幼儿通过调查、参访、分

① 作者陈丹琴，南京市太平巷幼儿园副园长，选用时略有删节。

享、操作、游戏等方式，不断获得多元的经验。从以上主题活动实施的概要中，我们可以看出：田野主题活动与幼儿的生活是关联的；是幼儿感兴趣的、有不断投入的愿望；是综合整体的；是导向幼儿多方面发展的；教师的工作是全方位的，包括从计划到环境再到活动的过程。

开展主题活动后，没有了以往那些早已确定的课程内容，也没有了以往那种必须执行的每日活动计划，在这一点上，那时的我们似乎和大多数幼儿园不一样，显得有些特立独行。然而，我们并不是为了与众不同，而是因为形成了这样的共识：一方面，我们要展开的活动所依据的应该是幼儿的兴趣和需要，而非计划本身。如果教师能够更多地观察、了解幼儿的兴趣和需要，通常，当幼儿认为我们是值得信赖时，我们可以更容易地从幼儿身上发现课程，他们可以为我们提供想法、建议、问题线索；另一方面，教师要做的不单单是开展活动，而是全方位的，包括计划、过程，更包括对幼儿的观察、分析以及材料提供、环境创设、家园协作等，我们需要全方位的活动组织方式。需要说明的是，没有了确定的课程内容和活动计划，并不意味着我园没有每日、每周、每月活动的经验分析、目标预设和基本思路。

开展开放性的主题网络式活动，更加强调了幼儿的主体地位和主动学习能力，这个改变对当时的我们来说，是一种创新和颠覆。事实上，通过后来的学习，我们了解到这样的观点可以追溯到100多年前杜威的教育思想。尽管这样的活动，由于其开放性和教师本身缺乏经验等原因，在很大程度上增加了教师工作的难度，使教师的工作处于一种不确定的状态，但也正因如此，才更加令人振奋。

欣喜与困惑

对我们来说，瑞吉欧·艾米莉亚的幼儿园是那么令人向往，给我们带来了希望和挑战，我们多么希望我们的幼儿能如同书中的幼儿那般自由成长、潜能无限，教师和幼儿间是那般亲密无间、温暖有趣。俗话说，心动不如行动，当我们义无反顾地走向课程改革，充满激情地开展一系列实质性的改革后，一切都似乎令人难以置信，但，它是真的如此美妙。

幼儿对我们作出的改变感到惊讶和欣喜。当他们真切觉得自己可以作出决定，有困难时可以得到教师或其他成人的帮助，自己有着充分的权利和无限的可能，此时他们所展现的童真童趣、想象创新、热情专注让教师怦然心动！幼儿热切地为自己作出选择，自由地去探索各种可能性，而不用担心会受到批评，他们专注于自己的“工作”，乐意积极回应他人的建议，尝试各种办法解决困难，也能给其他幼儿提出建议和帮助，他们展现出了更多的思维的自主，变得更有自信；他们乐意用“一百种语言”表征自己的想法和发现，他们喜欢解释自己的所见所闻、所思所行，也愿意倾听对方的想法、见解和建议，那么小的他们竟然能老练地把经验解释给其他人听，为了更好地让他人理解，还能用不同的方式解释自己的需要，这些经常让教师惊讶不已。

对教师来说，课程改革带来的欣喜也不少。教师被活动中的幼儿深深吸引，活动中幼儿的状态及不断带来的惊喜,是来自幼儿对我们创新改革和热情付出所回馈的礼物,多么幸福、美好!虽然教师面临着的挑战仍不小,但大家收获更多的是有趣、充实和智慧,大家觉得自己似乎进入到一个崭新的教育世界。当回忆过往,陆晓民老师说:“我当时觉得每天的工作特别有趣,因为有很多未知,所以我很愿意去看孩子们在做什么,然后想我应该为他们做什么,或是不能做什么。”陈樱老师在主题活动反思中写道:“这是我和孩子们开展的第一个主题,一开始我问自己‘没有教案怎么办?’。这样的突破对老师的能力是极大的挑战,幸好有幼儿园导师团老师们的帮助。当大家一起出谋划策完成了一条有半个黑板那么大且非常美观的鱼时,我非常震撼,这是我职业生涯中第一次觉得孩子们有多么的了不起。孩子们在学习中源源不断冒出的新想法,以及自己在没有经典教案的情况下却能和孩子们一起完成这么了不起的事情,这让我感到很快乐!我觉得自己对于教与学的过程有了不少的新认识,即使是孩子们提出了看似不可能完成的想法,我也不能视而不见。我在慢慢地发现、改变……”教师看到了幼儿的变化,听到了自我拔节的声音,在几乎是脱胎换骨的变化中,对田野课程建设更加乐此不疲了。

改革总会伴随着阵痛与矛盾,课程改革同样如此。当我们开始了田野课程之旅,问题和困惑便始终相随。那时我们说得最多的是“追随儿童”“接过孩子抛来的球”,这是我们所追求的,也是我们特别想有所突破的。这两句话特别形象,也易于理解,但如何“追”?如何“接”?如何“抛”?就没有那么容易把握了,这些常常让我们非常困惑,也是我们聚在一起讨论最多的三个问题。事实上,在这些问题的处理上,对现在的老师来说,仍然是具有挑战性的。

当时面临的挑战在今天看来也许无法想象,我们的困惑可真不少。从教师本身来说,当时园内大致有两种情况:一种情况是,一些教师很兴奋,他们跃跃欲试,这部分教师对课程改革很感兴趣,很有想法,他们充满激情地与幼儿在一起不断产生新的活动,我们能看到乐此不疲的教师和幼儿。这部分教师的困惑主要有:“这个时候我要介入吗?如何介入?”“在生成性、具有弹性的活动中教师如何发挥作用?”“这么多活动,我怎么观察、记录?”“幼儿的兴趣很广泛,主题如何产生?”“如何处理活动过程中教师和幼儿的关系?”“怎样的活动室空间更适合幼儿进行这样的活动?”……另一种情况是,一些教师处于观望、疑惑甚至是焦虑状态。他们觉得:“没有成熟的教案怎么上课?”“活动时孩子们有点‘乱’,安全怎么保证?”“没有确定的计划和环节,教学效果如何保证?”“明天的活动要看孩子今天的情况再决定,这也太难了吧!”“做了十几年老师,我现在不会当老师了”……对于这些教师处于观望、疑惑、焦虑的状态,作为管理者,我意识到这是课程改革初期的正常状态,急不得也不用着急,我们更需要做的是与对课程改革充满激情的教师一道,对一些重要观念的实践转化进行大胆的尝试和经常性反思。

学习新东西、尝试变革创新原本就不那么简单。在课程改革初期,我们正在打破一个又一个传统,并且没有先例可循,一些教师因不知道如何应对挑战而有了各种各样的困惑,其实这很正常。任何一个人或是组织在改变思维及习惯的过程中总是充满着矛盾和冲突的，在田野课程改革的起步阶段，就指望所有教师认同并参与本来就是不现实、不科学的。我们不需要将原来的课程推倒重来，也不用着急地全面推进，而是可以从部分班级以及课程建设的某一方面入手，一点一滴地进行尝试和突破，在取得足够经验后，再吸引更多人员主动参与，如此，便可以自然而然地进行全面而重大的课程实践改革。就这样，一部分教师的先行先试、探索创造带来了一系列可喜的变化，也自然吸引了更多的班级开启了探索之旅，大家在活动中收获喜悦，获得满足与成功的体验。

在这个阶段，我最重要的工作是参与、激励、组织分享和耐心等待。一方面，我积极参与主题活动的讨论和实践，仔细观察、倾听教师和幼儿的需要，在此基础上不断改变评价内容和方式，通过参与讨论、提供支持等方式激励感兴趣的教师作为先行者大胆尝试，通过理论学习和现场研讨的方式开展全员性理论与实践分享；另一方面，便是用心观察、耐心等待，不急于求成，不随意评价，不要求步调一致，对过程中出现的各种状况和问题更包容、更好奇。

巨大的改变，特别是活动方式的改变引起了家长的疑惑，甚至是不满，家长们说得最多的是："每天都听孩子说'游戏''工作'，孩子的学习怎么办？""今天又没有学会新的故事，又没有学习算数，总是这样，怎么可以呢？"在最初的改革阶段，大家的反应有些强烈，他们有着褒贬不一的评价，有少部分家长甚至直接到园长室提出疑问和不满，并向我们提出各种各样的要求。

不仅如此，来自部分专业人员的负面评价和质疑也给我们带来了一定的压力。有趣的是，正当我们承受着不少来自外在的压力的时候，在一次阅读中，我无意间看到"改革创新者往往是备受打击者"，这句话很应景，它瞬间给了我强大的力量和理由，直到现在，当我们遇到困难时，我仍会时常和伙伴们分享对这句话的理解，我们不断从中得到激励。

无论周围环境怎样，在"以儿童发展为本"这一核心思想的指导下，我们坚定信念，大胆改革，同时也认真倾听、吸纳意见和建议，一步一步地往前推进。随着时间的推移，之前的反对声和质疑声逐渐变得温和与诚恳，我们的困惑和苦恼也随之减少，不仅如此，还得到越来越多的关心与鼓励。

家长的卷入

在幼儿的成长过程中，家长和教师都很重要，只有当家长和教师成为密切合作者，成为课程的重要参与者时，幼儿的发展才能得到更好的支持。然而，正如之前所提到的，课程改革之初，不少家长提出了各种各样的质疑甚至是批评，归根到底，是要求我们加强在语言、计算、科学等学科方面的教学，要求为幼儿入小学做好充分的准备。虽然我们坚信，我们的课程改革方向是对的，幼儿在活动中的表现充分显示他们学到的更多，发展得更好，这样不仅能为入小学做好准备，还能为惠及一生的学习习惯和品质养成奠定良好的基础。可是，似乎有一批家长并不能理解，也不允许我们进行这种看上去带有破坏性的改变。我曾有过被家长团团围住的经历，我和老师们也努力通过幼儿园家长会和班级家长会等方式介绍、阐述,试图能让家长理解这样做是对的、是好的,但收效甚微。无论是对幼儿园文化建设还是对课程建设来说,这种状况都是一个不小的问题,是必须尽快解决的问题。幼儿园课程改革离不开家长的支持和参与,我们必须想方设法得到家长的理解、认同和支持。经过反复讨论,我们一致认为,让家长参与到幼儿园课程建设中来,应该是一个不错的思路。紧接着,我们推出了一系列举措,开展了一系列活动,总体来说,取得了令人满意的效果。

在家长和我们的关系最为紧张的时期,我们做的第一个改变是,将原先的家长开放日改为家长开放周。原先的家长开放日是幼儿园确定一个统一的时间,一般是某天上午,家长到班级观摩活动,活动主要包括晨间锻炼、1～2节集体教学活动、幼儿游戏活动和午餐。为了让家长全面了解幼儿在园的生活和学习,特别是能了解到幼儿持续性的学习探究活动,我们决定开展家长开放周活动,这一周内的任何时候家长都可以参与到活动中来。这一举措对教师来说其实是有一定压力的,她们有些忐忑,但为了心目中的理想课程,大家毫无怨言,也有教师给大家打气:“我就特别不怕有人到我们班来,包括家长,因为现在是真的很好玩、很有趣啊,而且孩子和我们都很能干。”果然,在收到富有感情的邀请信后,家长按照自己的意愿纷纷来到了幼儿园,在不同频次参与活动的过程中,家长有了充分的感受。

那段时间有一个大班在开展“鸟”的主题活动,为了更有效地支持孩子的活动,教师查阅了大量书籍,积累有关鸟的知识,邀请鸟类专家参与活动,决定和孩子们去参观鸟类园。随着活动的推进,在孩子、老师和专家的共同努力下,班级活动室也完成了“鸟儿的乐园”的建造。通过本次开放周活动,这个班的家长或多或少参加了“鸟”主题活动的过程,一位爸爸说:“把专家请到幼儿园,这样的活动很好,对我们来说也是补上了一节有关爱护动物、保护生存环境的课。家庭教育和幼儿园教育相比,真是相差很大,以后我要把家庭教育和幼儿园教育更好地结合起来。”另一位父亲说:“这真是一次生动有趣的活动,不仅孩子们津津有味,有很多内容我也是第一次听到。”一位妈妈说:“这位老人在做人方面很值得我学习,古稀之年还到幼儿园进行科普宣传,踏踏实实地做人和做事。”鸟类专家周教授在参与整个主题活动后感慨地说:“我到过很多小学和幼儿园,这一次最令我感动。因为我不仅向孩子们宣传了爱鸟的知识,还有这么多的家长参与活动,我真的没有想到。你们的孩子非常聪明,有那么多的问题,对鸟有着浓厚的兴趣,这样的活动非常有意义。”有的家长在连续几次参与活动后,非常激动,不无感慨地说:“老师们太辛苦了,老师们太能干了,我的孩子也非常能干。”

经过那次家长开放周活动,家长和我们的关系悄然发生了改变,因为他们深切地感受到活动的有趣、有意义,教师的不容易、专业性,更重要的是真真切切地看到了孩子们活动的状态和在活动中的成长。

我们的第二项举措是,招募家长志愿者和“田野资源教师”。班级教师根据不同活动的需要,在本班乃至全园招募家长志愿者。幼儿园从课程建设的总体需要出发,诚恳邀请某一领域的专家担任“田野资源教师”，当然包括家长。

我们的第三项举措是，优化家长会组织方式。我们增加了开家长会的次数，并优化家园沟通方式。由原来一年一次集中开家长会改为原则上至少一学期开一次，班级教师根据需要决定具体的方式，如集中家长会、家长沙龙、一对一预约面谈等。

我们的第四项举措是，除了班级，让幼儿园的公共空间成为展示幼儿作品及活动展开过程的场所。阳光长廊、走道、楼梯等场所中时刻展示着儿童作品、活动照片、背景介绍等，这些深深吸引着每天接送幼儿的家长，他们时常驻足观望、讨论交流，看到环境中所呈现的幼儿学习过程，家长们感到惊讶和兴奋，有时也会主动地参与到环境中来。

在幼儿园陆续推出了以上四项举措后，充满热情、富有创造性的教师自发创生了两项举措，这让我非常感动，我觉得自己很幸福。

一些班级成立了班级家委会。原先幼儿园定期召开幼儿园家委会，讨论家园共育中共性的重大事项，但这种方式不能充分讨论某一班级的重要问题，于是班级家委会应运而生。通过一段时间的尝试和讨论，越来越多班级陆续成立了班级家委会，直到现在，这种方式仍在发挥着重要作用。随着教师经验的不断丰富，民主意识的不断增强，只要家长愿意，在园的三年中每个家庭都有机会加入班级家委会。

还有一些班级教师以主题活动反馈和每周反馈的方式，让家长了解幼儿已经开展的活动、即将开展的活动及在家中可以开展的活动等。教师们开放的、平等的、专业且温馨的家园互动方式，感动着我，也感动着家长。

功夫不负有心人，在多样化的活动中，家长参与到幼儿学习和生活的方方面面，他们感受到幼儿园一直努力，也亲身体验了先进的幼儿园课程理念。渐渐地，家园关系得到了根本性的改善，家长不再抱怨、质疑，而是怀着感激与尊重，积极参与到幼儿园课程建设中来。这个过程虽然不易，但也并没有异常艰难，我们从中感悟到民主、参与的魅力。

《田野课程——观念与实施》

“在新世纪的钟声还余音未尽的时刻，一个饱含太平巷幼儿园老师们聪明才智的园本课程方案——田野课程问世了，这是我国幼儿园课程改革实践的一份成就。”虞永平教授在我园出版的第一本课程专著《田野课程——观念与实施》一书的序中这样写道。

该书分为课程说明、主题案例、实施列举、主题展示、主题备选等几个部分。书中收集了 7 个主题案例和 21 个主题展示，这 28 个主题网络以及网络中的各条线索及其发展，充分说明了田野课程属于半结构性的课程，不仅活动计划是有弹性的，具有一定的开放性，同时活动的过程也是开放的、互动的。主题案例充分体现了田野课程基于幼儿的生活，为他们创设丰富多彩且富有一定挑战的情境，师幼共同围绕主题并通过多种方式展开，幼儿在主动活动中获得多方面的发展。在实施列举部分，主要就调查、角色扮演展示、观察幼儿、环境创设、家园协作、资源利用等 7 个方面进行了逐一阐述，从中可以看出我们对幼儿的学和教师的教的理解已经与传统教学的观念有了较大的差异。本书的课程说明也值得一提，从中可以看到明确的田野课程内涵的解读，可以看到田野课程的 6 个特点、设计要领和实施要领，最后还说明了田野课程的出版不是提供一种教学模式，而是反映我们在学习和实践的基础上，对儿童、对教育、对课程的解读。

难以忘记，在南京的雨季，在即将搬迁的老园舍的功能室内，屋外下着大雨，屋内下着小雨。难以忘记，在深夜的出版社，为了某一个词语、某一个标点，我和伙伴与编辑探讨附在书封底的那首小诗，我们咬文嚼字，不亦乐乎。在幼儿离园后的晚上及双休日，我和老师们挑灯夜战，连续作战，伴随着雨水的滴答声和我们的欢笑声，田野课程第一本专著顺利完成。艰苦的日子也是丰收的日子，2001 年，在火热的夏季来临之前，《田野课程——观念与实施》一书由中国和平出版社出版，浓郁的墨香凝聚着全园教师的智慧和奋斗，它不仅仅是三年来我们关于田野课程建设的阶段性小结，更是给予了我们坚定地在田野上深耕的勇气和力量。该书在 2002 年有了第 2 版，又于 2003 年进行了第 3 次印刷，由此看来，该书对当时我国幼教界的影响可见一斑。虽然，《田野课程——观念与实施》一书还不能反映田野课程的全貌，但它已能呈现田野课程的基本特质，书中对主题活动、活动线索、项目活动等概念的提出和实施要点的阐述，在那个时代是具有创新意义的。同时，该书反映了我们对于幼儿园课程的学习、思考和实践的历程，更体现了我们勤于学、善于思、敏于行的品质和精神。

在该书的封底上有两首小诗，一首是瑞吉欧学前教育的领头羊罗里斯·马拉古奇教授所作的《其实有一百》的节选，另一首是我们基于田野课程实践的所思所悟，以此作为对《其实有一百》的回应。它们是这样的：

其实有一百

罗里斯·马拉古奇
孩子是由一百组成的，
孩子有一百种语言，
一百双手，
一百个念头，
……
孩子有一百种语言，
（一百一百再一百）
但被偷去九十九种，
学校与文明使他们的身心分离，

南京市太平巷幼儿园
孩子的世界丰富多彩，
可是我们缺少倾听，
可是我们缺少关怀，
可是我们缺少理解，
……
我们真的需要，
还给孩子自然，
找回失去的真实世界吧！
……

……
他们告诉孩子：
游戏与工作，
现实与幻想，
科学与想象，
……
这些事都是水火不相容的。
总之，他们告诉孩子：
没有一百存在，
然而，孩子则说：
不，其实真的有一百！
孩子告诉我们，
游戏就是生活，
幻想代表未来，
科学需要想象，
……
我们终于明白孩子是成人的老师，
因为有了孩子，
我们才发现了一百。

第三章　田野课程 2.0:架构课程完整体系

简　介

如果您已经翻阅前一章,可以了解到,因为好奇与责任,在学习与反思的基础上,我们义无反顾地走向幼儿园课程改革。那时,我们主要是学习与借鉴,我们学习古今中外先进的教育理念,借鉴国外先进的课程方案——方案教学,融合幼儿园十多年的"生活教育""创造教育"研究与实践基础,从转变观念入手,从儿童的兴趣出发,关注儿童的学习方式,尝试一种新的课程内容组织方式——主题活动,并丰富了课程实施途径。学习和探索让我们对项目取向的课程有了一定的认识,也积累了一些实践经验,最大的变化莫过于课程观念和课程实践样态发生了根本性的改变,我们似乎对追求什么、应该怎样、如何到达有了较为明确的想法和做法。这一阶段的工作可以说是开创性的、方向性的,令人兴奋,使人着迷,但终究还只是起步,处于学习、模仿、创新的原始阶段。从田野课程整体建设而言,课程体系尚未建立,课程理念模糊不清,课程实施显得单薄,课程管理也面临诸多困惑。我们很想知道田野课程的全貌。

自然地,我们下一个阶段的课程建设之旅,就是进入田野课程的整体建构。事实上,要想建构一个项目取向的幼儿园课程体系,对于任何一所幼儿园来说都是一个很大的挑战。但无论如何,我们必须沿着自己开辟的创新之路奋勇前行。

我们依然从问题入手。幼儿园课程框架有哪些要素?田野课程的整体框架如何呈现?各要素及其之间的关系是怎样的?对于这些,我们一时难以说清。当我们面对"田野课程的理念是什么""这么做的依据有哪些"等追问时,更是难以全面清晰地表述。没关系,"实践出真知",问题需要通过一步一步地做、一点一点地解决,田野课程的整体建构当然需要通过全员参与的丰富实践活动才能实现。

那么,怎样才能更好地引领并服务于课程实践,这是我必须思考和探索的问题。于是,我开始更多关注课程管理,向管理理念和管理过程要质量,期待以优质的管理确保优质的课程。在学习、更新管理理念的同时,尝试开展一系列课程管理改革,如以新园舍建设为契机,创设支撑性环境,聘请田野资源教师,建立课程实践基地,积极推进幼儿园组织建设,使导师团、试点班、项目研究组等组织释放优势活力。同时,针对核心问题开展课程审议，以凝聚全员智慧，采用多种方式激励教工们投入课程实践的自觉，于是，“人人想田野、人人做田野、人人心中有田野”的良好氛围渐渐形成。“众人拾柴火焰高”，我园课程建设迸发出强大的力量，大家努力践行幼儿为本的理念，持续性开展理论学习与课程实践活动，使课程环境更加丰富，课程资源利用更优，家园关系更为密切。不同实施途径相互联系，幼儿的活动过程更是得到了应有的关注和潜心研究。

丰富的课程实践，让我们越来越明确田野课程各要素及其之间的关系。在虞永平教授的引领下，通过一轮轮的头脑风暴，“真实”“现场”“参与”“开阔”“清新”的田野课程理念逐渐清晰。这些理念是在多年的田野课程实践中生长出来的，事实上，它也一直在潜意识中指导着我们的课程实践，它是田野课程的灵魂，是方向，对整体课程建设起着决定性的作用。在此基础上，我们厘清了课程理念、目标、内容、实施途径、评价之间的关系，梳理出影响田野课程实施的两个重要因素——情境和资源。“功夫不负有心人”，2008 年春，又一本凝聚着我们集体智慧的课程专著——《田野课程——架构与实施》问世了，被专家称为“做”出来而非“写”出来的课程。与前一本田野课程专著相比，此时的课程理念国产了、园本了，课程框架完整了、成体系了，课程实践也更加丰满而有力量。

本章节中，我将主要通过与您分享当时课程实践的部分记录，并努力对此进行理性分析，以展示我们在课程实践中关注的重要问题，以及解决这些问题的探究过程。在这里，您将看到田野课程的整体框架、要素解读及其形成过程，看到越来越深入的田野课程研究与实践，也将看到我们的激情创造和理性思考。期待通过对丰富的田野课程实践活动及课程管理思考与实践的表述，阐明那个阶段我们对园本课程的理解：园本课程是整体性的，它由诸多相互联系的要素所组成；园本课程是实践性的，它来自“我们”共同的实践与思考；园本课程还是发展性的，总会因为问题及需要的变化不断得以发展。正因如此，田野课程只有起点，没有终点。

丰富的课程实践活动

经过前几年的田野课程实践研究，我们很清楚地知道，如果以为有了课程专家的指导，通过理论学习、理性梳理就可以建构整体性的田野课程，那么，这种想法未免过于天真幼稚，这不符合园本课程的应有之义。要想实现田野课程的整体建构，唯一的办法就是在理论学习的基础上，开展丰富而有活力的课程实践，将课程理论与课程实践紧密联系、紧密结合。田野课程的研究主要是实践研究，课程整体框架的建构必须建立在丰富的课程实践基础之上。

教师的热情与挑战

从前一章的阅读中您可以了解到，在幼儿教育大发展的时代召唤下，富有责任感和创新精神的太幼人从瑞吉欧的早期教育中获得灵感，并吸收古今中外先进的幼儿教育理念来指导课程实践，我们的课程改革经历了一个从先行先试到全园推进的过程。随着课程改革的启动，突破传统的开创性工作给试点班教师带来了不少挑战，她们日常工作的内容和方式发生了很大的变化，工作难度和强度也有了不小的增加。然而，我却惊喜地发现一个令人兴奋的现象，这就是那些自我要求更高、付出更多的改革先行者，往往也是幼儿园中最为积极且有滋有味地投入工作的那部分人。她们经常利用休息时间自发聚在一起，或是探讨或是做着相关准备，她们并不觉得休息时间的减少是一种牺牲，也不觉得没有模板的活动预设及需要不断学习才能更好地回应幼儿是一种负担，相反，她们喜欢这种改变、忙碌和挑战。我想，也许除了责任和对幼儿深深的爱以外，他们本身就是富有挑战精神的一群人，她们喜欢改变和善于改变，在这样的挑战和改变中，她们进一步找到了作为教师的价值，发现了幼儿教育的魅力，越发觉得如此陪伴幼儿成长是一件多么幸福的事情。

试点班教师的热情以及课程实践改革带来的变化，吸引了更多教师不断加入，伴随着改革带来的惊喜和成功体验，全园教师开展课程实践改革的愿望也被激发，越来越多的教师主动参与课程实践，改革热情也越来越高涨。如果您走进我们的幼儿园，看到最多的应该是那些大大小小的、专注而忙碌的身影，他们或是讨论或是操作；也许不知在哪儿，您就会看到几位教师正在眉飞色舞地谈论着幼儿刚刚发生的故事，大家喜欢在一起谈论幼儿、谈论工作，这种交谈具有经常性、连续性、明确性和针对性的特点；也许您能看到幼儿园时常多了一些“陌生人”，他们可能是专家、是田野资源教师、是热心家长或是社区人士；夜幕已降临，幼儿园楼内却时常星星点点地亮着灯，每当此时，我总是要去看一看、聊一聊并提醒伙伴们早点回家。大家参与的热情时常感动、激励着我，十多年后，我看到杨老师写的一篇随笔是这样的：“回顾整体建构田野课程的那段时光，仍然能感受到那份激动和震撼。每一天都充满了未知与挑战，每一天都有着数不清的惊喜和道不完的问题，大家都憋着一股子劲，一股子闯出去的劲头。和孩子们一起行动的每一刻充盈着忐忑、好奇、期待、疑惑、兴奋……渐渐地，我们感受到了聆听的重要、等待的意义，我们发现了孩子作品里的宝藏，知道了记录的价值。要说这股劲头从哪里来？我想一定是在和孩子们一起的每一天里蹦出来、攒出来的。我们有太多的惊喜和美妙，太多的感动和收获，发现问题、突破困难、探索、尝试、等待的每一刻都熠熠生辉，它们交织在一起，就是力量，推动我们努力前进的力量……在我的幼儿园，人人都是课程参与者，每个人都在努力，你会看到厨房的大师傅放弃休息时间，一次次指导我们这些厨房‘小白’，就为了帮助我们更多地了解孩子们在主题活动中可能遇到的困难。你会看到保健老师和孩子们一起探索牙齿的秘密，还有那些和我们一样把课程放在心上的家长们。‘老师，我就怕我讲不好，要不你再帮我备备课。’‘老师，你们去超市我也可以去，就是帮不上忙也可以照顾孩子们。’那么多人和我们在一起，那么多人在需要的时候站出来，还想什么呢，埋头干吧！困难就像是一种洗礼，挑战更像是一种奖励，让我们齐心协力，共同见证彼此的成长!”[①]我想,这应该就是职业幸福吧。当人们沉迷于一件事情,对这件事情有着浓厚的兴趣时,压力和付出也就转化成了兴趣和幸福。

课程改革以前,教师更多的是课程的实施者,现在教师更多的是课程的开发者和践行者,教师对课程的研究与实践有了更多的热情,她们已经深刻地认识到课程建设是自己的责任和需要,而不是来自其他人的强制要求,田野课程建设已经成为教师专业生活的重要组成部分。同时,创新实践及其不断带来的惊喜也给教师带来了不少乐趣,这样的热情和乐趣成了我园教师前行的动力。此时的教师,有了坚定的继续前行的决心与信念,她们也会用新的眼光来看待课程,能更多地关注到整体课程的概念。

在我们继续推进田野课程建设的过程中始终伴随着挑战,挑战主要来自两个方面:一方面是实践改善,不仅有课程实践中所面临的具体问题的解决,更多的还有关于新观念的践行以优化实践;另一方面,挑战也来自理性思考,持续的学习让我们开阔了视野,打开了新的视界,我们需要在实践的基础上,形成属于我们自己的理解和理论。

推进课程建设带来的挑战也许存在于微观层面。如,从课程建设本身来说,田野课程已经在主题活动、项目活动和家园关系等方面取得了阶段性成果,那么下一步该往哪里走呢?我们采用的主题网络能够呈现主题的总体思路,但它是不是只有一种展开方式?还有什么方式能够更好地体现生成活动和预成活动的结合?能够体现活动情境这一关键要素?项目活动中幼儿一直在做事,他们在做事的过程中有困难吗?教师的陪伴与指导有效吗?幼儿是否有新经验的获得?新经验体现在哪里?系统活动和项目活动之间的关系是怎样的?如何创设适宜的“实习场”以支持幼儿的活动?课程理念及系统活动等实施途径是否应该有我们自己的定义?园本课程最终追求的是整体的课程,那么田野课程的整体框架是怎样的呢?……总之在课程建设过程中,我们总是遇到各种各样的问题,这些问题给我们带来了挑战。下面就以主题网络的展开为例,说明我们是如何认识和解决问题的,以及由此带来的改变。在前一阶段,关于主题网络我们主要采用的是要素分析法,也就是从主题核心话题的要素出发,一层一层分解。然而,幼儿的学习是情境性的,关于这个认识促使我们对主题网络作重新思考。于是,我们聚焦关于情境和情境认知理论的学习,按照杜威的理论,即环境中要有人才能变为真正的情境,幼儿本来就是环境的重要组成部分,幼儿与环境中的物、人、关系也是重要的环境,这样,我们理解的环境就不再只是物质的,还包括人及相互的关系。我们关于情境及其重要性的理解,在一些主题活动名称的变化上也能窥知一二。如,“面点”改为“做面点”,“柿子”改成“柿子红了”,“小学”调整为“我要上小学”,这些看上去似乎只是微调了个别字,但由此可以反映我们的理念和认识正在悄然发生改变,观念的改变带来了实践的变化。随着学习和实践的推进,田野课程主题网络的表达方式也渐渐地丰富和完善,在原先要素分析法的基础上增加了情境分析法、活动分析法和问题分析法,不仅如此,

① 作者杨柳,南京市太平巷幼儿园教师,选用时略有删减。

我们还将主题网络和情境脉络加以结合，关于这些已在前一章与您具体分享。

推进课程建设带来的挑战也会涉及宏观层面。如，我们的课程为什么是这样而不是那样？我们为什么要这样做而不能那样做？此时的挑战其实是关于课程理念和价值判断的问题，要想对此作出符合本园实际，又能让一线教师理解和认同的回答，我们除了加强理论学习，开始尝试采用一种新的方式——课程审议来加以辨析、认同和催生。又如，教师提出很想这样或那样开展创新实践，但觉得资源不足，相应的保障措施也并没有得到很好建立，此时面临的其实是幼儿园环境建设和课程管理等问题。幼儿园课程建设的确是个系统工程，需要在人员、环境、文化、制度、资源等方方面面整体不断建设和优化，从而满足田野课程整体改革的需要。

对于田野课程建设来说，教师的热情以及面临的挑战是重要的。事实上，人们对于没有挑战的事情也是难以保持热情的，挑战后带来的成功体验成了对教师热情工作的一种回报。反过来，这种成功体验又成了一种激励的力量。

与家长建立良好关系

对于所有幼儿来说，在他们个体的成长过程中，家长的参与和教师的参与一样，是必不可少的。教师或是家长中任何一方都不可能独自承担起幼儿成长的责任。田野课程建设以来，我们期待家长成为重要的参与者，主动参与到课程建设中来，不断加深对田野课程的理解与认同，不断提升课程参与意识和水平，从而真正成为幼儿信息的提供者，幼儿活动的陪伴者与支持者，课程资源的提供者，课程活动的参与者、审议者与评价者。总之，我们希望与家长密切合作，更好地支持每一个幼儿的成长，那么，与家长建立良好关系就显得尤为重要。

从一个方面来看，教师与家长建立良好关系原本就具有坚实的基础。因为家园目标的一致性，教师和家长一样关心着幼儿的发展，始终将幼儿放在第一位，无论是幼儿的身体状况、情绪反应还是经验发展，教师都时刻给予关注并做到心中有数。和家长一样时刻关心、关注着幼儿的我们，必然会被家长所认同和喜欢，这是我们与家长能建立起良好关系的基础。

从另一个方面来看，与家长建立良好的关系也并不是件容易的事情。每个幼儿都是独特的，同样，每个家庭、每位家长也各有不同，教师面对的家长和幼儿一样，也是活生生的个体，复杂多样，良好关系的建立更取决于教师的认识和态度。我们认为，尊重和理解很重要，在人与人相处的过程中，我们总是期待着他人的尊重和理解，在家园关系中，就让我们先努力去做那个尊重和理解他人的人吧，相信真诚与善意的关怀一定能传递出去，这是任何东西都无法取代的。我们认为，平等与包容同样很重要，这是原则，也是底线，无论是在态度上还是在机会上，我们尽力做到一视同仁，平等地对待每一个幼儿和家长。由于家长的性格、成长经历及专业背景的差异性，他们对教师的认同和理解也不尽相同，有时教师还会面对不被理解甚至是被误解的风险。另外，由于没有相应的经验可以参考，家长也会处在矛盾之中，他们有时心烦、疲倦，有时焦虑、担心，此时如果我们用开放的心态走近他们，包容他们的不一样并试图理解他们的困境，而不是以统一的、自认为合适的标准去衡量，如此，我们便能得到良好的反馈，从而有利于建立舒适而积极的人际关系，虽然这样做对教师来说很不容易。庆幸的是，我园良好的文化给了大家支撑，但凡有同伴遇到不被理解甚至被误解的情景时，总会有同事、伙伴在一旁耐心倾听，并一起商讨，给出诚恳的意见和建议。

实践证明，一种简单易行且行之有效的与家长建立友好关系的方式是邀请家长参与，家长参与活动可以增进了解、增强情感。我们采用多种方式让家长参与到课程中来，请家长做一些有挑战的、需要合作的和不可替代的事情，让他们受到鼓舞。他们不是仅仅作为教师的帮手，而是能为集体和幼儿的发展提供独特的贡献。活动前期，教师会和家长进行充分讨论和准备，这有利于让他们感到自在并能够作出贡献，无论是对幼儿还是对成人来说，这样做都是很棒的体验。当我们把家长当作伙伴欢迎他们参与到活动中来时，我们发现，家长的意识越来越强，他们各显身手，专注地做好每一件事，于是，我们也便与家长自然而然地建立了紧密的联系。家长参与的方式是多样化的，在第二章中已经列举了一些。

在和家长建立友好关系的过程中，描述幼儿在园的活动情形及细节也是很有价值的。教师通过面对面交流、展示作品和照片等，或是请幼儿将主题档案、日记等带回家，又或是通过媒介及时沟通等方式，向家长了解幼儿正在做的工作，这样家长就可以了解到他们所关心的事情正在发生。接下来，就让我们来看一个发生在方老师和一个幼儿及他的妈妈之间的小故事吧。

班级里我们的主题"当你有了勇气" 正在开展着，今天的主题是聊一聊自己的缺点。孩子们认真地记录下自己的缺点。分享的时刻，轮到天天小朋友讲述，只见他拿着自己的记录本，摸了摸头，说道："我的缺点就是笨笨的。"小朋友听了大笑起来，天天站着有一些难为情。听到这句话，我的心里咯噔了一下，问道："天天，是你自己觉得笨笨的吗?"天天抬起头，说："不是，是我妈妈在家里说的，妈妈说我什么都做不好。"这时，一个女生站起来大声说："我觉得天天认识很多很多的字，还会读书给我们听，这点他还是很棒的。"天天听了，抬起了头。我问道："天天有很多做得棒棒的事情大家都能看到，可这些他的妈妈可能没有看到，谁来说一说，你觉得他还有哪些让你觉得很棒的地方?"……

天天露出了笑容。"天天，现在你还觉得自己是'笨笨'的吗?"天天摇摇头，小声地说："我感觉我现在还是有一些进步的，方老师，是这样的吗?"我对他用力地点点头，拿起笔，在他的记录本上写下了他能看懂的图文："你可爱，也很聪明，加油！你会越来越棒的，相信自己!"

天天问我的那句："方老师，是这样吗?"孩子不确定的语气，希望得到老师肯定答复的渴望，让我的内心很触动。当天晚上，我将天天的记录单和孩子们的讨论告诉了天天的妈妈，天天妈妈告诉我："方老师，孩子从小班到现在，与班上其他孩子相比，差距真的很大。你看他画的画，哎，真是太有差距了，我每天都很焦虑。""其实，孩子很努力，他也是有很大的进步的，我们试着来对比一下天天自己的发展。”天天妈妈说：“我也发现他现在越来越多地想参加更多的活动了，但是和别的孩子相比差距还是很大呀。有时候真的觉得他笨笨的，忍不住要说他。”“孩子对父母的评价总是很重视也很敏感的，其实他心里非常在意你对他说的话。你看到天天自己记录的他心中的勇气了吗？‘勇气是妈妈大声说话时，我不流泪’，我想可能我们的教育方式可以做些调整，多一些正面鼓励，这对他很重要。”“看了孩子的记录，我有些难过，平时和他的交流真的不够有耐心，没想到孩子把我对他说的话都记在了心上。”……“如果我们能静下心来去了解孩子内心真实的想法和需要，就会发现他们真的在长大。”“是啊，看来我也需要一些勇气调整自己，真正多倾听孩子的想法。”……

在接下来的日子里，孩子们围绕勇气这一话题开展了许多活动，天天做了一本自己的小书，我请他把这本小书带回去，邀请妈妈和自己一起阅读。天天非常乐意，开心地说：“我要告诉妈妈，我记录得非常好，老师表扬我了。我觉得我现在有点棒。”第二天，天天跑过来跟我说：“老师，我还没有给我的绘本起名字呢，昨天我和妈妈一起想了一个名字。”“叫什么呢？”我问道。“我的绘本名字叫‘我可以’。”天天响亮地说道。[①]

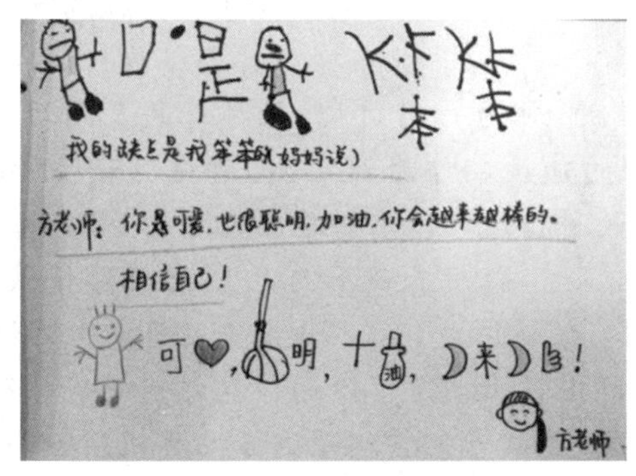

图 3－1　天天和老师的对话

图 3－2　天天在做自己的小书

方老师敏感地觉察到天天的情绪，并进一步了解到天天的想法和原因，在和其他孩子一起鼓励天天的基础上，及时与他的妈妈联系，始终站在儿童立场，描述天天在幼儿园内发生的事情，讨论天天的发展情况，探讨儿童发展规律，以及建议天天将在园内做的小书带回家邀请妈妈一起阅读。教师的这一系列行为无不反映了把每个幼儿时刻放在心中的观念，这是教师对幼儿真正的爱，爱的力量很伟大，不仅感染了幼儿，也感染了家长。事实上，所有的家长都渴望教师喜欢自己的孩子并对孩子的发展负责，当家长感受并相信教师对自己的孩子感兴趣且真正给予关爱时，家长就能深切地感受到教师的善意和专业，这样，家长与教师间的和谐关系也就自然而然地形成了。

① 作者方佳，南京市太平巷幼儿园教师，选用时略有删节。

人人参与课程

田野课程是人人参与的课程，田野课程建设不是某一个人和某几个人的事，而是在全员参与中不断丰富和完善的动态过程。不仅教师、管理人员是课程的建设者，幼儿、家长、专家学者、社区人员及幼儿园的保健老师、保育员、厨师、司机等也是田野课程的共同建设者，大家彼此间形成一个合作互动、多向反馈的生态系统，不同人员以多种方式和角色参与到课程建设中来，并从不同的角度对田野课程的实践研究作出贡献。

幼儿园教工是田野课程建设的主体。从改革初期的先行先试到所有班级的积极参与，再到教工的全员加入，幼儿园不同岗位的教工相继成为建构田野课程的主要发起者和积极参与者。班级教师陪伴幼儿的时间最长，他们基于对幼儿发展目标的理解，基于对幼儿的兴趣、经验和需要的了解，敏感地捕捉教育话题和契机，创设一个个适宜的情境并努力形成情境脉络，通过这些贴近生活、含有任务、具有挑战的情境，不断引发幼儿进行操作、观察、交往、调查、体验、反思等学习活动，从而支持幼儿在原有发展水平上不断提高。本书中的很多案例可以清楚地告诉我们，班级教师是田野课程建设的中坚力量，他们参与课程建设的方方面面，包括课程实践、课程管理及课程的整体建构。除教师外，幼儿园其他工作人员也参与到田野课程的建设中来，大家在作出贡献的同时不断有所收获。

我是2005年来到南京市太平巷幼儿园的，作为一名司机，很神奇的是到幼儿园以后，也成了田野资源老师，参加了田野课程的建设。作为幼儿园“种植区域”小组的成员，我和专业的教师一起讨论，参与孩子们的种植活动。在种植活动中，一开始，我真的不知道该怎么做，总是担心孩子们什么都做不好，总想着孩子们还小，很多事情做不了，还特别怕孩子们受伤，所以自己就做得很多、说得很多。慢慢地，我理解了田野课程的真谛，即要尽可能把一切机会交给孩子，实际上孩子们是可以的！从之前的代替孩子们做很多，到现在慢慢放手，我把一切交给孩子，让孩子们学到了更多的种植经验，感受到更多的快乐。

我和孩子们一起讨论很多种植的问题。比如说，春天可以种什么？夏天可以种什么？为什么西瓜、南瓜、红豆、绿豆、西红柿等只能在春天种，不能在秋天种呢？不同的季节适合种什么？这些问题也是一些老师们需要知道的，我就列了一张四季可以种植的植物表，班级老师们有需要时就有了参考，这种做法得到了大家的肯定，也让我明白我还是有很多的事情可以做的。

我和孩子们一起种植、照料和收获，这个过程特别有趣。比如，孩子们种植白萝卜、红萝卜、水果萝卜、洋花萝卜和胡萝卜。讨论时，我说：“胡萝卜不是萝卜。”“为什么呢？”“它不是叫胡萝卜吗？”孩子们七嘴八舌地反问我，热烈地讨论起来。最终，孩子们通过查找资料，主要还是从这些萝卜开出不一样的花中找到了区别，知道了为什么胡萝卜不是萝卜的答案，这是一件很有意思的事情。再比如，在种植花生时，大多数孩子说要种带壳的花生，也有一些孩子说应该种花生米，于是我们都试了试。过了几天，孩子们发现，种植花生米的泥巴地上已经有了许多小芽，但是种植带壳花生的土地上还没有动静。又过了几天，带壳花生终于出芽了，可是小芽真的是太少了，而且长得很瘦小。通过这次种植，孩子们还发现花生是一种神奇的植物，因为它在地上开花、在地底结果，而其他的植物基本是一朵花一个果，也就是开花的地方也是后来结果的地方。

在专家和教师的指导下，我慢慢放手了，孩子们做的事情也就越来越多了。在翻地中，孩子们感受到劳动的艰辛，他们会说“好累啊”“谁知盘中餐，粒粒皆辛苦”。他们知道了蚕豆是点播的、豌豆通常是条播的、麦子通常是散播的、山芋是需要种在垄上的……种植除了让孩子们有了许多发现，也让孩子们的身体得到很好的锻炼，和孩子们一起种植，我和他们一样开心，我们的收获都很多。①

因为开办了分园，幼儿园需要一名司机师傅，当时我提出了三条理想的司机标准：驾驶技术好、能说普通话、会种植。之所以提出这些标准，是因为我们认为人人都是教育者，人人都是课程建设者，即便是司机师傅；另外，我园教师在种植方面的经验比较缺乏。有爱心且热情的朱师傅来园后，越来越多地参与到活动中，被幼儿亲切地称为朱叔叔、朱老师，他参与到种植活动中，参与到小班主题活动“汽车”中，和中、大班孩子一起清理小池塘、建构石桥……参与课程建设中的快乐体验和专业成长，让每个太幼人成了田野课程的自觉践行者，田野课程理念逐渐形成并悄然在孩子们的心中扎根。

除此之外，人人参与还包括家长、专家及社会人士。班级教师在保障和引发幼儿及家长参与上也发挥着不可替代的重要作用。那时，工作没几年的孟老师对家长参与这一话题感兴趣，她是这样思考和行动的。

许多家长都希望能以某种具体的方式参与到幼儿园的课程中来，但在没有人邀请他们参与或没有真正被接受之前，他们通常不会表明自己的兴趣。为了让家长参与进来并对班级开展的活动作出贡献，教师可以帮助他们意识到自己的贡献是会受到欢迎也是很重要的，让他们觉得孩子和教师需要他们，田野课程建设也需要他们。在班级开展的“我爱我家”主题活动中，我们做了一些尝试。

进入主题活动前，我们进行了一次家长问卷调查。围绕主题活动线索，我们设计了若干问题，主要为选择题，最后有一个开放性问题。开展问卷调查的主要目的是想让家长大致了解即将开展的主题活动的价值、方向和所需的资源、帮助等，家长也可以通过这种方式和孩子一样做好主题进入前的心理准备。另一方面，通过调查问卷，我们可以了解到家长的思考和建议，通过整理家长、幼儿的前期经验，重新思考主题的内容、展开方式等。在主题活动开展的前一周，我们请班级家长填写了问卷，反馈回来的一张张调查问卷中不乏“智慧的火花”“课程的火花”，我很惊喜。其中最后一个问题“您对我班进行该主题活动有何建议”的下方，豆豆妈妈写道：“可以请孩子们分组自编、自导‘我家的一天’。”这和我们老师的想法不谋而合。于是主题中也就有了表演游戏“快乐的家庭生

---

① 作者朱红军，南京市太平巷幼儿园司机，选用时略有调整。

活”。双双妈妈写道：“建议幼儿可以相互串门，能够邀请好朋友到‘我的家’中做客，让孩子之间多些交流机会，也学会如何礼貌待客，欢迎小朋友到我家来做客。”这可真是一个不错的建议，活动中老师和孩子们以分组的形式去了双双家和瑶瑶家做客，孩子们开心极了，也在这样的真实生活情境中学习如何做小主人和小客人。主题活动前的这次家长参与，让家长知道接下来孩子们将要进行什么主题活动，自己可以做什么；从另一方面看，家长事实上已经通过问卷调查的方式参与了这个主题活动的审议。

在主题活动进行过程中，我们通过三种方式鼓励家长参与进来。一是鼓励家长成为班级活动的志愿者。当家长成为志愿者后，他们可以有更多机会参与到课程的实施与体验中，也为大家交流信息提供方便。如果家长和教师共同承担某个活动的计划、组织的工作，这个活动可以成为交换信息和思想以及提供双向支持的令人兴奋且有价值的活动。在亲子活动“制作亲子衫”中，班级家委会起到了重要的作用。在和我们交流活动意义、设想后，他们就一直在认真地工作，从撰写通知、市场调查、制作奖状、策划主持、直到最后的场地清理，家长和我们频频沟通协作。事实上，家长参与越多、贡献越多，这个活动对他们自己的意义也更大。二是给家长提供有关主题活动的内容简报以及孩子的部分活动记录。家长都很关心孩子在班级主题活动中到底学到了什么，老师所教的孩子掌握了没有。对于这样的顾虑，我们以主题活动简报的形式打印好并发给每位家长，定期向家长介绍近阶段开展的活动。这给平时工作忙碌没有时间接送孩子的家长提供了更多的方便与信息，帮助他们了解幼儿园活动、班级课程，了解自己孩子的学习情况。在“我爱我家”主题活动中，我们共出了三期主题活动简报，内容丰富、活动精彩，家长非常喜欢这种形式。第三种方式，也是最常用的一种方式，就是鼓励父母留在活动室中观察。当父母接送孩子时，邀请他们尽可能多待几分钟，请他们仔细观察活动室的环境，听听孩子介绍：“妈妈，这是我设计的领带，好看吗？”“爸爸，这是我和××做的洗衣机。”……老师也常常和家长交流：“恒恒今天扮演的爸爸真能干，平时孩子在家会帮你们做事吗？”“丹丹说爸爸平时太忙了，希望爸爸多陪她玩玩具、弹钢琴。”……简单的对话给亲子交流、家园交流提供了平台。同时也让家长看到了活动室在发生着变化，因为班级活动正在发生变化。

在主题活动的后期，我们邀请家长参加主题展示活动，这又是一种让家长了解课程、了解孩子在园生活的好方法。在规划主题展示活动时，我们和孩子共同策划了可以展示的内容，每一个孩子都参与到活动中来，大家还设计了一些亲子互动的游戏环节，让每位家长欣喜地欣赏孩子成长的同时，更加深他们与孩子间浓浓的亲情！“我爱我家”主题活动接近尾声，家长在孩子的邀请下来到了幼儿园，在以孩子为主体的表演、介绍、互动、感恩后，家长们都很激动和感慨，原来主题活动是这样的精彩与令人感动，孩子是这样的可爱和能干，老师是这样的辛苦和专业……①

① 作者孟凡，南京市太平巷幼儿园教师，选用时略有删节。

从孟老师的这个案例中,我们看到了家长在“我爱我家”主题活动开展的前、中、后阶段,以不同的方式积极参与进来,有活动前的主题规划、审议,有过程中的志愿服务、组织指导,还有观察、倾听、欣赏、讨论、互动及评估等方式。我们有理由相信,家长在参与过程中能更好地了解孩子的学习特点和发展情况,在发挥自己作用的同时,也能进一步从孩子和教师那儿感悟到田野课程的理念,并且,在与教师的密切合作中也将潜移默化地受到积极的影响,这些关于理念和行为的积极影响也必将对家庭教育的不断优化在无形中发挥积极作用。从这个案例中,我们既能了解到家长参与课程建设的愿望、可能以及所作出的具体贡献,也能了解到教师在允许、鼓励、引导家长参与中所能发挥的作用和可能的方式。不可否认,最重要的还是教师对“参与”这一理念的认同和理解,这在确保家长参与并作出贡献具有关键意义。

事实证明,大家的参与为田野课程建设提供了重要支持,不同人员的积极参与,汇聚了不同个体的智慧与努力,无论对幼儿、对他人还是对自己来说,参与的过程是愉快的、友好的,也是富有成长意义的。

多样化的活动

田野课程倡导以幼儿为本、以生活为基、以行动为径,让幼儿在开放真实的生活情境中通过多种活动方式自主学习,努力让课程真正成为幼儿的行动过程。田野课程活动方式主要有系统活动、项目活动、游戏活动、生活活动等六种,这些活动方式各有侧重、紧密联系、相互补充,在幼儿的经验获得与发展中均发挥着重要作用。

系统活动

系统活动是教师主要通过教学情境的创设,引发活动线索,引导幼儿主动探究,从而获得关键经验的集体教学活动方式。需要说明的是,这时,我们所理解的教学活动与课程改革之前已大不一样,虽说从参与人员看,还是全班或小组幼儿集中在一起,从活动设计看,也预设了明确的目标、内容和主要环节等,但因儿童观、课程观等观念的转变,集体教学活动中我们强调了幼儿的主体性,无论是从目标的预设、活动的来源还是活动过程的展开来看,教师都更多关注幼儿的原有经验、兴趣以及发展可能。我们认为,能让幼儿主动学习的教师是好教师,能让幼儿主动经历学习的活动是好活动,那么此时的集体教学活动自然也就不一样了,和以前有了很大的改变。

系统活动分成预成和生成两种,总体来说,无论是在主题背景下的还是不在主题背景下的系统活动大多是预成的,教师基于对幼儿年龄特点的把握、经验的分析和已有经验的了解,预设系统活动目标、内容和主要展开过程。当然,教师基于幼儿的学而生成系统活动,这在田野课程实施中也是时常出现的,特别是在主题活动开展的过程中,因大多数幼儿缺乏某一经验而导致面临的问题难以推进时,便会自然而然地生成相关的系统活动。在系统活动的设计与实施中,我们着重关注两个方面的问题。

首先,我们关注的问题是:如何支持幼儿主动学习?田野课程要求教师不仅思考自己如何教,更要思考幼儿如何学,教师需要在了解幼儿已有经验和学习方式等基础上,以幼儿主动学习的视角预设教学，努力实现幼儿从被动获得经验到有意学习，从教师主导学习过程到师幼共同建构学习过程的目标。以下科学活动“有趣的蛋娃娃”是我和中班幼儿开展的一个系统活动，这个活动从设计到实施经历了几次调整，每次调整的理由都是对活动中如何更好地支持幼儿主动学习的思考。

中班科学活动：有趣的蛋娃娃

活动目标：

1. 在观察、比较的基础上，尝试制作不倒娃娃。

2. 探索、感知蛋娃娃的有趣，大胆表达自己的发现。

活动准备：

材料：各种蛋（熟鸡蛋、熟鹅蛋、木质和塑料玩具蛋）、自制的不倒娃娃（可打开），石头、油泥、螺帽、双面胶、透明胶等。

活动过程：

一、创设情境，引发探究。

1. 调动幼儿已有的生活经验。

指导语：你们家的鸡蛋放在哪里？是怎么放的？

2. 幼儿自由玩各种各样的蛋。

(1) 幼儿自由玩。

指导语：我们来玩一玩这些蛋，试试它们能不能站起来。

(2) 集体交流。

指导语：你们是怎么玩的？有什么发现？蛋站起来了吗？

小结：原来蛋形的东西是很难站起来的。

3. 出示站立的蛋娃娃，幼儿表达猜测。

(1) 教师出示站立的蛋娃娃。

指导语：它能够站起来。你们相信吗？

(2) 幼儿表达自己的猜测。

指导语：它为什么能站起来？

二、幼儿尝试制作能站立的蛋娃娃。

1. 幼儿自制。

指导语：我们动手试一试，制作一个可以站立的蛋娃娃。

2. 集体交流。

指导语：你是怎样让蛋娃娃站起来的？

小结：在蛋娃娃下面放上软的、黏的东西，或是在蛋娃娃里面放上一些重的东西，它就能够站起来了。

三、观察、比较、探究不倒娃娃的秘密。

1. 教师推、压、倒立蛋娃娃，幼儿观察与表达。

2. 幼儿摆弄自己做的蛋娃娃,交流猜想。

指导语:为什么你们的蛋娃娃一推、一按就倒,而我的蛋娃娃怎么都不会倒呢?

3. 幼儿玩不倒娃娃,并与自己的蛋娃娃作比较。

(1) 幼儿玩不倒娃娃,并和自己做的蛋娃娃作比较。

(2) 幼儿交流自己的发现和猜测。

4. 打开并观察不倒娃娃。

(1) 观察不倒娃娃的内部。

指导语:不倒娃娃里面是什么样子的?打开来仔细看一看,里面有什么材料?是怎么放的?

(2) 幼儿交流观察的结果。

指导语:你的不倒娃娃里面是什么样的?和你做的蛋娃娃有什么不一样?

小结:不倒娃娃里有一些重的东西,而且牢牢地固定在它的底部。

四、尝试制作不倒娃娃。

1. 幼儿制作不倒娃娃。

2. 幼儿交流制作的过程和结果。

3. 师幼共同小结。

延伸拓展:建议幼儿把这件有趣的事情告诉家人,也可以讨论还有没有别的方法或问题;建议幼儿在区域活动中再试一试。

其次,我们关注的问题是:如何落实活动目标?教师需要对活动目标做到心中有数,有计划地将目标分解在幼儿的学习过程中,预先思考不同的活动环节可能获得的经验,使活动指向目标,让幼儿有可能将前一个活动过程中获得新的经验,在后一个过程中通过多种方式加以巩固,又在下一个过程中使用新经验解决问题,即实现新经验的迁移。为保证目标的实现,教师预设活动时,需要预计幼儿可能出现的问题和困难,通过情境设计、策略提供、反馈指导等方式帮助幼儿实现预设的发展目标。如大班科学活动“接水管”,在第一次探索操作中,幼儿通过自由接管子,发现不同型号的管子和接头的作用及其使用方法;在第二次探索操作中,幼儿基于上一活动环节中获得的经验开始有目的地选择材料,完成在“两地”间连接水管的任务;在第三次操作活动中,教师加大预设问题情境的难度,让幼儿在操作探索中迁移之前活动中所获得的相关经验,解决面临的任务和问题。

项目活动

项目活动是以小组活动为主要形式,幼儿自主生发或选择感兴趣的问题,在教师支持下进行持续、深入探究的活动方式。项目活动的产生和发展是一个开放的过程,幼儿可以决定活动内容、进程和发展方向,这是一种典型的幼儿主导的活动方式,但也并不代表教师不发挥作用。教师的主要工作是观察、记录、分析、参与,教师在尊重和了解的基础上以合作者身份加入其中,可根据需要参与规划、讨论分享或推动活动进程,并在时间、空间、资源、技术和经验等方面予以支持。项目活动中教师认真对待幼儿的工作，让他们感到自己的工作重要而有意义；教师努力成为幼儿的同伴，以平等的方式和幼儿一同推进问题的解决、探究的深入；教师经常帮助幼儿回顾和分析自己的工作，让他们看到自己的成长足迹，提高元认知能力。项目活动中班级教师也会依据活动进程在脑海中预设可能的活动线索，一方面是做好在需要时参与其中的准备，从而更好地支持幼儿的探究活动，另一方面也是为了避免经验过度重复、时间隐性浪费和提高活动质量的需要。项目活动是我们学习借鉴瑞吉欧方案教学而产生的一种全新的活动方式，充分体现了田野课程自主探究的特质，对幼儿和教师来说意义都很重大。以下是在大班主题活动“我喜欢的南京”背景下开展的“南京长江大桥”项目活动的部分记录内容。

大班项目活动：南京长江大桥

活动源起

主题活动“我喜欢的南京”正在进行中，一次分享中，小易绘声绘色地介绍了自己游览南京长江大桥的照片，这感染了不少孩子，一些孩子提出他们也想去看看南京长江大桥。幸运的是，一位家长在南京长江大桥博物馆工作，能给我们提供信息和帮助。于是，我们决定将秋游的目的地确定为南京长江大桥，大家很期待。秋游后，孩子们对南京长江大桥的兴趣日渐浓厚，总是有那么多话要说。

他们提出想在幼儿园建一座桥梁博物馆。他们绘画，用纸木板、绳索、回形针、陶土等材料制作了不一样的桥，有些孩子收集图片资料与同伴分享，有些孩子在建构区搭建，还有的孩子要求爸爸妈妈再次去参观，桥梁博物馆中的桥梁模型越来越丰富……可是，过了一段时间，有一部分孩子不满足于这些小型的桥梁建构，他们想建一座长长的、大大的“南京长江大桥”。在分析这个活动可能带来的挑战后，我们觉得是一个不错的主意，于是，“南京长江大桥”项目活动小组成立了，开展了一系列有意义的自主探究活动。

活动准备

1. 小组幼儿和教师共同搜集关于南京长江大桥的照片、视频、画册、模型等，展示在区域中。

2. 幼儿继续交流“南京长江大桥”的话题，进一步分享经验，了解已有经验和问题。

3. 建议家长关注幼儿的兴趣和需要，支持他们的想法和行动。

……

部分活动记录

时间：10 月 18 日

内容：规划与准备

主要活动线索：

1. 规划工作内容，记录并分工。

2. 讨论需要的材料,绘制材料单。

3. 按记录单收集材料。

4. 分享当天的工作,讨论发现的问题。

活动记录片段:

孩子们除了在班级收集材料,还来到了资源室,因为他们知道资源室有很多“宝贝”,他们经常来这里。但到,今天他们却没找到大大的纸盒和一定数量的垃圾桶,询问了资源老师才知道这些由保洁老师保管,而且领垃圾桶是需要填申请表的。这打乱了他们的计划,大家开始讨论:申请表是什么样的?哪里有申请表?有小朋友提出申请时要有礼貌,要说清楚原因,还要表达感谢。

时间:10 月 19 日

内容:建造大桥框架(一)

主要活动线索:

1. 小组讨论,初步规划当天的工作内容,讨论关于建构的想法。

2. 选择自己感兴趣的工作内容,形成桥墩组和桥面组,开始工作。

3. 分享工作中的经验与问题。

活动记录片段:

通过分享,孩子们总结出用测量的方法让桥墩间保持相等距离的经验;同时,他们一致觉得使用透明胶带固定桥墩太不容易,需要花很长时间。

教师的思考:

当需要连接这类立体且有一定重量的物体时,只用透明胶带是不合适的,教师需要更多地思考材料的提供,如泡沫胶带、乳胶、胶枪、捆扎带、打洞机等。这样既能让孩子们在尝试和比较中,感受不同材料及其粘连的方法,还能根据需要选择适合的材料和方式,避免时间浪费。

时间:10 月 25 日

内容:建造大桥框架(二)

主要活动线索:

1. 项目组成员交流回顾各自的工作进程。(活动中,孩子们仔细观察模型后提出建议:我们建造的大桥缺少火车桥,需要增加火车桥的桥面;真正大桥的桥墩颜色是一样的,我们建造的却不是。)

2. 继续分工工作,增加了火车桥的桥面,调整了桥墩的颜色。

3. 合作将桥面和桥墩组合在一起。

4. 分享当天的工作,规划接下来的工作。(孩子们依据自己的兴趣分成了公路桥、火车桥和桥底三个小组,并作相关经验准备,如搜集相关图片、观察讨论细节特征等。)

时间:10 月 26 日

内容:制作公路桥(一)

主要活动线索:

1. 规划、讨论制作公路桥的工作,并进行人员分工。
2. 分工合作制作公路桥。
3. 分享当天的工作。

活动记录片段:

通过前期的调查了解,幼儿很快规划好了公路桥的整体布局,中间是机动车道,两边分别是非机动车道和人行道。但在接下来表现一些细节时幼儿产生了分歧。豌豆在规划图上标注着玉兰灯的位置,涵涵说:“你画的不对,玉兰灯上都是花苞,你画的是大花朵。”豌豆说:“我记得只有最上面一朵是花苞呀,你记错了吧。”涵涵说:“那我们再去找图片看看谁说的对。”……活动中,对于围栏到底是什么样的？人行道是不是要比非机动车道高一些？斑马线在哪里？在一些细节上幼儿有了疑问和争执。此时幼儿的分歧是有意义的,教师鼓励他们主动分享自己的经验,倾听同伴的建议,或者再次查阅、比较、讨论视频、照片……过程中,教师建议幼儿将疑问和想法记录下来,建议搜集一些细节资料并呈现在区域中,并鼓励他们针对问题有目的地探索、解决。

时间:10 月 26 日

内容:制作火车桥(一)

主要活动线索:

1. 规划讨论建造铁路桥要做的事情,并进行人员分工。
2. 对照规划图,分工合作搭建铁路层的设施:轨道、两侧网架。
3. 交流活动的感受及问题,规划下次的工作内容。

活动片段记录:

晨晨在玩具区中找到了一种网状可连接的玩具,他对小组内的同伴说:“我觉得我们可以用这个玩具来当两侧网架,一个个连起来就行,很方便。”但是小组内的其他幼儿也有自己的想法。星云说:“这个玩具太小了,我们的铁路层中间距离很宽的,根本搭不满。”乐乐说,“样子不像,你看大桥的铁路层两边的网架是交叉的,拼起来像菱形。”说着,还找来了调查表。那我们还可以用什么材料呢？还有什么材料是网状的呢？幼儿在材料的选择上遇到了难题。

“你们可以试着自己搭架子吗?”教师提出了这个问题。幼儿很快迁移原有经验,想到树枝、一次性筷子、吸管等材料都可以用来搭建两侧网架,并开始准备材料。不过晨晨仍然觉得自己的网状玩具很适合用在网架搭建中,他将自己对材料利用的方法表达给同伴,认为可以加在菱形架子的中间作为装饰,也更符合网架的样子。同伴们接纳了晨晨的建议,决定将两种材料进行组合。在活动中,幼儿的规划意识和同伴间的分工意识逐步增强,同时,遇到分歧时沟通协商、共同合作与接纳同伴的能力与经验也得到了提升。

时间:11 月 7 日—11 月 10 日

内容:回顾与分享

主要活动线索:

1. 项目组成员介绍大桥,回顾活动历程,分享感受和经验。

2. 班级其他幼儿参观,提出想法和建议,如增加桥头堡上的文字,在长江中增加江豚和鱼。

3. 在全园展示,为大桥剪彩,开展舞龙舞狮等活动庆祝大桥展开幕,邀请其他班幼儿来参观并作介绍。

项目活动“南京长江大桥”虽然已经结束,但时常能看到幼儿、家长围着展出在大厅的“南京长江大桥”讨论着。幼儿也会说一说他们知道的南京长江大桥的故事,班级游戏活动中产生了小导游,带游客们参观“南京长江大桥”,还有的幼儿开始关注身边各种各样的桥,关于古典的、现代的桥的活动和经验在延伸。①

图 3-3　幼儿正在建造桥头公园

图 3-4　建造好的“南京长江大桥”

考虑到篇幅原因,此处只能非常简洁地加以呈现,不足以反映该项目活动的整个过程。但我相信,尽管如此,从中也不难看出项目活动为幼儿提供了更多发现、操作和表达的空间,也提供了更多规划、合作和反思的可能。幼儿围绕自己的兴趣和问题探索、讨论和思索,展示着自己的“一百种”语言,“一百个”念头,“一百种”思考和游戏等方式。项目活动中,幼儿自主、忙碌而快乐……

① 作者许晶晶,南京市太平巷幼儿园教师,选用时略有删节。

游戏活动

游戏活动是幼儿在生活经验的基础上，通过模仿、想象、规划等创造性地反映经验的一种活动方式。游戏是幼儿的基本活动，幼儿每天都在游戏，游戏对幼儿来说意味着天性的满足、愉悦的体验、自由的权利，当然也意味着学习与成长。田野课程中，我们珍视游戏的独特价值，从以下三个方面加以关注。其一，我们努力让幼儿享有更多自主游戏的权利。我们认为幼儿有着强烈的自由游戏的愿望和能力，自由游戏本来就是幼儿生活的一部分，其实这也是他们的权利。教师尊重幼儿的天性，确保幼儿沉浸于自由游戏中的权利和机会。其二，我们重视游戏活动的持续展开。一些游戏活动的展开带有一定的主题特征，幼儿基于兴趣，通过参观、访问、调查等途径积累生活经验，确立游戏主题、角色、活动、场地、材料设施等，并通过交流、分享、评价等方式推进游戏的发展。其三，我们关注如何将游戏作为一种重要的教育手段加以研究。如，不同年龄阶段结构性游戏的设置与开展，小班游戏“喂小动物吃饭”“我会扣扣子”等，中班游戏“比高矮排序”“钓鱼”等，这些结构性的游戏活动玩法单一、创造性不强，其主要目的是让幼儿在游戏中习得某些技能。又如，我们关注在其他不同类型的活动中创设游戏情境，采用游戏的方式展开活动，此时的游戏更多的是作为一种教育手段，以幼儿感兴趣的方式开展活动、获得经验。在一日活动中，教师以幼儿喜欢的游戏形式吸引他们参与的兴趣并投入其中，通过游戏中的操作与分享等活动，帮助幼儿获得有效的知识、技能和态度，让幼儿更好地为未来生活作好准备。

中三班的扮演游戏正在如火如荼地进行。扮演游戏对幼儿来说是有吸引力的，他们总爱扮演自己喜欢的或向往的角色，或反映生活，或表达对文学作品的理解等。我们在和孩子们共同收集表演游戏的道具后，孩子们对装扮游戏的兴趣一直很大。他们常常沉迷于使用各种道具、变换不同的造型或是模仿动作中：有的女生穿着漂亮的裙子走上一圈；有的男生穿上警服指挥路过的小朋友；有的女生穿上妈妈的高跟鞋，从刚开始的小心翼翼到后来的一路小跑；有的孩子拿着魔法棒做着各种造型；有的孩子戴着动物头饰在地上爬，或者是模仿着动物的叫声，有时完全不相干的角色间也会很自然地产生互动……每个人乐此不疲地呈现着自己的造型和想象，此时，他们沉浸在自由游戏中。

到目前为止，孩子们的扮演游戏还缺乏情节，同伴间的互动也不多，直到有一天……

贝贝拿着“小钉耙”道具，一边挥舞着一边说道：“我要打妖怪。”我问道：“你是谁？”他很自豪地举起手中的钉耙，说：“这是猪八戒的钉耙，所以我是猪八戒。”他的话立刻就引起了一部分孩子的兴趣，大家三三两两地围绕着自己知道的《西游记》故事开始讨论了起来。

这是他们第一次有了想共同表演的内容，并自发地产生了一些互动。活动之后，我们全班开展了“我们想演什么”的讨论,孩子们说出自己想演的各种故事,通过全班孩子的投票,最终确定了三个主题,“西游记”就是其中的一个。在确定扮演游戏的剧目之后,我们又一次进行了相关服装道具的收集,《西游记》的故事情节实在是太丰富了,先演哪一段呢?这个时候孩子们的想法也很多,各不相同,很难统一。于是,大家决定扮演自己喜欢的角色先演起来,几个孩子穿上了自己准备的服装……萱萱拿着和爸爸一起制作的芭蕉扇,穿着红色纱衣,扮演铁扇公主的角色,并且不停地和同伴说着《火焰山》的故事,告诉大家自己在干什么,这个故事是怎样的。她充满热情的介绍,引得其他几个孩子开始和她互动,他们决定这段时间就演《火焰山》并开始讨论剧情。

确定演《火焰山》后,作为老师的我们接下来可以做些什么?我和陈老师商量后决定以观看动画、阅读故事书等方式,帮助孩子们了解、熟悉《火焰山》的故事剧情;和孩子讨论并初步确定角色、人数等;对原有表演材料进行补充,为了方便孩子们选择、取用,我们将所有的物品分类呈现,如服装用衣架挂好,头饰、道具等物品放在三层架上摆放整齐;调整场地,结合活动室的格局,将通道处设置为服装道具间,同时,利用自制屏风,隔出相对宽敞的场地。

在扮演游戏开展的初期,孩子们自主选择、分配角色时,常常会出现几个孩子争演一个角色而另一个角色无人问津的情况,从最初的争吵闹得不愉快,到最终决定以“石头剪子布”及“轮换”结合的两种方式解决角色分配的问题。

有趣的事情经常发生。

有一次,当分配铁扇公主和孙悟空两个角色时,笑阅(男生)和桐桐(女生)决定以“石头剪刀布”的方式确定角色,结果桐桐赢了,她选走了孙悟空的角色,那么笑阅就该扮演铁扇公主了。对于这个结果,笑阅一脸的不愿意,嘟着嘴说:“铁扇公主是女的,我是男的,怎么能演呢?”桐桐反驳道:“谁说男生不能演女生的,我在电视里就看到过。有的是女生演男生,有的是男生演女生。这又不是真的,只要演得好就行了。”“我也看过,那叫反串。”笑阅的表情好多了,这时,旁边的“唐僧”说:“要不你就当铁扇大王怎么样?”笑阅笑了说:“铁扇大王好,我是男孩,还是当大王好。”

还有一次,当表演进行了一段时间后,我们发现孩子的表演出现停滞不前的现象,重复着相同的对话,甚至是同样的动作,没有进一步的发展。于是我们和孩子一起,再次观看了《火焰山》的动画片。第二天,表演开始了,剧情进展到“铁扇公主在洞门口,将扇子交给了孙悟空”时,扮演铁扇公主的可可,却转身回到了洞内,并没有交出扇子。我看到了,忍不住笑了,看来,这丫头是昨天看了动画片,知道“孙悟空变虫子飞进铁扇公主肚里”的情节,所以才有了这样的变化。不过这样的变化,却让孙悟空的扮演者嘟嘟待在原地不知道怎么办。他是不知道接下来的剧情还是不会演呢?如果我直接告诉他可就失去了意义,不如先抛个问题给他,看看他怎么说。打定主意后,我说道:“孙悟空,现在铁扇公主把洞门关了,进不去怎么办呢?”嘟嘟说:“变成虫子飞进去。”“那怎么变呢?”嘟嘟没有回答。看得出来,嘟嘟并不是不了解之后的剧情,他也知道孙悟空是变成蜜蜂飞进去的,但是因为剧情突然间的变化,让他一时间不知道该怎么表现。当我把嘟嘟的困难抛给了在一边观看的几个小观众,大家对于“怎样变成虫子”立刻展开了讨论:“说‘变’,然后转一圈。”“做虫子飞的动作就行了,就是这样的……”小观众纷纷出主意,萱萱还边说边将两臂弯曲,放在身体两侧,手指不停地抖动,做虫子飞的样子,其他孩子补充道:“飞的时候还有嗡嗡嗡的声音。”“虫子是小小的,要蹲下来。”有了同伴的帮助,表演继续进行。在之后的一次次游戏中,对于相同的剧情,孩子们的表演动作也是多样的。如在“变成虫子以后”,怎么表现它是在“肚子里”的情节时,有的孩子飞到铁扇公主后面躲起来,有的孩子蹲在铁扇公主身边……

在扮演游戏的过程中,孩子们除了关注到语言、动作、表情等方面,对道具的使用也有自己的看法。随着游戏不断深入,他们已不满足于使用小型的道具,而是期望有更大型的场景道具。“要是我们有一个大大的芭蕉洞就好了,这样我们真的能钻进去。”“造大型芭蕉洞”的想法得到大家的认同,这次的道具制作是由孩子自己提出,也是由他们自己动手制作完成的,我和陈老师参与、协助。

开始制作前,参与这个游戏的小朋友先讨论绘制了工作计划,并到幼儿园资源室寻找、收集所需要的材料,包括纸板、报纸、无纺布、可移动的衣架等。首先,孩子们将纸板放在架子上,与自己的身高比一比,确定了山洞的大小;接着,在老师的帮助下,裁剪纸板并将其固定在衣架上,将团好的报纸粘贴在纸板上,以制作出山洞凹凸不平的效果;然后将上色后的报纸铺在山洞入口处,同时用灰色无纺布蒙在前后两个架子上,形成了一个大大的逼真的山洞。经过几天的合作,大型“芭蕉洞”终于完成了。当孩子们看到自己制作的道具时,心中被满满的成功感所充实,迫不及待地想投入表演。

图3-5 “铁扇公主”在幼儿自己做的山洞中

图3-6 “孙悟空”躲在“铁扇公主”的肚子里

由于“芭蕉洞”比较大,孩子们将场地移到了室外的走廊上。“铁扇公主”和“小妖怪”先在洞内兴奋地四处看看摸摸,然后搬来了两张椅子放在山洞里,悠闲地坐着。她们在山洞扇着扇子、闭目养神、喝茶,还会根据表演需要,钻出洞外与“孙悟空”对话。一遍游戏结束后,孩子们都争着想演铁扇公主和小妖怪的角色,因为能钻进一个大大的洞里,是多么新奇有趣的事情啊,谁不想去试一试呢?①

在这个“火焰山”的游戏中,我们可以充分感受到幼儿是真的喜欢游戏,他们的确也是游戏的高手,他们的想象、表达、创造以及解决问题、合作交往的能力常常给教师等成人带来惊喜。在游戏中,幼儿是快乐的,也有诸多收获。如果教师发自内心地认可和尊重幼儿游戏的权利,保证他们有充足的游戏时间和空间,并在需要时以多种方式加入其中,这不但能更好地支持幼儿的经验获得与发展,还能不断体验到陪伴幼儿生活与成长的欣喜与幸福。

生活活动

生活活动是满足幼儿的生理需要,培养幼儿生活的技能,使幼儿学会自理,学习安全生活、愉快生活、文明生活的一种活动方式。它贯穿于幼儿一日生活之中,包括自我生活活动和社会生活活动。生活活动有利于幼儿发展自我服务、自我管理、自主规划与社会合作等能力,不断积累生活经验、熟悉社会角色、开展社会交往。这种活动形式大多是随机的、潜移默化的,幼儿在真实的生活情境中获得有益经验。看似平常的幼儿一日生活,很多时候事实上是具有潜在价值的教育资源,可能涉及幼儿发展的方方面面。田野课程中,教师充分挖掘、利用一日生活中的教育契机。

首先,我们注重充分挖掘一日生活环节本身的教育价值。餐点、散步、午睡等一日生活环节不但能满足幼儿的生理需要,还可能蕴含不少对幼儿发展有意义的机会和价值,田野课程重视生活环节价值的挖掘。如在生活活动中,幼儿吃饭、穿衣、洗漱、整理、劳动等生活自理能力的养成;生活秩序感的形成;合理安排生活,从而让自己更舒适的能力的培养;在与教师、同伴回顾、讨论有趣的事情中,体验美好的人与人之间的情感以及日常生活的幸福;通过多种方式展现自己、了解同伴,从而增强同伴间的情感,增进与同伴的交往和了解。又如规划能力的提升,某一阶段午餐前,中班幼儿开展活动“我是故事大王”,可能要做一些前期的准备,包括说什么、怎么说、是否需要准备一些提示图或道具;大班幼儿规划餐后散步的路线并组织开展和反思、调整活动。在这样的生活活动中,幼儿的规划能力和自主发展意识不断提升。再如,集体意识和主人翁意识的提高,餐点环节小班幼儿为自我服务,中班的值日生为大家服务,大班幼儿在“小队长活动”中轮流担任教师的小助手,规划、开展本班的一日生活活动,提高了自信及规划、领导等能力,同时不断增强自己作为集体中一员的责任感与自豪感。还有劳动意识、能力和习惯的养成,小班幼儿的“自己的事情自己做”,不断提高自我服务和自理能力;中班定期开展小组劳动,将力所能及的劳动融入一日生活活动中;大班幼儿清洗自己的点心盘、书袋、小袜子等,定期开展拔草、清洗运动器械等活动,从而学习劳动的技能,养成劳

① 作者徐文烨,南京市太平巷幼儿园教师,选用时略有删节。

动的意识和习惯，并从自我服务逐步走向服务他人。

其次，我们关注以幼儿在生活活动中遇到的困难或产生的问题为契机，引发相关活动，优化生活活动。有一段时间，中一班教师发现幼儿离园后摆放在走廊两侧的椅子有点乱，有些挂在椅子背上的小书袋歪了，鞋盒也摆放得不整齐。班级教师认为这些问题可以通过师幼的讨论和行动加以解决，而且这样的讨论和解决问题的过程对幼儿来说也是有意义的。于是，教师把这些现象拍了下来，也拍了一些其他班级摆放得非常整齐的椅子、鞋架等。第二天，教师和幼儿展开了讨论，通过观察和比较照片的不同，说一说自己的感受，讨论：班级中为什么会出现这种情况？这些问题可以解决吗？可以怎样解决呢？班级走廊中椅子等物品摆放得有点乱这一问题引发了师幼讨论，大多数幼儿认为这是因为自己没有认真去做这些事情，而是由爷爷奶奶、阿姨等人很多时候急急忙忙做的，他们认为这些事情应该由自己来做，如果每个人都认真做了，问题就能够得到解决。于是大家围绕究竟要做哪些事情以及如何做好这两个问题展开了讨论，最后，大家制订了“离园活动公约”，包括离园活动内容、基本流程和规范。“离园活动公约”的内容是这样的：首先是一天回顾，可以是回顾自己在幼儿园里感兴趣的事情或是开心的收获等。接着，自己整理收拾好需要带回家的物品，然后换鞋子并摆放整齐、整理布袋等。紧接着，可以自主开展一些适宜的活动。最后，当家人来接时，自己把椅子端到走廊摆放整齐，如果爷爷奶奶要帮忙，就告诉他们自己的事情应该自己做，而且自己可以做得很好。“离园活动公约”制作完成后，被大家悬挂在了走廊的一侧，在大家的努力和相互提醒下，过了没多久，中一班走廊上的椅子及其他物品每天都是摆放得整整齐齐的。幼儿和教师都很开心，也把这个小小的、可喜的变化告诉了家长。

再次，充分利用一日生活过渡环节开展与当下主题活动经验相关的活动。如，在小班主题活动“玩玩具”中，幼儿在生活过渡环节中介绍自己带来的玩具并和同伴分享；在主题活动“水果”中，幼儿介绍自己带来的水果、自己和家人喜欢吃的水果等。在中班主题活动“我会交朋友”中，幼儿在生活过渡环节开展“夸夸我的好朋友”“说悄悄话”“给朋友写信”等活动；在主题活动“我爱我家”中，幼儿可能会和同伴说一说我的妈妈是什么样子的、妈妈喜欢什么，以及和爸爸、妈妈间发生的趣事。在大班主题活动“我的树朋友”中，幼儿利用一日生活过渡环节的时间交流自己的发现、展示“树朋友档案”、讨论“我知道的动植物”等；在主题活动“我们爱运动”中，幼儿分享自己的调查表和记录册等。这类主题活动背景下相关生活活动的开展，有助于丰富幼儿的相关经验，也有助于不同活动间的经验产生联系。

最后，充分利用一日生活过渡环节拓展幼儿交往与表达的机会。最为普遍开展的形式是“资讯分享”“交流互动”。如，大班幼儿展示科学小实验，介绍自己制作的剪报、小书，开展“新闻角”活动等；中班幼儿开展“说天气”“西游记连载”“我做你猜”等活动；小班幼儿开展“介绍自己”“我喜欢的玩具”“我的水果宝宝”等活动。幼儿对自由讨论等活动其实是很感兴趣的，如果在一日生活活动中，幼儿有充分的个体表达机会，他们便会三五成群地自由交谈，也会在同伴发言、表演或操作后，或是提问，或是抢答，或是对话。由于幼儿来自不同的家庭，有自己的个性和偏好，如有些幼儿可能对恐龙特别感兴趣，有些幼儿对汽车特别感兴趣，有些幼儿的空间知觉特别好，有些幼儿对传统文化情有独钟。幼儿间丰富的兴趣和经验的差异是很好的教育资源，假如在日常生活中幼儿有充分的交往与表达的机会，将会引发分享、讨论、探究等活动，也可能引发其他幼儿的兴趣，从而不断拓展活动的外延和经验的获得。

亲子活动

亲子活动是家长参与田野课程及与幼儿、教师积极互动的一种活动方式。田野亲子活动可能是在教师的引导、建议、鼓励下开展的亲子互动，也可能是家长结合幼儿园的活动与幼儿自发产生的亲子互动。亲子活动内容来源通常有主题活动、节日庆典、参访郊游等；活动方案的产生、规划、组织来自幼儿、家长或教师；活动形式和地点因需而定，丰富多样。亲子活动以幼儿、家长、教师的互动为核心，以确立和谐的亲子关系、师幼关系、家园关系为主要目标，从而整合与利用教育资源形成教育合力，促进幼儿整体发展及课程的完善。

我们生活的南京，是一个有着厚重文化底蕴的城市。南京城的历史、景点、建筑、雕塑以及非物质文化遗产都是很好的课程资源。那么，这些成人眼中丰富的文化资源，幼儿会感兴趣吗？他们对什么感兴趣？怎样才能合理地规划与运用？家长中有没有相关的专业人员呢？在主题活动“古老的南京”开展前，我和班级教师建议家长在周末外出游玩时，有意识地和孩子在南京城走一走、看一看，寻找“古老”南京的标志，初步了解南京的名胜古迹。幼儿用自己喜欢的方式记录下来，还可以对自己最喜欢、最感兴趣的地方、建筑、文化元素等进行较为深入的了解和探究。在接下来的一段时间，班级幼儿和家长几乎参访了南京所有的名胜古迹，由于家长的兴趣以及文化背景的不同，他们有的更多关注历史，有的更多关注建筑，有的更多关注景色，有的更多关注艺术，有的则更多关注古诗词，这些围绕不同话题展开的家庭亲子活动丰富多彩，由此不同幼儿的经验集合也就丰富多样，这些丰富多样的幼儿经验正是相互分享交流、引发话题的重要资源。

在主题活动实施的过程中，我们始终引导家长关注活动的过程，激发家长和孩子一起探究的兴趣。家长和孩子共同收集关于南京历史与现在的视频、书籍和特产等，增加家庭亲子阅读与交流的机会。随着信息与活动的不断拓展，孩子们共同的话题也越来越多，从身边的明城墙拓展到金陵皮影、秦淮灯艺以及关于南京的诗词、传说等。不同幼儿间兴趣和经验的分享、融合，以及整个过程中的家长伴随与亲子活动，使得活动不断拓展、推进。

丰富的主题活动和深入的亲子活动，让大家越来越喜欢这座迷人的城市。深秋，幼儿、家长和教师一起来到南京最美的 600 米——世界文化遗产明孝陵的石象路，共同感受古代石像雕刻艺术与文化象征，幼儿与家长一同实地调查雕像的种类与姿态，了解雕像的寓意。酷爱历史、喜爱户外研学活动的毛妹爸爸，用一个个生动的故事讲述着石像的寓意，他用形象的语言专业地回答幼儿和其他家长提出的问题，偶尔随手拾起银杏与乌柏的树叶诠释传统建筑艺术与环境美学是如何相互融合的，这对于幼儿、教师和家长而言都是一次全方位的体验和享受。在亲子活动中，幼儿、家长、教师愉悦、专注、温馨的画面已融进这最美 600 米，且增添了更为鲜活、绚丽的色彩。①

图 3-7　毛妹爸爸讲述石像的故事

图 3-8　亲子寻访南京明城墙

大一班教师和幼儿、家长在“古老的南京”主题活动中开展的一系列亲子活动，对于这个外延较广且需要大量户外参访的主题活动的展开与推进，对于满足幼儿个体的兴趣与经验的丰富，以及弥补班级教师相关专业的不足所产生的作用是显而易见的。当然，家长在一系列亲子活动中的收获也是颇为丰富的。

对幼儿发展来说，以上不同类型的活动方式都具有重要而独特的价值，它们各不相同，缺一不可，有机联系，有时也会相互转换。这些活动从活动空间看，都有在室内、室外、园内、园外开展的可能；从幼儿活动方式看，都包含规划、记录、调查、表演、交流、操作、探索、反思等活动。事实上，区域活动也是田野课程重要的实施途径，我们关于区域活动的理解和实践，将在下一章中着重与您分享。

活动记录与成长档案

从阅读《开启孩子的心灵世界——项目教学法》以及《儿童的一百种语言》中，我们受到了很多启发，书中极富美学价值的记录与档案展示，给我们留下了深刻的印象。它

① 作者李婷，南京市太平巷幼儿园教师，选用时略有删节。

像是在带领我们走进瑞吉欧·艾米莉亚市那些迷人的幼儿园，我们似乎看到了那儿的幼儿与教师之间发生的故事以及引人入胜的幼儿园环境，也进一步感受到从中传递出的强烈的以儿童为本的幼儿教育理念。瑞吉欧·艾米莉亚的幼儿园教师对待记录和档案的专注态度，以及我们充分感受到这样做所带来的意义与便捷，激励我们开始尝试活动记录及成长档案的实践探索。

田野课程中，幼儿每一天的活动丰富而生动，动态的、鲜活的活动过程和教育实践往往一闪而过，如果不能以某种方式加以记录和保存的话，它将会像流水一样一去不复返，这对教育回顾、分析、反思、改进而言，都是一种巨大的浪费和遗憾。那么，谁来记、怎么记、如何保存和使用这些记录便是我们需要解决的问题。

班级教师和幼儿是活动记录的主体，有时同事、家长和专家也会参与到一些活动的记录和讨论中。教师对幼儿的观察和记录随时随地都在发生，拍照、录制视频、录音、使用便笺和量表等是最为常见的几种记录方式。我园教师和幼儿在一起时总是会随身携带一个便笺本，有目的地观察并记录幼儿的活动、情境及自己的思考，而后可以根据需要进行整理、分析，这是一种比较快捷的方式，通常在现场便可以及时完成。在户外游戏或者户外体育锻炼时，幼儿活动范围广，空间变化很大，教师常常使用数码相机（之后发展为手机）拍摄活动中的幼儿，事后，教师会看着照片或视频记录并分析重要事件，需要时会选择打印其中一部分画面并备注重要的信息，这种方式便捷且有效。有时，教师也会根据需要采用录音的方式记录幼儿与同伴或教师间的对话。录音和录像的方式可以最真实、最形象地记录活动的全貌，有助于还原活动现场，在之后的分享、研讨和交流中受到欢迎，能增强实效。教师记录活动的方式多样且灵活，可以根据活动的性质、需要及个人习惯灵活地加以选择、组合。事实上，幼儿也非常喜欢记录，记录也是他们的一种重要语言。在很小的时候，幼儿就喜欢涂涂画画、撕撕贴贴，他们喜欢用符号、绘画、手工等多种方式表达自己的发现和想法，假如成人对于他们的这些活动感兴趣，他们也会很乐意介绍自己的活动和想法，从中我们也许会发现他们的所做所想比我们看上去的要丰富、有趣得多，耐心真诚地倾听幼儿对教师记录的解读非常重要，这是我们了解他们的一扇窗。

当我们以活动记录和档案的方式将丰富的田野活动保存下来，便是给幼儿及成人提供了具体可视的记忆，不但使得那些稍纵即逝的意义和精彩留了下来，而且还能生成新的活动和经验。田野课程中，记录是教师的一项重要工作。同时，我们认为，如果教师仅仅限于记录活动本身事实上并没有意义，从记录中获取到相关信息也并不是这项工作的最终目的和全部意义。究其本质，记录的目的是帮助教师、幼儿及其他成人了解幼儿的学习，从中透视隐藏在幼儿行为背后的价值，而后思考如何更好地支持幼儿的学习和可持续发展。因而在我们看来，让这些活动记录和档案引发反思、引发活动，即让它们“活起来”才是最为重要的。

阅读活动记录和档案是让它们“活起来”的一种行之有效的方式。无论是幼儿、教师，还是家长、参访人员，在阅读记录和档案的过程中，可以看到活动与问题的发生与发展，看到幼儿真实的学习过程，看到课程实施中师幼互动的过程与状态，这不仅让“幼儿的学习看得见”，也在不断促进教师回顾与反思。通过反复阅读、解释、讨论和设想等方式，活动记录和档案也许成了下一阶段学习的新起点，不断引发新的活动，从而帮助幼儿建构新的经验。

“让幼儿的学习看得见”

教师的记录不仅仅是简单地记录活动过程，也不只是一个结果或是一幅作品等。记录包括过程及对教育理念的深度解释和反思，既有对情境和活动的实录，也有对活动过程的解释和反思。记录幼儿的行为过程和幼儿间的对话很有必要，这能反映幼儿思维发展的过程，让我们看到幼儿关于自己理论的对话、关于创作的基本想法和提出的质疑等。以下是大班方老师对幼儿在“踩影子”活动中的部分记录。

孩子们在操场上追逐着玩“踩影子”的游戏。泡泡提议：“我们去踩老师的影子。”这个建议立刻得到了大家的认同，他们都跑过来踩我的影子，我自然地加入游戏中。为了不被踩到影子，孩子们分散跑开，小博发现了一个好去处，他站在桂花树下，招呼同伴一起躲到桂花树的影子下面。他们非常得意，不停地说：“老师，你来踩我的影子呀！”我意识到，这是一个很好的教育契机，于是我提出挑战：“如果在阳光下，你们能不让我踩到影子吗？”幼儿们自信地说：“能呀！”经过了一番思索和讨论，你瞧！他们开始各自呈现自己的想法：

涵涵：“我们站成一排，这样我们的影子都在一起，就让影子消失了。”她指挥着大家站成一排，同伴都非常配合地完成涵涵的想法，但他们发现最前面仍然有影子。

小博躺到了地上，大家发现他大部分影子都不见了，只有脑袋边上还有一点点的影子，他们一致认为这个方法是可行的。

涵涵：“老师，你围着操场跑一圈。”我问：“为什么？”涵涵：“跑得很快，应该能让影子消失。”我接着说：“那你试一试，我们一起帮你看。”涵涵马上快速地跑了起来，牛牛指着涵涵大声说：“你跑得快，影子也跑得快，影子还是跟着你！”涵涵气喘吁吁地坐到草地上，说道：“我和影子分不开呀！”

第二天是阴天，没有阳光，但孩子们对影子的活动兴趣不减。于是，我和幼儿一同回顾之前踩影子的活动照片，问：“你们这是在干什么？”

幼儿笑着说：“踩影子。”

教师：“你们发现了什么？”

泡泡：“我们躲在阴凉的地方，影子消失了。”（儿童的发现）

教师：“你们躲在阴凉的地方，让影子消失了，我也就踩不到你们的影子了。”

泡泡：“你只能有一个办法，记住你以前观察到的影子，那么，他们躲到阴凉地方的时候，也能踩到。”（泡泡的理论出现了）

涵涵：“躲到阴凉的地方，影子就没有了，看不见了，也踩不到了。”（涵涵有不同的意见）

牛牛:“那我们只能到大片的阳光底下去踩影子。”(牛牛的理论)

教师:“阳光下,你们都能踩到同伴的影子了。”

泡泡:“后来,我们想办法在阳光下让影子消失。”

(教师播放幼儿在阳光下排成一排,试图让影子消失的照片)

幼儿笑了:“这样还是有影子。”

媛媛:“就是有了一个大影子。”(媛媛的分析)

泡泡:“后面不是连着的嘛,我们的影子在一起。”(泡泡的分析)

牛牛:“脚下也有影子。”(牛牛的分析)

教师:“这个影子是谁的?”

幼儿大笑,看着涵涵:“涵涵的。”

教师:“你们的影子去哪了?”

牛牛:“在脚下。”(牛牛的分析)

妞妞:“在脚底下。”(妞妞的分析)

教师:“在谁的脚下?”

牛牛:“在前面人的脚下。”(牛牛的分析)

媛媛:“泡泡踩着我的影子。”(牛牛的回答似乎对媛媛的分析起了支架作用)

泡泡:“你们不感觉它只像一个人吗?”

小博:“其他人的影子都被踩住了。”(小博的判断)

牛牛指着涵涵笑着说:“只有你最倒霉,你的影子在外面。”

小博:“还不如拉成圈呢。”

妞妞:“也会呀,也会有影子的。”

泡泡:“你的后面和前面会没有影子吗?”

教师:“你们为什么不认可小博的方法?”

泡泡指着照片说:“你看涵涵的影子是往前面、直的放出来的,围成一个圈,不是也会从前面、后面放出来吗?”

教师:“泡泡说的话,你们能听明白吗?”

幼儿:“不明白。”

教师:“那泡泡来演示下可以吗?”

泡泡请同伴手拉手围成一个圈,并指着圈外说:“太阳照过来,这里还是会有影子,中间可能还会有影子。”

牛牛:“中间会有影子。”

涵涵:“我觉得有的影子在里面,有的影子在外面。”

妞妞:“现在看不到,要是有阳光就好了。”

泡泡:“有阳光就能看到到底有没有影子了。”

就这样,在观看照片、回顾活动和讨论的过程中,孩子们产生了验证“围成圆圈能不能让影子消失"的想法。

孩子们终于盼来了晴天，他们马上提出要到阳光下去验证"围成圆圈能让影子消失"的想法。他们自发地分成小组进行验证，他们手拉手，有时拉成大圆圈，有时缩小圆圈，还有时围着圆圈转动。他们尝试了多种办法，经过多次验证，最终发现这样不能让影子消失，影子始终在圆圈的外面。

幼儿有着自己对世界的认识，这就是他们的朴素理论，幼儿认知的发展变化实质上就是幼儿朴素理论的发展。在"让影子消失"的过程中，幼儿的朴素理论是：暗的地方是没有影子的，于是他们躲到树荫下；影子可能被挡住，于是他们站成一排；用身体能遮影子，于是他们躺到地上；身体能与影子分离，于是他们快速奔跑。①

图 3－9　幼儿争辩影子的方向

图 3－10　幼儿合作探究影子变长变短

通过方老师对"踩影子"活动的记录和简要分析，我们可以看到，幼儿对于司空见惯的自然现象有着自己的朴素理论，对于如何解决问题以及验证自己想法的方法也是充满想象、非常有趣的；当幼儿有不一致的意见，试图去说服别人或验证自己的想法时，教师及时给予验证的机会很重要，这样能让他们知道可以通过不断实验的方式来验证自己的想法，从而养成求真的科学精神。我们还看到幼儿通过游戏、回顾、讨论、不断验证等方式，使得自己的朴素理论受到冲击、产生矛盾，这种矛盾和冲突对于幼儿获得新经验是有意义的；幼儿经验的获得有时需要有重复的机会，通过回看照片、录像、记录、作品等，幼儿可以加深对已有经验的理解，在此基础上可能会产生新的猜测和验证等活动，进而发展新的经验。

幼儿的记录也能反映他们的学习和发展。主题活动背景下，幼儿自由绘画的内容时常会与主题有关，小班的胡老师收集并记录了逸成的四幅绘画作品，这四幅作品是逸成在主题活动"蜗牛"开展过程中的不同时期所画。图 3－11 是逸成选择了一张画有断断续续的螺旋线的画纸，他沿着断断续续的螺旋线描了起来，描好后说："这个好像蜗牛

① 作者方静，南京市太平巷幼儿园教师，选用时略有删节。

的壳呀。”于是他添加了蜗牛的身体和小触角。在之后的一段时间，每过几天，胡老师如果发现逸成的绘画内容和蜗牛主题有关时，就会有意识地请他介绍一下自己的绘画内容并记录下来。图 3－12 是“蜗牛妈妈生了很多宝宝，它们在土地里休息，在草里面玩”。图 3－13 是“这个（蓝绿色）是小草的种子，把地盖起来了。这个（蓝色）是黏液。小草直直的，还有的卷卷的，像螺旋线。有一只小蜗牛躲起来了，这只也躲起来了。有只蜗牛伸出眼睛在看上面。黑黑的是装蜗牛食的袋子，在地上撒了好多好多”。图 3－14 是“好多蜗牛在躲猫猫，它生了一个小宝宝。喷泉在喷水，这是天上下下来的水，这是（上方绿色的）管道接过来的水”。从逸成的四幅作品以及胡老师对作品内容的记录可以看出，画面内容随着主题活动的深入而不断丰富。逸成用绘画的方式记录蜗牛的故事，反映自己有关蜗牛的经验，如：蜗牛喜欢在草丛中，蜗牛喜欢有水的地方；蜗牛有时会将触角缩回去，那是蜗牛在躲猫猫；蜗牛会生小宝宝，蜗牛宝宝很小很小；蜗牛爬过的地方有黏液。逸成的作品反映了他对蜗牛的喜爱和认知，他知道的关于蜗牛的知识可真不少。随着主题活动的推进，幼儿关于蜗牛的经验也更加丰富多元，逸成的绘画作品和解释就是他对自己不断建立的新经验的一种记录，这些记录也让成人“看见”了他有关蜗牛的学习经验。

图 3－11　逸成画的第 1 张蜗牛

图 3－12　逸成画的第 2 张蜗牛

图 3－13　逸成画的第 3 张蜗牛

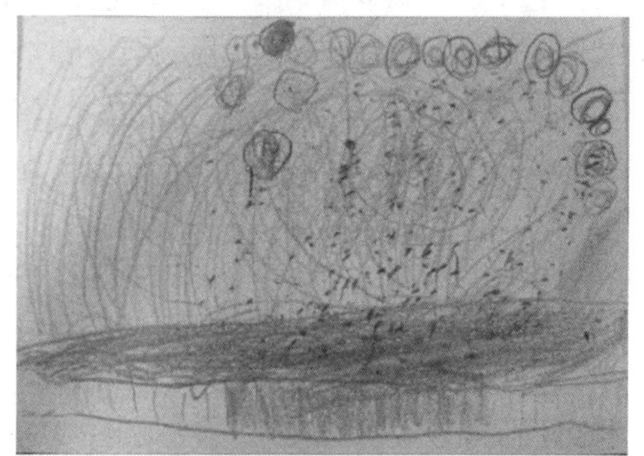

图 3－14　逸成画的第 4 张蜗牛

促使教师回顾和反思

阅读记录和档案可以帮助教师回顾活动、发现问题、反思成长。教师往往可以从记录和档案中得到启示，如：在这个活动中幼儿学习了吗？幼儿的经验得到发展了吗？为什么？有哪些理论与实践经验值得总结？环境创设适合幼儿吗？还有哪些不适宜的方面？下一步我该怎么做？等等。

秋天是丰收的季节。胡思彤老师所在的小班收集了不少不一样的果实，陈放在班级的自然角，在一旁的桌子上摆放了纸、笔、颜料、放大镜等。刚带完大班的胡老师很期待幼儿通过“观察并记录果实”的方式，仔细观察这些果实并发现、记录其明显特征。在幼儿的自选活动中，她习惯性地拍了一些幼儿活动的照片，一天中午在翻看这些照片时，发现连续几天来选择“观察并记录果实”活动的幼儿比较少，活动中的幼儿通常是在纸上涂鸦，也有一些幼儿正在用油画棒给板栗涂色。翻看这些照片让胡老师发现了这个自然角活动出现了问题，也引发了她的反思，她认为出现问题的主要原因在于自己，是自己还没有从大班教师的角色及时转换为小班教师的角色，这些静止不动的、幼儿也不太熟悉的植物本身就不易引起小班幼儿的兴趣，自然角的设置其实是为幼儿提供了一个观察、交流的环境，这些活动在小班幼儿眼中其实就是玩，对于刚入园不久的他们来说，活动时没有明确目的也是非常正常的。此时设置“观察并记录果实”活动是不太适宜的，教师应该更多从该阶段幼儿的年龄特点出发，鼓励幼儿和爸爸妈妈一起参与到果实的收集活动中来，为幼儿提供一些有趣的观察与探索工具，同时经常和幼儿一起在幼儿园或附近接触大自然，通过户外活动、观察感受、种植饲养的方式接触自然，通过陪伴、倾听、提问等方式支持与引导幼儿对感兴趣的事物进行仔细观察。幼儿在充分感知、互动交流的基础上，也许就会自然出现用记录的方式表达自己的有趣发现和情感的现象，而后，教师可以再根据具体情况支持幼儿获得用图画等方式记录的经验等。

阅读记录及反思使得胡老师从大班教师的思维与行动惯性中尽快转换角色，更好地理解和把握了不同年龄阶段幼儿的学习特点，不断调整活动方向和教育策略。就在这样的过程中，胡老师和幼儿一样也在不断学习，成为更好的自己。毫无疑问，教师养成阅读记录和档案的意识与习惯是重要的，但更重要的是，类似胡老师这样时时反思自己的课程观念与实践行为，这是持续有效促进幼儿与自我成长的关键所在。

引发新活动、发展新经验

幼儿、教师一同阅读并分享活动记录，往往会有惊喜的发现，也时常会产生新的问题和兴趣，从而引发新的活动和发展方向。

秋天到了，我和幼儿讨论接下来可以在种植园地种些什么，商量的结果是种麦子。说干就干，大家一起清地、翻地、测量、撒种、浇水……忙得不亦乐乎，并一同期待麦子发芽、长大。有一天的分享环节中，牛牛指着自己在麦地的观察记录说：“今天早上，我看到麦地里有好多麦子的皮，不知道是怎么回事？”大家很好奇，于是，我们一起去麦地看个究竟。果然，前段时间撒下的不少麦种变成了麦子皮，这下可把大家急坏了，纷纷猜测是怎么回事儿。有的说是老鼠吃的,有的猜是鸟吃的,还有的猜是蚂蚁吃的。究竟是什么原因呢?大家一时也弄不明白。那么,就先再补充一些麦种吧,大家商量着接下来要仔细观察这片种植地,还可以请教种植专业人员。周一早晨活动时,一群麻雀飞来吃麦子,还没等孩子们来到麦地边,麻雀全飞走了,孩子们很是着急,立刻回到班级讨论如何保护麦地。孩子们讨论、辩论后总结出了5种可能的办法,分别是:“在麦子地上铺红纸、红布,插上红旗,小鸟害怕红旗飘就会飞走了;做个稻草人吧,还要加些胡子,让小鸟以为是个怪物;在麦地旁边放上漂亮的花,小鸟看到花会很高兴,就会忘记吃麦子;在麦田上悬空盖上镂空的网,这样小鸟就吃不到麦子了;在旁边的树上放上鸟巢,再多放些鸟食,小鸟吃饱了就不会吃麦子了。”孩子们的这些想法特别有趣,那么,这些方法到底行不行呢?我鼓励孩子们分组试一试。在接下来的日子里,孩子们分小组收集了需要的材料并且行动起来,他们每天都会在远处悄悄地观察,小鸟真的没有再来,而且树上鸟巢中的鸟食并没有变少。孩子们通过实验、比较,发现了插红旗和立稻草人的方法真的可以吓走小鸟、保护麦种,大家非常开心。

过了一段时间,麦子发芽了、长高了、出穗了……一天下午,在观察麦地后的分享、讨论中,阳阳介绍自己的观察记录并引起了其他孩子的热烈讨论。分享中,阳阳说:“我看见蜘蛛在叶子间织网,它吃虫子不伤害麦子。”这一发现,吸引了不少孩子的兴趣,他们很想立刻去麦地找蜘蛛。大家来到了种植园地,竟然在麦地里发现了好几种昆虫,有蜘蛛、绿虫、瓢虫等,他们开始担心这么多虫会伤害麦子,于是大家决定上网查阅相关资料,我也在家长群中发布了这个信息,寻求帮助。通过查阅资料以及专业人员加入讨论,大家知道了,原来,那个绿色的是麦蚜虫,它最喜欢吃麦子的嫩头和嫩穗的汁液,现在正好是麦子的抽穗期,麦蚜虫也就多了起来;而麦蚜虫的天敌是瓢虫,麦地中的瓢虫可以吃掉麦蚜虫;蜘蛛织网则是为了吃路过麦地里的小虫子,包括瓢虫。大自然真的好神奇!原来小小的麦地里藏着一条有趣的食物链:蜘蛛吃瓢虫,瓢虫吃麦蚜虫,麦蚜虫吃嫩麦茎。所以,在麦蚜虫不是很多的情况下,交给瓢虫就可以了,孩子们终于放心了。①

在这个案例中,“保护麦地”和“麦地里的虫子”两个活动都是由师幼阅读、分享活动记录而引发的新活动。班级教师认为这两个新活动的产生恰恰是支持幼儿获得新经验的极好机会,于是,教师与幼儿一同在发现问题、分析问题的基础上,通过深入现场、观察比较、检索资料、咨询专家等方式推进感兴趣的探索和问题的解决。在这两个由阅读记录所引发的活动中,幼儿进一步亲近自然、大胆猜测、动手操作、分工协作,并用多种方式验证自己的猜想,活动的拓展与延伸使得幼儿有了更多活动的机会、有趣的发现,更为重要的是获得了多元的、宝贵的经验。

---

① 作者胡思彤,南京市太平巷幼儿园教师,选用时略有删节。

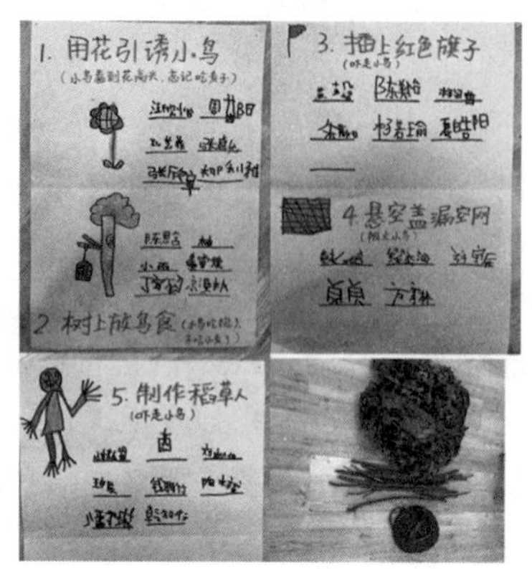

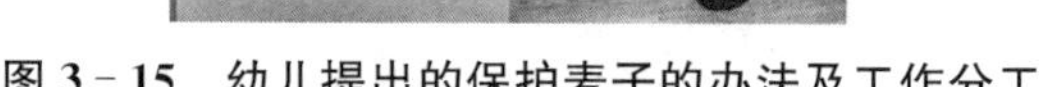
图 3－15　幼儿提出的保护麦子的办法及工作分工

图 3－16　幼儿做的稻草人和围栏

有了丰富的活动记录，我们便可以着手建档工作。在田野课程实践中，档案主要分为两类，一类是主题或区域等活动档案，这一类档案可能是集体性的也可能是个体性的；另一类是幼儿综合性成长档案，即幼儿的个人档案，内容包含幼儿作品、活动照片、文字描述（教师对幼儿的观察、逸事等记录）、录音、录像、学期评估表等，其中有幼儿参与的自我评价（可由教师和家长帮助记录语言），也有家长和教师的评价。幼儿综合性成长档案由幼儿、教师、家长共同搜集、整理完成。幼儿综合性成长档案的建立有利于反映幼儿在园三年的全面发展状况，看到每个幼儿的发展过程。建立档案的主要目的和记录一样，同样是用来阅读的，平日这些档案就放在幼儿活动室中，幼儿也可以自由拿取，在周末或是放假前，将自己的成长档案带回家，与家人分享、共建。幼儿综合性成长档案的建立，可以让教师和家长通过对幼儿一段时间内档案资料的对比、分析，了解幼儿的发展情况、兴趣需要等，反思调整教育策略和行为，提高教育的适宜性。

通过全园教师的探索实践，我们越来越明确地认识到，记录幼儿的学习过程并予以建档，也许是教师继观察能力之后最值得培养的技能。在我们看来，一方面，幼儿的行动、思考历程值得被记录下来，教师和幼儿的活动记录事实上是幼儿学习和师幼互动的证据。另一方面，记录具有追溯的功能，具有超越实践活动的意义。记录、档案是用来反复阅读的，教师、幼儿、家长都应该有反复阅读记录、档案的机会。通过回顾和交谈，记录、档案作为分享和反思性材料，能帮助幼儿和教师重新审视自己的想法，加深或者拓展自己的观念，有助于后续活动的思考与推进，也有助于家长更好地了解到幼儿的学习过程，看到幼儿在过程中的发展。

对于教师来说，记录不仅是为了保持记忆，更重要的是随着时间的推移，反复琢磨，一方面利用幼儿的学习经验检视自己的教育观念和方法，检视自己的角色定位和作用发挥，对过去发生的现象作出新的解释和设想，从而在反思中优化观念和行为；另一方面，教师还可以使不同的记录之间产生联系，发现幼儿的学习轨迹，有可能会产生新的认识和灵感，从而建构关于幼儿学习、师幼互动、环境创建等方面的新理论。但无论从哪个方面看，阅读记录和档案能促使教师反思，实现专业成长。教师细心地记录、收集、分析、诠释并展示这些记录，可以让教师感受不同年龄段幼儿的学习是如何发生和发展的；感受到学习环境的重要性，进一步理解幼儿是如何通过与环境和他人的互动来建构经验的；通过记录、档案“看见幼儿的学习”，能让教师离幼儿近一点，再近一点，从而不断走近每一个幼儿的最近发展区，并协助和支持他们走向下一个阶段的学习。

对于幼儿来说，记录是一件令人感到愉快的事情，在记录活动中，我们常常能看到他们热情且专注，总会有许多成人意想不到的记录与表达的方式，形象、生动而有趣，这也在不断提醒我们“儿童真的有一百”。回顾记录的过程同样令人愉快，我们发现，回顾并分享记录时幼儿会变得更加好奇、更感兴趣和更有信心，分享记录的过程是幼儿整理经验及思考、选择表达策略的过程，也是由个体经验转化为集体经验的过程，更有可能是引发新问题、产生新活动的过程。事实上，幼儿非常享受回顾分享的过程，他们为自己所作出的努力感到自豪，为自己的发现而欣喜，也会得意于通过自己的努力解决了问题。幼儿制作和回顾档案，不但可以理解他们自己的学习过程，还能够体会到教师重视自己的所作所为，感觉到自己所说的和所做的很重要，从而视自己为学习者，这一点非常重要。

与家长分享这些记录，一个个生动的案例和鲜活的情境也可以将家长带入充满乐趣的幼儿园生活中来，可以让家长知道他们孩子的学习和成长经验，可以更好地了解并理解孩子的学习、教师的工作，从而进一步参与到孩子的成长和幼儿园课程建设中来。对家长和其他人员来说，阅读记录和档案是了解和理解幼儿园课程及幼儿学习的一扇窗，是建立和发展合作伙伴关系的重要途径。

田野课程实践丰富多彩，过程中有困难、有困惑，有时也会陷入左右为难、徘徊不前的困境，虞永平教授的激励、坚定的信念以及来自改革实践的可喜变化给了我们强大的动力。在长期的课程实践中，我们对“实践出真知”有了更深刻的理解，科学理论指导下的课程实践是那么重要，尤其是对草根性的园本课程建设来说。

园本化的理念

课程理念决定课程价值，影响课程内容和课程实施的方式，课程理念的科学程度、清晰程度在很大程度上决定了课程建设的水平和质量。通过学习理论和优秀的幼儿园课程方案，我们明白了在田野课程建设中，厘清课程理念是一项极其重要的工作，要想触及田野课程的本质就必须对课程理念进行不断的探寻和优化，从某种意义上说，这是田野课程整体建设的根本和关键。

然而，作为幼儿教师，对于“课程理念”这样的概念，当时的我们还有些费解，觉得离自己太远，想要梳理、凝练田野课程理念更似夸父逐日。所幸的是，在虞永平教授的引领和鼓励下，我们认识到：其实，每个幼儿园都是有课程理念的，即便没有被明确地表述出来；事实上，课程理念每时每刻都在指导着我们的课程实践，它就是指导我们“做”的理念，是关于我们“做”的理念；课程理念不会凭空产生，它是对《幼儿园工作规程》（以下简称《规程》）《纲要》等法规精神的转化，建立在我们每个人的课程实践基础之上，同时融合了对优秀教育理论的思考与借鉴；课程理念是一个根本性问题，是我们必须面对并积极挑战的；明晰的理念很重要，更重要的还是要让理念落地，在实践中看得见。这些关于课程理念的认识，不仅为我们接下来厘清田野课程理念明确了方向，更增添了信心。

我们从渴望理念到寻找理念，再到凝练理念，这是一个艰难的过程，但事实再一次证明，基于理论学习基础上的实践与反思多么重要，集体的力量真的是无穷的，将其凝聚起来有多么重要。

渴望理念

在学习过程中，我们发现方案教学、高瞻课程等西方课程都有明确的理念，如方案教学的以儿童为出发点，承认儿童有权利和极大的发展潜能，支持儿童基于兴趣与经验的探索，支持儿童创造属于自己的理论，家、园、社区建立紧密合作关系等的理念。更为重要的是，在阅读中我们看到了这些理念是如何在课程实践中得到充分落实的，一个个案例、一个个片段、一幅幅作品无不在传递着瑞吉欧的老师们所倡导的理念。这也让我们意识到对于课程实践乃至课程建设来说，课程理念就如同天上的北斗星、陆地上的GPS导航坐标点，一直在指明着方向，影响着质量。正如虞永平教授指出的那样，课程理念是决定课程价值本质和主要实现路径的基本观念和行动指针。有了明晰的课程理念，我们就知道这一课程追求的是什么价值，课程理念对课程的设计、内容、实施和评价等具有重要的导向作用，它是课程建设的灯塔，也是课程的标志。不同幼儿园课程的差别，关键就在于理念的不一样，理念决定着课程质量，也决定着一所幼儿园的办园质量和内涵。

事实上，在田野课程建设之初，我们就从教育理论和长期的工作实践中总结出一些理论性的原则。如，重视幼儿的生活，于是一些课程内容来源于幼儿的生活，这些活动与幼儿的真实生活紧密联系，同时，关注幼儿生活活动的开展，让幼儿在生活中学习。又如，强调幼儿创造力的发展，于是践行陶行知先生的“六大解放”，设立“小问号”角，开展“小问号”活动，鼓励幼儿提出问题并尝试解决问题，定期开展系列“创造节”活动，有“生活创造节”“艺术创造节”“体育创造节”等。再如，关注环境创设，于是我们设立自然角、举办活动展、创设主题墙等。诸如这样的一些原则一直指导着我们的课程实践，但相较于方案教学等西方课程，这些原则还不能一以贯之，更没有全方位地落实到整个田野课程实践中，那段时间内我们的课程内容、课程实施还存在着明显的割裂现象，我们在课程实施过程中也时常会出现“穿新鞋走老路”等现象，究其原因，主要是课程理念还不够清晰。

那么，田野课程理念到底是什么？它们在哪里？我们需要寻找、厘清并不断优化，从而更有效地指导课程行为，更好地确保田野课程改革的方向和实施的质量。我们渴望拥有科学、明晰、符合园本实际的课程理念，于是，我们开始寻找。

寻找理念

田野课程理念应该有三个来源，即学理的、法理的、实践的，因为我们认为一所幼儿园的课程理念应该是有根基的，根基主要包括幼儿教育理论、政策法规和本园课程实践。于是，一方面，我们有意识地加强理论学习并在实践中加以运用，虽然对于我们来说这并不是一件容易的事情，但勇于挑战总能带来收获，古今中外优秀的幼儿教育理论源源不断地滋养着我们。另一方面，我们反复研读、剖析、对照《规程》《纲要》等法规精神，以此来分析自己的课程行为，既为自己的课程行为找依据，也为课程行为的优化找思路、找方法。在学习理论和政策精神的同时，我们特别注重从田野课程实践中寻找真正属于自己的理念，教师经常在一起通过多种方式回顾、反思田野课程实践，梳理、提升实践智慧，从而找到指导我们课程行为的最为重要的理念，换句话说，其实就是找到"我们的"课程理念。

从学理来源看，陶行知、陈鹤琴、卢梭、蒙台梭利、杜威、皮亚杰、维果茨基等中外教育先驱的教育思想与哲学思想引领着我们，意大利瑞吉欧的方案教学、《儿童的一百种语言》等先进课程方案和经验激励着我们，在学习中我们领悟、吸收新思想、新观念，这些理论、思想是田野课程理念的学理依据。寻找田野课程理念，我们依旧从学习起步，我们持续深入学习陶行知先生的生活教育思想，关注幼儿的真实生活及情感体验，关注幼儿的实际操作及有益经验的获得，我们强调支持幼儿发现并解决生活中的真实问题，支持幼儿在行动中学习、在活动中生长。我们学习陈鹤琴先生的"活教育"思想，与幼儿一同走进自然、走向生活、走近社会，支持幼儿充分地与实物和人接触，教师在现场中教，幼儿在现场中学，从而获得直接的、整合性的经验。我们学习卢梭的自然教育思想，尊重幼儿的天性和需要，尊重幼儿的选择和想法，尽可能让幼儿拥有自主活动的时间和机会，让幼儿从真实的生活出发，在环境、活动中获得真实的经验。我们吸收皮亚杰的教育思想，支持幼儿与他人、活动材料和经验积极互动并不断建构，支持幼儿主动学、在行动中学。我们借鉴蒙台梭利的教育思想，注重为幼儿创设"有准备的环境"，创设能够丰富幼儿的经验、让幼儿自由探索、促进幼儿发展的学习与生活环境。我们融合杜威的进步主义思想，注重幼儿的生活、经验、兴趣和需要，让幼儿在生活中学、在做中学。我们借鉴维果茨基的建构主义，倡导教师、家长、社区的多元参与，共同为幼儿的自主学习、自主探索提供支架。另外，我们还从多元智能等先进教育理论中吸收营养，从瑞吉欧等课程实践中得到启发……随着我们对各种经典教育思想、理念的学习与内化，"我们的"课程理念也逐渐显现和夯实。

从法理来源看，《规程》和《纲要》等幼儿园教育法规文件精神是田野课程理念的法理依据。我国有一系列的幼儿园教育法规，其中《规程》依据《中华人民共和国教育法》等法律法规制定，旨在加强幼儿园科学管理，规范办园行为，提高保教质量，促进幼儿健康发展。《纲要》是为了更好地贯彻落实《幼儿园管理条例》《规程》等精神而制定，并将《规程》中“幼儿园的教育”部分进行具体化展开，它不仅强调幼儿园教师更新观念，更强调行为的转化，即将一系列重要的教育思想和观念转化为教育行为。这两个文件是指导我国幼儿园教育的纲领性文件，它们鲜明地体现着国家的意志，也充分地体现“以幼儿发展为本”的思想，指向所有幼儿的身心健康成长。任何一所幼儿园的课程理念都要与国家的法规精神相一致，田野课程理念理应符合国家相关法规的精神。“活动”“生活”“游戏”“经验”“综合、整体”等词语在以上两个文件中时常出现。其中，“活动”是最为典型的高频词，《规程》中关于“活动”的概念就有 9 个，分别是主动活动、充分活动、自由活动、集体活动、个别活动、小组活动等，“活动”在《纲要》中出现了 47 次，由此可见，在学前教育中，“活动”是一个多么重要的概念。文件强调幼儿园是通过创设健康、丰富的生活和活动环境来支持幼儿学习的，强调幼儿的主动学习，强调教师着力创设适宜的环境、组织适合幼儿的活动，在环境中通过幼儿积极作用的活动来对他们发生实质性的影响。简而言之，幼儿园教师通过创设环境、开展活动从而促进幼儿获得体验、知识和技能。从对“活动”这一重要概念的强调中我们可以看出，这本质上是一种关于知识观、教学观的改变，此时“知识”已不再是脱离幼儿的经验、要求被记住的知识点，而是被视为一个过程，也可以被理解为“经验”。基于这样的认识，我们重视幼儿的活动与经验，注重反思教学，反思教与学的关系，反思教师与幼儿的关系，从而不断推进教学模式改革，推进田野课程改革。《纲要》在目标表述上较多使用“体验”“感受”“乐意”等词语，也多次明确提到“幼儿的个性发展”“以游戏为基本活动”“关注个体差异”等，有着鲜明的价值取向。这实质上表明，“以幼儿发展为本”的思想、观念必须深入我们内心，我们需要在理解认同的基础上不断更新观念，并在实践中运用、转化为适当的策略和智慧，进而努力体现在每位教师每时每刻的课程实践行为中。唯有这样，田野课程理念和实践才能真正体现并落实《规程》《纲要》等文件精神，此时的田野课程建设也就真正确保了方向、确定了意义。

从实践来源看，田野课程理念应该是可以从我们日常的课程实践中成功提炼的，是对田野课程建设者实践智慧提升的结果。事实上，也只有来自实践的田野课程理念，才能体现现实层面上我园管理和保教工作的基本价值，才是真正意义上的田野课程理性认识、精神向往和观念体系。田野课程理念的一个重要来源是课程实践，课程参与者尤其是每个教师都会在课程实践中得出一些属于自己的基本原则，这些原则指导着教师的课程实践行为，也不断修正着课程实践方向。

在我的“课程研讨活动”记录本上，密密麻麻的文字清晰地记录着我所参与的田野课程研讨活动的过程，有课程研讨日活动、课程审议活动、读书会、故事会、课程论坛等活动，内容涉及田野课程实施、框架建构、理念梳理、目标分解、幼儿学习、教师成长等。

2004 年 9 月 16 日的课程研讨日活动中，大家正在谈论着“田野课程中什么最重要”，陆晓民老师认为是关注儿童、追随儿童，孟凡老师认为是创设丰富的情境，邱梅蓉老师认为是教师的合作能力、观察能力和反思能力……在 2005 年新春前夕举行的青年教师田野课程论坛中，李婷老师认为，田野课程是幼儿和成人真实生活的展开，是幼儿深入参与的多种活动，同时她认为，环境在课程建设中很重要，环境的核心问题是如何提升环境的开放度和资源的综合利用。张帆老师讲述了自己和孩子们一起去消防大队参访的故事，她绘声绘色地描述了孩子们在参访中的惊喜发现，他们有很多感兴趣的问题，总是问个没完，孩子们细致、敏锐的观察能力以及与消防员大胆交流的欲望和能力让自己惊讶。最后，张老师反思了自己的儿童观和课程观，认为真实的情境是充满探究性的，在今后的课程实践中自己需要更加相信幼儿，大胆放手、陪伴成长。杨柳老师讲述了在“我的家”主题活动中，邀请班级孩子到自己家参观，以及家长是如何参与到这个主题活动中的故事。她认为活动中不同人员的参与很有意义，家长参与课程建设的作用有其特殊性，会因人、因主题、因情境而定，同时家长参与活动的前提是认同课程的理念和实践……

从以上活动记录的片段中我们可以看到，在课程实践中，任何一位教师的行为都会受到自己认同的理念的指导，每一位教师也一定积累了或多或少的课程实践智慧。田野课程理念是在日常的课程实践中生长和发展起来的，是教师可以用自己的语言说出来的，更是融入幼儿园环境中、教师行动中和幼儿生长中的。从课程实践中寻找课程理念是一个不错的想法，且行之有效。

凝练理念

在前一本书《田野课程——观念与实施》及前期的实践中，我们的课程观念大多是学习借鉴的。田野课程建设已历时六年，教师渐渐形成将理论和实践相结合的意识和习惯，并在课程实践中生发了一些重要的观念，这些观念具体可操作，闪耀着现实意义。但此时的课程理念还是分散的，还没有形成体系，是属于教师个体的，还不属于集体。如果幼儿园缺乏梳理、凝练的意识，那么不能不说是一种很大的遗憾和浪费。

在我的笔记本上记录着这样一句话：“田野课程应有完整的结构和体系，且应该有在每项实践活动中都能体现出来的特有的观念、理念。”这是在 2004 年的一次田野课程教师论坛上，当时还很年轻的邢雯老师提出的思考，这体现了一线青年教师对课程框架、课程理念的渴望，也得到了不少教师的响应，它反映了班级教师的心声和追求。由此看来，架构田野课程框架，尤其是凝练田野课程理念已成为大多数教师的共识，采用一定的方式将教师的个体智慧汇聚成集体智慧，自然成为我们接下来一个阶段的重要工作。

广泛参与、对话协商是我们凝练课程理念的基本方法。凝练理念的过程通常分为以下四个步骤：首先，明确目标，形成共识。我园利用各种机会，通过学习和发动等方式，强调对于田野课程建设来说，形成“我们的”课程理念有多么重要，阐述梳理“我们的”课程理念的时机已基本成熟，激发大家参与的热情与信心，同时阐明凝练田野课程理念的路径和方法。其次，广泛收集对于每一位教师来说最为重要的课程理念。每一位班级教师和保育员基于课程实践，列出三至五个对自己来说影响最大的理念，此时教工们列出的理念必然是与自己的课程实践紧密联系的，不仅具体且能直接指向幼儿的经验。再次，各部门成员之间展开充分讨论，这一过程不是对个人经验的简单累加，而是对话、归纳、梳理和提升。通过一轮一轮讨论、一次一次头脑风暴，实践中我们到底倡导着什么、强调着什么、践行着什么便越来越清晰，我们离共同的课程理念也就越来越近。最后，由园"导师团"和教科室成员凝练课程理念，并进行逻辑梳理和分层解读，然后再回到教师中进行确认。在凝练田野课程理念的过程中，我们建议大家用最为简洁、明确的词汇、短语来表述对"我们"来说最重要的理念，并且需要举例说明，也就是教师需要用自己的课程实践案例对此加以解释、说明和验证。经过几轮反复，"真实、参与、现场、开阔、清新"的田野课程理念得以形成。

以上凝练田野课程理念的四个步骤并不是经历一次就能完成所有的工作，我们实际上经历了多轮，这是一个不断反复、螺旋上升的过程。当我们凝练出一些理念时，都会再次通过列举实践案例的方式加以对比、论证。我们反复追问不同年龄段的课程实践是否能验证凝练出的这些理念，有哪些影响我们课程实践行为的主要观点还没有被凝练出来，还有哪些重要的观点应该在我们的课程实践中被倡导、被践行。我们从学理、法理和实践三个维度，反复审议、归纳、比较、解读、凝练、舍弃、优化。就这样，从学习和实践案例中凝练理念，而后经细化、解读后再回到实践中加以验证、完善，这个过程达成了两个方面的实现，即个人理念与全员理念的相互转换，以及"说"的理念与"做"的理念的相互转换。这个转换过程并不简单，它既是抽象、概括的过程，也是解构、解读的过程，过程中我们需要"上天入地"，需要将教育理论与课程实践紧密结合。

在凝练理念的过程中，我们更加深入理解了什么是幼儿的学、什么是教师的教；我们思考幼儿园课程到底是什么，探寻我们的共同信念是什么、行为规范有哪些；我们还尝试不断追问自己的课程理念与实践行为背后的哲学有哪些。凝练田野课程理念的过程，对于我们的挑战不言而喻，当然，收获也是显而易见的。

几经研讨，2005 年秋，田野课程理念被我们概括为五个词，即真实、参与、现场、开阔、清新。这些理念来源于教师在田野课程实践中的想法和实践，是对这些想法和实践的提炼与归纳。"真实"是指田野课程支持幼儿在真实的生活与情境中获得经验、不断生长，意味着创设真实情境、关注真实生活、拥有真实情感、发现真实问题和培养真实的人。"参与"是指田野课程建设是一个全员共同参与建构的过程，意味着参与主体是多元的、参与通道是开阔的。"现场"是指田野课程的教学是在现场中的教与学，意味着现场中的活动是有特定任务的，现场是感性的、开放的、可拓展的和动态的。"开阔"意味着心胸是开阔的、思维是开阔的、视野是开阔的。"清新"则意味着鲜活的生命力、和合的文化、宁静的氛围和唯美的愿景。这些田野课程理念是田野课程的核心和精髓，是我们在长期学习理论、践行法规精神和推进田野课程实践中自然而然形成的结果，是田野课程实践性智慧的结晶，是我园教师、家长、幼儿及其他参与者在课程实践中的共同感悟，更是我们继续前行的方向和目标。

至此，田野课程理念已有了明确的表达和清晰的解读，源于学理、法理、实践的田野课程理念是田野课程的生命力所在，这样的课程理念能真正带来适宜的课程实践，也能更好地实现幼儿与教师的共同成长。与前一本书以及前期实践的理念相较而言，这一阶段的实践，更多的是自我生发的理念，我们将理论和实践密切结合，从而生发理念。理念从借鉴到自我生发，从个别人的理念到核心小组的理念再到全员的理念，这些与实际紧密结合的理念正在渗透到课程的每一个角落。但我们也清醒地认识到，凝练出理念只是一个阶段性成果，我们仍将面临两大任务：一方面，需要将理念真正落实到每一位教师的课程实践中，每一位教师的课程理念及其认同和转化程度决定着田野课程实施的质量；另一方面，需要验证这些理念能否真正帮助教师解决实践中面临的问题，田野课程理念还需要不断在教师的思想与实践行为中得到印证、拓展和升华。

支撑性的环境

约翰·杜威认为，儿童学习就是在直接的经验中建构意义。环境为儿童提供了与材料、工具和他人进行互动的背景，并对儿童习得知识起到关键作用①。在虞永平教授的引领下，在真真切切的田野课程实践经历中，我们进一步坚信，幼儿是通过与环境相互作用来学习的，为幼儿创设对他们发展有意义的、具有支撑性的环境非常重要，这样的环境不仅是丰富的、开放的，还应是民主的、可选择的。于是，我们进一步聚焦环境建设，注重室内与室外环境的共同开发，注重环境的价值分析和充分利用，努力创造一种支撑幼儿主动学习及经验获得、支撑田野课程实践的环境。

新园新挑战

2001 年，对我们来说是挑战与机遇并存的一年。这一年，在区委、区政府的关心下，我园扩容 2400 多平方米在原址新建。异地过渡、日常管理、课程开发、新园建设与装潢等，此时的事务繁杂及压力之大可想而知。与此同时，我们更多看到的是新园建设给田野课程建设与幼儿园发展带来了诸多契机，其中就包含理想的幼儿园环境建设。如果我们能好好把握这次难得的新园建设机会，全面规划并创设具有支撑性的课程环境，便能为满足日后幼儿活动和课程建设需要奠定坚实的基础。

幼儿园课程建设是一个系统工程，环境建设是课程建设的重要组成部分。因此，环境应该体现田野课程的基本理念，环境已不再仅仅是为了美观，而是围绕幼儿发展。我

① 米丽娅姆·别洛戈洛夫斯基，莉萨·戴利.让早期学习理论看得见[M].赵红霞，译.南京：南京师范大学出版社，2018：16.

们需要将原先在环境建设时主要追求审美感受、景观效果的观念，转变为以满足幼儿的兴趣、支持幼儿自主探究及经验获得为目标追求。因此，在环境建设时，我们必须坚持以幼儿为中心的基本理念，充分思考如何在满足幼儿基本生活需要的基础下，嵌入幼儿开展多样化活动的机会，嵌入幼儿获得多元经验的可能。田野课程背景下的环境应该是怎样的呢？这是作为管理者的我们值得深入研究的重要问题。于是，我们组织全员参与，鼓励每一位教工参与到环境的规划与建设中来。

首先，仔细研究建筑设计图，对室内空间进行适度调整。我们所作的调整主要包括两个方面：一是调整班级活动室的空间结构设计。原来的活动室除了盥洗间外还有两个空间，一间用于幼儿活动，一间用于幼儿午睡。根据当时课程活动实施的需要，我们决定拆除这两个空间之间的墙体，在基础建设时就不再砌上这堵墙，也就是将原先两个独立的空间改为了一个大的空间。这样调整的目的是，可以更好地满足在班级活动室设置多个区域的需要，可以更加充分利用活动室内的所有空间，当然也更有利于教师观察到自主活动中的幼儿。二是将每层楼主通道的宽度由原先的 2.1 米拓宽为 3.7 米。这不仅使得入、离园高峰期人员流动时更加畅通、安全、舒适，更为重要的是，将原先基本上只能是走廊的功能，拓展为可以开展各种各样活动的空间。之后的课程实践充分表明，拓宽室内走廊这一调整带来的课程实施效益是明显的。不同年龄段班级的幼儿都会根据需要，经常性地利用宽敞明亮的走廊空间进行建构、表演、分享讨论、观察探究、运动游戏等，这一空间既满足了幼儿活动的需要，又避免狭窄的走廊空间在大多时候往往被闲置的现象。拥有宽敞的走廊，这在 20 多年前的幼儿园并不多见。

其次，对室外空间的功能、样态和绿化进行了细致规划。我们的想法是，幼儿园的环境应该是多样的，在功能上，不仅要满足幼儿运动、游戏、欣赏的需要，还应满足他们的好奇心，满足他们爱探秘、喜探索、善发现的天性；在样态上，除了需要有草坪、沙池、果林外，还要有种植园地、水池、山坡和不同材质的地面等；在绿化上，不仅应有平面种植，还需有立体种植，于是，植物的品种更加多样化，四季有花有果，有常绿树、有落叶树，有高大的乔木也有低矮的灌木等。尽管幼儿园的户外空间并不充裕，我们想法与愿望的实现在一定程度上受到局限。但俗话说得好，“螺蛳壳里做道场”，只要我们有正确、明确的观念，同时寻求专业人士的支持，解决空间受限的办法总会有的。由此，我园有了大小不同的 4 个运动场，有了不同材质的各种地面，有了一片果林、一方池塘、一口水井、一丛竹林、一个山坡、一段古城墙砖砌成的石桥以及十多个并不大的种植园地等。在我们眼中，这些都是重要的课程资源，您也将会在之后的章节中看到这些资源与幼儿、教师之间发生的故事，以及它们又是如何给幼儿带来有益经验的。在我园，大型运动器械、每一种果树花卉及活动场等方案的确定，都会首先考虑不同年龄段课程实施的需要，而后与专家、设计师反复沟通。我们这么做的目的，是希望在课程观念指导下对幼儿园环境做好整体规划，使得课程环境建设能够与基础建设同步进行，从而为今后丰富的田野课程实施奠定坚实的环境基础。以果林为例，在不大的果林中，有苹果、梨、橘、枇杷、柿子、樱桃、银杏、石榴等十多种果树,因为这些果树除外形不同、花果期不同外,它们还有各自独特、有趣的性质,这些特性和差异能激发幼儿的好奇心,引发系列问题的探究,开展隐含着不同经验的有趣的多种活动。如,我们选择种植橘子树主要有以下三点理由。其一,它是常绿树而且不高,幼儿可以近距离观察,还能将它与落叶树进行比较;其二,橘子树有一个有趣的特征,那就是叶子的味道和果实的味道闻上去是一样的,苹果树和梨子树等其他果树的叶子与果实的味道却不一样,橘子树的树叶具有很好的治疗皮肤病的作用;其三,春天,橘子树旁总会出现不少蝴蝶,因为橘子树属芸香科植物,这类植物最易吸引某些蝴蝶,它们在橘子树叶上产卵,幼虫吃树叶长大。再如,我们选择枇杷树,是因为它是我国南方特有的亚热带果树,四季常绿,花期较长,初夏硕果累累,花、树叶、果实等全株可入药,具有极强的药用价值;枇杷花在冬季开放,能抗零下低温,在我们常见的果树中,只有枇杷花是能经历寒冬的,它具有极好的润肺止咳作用,幼儿咳嗽时经常服用的枇杷糖浆的主要成分便是枇杷花。就这样,我们和植物专家一道,充分了解和分析植物特性及其与其他生物、人们生活的关系,在此基础上,确定种什么、种多少、怎么种。对室外空间的细致规划,不仅使得我们合理充分地使用了原本并不充裕的室外空间,更有意义的是,这为之后幼儿丰富、有趣的活动开展提供了各种可能。万物有灵,幼儿用他们稚嫩而天真的心感受着周围环境,他们对眼前的一切充满好奇,星星点点的奇思妙想也就随之而来。

图 3 - 17　幼儿园一角的小水井

图 3 - 18　幼儿园内的小竹林

最后,不同岗位的教工根据日常工作需要,提出室内设计需求。事实上,不同岗位的教工最清楚自己的每日工作需要怎样的空间设置,需要哪些设施、设备以及怎样的行动路线最为合理。在我的工作记录本中,2001 年 11 月有两项工作重点,其中一项就是全员参与新园环境与室内装潢设计。教工在听取室内基本布局及功能介绍后,以班级、年级组为单位展开充分讨论,由此,幼儿园收集到若干套具体、生动、既有个性也有共性的室内装潢需求方案。这些方案可能是关于结构、布局、设备的设计,可能是关于材质、色调、形象的设想，可能是关于行动路线的规划，也可能是主题墙的大小、材料和高度的考量。如，班级教师提出，活动室空间不宜固化，宜开放可变，可用于需要时设置大小不同的区域；可有小型的相对封闭的私密空间，为幼儿独处提供安全的港湾；可有较大的开放的空间，以满足幼儿群体活动和自主游戏的需要；需要有大量的墙面用以粘贴或悬挂，这样便可以有随处可见的幼儿成长足迹，也益于幼儿萌生自豪、自信和自尊的情感。这些关于环境的需求无不折射出教师的课程观念和对于空间变化的期待。再如，在全员参与的讨论中，我们将原先的“资料室”更名为“田野资源室”，这一名称的改变反映了我们对课程资源的认识和期待。我们认为，在田野课程的建设过程中，课程资源建设是一项非常重要的工作。我们既要考虑之前提到的室外环境中各种资源的开发与利用，也要考虑到各类信息、物质资源的开发、利用、收集与管理，这些资源需要有专门的空间和专业的人员加以分类、整理、储藏和再开发。“田野资源室”服务于教师和幼儿，在一定程度上减轻了教师的负担，也更好地支持了幼儿活动的开展。激励每一位教工积极参与，让使用者参与设计，汇集大家的智慧，一方面能够更好地满足今后实际工作的具体需要，另一方面也让教工的主人翁意识得到进一步萌发，大家憧憬着属于“我们”的新园早日建成。

新园新挑战，新园新契机。在新园规划与建设初期，我园教工即参与到室内外环境的创设中，与设计师、园林师、工程师深度探讨，在这个过程中，我们已经将田野课程的理念嵌入其中、埋了进去。我们认为，要想幼儿园环境能够更好地支撑幼儿园课程建设，需要有课程观念指导下的综合考虑和整体规划，如果有机会，幼儿园环境建设应该与幼儿园基础建设同步进行。我们认为对教师来说，新园建成后的环境建设基本上是微调，是根据实践需要的局部优化，更多的则是对环境、资源的深度挖掘与利用，而很少再有翻天覆地、大刀阔斧改造的机会。这样看来，幼儿园环境的整体规划与建设是前提、是基础，是为今后深度挖掘与利用奠定基础、提供可能。课程环境规划与建设是幼儿园规划与建设的重要组成部分，如果有机会同步规划、同步建设，对于课程建设来说是多么难得的机会。我们抓住了这个契机。我们关于环境的理解和行动，以及全员参与新园建设的思路和举措，反映了我们学习陶行知、陈鹤琴、张雪门等先生教育思想的践行，体现了我们学习瑞吉欧学前教育中关于环境的理解，我们一直在努力与经典思想和世界潮流接轨。当然，我们的思考与行动也吸引了众多国内的幼教同行前来交流互动，在一定程度上产生了积极影响。

种植生发课程

在前一部分的对室外空间进行细致规划中，已经提到我们规划了一片种植园地，其中有十多块并不大的种植区。为什么在城市中心的一所幼儿园，在室外原本并不宽裕的空间里，还要特别规划出这么一片种植园地呢？对此，我们有着自己的思考和期待。

其一，大自然对于幼儿的成长至关重要。关于这一点，国内外众多教育思想家已有所阐述。陈鹤琴先生指出：大自然、大社会都是活教材。卢梭、裴斯泰洛齐、夸美纽斯、马卡连柯等教育思想家也认为大自然对于幼儿的成长至关重要。幼儿园的课程实践也一再告诉我们，幼儿是喜欢大自然的，大自然不但满足了他们的天性需要，而且对于他们的发展意义重大。如果有机会、被允许，在“大自然、大社会”这个“活教材”中，幼儿自然而然地就会运用多种感官观察发现，体验生活，动手动脑，持续探究，合作交往。通过与大自然的充分接触，并且在接受大自然慷慨的馈赠中，幼儿亲近自然，建立深厚情感，学会认识自然、热爱自然，初步感知人与自然以及自然与其所在环境的密切关系。

然而，当今的幼儿受限于城市的钢筋水泥，他们往往与大自然割裂，接触大自然的机会并不多，他们对大自然的天然渴望没有得到应有满足，这在一定程度上导致他们对自然界的无知和无情，从而或多或少诱发了一系列行为和心理问题。现实生活中不乏“自然缺失症”的现象，长久以往，不仅对自己，还将对整个社会及地球的生态环境产生负面、深远的影响。“自然缺失症”这一术语是理查德・洛夫在《林中最后的小孩》一书中提出的，他指出：“孩子就像需要睡眠和食物一样，需要和自然的接触。”事实上，无论是对儿童还是成人，大自然都是具有无限魅力的，它召唤和抚慰着人们的身心。归根到底，人从来就不是自然的旁观者，而是自然的一部分，与自然融合、平等相处，才是人与自然最终的统一和平等。

我们认为，在课程实践中，种植园地中种植的小麦、红薯等农作物，与户外环境中种植的银杏树、黄杨等乔灌木是有所区别的。乔灌木一旦栽种便不会轻易更换，幼儿与之互动的方式主要是观赏、发现和表达，而种植园地中的植物为幼儿提供了更多与之互动的机会和方式，需要幼儿在较长的一段时间内积极参与、大量投入。在这里，幼儿有了更多自主选择、规划劳作、参与活动的机会，种植品种也更为多样、更加丰富。幼儿园中的这两部分植物对于课程来说，交相辉映、形成互补。我们期待通过这一块块小小的种植园地及其他自然环境，尽可能多地为幼儿创造条件，让他们时常有机会以多种方式与自然密切接触，以改善现在城市儿童与自然割裂的现象及其带来的诸多且深远的危害。

其二，幼儿参与种植的过程即是课程生发、经验生长的过程。一方面，种植活动为幼儿提供了以多种方式做事的机会，幼儿在做事的过程中展开课程、获得新经验。张雪门先生在他的《幼儿园的课程》一书中指出：课程是经验，幼儿园课程就是给三足岁到六足岁的孩子所能够做而且喜欢做的经验的预备。种植活动中，幼儿可以进行观察、比较、讨论、规划、操作、劳动、记录、统计、分析、思考等活动，这些活动即是幼儿的学习，幼儿在这些不同方式的做事过程中不断实现经验的生长。另一方面，生态视角下的种植活动，蕴含着多个维度的现象与关系，这给课程生发带来诸多可能。种植活动不止有规划和劳作，还包含观察发现、管理照料、收获利用等，整个过程特别是植物的生长变化及收获利用让幼儿经历综合性的、全过程的一系列活动。

在种植活动中，幼儿不只是认识瓜果蔬菜、工具使用，更多的是参与种、养、护、收等一系列活动过程。种什么？怎么种？在哪里种？如何浇水、捉虫、松土？如何保护好即将成熟的麦子不被小鸟吃掉？向日葵在生长过程中有哪些变化？蚕豆和豌豆有哪些相同又有哪些不同？植物生长与阳光、温度、昆虫、雨水等有什么关系？收获的黄豆可以用来做什么？……事实上，这些问题解决的展开过程即是课程的生发过程。在讨论和尝试种什么、怎么种的过程中，幼儿查阅资料、访问成人、规划测量，感知种植的方法，体验劳作的辛劳；管理过程愉悦而艰辛，农作物生长过程中的细微变化给幼儿带来惊喜，他们用多种方式记录、表达自己的发现和问题，展开分享与探究等活动，从而了解植物的生长、感知自然的奇妙，任务意识、责任意识和探究精神也不断增强；在收获的过程中，幼儿感知、欣赏、烹饪、品尝，了解植物的内在结构与特征，创造性地表征感知与感受。收获果实总是令人期待的，然而收获并不意味着种植活动的结束，幼儿收获的不只是果实，植物的全株对课程都具有价值。果实、枝干、藤叶、外皮、根须等均可以继续发挥作用，它们进入区域活动、游戏活动或其他学习活动，成为操作材料或课程资源，支持幼儿开展比较、观察、洗切、烹饪、编织、剪贴、建构、裁剪、栽培等活动。由此，种植活动与资源利用在空间及活动方式上也实现了拓展与联结，课程资源不断丰富、充分利用，不同活动相互联结、形成整体。

幼儿园的一草一木都是课程资源。对幼儿园来说，种植不只是绿化环境，而是课程资源的规划和开发。卢梭、福禄培尔、蒙台梭利、陈鹤琴等教育家都十分关注幼儿对自然界的观察和感受，并将此视为幼儿成长的重要途径。幼儿在对植物的观察、照料、收获的过程中，增进认识，发展能力，萌发情感。因此，幼儿园应从课程的意义上去规划和创设环境，让幼儿感知种子从萌芽生长到枯萎再生的生命历程，感知“叶长叶绿叶飘零，花开花落花长果”的生命变化，感知植物生长与阳光、雨露、气温及其他动植物间的关系等，这些是能触动幼儿精神世界的生动感性的课程。幼儿园应努力规划种植课程。

这是我于 15 年前发表的一篇短文的节选，不难看出，那时，种植课程已成为我们关于田野课程的一个重要观念。幼儿参与种植的过程，事实上就是课程生发和经验获得的过程。幼儿在自然的召唤下亲近自然，与自然亲密互动，在发现问题和解决问题的过程中，在感知、探索世界万物因关系而存在的过程中，不断获得新的、多样的、连续的经验。

图 3 - 19　幼儿在种植园地收获油菜籽

图 3 - 20　幼儿在果林中寻找“柿子王”

环境的变革

《纲要》明确指出:环境是重要的教育资源,应通过环境的创设与利用,有效地促进幼儿的发展。蒙台梭利认为环境是教育的第一要素,以幼儿为主体创设的环境,对他们的生活及发展具有不可替代的积极影响。同时,她指出:"教育的基本任务是让幼儿在适宜的环境中得到自然的发展,教师的职责在于为幼儿提供适宜的环境。"[①]在本书第二章的"通过环境进行教育"中,已提及我们关于环境的理解与实践,我们努力打造"有准备的环境",这个环境不再仅指室内、园内,还包括家庭及社区,这个环境也不再仅指物质环境,还包括时间、空间以及人与人、人与物的关系。这样的环境观给田野课程带来了生机和活力,也呈现出不一样的实践样态。然而,园本课程建设是没有终点的,这也意味着幼儿园环境变革也永远在路上。随着田野课程建设的持续推进,我们基于实践中的问题和需要,重新审视室内外、园内外的空间与环境,对空间与环境进行持续性的开发和利用,以使空间利用效率更高、资源更为丰富、环境更加适宜。

提高室内空间的利用效率

田野课程改革初期,为满足小组活动及幼儿自主探究活动对于空间的需要,在班级活动室空间的设置上,我们进行了大胆的、突破性的改变,班级活动室的墙面、地面得到了充分利用,适宜的活动空间、琳琅满目的材料、幼儿的作品及活动记录等,无不充满着课程的意义。与之相比,宽大的走廊则显得那么干干净净、空空荡荡,走廊的主要功能除了墙面和顶面的展示功能外,其他功能仅有通道或是雨天的运动区。因为种种担心,如入、离园时幼儿可能会弄乱娃娃家的材料,或是弄倒积木区的建构,抑或是因摆放了丰富材料导致幼儿分心、不能有序通过,等等,使得走廊的空间没有得到有效利用。这与班级活动室内热火朝天、相对局促的环境形成强烈反差,时常让人觉得走廊冷冷清清,最为可惜的还是走廊空间的浪费。事实上,幼儿活动需要充足的空间,幼儿良好的秩序感和规则意识也是可以在活动中逐渐形成和发展的,只要我们充分尊重幼儿的主体性,并在此基础上师幼建立一系列"共同的约定"。于是,我们抛开种种担忧,鼓励各班整体考虑活动室的内外空间,充分利用走廊空间,根据需要将积木区、表演区、种植区、娃娃家、超市、项目活动等逐渐延伸至走廊。就这样,从不敢、不习惯在走廊上设置区域、放置材料,到整体考虑所有室内空间并充分利用,这一从不适应到适应的过程,使得走廊空间得到越来越多、越来越好的利用。至此,我园室内空间的利用效率不断得到提高,更好地满足了幼儿活动的需要。

再构户外空间

相对于室内空间,户外空间更大、资源更多,可能产生的活动内容及活动方式更多,跨班、跨年级的活动机会也更多。在户外,幼儿亲近自然、探索发现、积极运动、游戏交往,适宜的户外空间对于幼儿来说如鱼得水。

---

① 刘敏钰.学前儿童科学教育[M].北京:科学出版社,2018:188.

新园建设时，我们对户外空间进行了细致规划。于是，不大的幼儿园里有草坪、山坡，有沙池、水池，有竹林、果林，有石桥、水井、种植园地，以及较为开阔的幼儿运动场，这些空间及资源在很大程度上满足了幼儿活动的需要。多年的田野课程建设，让我和教工们形成了更为敏感的课程意识，观察反思、优化实践已成为我们的工作习惯。户外空间充分利用了吗？空间设置能足够吸引幼儿且满足不同年龄段幼儿的需要吗？户外环境是否丰富、适宜？如何优化空间及资源，以更好地支持幼儿多样化的活动需要？为此，我们继续投入热情再构户外空间，以不断提升其课程的意义。

户外空间的再构，对我们来说是一项持续性工作，如今仍在进行。总体来看，户外空间的再构可以概括为三个方面：一是审视并尽可能消除户外空间存在的浪费现象；二是审视并使得户外空间中的课程资源更为丰富多样、相互联系；第三，当然也是最重要的方面，那就是以幼儿的逻辑进行空间安排和活动设置。

当我们以是否存在浪费现象的观点审视户外空间时，通常我们或多或少都会有所发现，也就会有优化空间的行动。如，新园建成时，前、中、后三块运动场宽阔平坦，一览无遗的运动场在极大地满足幼儿奔跑需要的同时，也存在诸如户外休息、自由交流场所不多，夏天树荫面积不大而影响运动等遗憾。于是，幼儿园硬质地面的运动场上“长”出了 5 棵大树，桂花树、银杏树、香泡树使得幼儿园更加生机盎然，原本一览无遗的运动场更加灵动、有趣，更有感召力。金秋十月，桂花飘香，沁人心脾，金黄的银杏树叶在空中摇曳，落在地上铺就一张黄色地毯，美不胜收，幼儿随风追逐、尽情欢笑、自由表达。4 个花池是他们运动后休息的场所，也为他们自由交流、小组讨论提供了机会，还是他们种植八仙花、炸酱草、二月兰的花园。寒来暑往，树木生长，幼儿在互动中生发了“桂花树生病了”“制作桂花蜜”“谁是树爸爸树妈妈”“臭臭果的秘密”等项目活动，以及“许多叶子落下来”等绘本编著及制作活动。空间的优化及利用带来的是课程生长、幼儿发展。

审视每个空间资源是否丰富、适宜已成为我们的习惯，也是田野课程生发的重要来源。如 2001 年新园建成时，小象池塘中主要的动植物是鱼和睡莲。户外活动中，幼儿对小象池塘似乎情有独钟，他们常常走到池塘旁，叽叽喳喳说个不停，他们喜欢和鱼儿打招呼，对着它们拍拍手，说是要唱歌给鱼儿听，还时常带食物来喂鱼。与幼儿的热情相比，小象池塘中的动植物明显太少了，还可以增加些什么？于是，南京师范大学生物学教授、南京林业大学景观专业教师来到了幼儿园，虞永平教授和我们更是时常来到池塘旁展开讨论，当我们努力使小象池塘中的动植物种类变得越来越多时，它对于幼儿的吸引力也随之增大。水葫芦、狐尾藻、茭白、菱角、慈姑、木贼、铃兰、鸢尾、芡实、藕、荸荠、龟、蝌蚪、泥鳅、螺蛳、鸭子等出现在小象池塘中，在我们眼中，这些都是课程资源。然而，让我们惊讶的是，在幼儿的眼中，小象池塘中的枯叶、淤泥也成了课程资源。池塘中有十多种植物及多种动物召唤幼儿的到来，池塘边每天都能看到正在发现、探究秘密的幼儿。“小鸭子”“清理小池塘”“种茭瓜”“我们班的小池塘”等主题活动应运而生，观察、交流、比较、种植、探究、记录、绘画、制作、表演、建构、泥工等活动更是随时发生。池塘中的所有动植物通过活动正在转化为课程、转化为幼儿的学习资源。如:为方便饲养的鸭子游泳,师幼、家长在小池塘附近为鸭子建造新居;发现小池塘并不干净,中班的幼儿强烈要求自己动手为小池塘清淤,为了不伤害小鱼,他们主动找大班的哥哥姐姐商量,把小鱼寄养在他们搭建在班级活动室内的"小池塘"内;端午节到了,幼儿主动采摘一些菖蒲并捆扎好,送给每日默默关心自己的保健老师、厨房师傅等;池塘的水有多深?如何才能安全、方便地收获茭白、菱角、莲藕……一个个有趣的小、中、大班活动因这一方小小的池塘延展开去。日益开放的观念及资源的不断丰富,使得小象池塘带来的收获总是令人意想不到。

因为长期受到传统观念的影响,我们常常习惯从成人的逻辑出发安排空间、提供材料,在户外空间的整体设置上尤其如此。理想的户外环境变革应该是本质上的改变,应该将成人的视角转换为幼儿的视角,从成人的逻辑转换为幼儿的逻辑。于是,在幼儿户外活动时,教师同样认真观察、记录幼儿的活动状况,记录、分析他们的活动轨迹,倾听他们对环境、材料的理解、感受和设想,而后思考如何以幼儿的逻辑再构户外空间。如幼儿园的东南角,有一片石头池、一组爬网、一座凉亭、一条小路及灌木丛和大树等,不同年龄段的幼儿都喜欢在这儿自由玩耍。教师时常听到、看到这样的现象,"幼儿园有沙池、石头池,可是没有泥巴池,我也想像小猪佩奇那样跳泥坑""大树太高了,上面是什么样的",有的幼儿为了多观察一会儿粉红的木槿花,索性在攀爬网的最顶端停了下来……幼儿的这些想法和行为传递着他们的诉求,我们如何更好地站在幼儿的立场回应他们的需要呢?于是,我们决定请教师代表以及幼儿参与进来,对东南角这片空间进行改造。当幼儿知道改造的计划时,他们兴奋地表达着自己的想法:"可以玩沙、玩土、玩水,玩石头。""可以爬树吗?我想爬上去看一看。""我在探险乐园玩过走空中绳索,虽然有点害怕,但觉得太有意思了,又走了很多遍。""可以建个树屋吗?"他们还在速写本上规划出了心中理想的游戏场地,提到最多的是要好玩、要冒险、要有挑战。根据幼儿的愿望和规划,结合对课程目标落实的思考,这片空间面貌大变:这儿有了如同探险乐园的空中滑索,从高高的树台滑过泥巴池的上方,这就是幼儿所说的好玩、冒险吧;将品种单一的灌木丛调整为木屑池、泥巴池,木屑池中有一段段树干、一个个石墩、悬挂的绳索以及轮胎组合等,构成了以平衡、攀爬及上肢力量锻炼为主的生态运动区,泥巴区、石土池、木屑池紧紧挨着,与大型运动器械下方的沙池相隔不远,这里就是幼儿的游乐场;"建个树屋"的愿望,也在之后改造大型运动器械时得以实现,从组合的蜂窝塔网,经透明的玻璃长廊,来到运动场中"长"出的银杏树的上空,两棵银杏树从树屋中间穿过,幼儿随时可以近距离地观察如蝴蝶般舞动的银杏叶以及他们口中的"臭臭果"。东南角户外空间的再构及新的运动器械与银杏树紧密相连,这正是基于教师对幼儿细致观察、理解尊重、用心支持的结果。当我们真正以儿童的视角,倾听幼儿的声音,尊重幼儿的需要时,我们对空间的改造也就有了新的视角,空间环境及资源、活动也即呈现出不一样的风景与气息。

打开围墙

《纲要》指出,要"为幼儿提供适宜的环境",这一环境不仅包括幼儿园,还包括家庭与社区。不论多大的幼儿园，从课程意义来看，幼儿园内的环境、资源总是有限的，这就要求我们根据幼儿的需要适时打开幼儿园围墙，让幼儿尽可能多地置身于更广阔的空间、更多元的资源中，以更好地加强园内外的联结，更好地支持幼儿经验的链接与拓展。

这道围墙既指物质上的围墙，也指心理上的围墙。一方面，我们打开物质的围墙，让幼儿走出园外，走向更广阔的天地，接触更丰富的自然社会。另一方面，我们打开心理的围墙，我们认同布朗芬布伦纳的人类发展生态学理论，幼儿园、家庭以及社区都是影响幼儿个体发展的微观系统，它们共同承担着促进幼儿发展的责任。于是，我园教工、家长、社会人士等角色为着共同的育儿目标，平等相处、形成共识、紧密协作、共商共育。

在这样的观念指导下，我园的物质围墙被打开。幼儿园一街之隔的郑和公园，被我们亲切地称为“前花园”，师幼时常到那儿散步、观赏、调查、宣传。春天，小班幼儿在那儿发现了与幼儿园不一样的花、草、树叶，他们很乐于寻找这些不一样，并叽叽喳喳说个不停；中班幼儿发现，公园里最多的人是孩子和老人，他们认为这是因为公园空气好、人多、好玩；中班幼儿在与不同人员的交流访谈中，了解到公园的管理规则、人们不一样的兴趣爱好，学习如何与有听力障碍的爷爷交流；大班幼儿对航海线路图及郑和纪念馆充满兴趣，于是开始探寻郑和七下西洋的历史，他们克服诸多困难，分工协作完成了“郑和宝船”模型，人物栩栩如生、特产琳琅满目，他们还将这段历史通过多种方式搬到了毕业晚会的舞台。有时，中、大班幼儿发现郑和公园内出现一些不文明现象，他们决定到那儿进行环保宣传，宣传单、儿歌表演及亲手制作的小鸟的家，无不让我们感受到幼儿对周围环境的喜爱及保护环境的责任意识。幼儿园旁边的江苏省戏剧学校、消防中队及航空航天馆等，在“我是小戏迷”“消防车”“去购物”和“我是小小兵”等主题活动中，为幼儿提供了更真实、广阔的空间和机会。幼儿园中的一段古城砖石桥引起了大一班幼儿的兴趣，古城砖上不一样的文字激发了他们进一步探秘的行为，他们来到东水关、中华门、解放门等地寻访古城墙，来到六朝博物馆探访古老的南京历史，他们欣赏、倾听、记录城墙、瓦当、石象路等文化故事，用绘画、泥工、陶艺、诗词、表演、舞蹈等方式表征自己对家乡南京的理解与热爱。物质围墙的打开，为幼儿提供了更广阔的空间和机会，为他们探秘自然、探索文化、融入社会提供了不可或缺的宝贵资源。

相较于物质围墙，心理围墙的打开更为不易。从一开始的尝试突破，到来自成功体验的积极回馈，再到自然而然的观念与习惯，我园的每位管理者和教师都经历了一个学习和反思的过程。此时最大的挑战是认识并从内心接受这样一个事实，即幼儿园、家庭、社区的育人主体地位是平等的，幼儿园理应认可并尊重家庭与社区的地位、权利、责任和贡献，形成教育合力。当然，在这三者的合作关系中，幼儿园发挥着重要的纽带和专业引领的作用。南京红山动物园内的小动物牵动了南京市民的心，大家纷纷以认养等方式表达自己的爱心。大班一个幼儿的爸爸给班级教师发来信息，说自己打算以班级的名义认养一只小动物，今后孩子们可以去动物园继续开展相关活动。班级教师认为这是一个很有趣的想法，也是很有意义和难得的课程资源，于是在接下来的一段时间，教师、家长和幼儿展开了认养小动物的讨论、调查、统计等活动，幼儿分组讨论准备认养什么动物及原因。通过投票统计，幼儿最终决定认养一只考拉。紧接着，幼儿开始通过多种方式了解考拉的生活习性，讨论如何照料。为了快速找到考拉馆，幼儿制作了一张南京红山动物园的地图，特别标明了到考拉馆的不同路线及最近路线。当幼儿到南京红山动物园去看考拉时，伴随着欢快的音乐，大家跳起了自己编排并练习过很多遍的考拉舞……看到考拉一天天健康成长，幼儿给动物园的园长——“百兽之王”沈叔叔写信，感谢他们“把动物们照顾得这么好”，这封来自幼儿园小朋友的图画信被沈叔叔装进相框中并展示在书架上，当幼儿收到沈叔叔的回信时，别提有多开心！自从班级幼儿认养了这只可爱的小考拉，南京红山动物园也成为今后一段时间班级开展亲子活动及家庭户外活动的主要目的地之一。“认养小动物”是这位有爱心、有教育意识的爸爸的一个想法，班级教师愉快地接受了这一倡议，并发挥专业优势，与家长、幼儿、社区人士一同努力，开展了一系列走出幼儿园、走进家庭和社区的活动，也使得更多家长和社会人士参与到幼儿园课程建设中来。在这一系列开放、有趣的活动中，幼儿经验的获得以及家、园、社区三方友好关系的建立成效都是显而易见的。当我们的心理围墙被真正打开后，我们惊喜地发现，原来我们并不是在孤军奋战，而是有很多友好、充满潜能的教育伙伴，原来可遇不可求的课程资源有可能在不经意间就会出现，原来大家在一起可以使得田野课程如此有趣并不断得到延展。

就这样，在类似“认养小动物”等活动的愉快体验中，教师越发认识到打开心理围墙的重要性，于是在课程建设中更加尊重家长的主体地位，采用多种方式鼓励家长及社区人士参与到课程建设中来，并通过专业协商与支持，使得家长、社区人士成了我们的同行者，成了田野课程的共同建设者。

图 3－21　幼儿到动物园看认养的考拉

图 3－22　幼儿写给“百兽之王”沈叔叔的感谢信

三级资源库

幼儿园课程对资源的依赖是显然的，课程资源开发和利用的水平在一定程度上决定了田野课程建设的方向、进程和水平。田野课程建设中，资源的开发与利用一直是我们关注的大事、要事，由此，我园建立了三级课程资源库，即班级资源箱、园级资源室和社区资源库。每个班级设有资源箱，一般是由一组柜子或整理箱组成，分门别类地放置着各类自然物或生活中可再次利用的材料等，资源箱是开放式的，方便幼儿随时存放、拿取资源，服务于幼儿的一日生活，当然，幼儿也是资源收集和资源箱管理的主体。园级资源室是田野课程资源的管理中心，当教师有需要或是班级资源箱的资源不能满足幼儿活动的需要时，教师和幼儿会来到园级资源室寻找或寻求帮助，同时，教师、幼儿及家长等都是园级资源室的建设者。事实上，幼儿活动的开展需要更广阔的空间和更丰富的资源，将周边社区、场馆及特有的自然与文化资源纳入课程资源库很有必要，于是我们建立了社区资源库，与周边超市、小学、图书馆、农庄、航空馆、研究所、戏剧学校、消防站等单位签订合作协议、建立友好关系，除此之外，周边的公园、城墙、服装店、地铁、动物园等也被纳入我们的社区资源库中。这些场所是田野课程活动的实践基地，其中的专业人员也成了我们重要的人力资源。

20 世纪 80 年代，我园在全市率先创造性地开辟了一块空间，取名为“资料室”，用于存放和管理各种教学具，为全园班级开展教学活动提供服务。随着田野课程建设的推进，2003 年新园建设时，我们将“资料室”更名为“资源室”，虽然只是一字之差，实质上却是一种变革，从一个侧面反映了我们的课程资源观。

资源室在实质上不同于原先的资料室。原先的资料室，其主要功能是保管资料，而资源室却不是被动整理、储存资源的场所，它是根据课程建设及活动开展需要创造性地收集、加工、提供课程资源的部门。资源室的专职教师除了采购、保管课程资源等服务性职责外，也是田野课程的主动建设者，其主动作用的发挥主要通过对资源的创造性开发、管理与传递得以实现。资源室专职教师需要了解田野课程规划，时刻关注课程建设的需要，及时开发、补充、改造资源，引导并组织教师、幼儿、家长共同参与资源的开发与利用，在此过程中强化资源意识，积累资源开发与利用的策略。

相较于资料室，资源室的资源类别更为丰富。资源室内既有书、纸、木、石、绳、颜料等丰富多样、分类摆放的物质资源，也有人力资源档案、课程资源地图、电子资源包、主题资源包等信息资源，这儿的资源琳琅满目、五花八门。概括来说，资源室内有田野课程实施所需要的物质资源和信息资源。资源室内资源的类别丰富了，更重要的还在于其服务对象和功能的拓展。资源室的建立为了谁？对于这一问题的回答，我园经历了一个认识与实践的转变过程。资源室巫老师在一次“田野智慧论坛”中分享过这样的课程故事：

除了同事时常喜欢“光顾”资源室，你们猜猜，资源室的客人还有谁？这一天，我正在忙着给资源室的物品贴标签，来了一群小客人。

“巫老师,巫老师,我们想要那棵树!”

我定睛一看,咦,这不是百惠吗?我上学期带过的那个班的孩子们,他们是大班的小哥哥小姐姐啦!

“你们要大树干什么呢?”

“我们班上的表演区需要这个树!”

“咦,你怎么知道这里有大树的?”

“不知道啊,我们需要大树,戴老师说可以到资源室找一找,我们就来了,真的有呀!巫老师真厉害,这里什么都有。”

哇!被小朋友表扬了,好开心。我一激动,搬了一张大椅子站了上去,把大树拿了下来。小朋友们开开心心地抬着大树离开了。

此时,我却陷入沉思,今天大树摆放的位置太高,是我帮孩子们拿的。可是,随着课程的开展,一定会有更多的孩子来到资源室,如何以儿童的视角满足他们的需要,方便他们寻找和拿取呢?这是我接下来一段时间需要解决的问题。

首先,从空间上,将孩子们需要的材料摆放在架子的下方;其次,从收纳上,选择敞开的方式;再次,从分类上,采用图夹文的标记,以便孩子们看得懂。总之,我希望空间更开放、高度更适宜、拿取更方便,打造一个更加开放、自主、便捷的,为教师与幼儿服务的资源室。

在接下来的日子里,资源室里常常能见到孩子们的身影。我也期待着这些小客人们的到来……我义不容辞地了解他们的需要,和他们一起找到需要的材料和信息,看到孩子们开心的样子,我也非常高兴。

随之而来的是我的另一个思考:资源室有领用物品的规章制度,教工领用资源时自主登记,那么,如何让孩子们和教工一样遵守物品领用的规则呢?一方面,我设计了适合幼儿使用的物品登记本,另一方面,主动与班级教师沟通,孩子们来之前讨论并规划好所需资源的种类、数量等,领用后在老师的帮助下自主登记。这对孩子来说,也是一种学习。①

资源室的建立为了谁?对于这一问题,巫老师分享的这个课程故事给出了明确的答案。资源室除了服务于教师,还服务于幼儿。为了幼儿,为幼儿的活动作好服务,这也是资源室与原先资料室的本质区别之一。从这个课程故事中我们也能看到,随着田野课程的发展,随着我们对儿童和资源有了新的认识,资源室专职教师是课程的重要建设者,因而是深受幼儿欢迎的伙伴,资源室也便成了田野课程实施的场所之一。如果说课程资源是课程实施的“大动脉”,那么资源室就是这条“大动脉”上的“中枢系统”,在课程资源的管理中发挥着重要作用。

资源室名称及其功能的改变,反映了我们的课程资源观。随着课程建设的推进,我

① 作者巫莉莉,南京市太平巷幼儿园教师,选用时略有删节。

们对课程资源还有以下两个方面的认识。一方面，由于幼儿的生活是丰富多彩的，幼儿个体是鲜活多样的，同时社会也在持续发展中，那么，课程资源开发者需要以开放的心态、持续发展的眼光看待资源建设，尊重幼儿和教师的需要，不断丰富、更新和完善资源建设。因此，我园的资源室建设理应始终处于动态过程中。另一方面，幼儿园拥有丰富的课程资源很重要，但无论如何，对于课程建设与实施而言，资源的利用与拓展才是关键。资源室资源只有进入班级、进入具体活动中，为幼儿所用、为教师所用才有意义。假如资源只停留在“拥有”的层面是远远不够的，资源的价值就在于“利用”，通过利用将其转化为课程、转化为经验。事实上，大部分资源都是可以反复利用、创造性利用的，我们努力挖掘资源所蕴含的价值和使用方法，实现一物多用、资源共享、重组利用，以充分发挥其价值。

实践表明，三级资源库的建立有效保障了田野课程的开展。资源的开发与利用是我园课程建设中一项重要且长期的工作。在长期的课程实践中，我们在课程资源开发与利用方面形成了一些基本原则：在资源开发方面，我们坚持因地制宜、多元参与、持续发展；在资源利用方面，我们坚持低耗高效、重组创新、适时相宜。

在这个时期，我们以新园建设为契机，对幼儿园的环境进行了整体规划，在环境建设中埋进理念、埋进课程，使得环境丰富多样、空间合理舒适。我们以“种植课程”的理念开展种植活动，为幼儿亲近自然并获得综合的经验提供机会；我们充分拓展室内外空间，提高空间的使用效率；我们根据需要再构户外空间并打开幼儿园围墙，让幼儿的活动空间得以拓展；我们建立了三级资源库，为课程建设及幼儿活动提供有力支撑。以上，我主要从环境中的空间和物质环境维度描述了我园的思考与实践，事实上，环境还包括心理氛围及关系的建立，这些看不见的环境，对幼儿的学习和发展也尤为重要，关于这一点我将在第四章与您分享和探讨。

有效的课程审议

课程专家麦卡琴(McCutcheon)指出：“审议是课程编制中必不可少的一步。通过审议，人们真正投入到课程编制中。通过这个过程，教育工作者也可以阐明他们的教育理想和价值观，弄清什么是应该学习和教授的，明确教育自身的功能。”[①]在课程审议中，课程开发者看清并深入分析现实问题，将自己的价值观渗透到课程之中，从这个意义上说，课程审议也是在行使课程决策权，决定教什么及如何教。从我们踏入田野课程的开发与建设开始，一直面临着诸多现实问题，为汇聚教师的集体智慧共同前行，常态

① 艾伦・C.奥恩斯坦，佛朗西斯・P.汉金斯.课程：基础、原理和问题[M].柯森，主译.南京：江苏教育出版社，2002:221.

化地开展了隔周一次的“课程研讨日”活动。活动中,大家先进入现场观摩、记录,紧接着聚在一起分享经验、辨析问题、研讨规划。在每次的“课程研讨日”活动中,既有本园教师,也可能有专家、研究生、同行等,既有个体反思,也有同伴互助、专家引领。若干年的实践后,虞永平教授认为这样的“课程研讨日”已经有了课程审议的意味,此后,我们对课程审议进行了持续的实践与研究。

以往探讨田野课程建设中的重要问题,我们主要依赖于导师团、教科室或试点班等核心团队的成员,但在课程审议中,不但每一个课程实践者都会参与到这个过程中来,还会邀请专家学者、家长同行或其他专业人士参与进来。我园的课程审议流程一般包含三个方面,即聚焦问题——群策群力——优化方案。聚焦问题是田野课程审议的第一步,在审议之前,需要有明确的问题,这些问题是课程实践中的真问题,也是个人力量无法解决的问题。如“项目活动中教师的支持作用如何发挥”“怎样判断幼儿是否获得了新经验”“如何在区域中提供适宜的材料”等,都是我们在课程审议中曾经聚焦过的问题。在田野课程建设的每个时期,始终伴随着各种问题,其中有些问题是教师普遍感到困惑,但仅凭自己或个别教师的力量又难以解决的。此时,我们开展课程审议,借助团队的力量,围绕这些关键问题,通过班级、年级组或教科室等不同层级反复讨论、权衡,这个过程即是田野课程审议的第二步——群策群力。在这个过程中,参与者充分发表自己的理解与困惑,仔细倾听他人的观点和建议,充分讨论,共同商议。在此基础上进入到最后一步——优化方案,通过反复讨论、权衡,参与者获得一致性的认同、解释或策略,最终形成恰当的、不断优化的课程行动方案。在整个课程审议的过程中,聚焦问题是关键,群策群力是方式,优化方案是目的,最终指向解决课程实践中的关键问题,不断提升课程质量。实践表明,田野课程审议凝聚了我园教师的集体智慧,提升了田野课程的质量,课程审议不但是田野课程中一种重要的研究与实践机制,而且成了教师学习成长、实现专业发展的一个有效平台。

审议出智慧

田野课程审议主要通过平等对话的方式解决课程中的现实问题,由于每个人的生活经历、文化背景、兴趣爱好等不可避免地存在着差异,那么,每个课程审议参与者解释、分析和解决问题的视角也自然有所不同,大家在对话中就会发出不一样的声音。事实证明,差异就是资源,这些不一样的声音对于问题的解决是有意义的。田野课程审议中,大家自由阐述对问题的看法,提出可能的解决方案,并努力使用相关理论支持自己的观点和策略,正是这些不同观点的相互“碰撞”,丰富了分析与解决问题的视角,给每个参与者以启发或反思,在课程审议中生长出集体智慧,从而更为有效地推进了田野课程现实问题的解决。

我园京门府分部开园的第一年,当时整个分部只有一个中班和一个小班,其中中班是从总园迁来的,小班是新招的。环境舒适、精致,孩子又不多,幼儿园的生活宁静、闲适,但整个氛围略显冷清。开学几天后,两个班的孩子在碰面时,有些孩子自发地和另一个班的孩子打起了招呼，这让教师意识到孩子有跨班交往的愿望。那么，此时适合组织跨班活动，开展“跨班共同生活”的实践研究吗？由于前期在混龄活动、跨班活动上积累的经验不多，教师们有一些顾虑和疑问。于是，大家决定开展课程审议，向审议要思路、要策略、要方法。通过审议，教师们得出的结论是应该抓住孩子们有跨班交往的愿望这一契机，在即将开展的常规活动“大手牵小手”中，由中班孩子代替班级教师，牵着小班孩子的手走遍整个幼儿园，在这个过程中，两个年龄段的孩子都有获得新经验的可能。虽然在审议最初，中班的金老师表达了自己的担忧，她担心中班孩子难以胜任，通过大家的讨论，特别是大家对活动中可能出现的各种问题一一进行了深入讨论，如安全如何保障，两个班的孩子怎样结对，结对前后可以做些什么，中班孩子需要做哪些经验准备，教工在活动中如何分工，教师在活动中的主要任务等，这使得金老师在内的班级教师决定大胆尝试一下这个有意义的活动。从活动结果看，中班孩子较好地承担了原先教师的职责，有些平时在班里不怎么主动交往的中班孩子也表现得很积极，他们看到了自己的成长，成就感油然而生，小班孩子因为有哥哥姐姐陪伴也很开心，这让心中一直“打鼓”的教师们惊讶、欣喜。

假设没有那次审议，也许这一很好的开展跨班活动的机会就在犹豫不决中错过，两个班幼儿之间的交往也会仅限于偶尔遇见时打打招呼。“大手牵小手”活动的成功尝试，增强了教师继续开展跨班活动的信心。那么，还可以开展哪些活动？可以有哪些形式？教师的主要指导策略有哪些？这些问题仍然需要通过课程审议来明确。于是，副园长陆老师，中班的金老师、梅老师，小班的杨老师、王老师、程老师，以及资源室的樊老师，又聚在一起进行审议。

金老师：我太激动了，真的没想到我们班孩子这么能干，这么有责任感。我觉得以后要更加信任孩子们。

梅老师：从“共同生活”的角度去思考，我们今后还可以开展哪些活动？活动要怎么组织呢？

陆老师：需要对这学期“跨班共同生活”活动的内容和方式作一个整体规划。

王老师：从玩具分享活动开始，你们觉得怎么样？要给孩子们充分的机会熟悉彼此，情感的增进和活动的丰富是相辅相成的。

程老师：我很赞成“情感先行”。是不是也可以像班级开展区域活动那样，在园里的公共环境中设置几个区域，分别预设一些活动内容，让孩子自选？

金老师：也可以结合季节、节日等特点设计一些活动。秋天马上到了，可以设计一个“树叶狂欢”活动；再过一段时间，还可以设计新年活动；等等。

陆老师：这些是关于活动内容规划的，那么在活动组织方面，你们有什么想法？

金老师：我们需要提前和孩子讨论，让孩子参与规划，并让家长知晓活动的内容和意义，以及需要支持孩子作哪些准备。

樊老师：教师也可以自选活动内容，根据自己的兴趣和特长，在不同的区域给予孩子指导。

程老师:我很担心的一点是,孩子容易兴奋,特别是人多的时候会不会乱呢?

王老师:我也很担心,孩子之间还不太熟悉,又有年龄差异,不能很好地沟通,万一起了冲突怎么办?

杨老师:来参加活动的孩子如果不是自己班的,我可能就不认识,活动中对于他们,我应该关注什么? 指导点和策略又是什么? 这一点我心中没底。

陆老师:先试试吧,尽量少说话、少插手,必要的时候再介入。

梅老师:是的,先了解情况再说。

王老师:我觉得还是不能太放手,得仔细想想自己负责的活动,对可能发生的情况作充分的预设,在活动过程中也要指导到位。

…………

就这样,教师你一言、我一语地讨论开来。一开始,大家有不同的想法,也有各自的担忧和疑问,但随着审议的推进,渐渐对活动内容、形式及指导策略有了明确的思路和规划,也意识到活动中存在担忧和困难实属正常。这次审议明确了下一阶段的研究方向,同时也在彼此的支持和鼓励中坚定了持续开展研究的信念。

案例中的第一次课程审议,不仅在一定程度上减轻了班级教师的担忧,也就活动中可能面临的问题解决方式形成了集体智慧。这次审议不但抓住了一次教育契机,而且梳理了即将开展活动的指导策略。第二次课程审议,则是根据活动开展情况规划下一阶段的跨班活动方案,生成了一系列关于活动内容及活动组织的实践智慧,这次审议使得跨班活动方案得到优化。在聚焦问题的基础上,课程审议中人人参与、人人发言,头脑风暴、群策群力,不断增长课程实践智慧,实现科学决策或不断优化方案,课程审议正是通过这三个环节,为不断提高课程质量发挥作用、作出贡献。

三级审议

课程审议是田野课程实践研究中最为常见、最有效益的推进实践与研究的方式。我园一般有班级审议、年级组审议和教科室审议三级审议方式,由此构成了一个多层级、多主体参与的审议模式,实践中具体采用怎样的审议方式则根据实际需要来决定。

班级审议是三级审议的起点,日常性、全程性是班级审议的最大特点。以班级为基点的田野课程建设中,班级教师是本班课程实施的实际领导者。在班级审议中,教师着重关注本班幼儿的兴趣需要及问题经验,基于具体问题,充分分析幼儿的发展及课程资源状况,选择适宜的活动内容,形成包含活动目标、内容、实施方法、资源等在内的课程实施方案。班级审议不但能优化班级课程行动方案,而且能增强三位教工之间的协调与合作。

如果是新生发的主题活动需要价值判断时,又或是在班级审议中有不能解决的困惑与问题时,就会进入年级组审议。一方面,在年级组审议中,班级教师分享班级审议纪录,明确说明面临的问题,由年级组长组织本年级教师聚焦问题展开商议,共同寻求问题的解决。另一方面，通过年级组审议，统筹、规划本年龄段的课程方案。在一个年级组中，教师的年龄、经验、观点等都会有所不同，正是这种不同，给课程的决策和实施带来鲜活的生命力，将大家的观点、看法与策略集中起来，会产生一些意想不到的收获。假如年级组审议中仍有难以解决的困惑与问题，将通过教科室审议来解决。

我园有一支由骨干教师组成的教科室审议团队，当年级组审议遇到无法解决的难题时，教师可提出开展教科室审议。教科室审议是园内最后一个层级的审议，主要对各年级组课程实施的价值进行把握，整体平衡、协调全园不同年龄段的课程实施，同时为年级组所提出的难题提供解决策略和资源支持。“秋冬的树”是我园的一个经典主题活动，2005 年秋，通过三级课程审议，该主题从活动名称到内涵都发生了一些改变。

由于“秋冬的树”是曾经实施过的主题活动，在进行新一轮实施时，大班教师在班级审议时根据班级幼儿的经验及兴趣，对原主题活动预设的目标和内容进行了部分调整，初步拟定了主题活动实施的基本框架。但教师交流时发现，班级在进入方式和关键经验上存在较大差异，同时还存在一些焦点问题难以辨析，于是大家决定将此列为年级组审议的内容。

在年级组审议中，大家认可了班级审议所确定的主题实施框架，同时，提出了一些问题，主要聚焦在：目前该主题活动偏向自然科学，从主题目标到内容均侧重于对树木本身的认知及记录、分类、测量、比较等科学领域的经验获得，缺少对幼儿与树木、自然环境间情感联系的关注。大多数教师认为，关注自然、亲近自然、热爱自然可以作为该主题的主要目标之一，但对于情感这一经验的获得似乎有些难以捉摸，于是，年级组决定将这一困惑交于教科室进行审议。

教科室认为年级组提出的问题非常有价值，认为的确需要增加情感方面的比重，紧接着大家对该主题作了全面的讨论与规划。年级组审议使得该主题有了以下四个方面的变化：一是将主题活动名称改为“我的树朋友”，这样主题从名称上就已有了情感，主题一开始就可以开展活动“找朋友”，让每个幼儿自主选择一棵落叶树、一棵常绿树作为自己的朋友，从情感开始启动该主题应该是个不错的选择；二是在活动内容上，通过增加“给树朋友建立档案”这一具体任务，每个幼儿随机可以开展“给树朋友画像”“关于树朋友的调查”“收集树叶、树皮”“我的树朋友本领大”及“保护树朋友”等活动，加深认知，加深情感，可以实现情感、认知和行为的整体发展；三是丰富幼儿的表征方式，如增加表演活动“树朋友的故事”，幼儿通过表演等多种艺术方式表达对树朋友的认识和情感；四是主题活动实施在时间上更为灵活，将原先在秋冬季节进行的活动，延展为幼儿在一年四季中与树朋友的持续互动，此时，“我的树朋友”成了在较长时间内延续进行的主题活动，它也将与其他的主题活动并行或穿插进行。

通过班级审议、年级组审议和教科室审议的三级审议，原先的经典主题活动“秋冬的树”，从主题名称、活动目标、内容、组织方式及时间上都有了明显的变化。审议中，大家不断梳理问题，生发智慧，使得该主题活动的内涵更丰富，价值更多元，形式更多样，实施更灵活。事实上,在我园的课程审议中,专业人员、专家、教研员或是家长等也会被邀请进来,以使我们获得更广泛的帮助和专业指导,使得课程问题在更深层面得到有效解决。

学习促成长

课程审议让我们受益良多。课程审议推进了我园课程建设中一个个重要问题的解决,田野课程适宜性不断得到提高;同时,课程审议还促进了每个参与者的学习与成长,对于不同层级的教师来说,课程审议都具有学习的意义。

刘烨老师作为"课程研讨日"活动现场的班级教师,参加当日的课程审议活动后,满怀感触地说道:"今天的审议对我帮助很大,我进一步认识到每个孩子是不一样的,他们喜爱想象和创造。而且,就像虞老师所说的,幼儿参与环境规划和创设的过程本身就是课程的一部分,对我来说,理念更新是一项长期的任务。感谢各位老师的分析和建议,困扰我多日的烦恼减少了,思路似乎被打开,我知道以后该怎么做了。下一次活动中,我准备继续观察孩子们说了什么、做了什么、需要什么,然后再决定我要做什么、怎么做。"

有五年工作经验的汤婷婷老师认为:"参加课程审议,让我看到了智慧碰撞的力量,让我拓宽思路、开阔眼界,使思维更加灵活而严谨,也激发了我针对某些问题进行深度思考和实践的兴趣,从而养成反思的习惯。"

杨柳老师在组织本年级组连续开展三次课程审议后,写下这样一段话:年级组的老师各有特色,工作经验与个人特长各不相同,年轻老师点子多、思路新,虽然在具体问题的把握上不如经验丰富的"老教师",但是她们接受新事物的能力强,获取信息的渠道更广泛。很多时候,当课程实践中的问题能够被重视并纳入课程审议环节,这样的问题在很大程度上会被解决。课程审议促使我们不断觉察自己的教育行为,审视自己的教育理念,挖掘实践中的各种教育契机,大家不断学习、互相分享、深入分析,这一系列行动对我们组内每个人的成长都有很大帮助。这三次课程审议及实践探究告诉我们,面临问题时更需要有迎难而上的勇气,要敢于挑战、愿意钻研,课程审议中那种逐一攻克、愈战愈勇的过程也让年级组内的每一个参与者收获了成就感。

以上三位不同角色、经验的教师的体会都表明了一个事实:在与别人的交流互动中,不仅贡献了智慧,自己也在多方面有所收获,无论是专业还是综合素养都可以得到不同程度的提升,课程审议促进了每个参与者的学习与成长。我想,这可能是因为:

一方面,课程审议参与者之间不可避免地存在差异,此时的差异恰恰是共同体学习的宝贵资源。从文化学视角来看,每一个参与者都能为彼此提供有价值、有见地的观点,从而产生互补性解释,每个参与者在贡献智慧的同时也从中受益。我园的课程审议实践表明,新老教师间、不同岗位间、不同类型人员间因为视角不同、经验不同、观念不同,对所聚焦的问题或多或少存在不同的解释与思考,特别是当参与者中有来自园外的专家学者、硕博士研究生、家长或社会人士等时,大家的观点产生"碰撞",甚至"交锋",

从而产生认知冲突。皮亚杰认为认知冲突有助于建构自己的知识体系,《论语》中的“不愤不启,不悱不发”也有这样的含义,指认知冲突能够帮助人们迅速打开自我学习的大门,促进有意义学习的发生。理论与实践都表明,参与者的差异恰恰是共同体学习的宝贵资源,课程审议推动着每个人的学习和成长。

另一方面,课程审议是一项综合性活动,对每一个参与者的挑战是多元的。审议参与者需要对自己的课程观念加以阐述,并且倾听他人的观念,区分自己与他人观念之间的差异,进而澄清并完善自己的理念,最后汇聚大家的智慧优化方案,这一过程对参与者来说,事实上是充满多元挑战的。首先,如何准确、清晰、生动地描述及表达自己的观点,如何从不同的视角审视和思考问题,对每个人来说其实是一个思维训练的过程;其次,审议参与者以独立的立场进行观察和评价,认识到不同观点和解释的价值,事实上是一种评估,这是很重要的学习;再次,倾听、理解和包容他人的观点,学会吸纳每个人的观点,学会从建设性建议中获取营养,有助于开放心态和反思意识的养成;最后,真诚、友善地提出自己的见解、建议和意见,需要有合作意识和团队精神。这些挑战和素养对当下的每个人来说都很重要,课程审议促进了参与者综合能力的提升。

对田野课程建设者的我们来说,课程审议意味着什么?首先,它意味着我们开始有了明确的问题意识。我们聚焦课程实践中的实际问题,在以往向外寻求帮助的基础上,更多地努力通过汇聚自己的实践性智慧来解决问题;其次,它意味着课程审议是有效的课程建设方式。田野课程在向前推进的过程中,总是会遇到这样那样的问题,规范的、常态化的课程审议可以确保田野课程建设的方向,对课程实践状况和重要问题的审议,其实是对课程建设的一种诊断或矫正,保证课程建设方向的正确与合理,提升课程建设的质量与效益;最后,课程审议意味着学习与成长。每一个田野课程建设者都会参与到课程审议中来,每一个人从中总会受到影响和感染,课程审议事实上正在推动着每个人的学习和成长,我园教师从中受益良多,并且喜欢上了这种研究与学习的方式。

课程审议是田野课程建设中最为常见的活动,它不仅发生在田野课程的规划阶段,而且伴随田野课程建设的整个过程。通过较长一段时间的探索与实践,关于课程审议我园梳理了一些基本原则与文化特征,主要有:不求言辞一致,但求言之有理;不求理论新意,但求有所追求;不求与众不同,但求创新有为;不求他人首肯,但求不同声音;不求八方支援,但求通力协作。对于我们的田野课程建设来说,无论是以往还是未来,课程审议都非常重要。

协同进取的组织

从管理学角度,组织通常被理解为:为实现某种共同的目标,按照一定的结构形式、活动规律组合在一起的具有特定功能的开放系统。这表明了组织的核心价值是实现共同目标，组织是行使管理职能的实体，是实现目标的依托。斯蒂芬·P.罗宾斯认为："组织是对完成特定使命的人们的系统性安排。"[①]按照这个定义，如何对完成特定使命的人们作系统性安排则应该是我和班子成员的一项重要工作。就田野课程建设而言，我园教工的使命是什么？课程目标是什么？当下面临的问题与挑战有哪些？如何建立健全课程管理机制？如何建立开放而高效的组织？对这些问题的探索显然重要但也有着不小的挑战。在探索实践中，我们真切地感受到：好的组织应该是协同一致且具有进取精神的，一个又一个个体一旦组成目标一致的组织，释放的能量常常令人振奋。协同的组织能够支持并激励个体在不断进取创造中释放价值，个体因合作获得更好的发展，由此形成的组织当然也具有强大的力量。

二十多年来，我们重视组织建设，在班组、年级组等常规性组织的基础上，根据田野课程建设长期及阶段性的需要，组建、形成导师团、试点班、研究组等不同类型的组织。这些不同类型组织的职责功能各有侧重，导师团侧重于规划教师发展、开展教师培训，试点班侧重于为田野课程建设探索问路，研究组侧重于解决当下面临的共同问题。园长作为重要的课程领导者，在文化培育、规划分享及重点问题的强调等方面责无旁贷，同时，还需通过多种方式，强化各类组织内部的协同创新与价值共生，充分发挥组织的导向、凝聚、激励、约束、辐射等积极作用。

导师团的引导与培训

促进每一位青年教师全面快速地成长，是幼儿园一项非常重要的工作，也是对管理者的一项考验。除了常规的群体培训、分层学习外，还有哪些有效的方式可以更好地帮助青年教师成长？在分析幼儿园师资状况的基础上，我园借鉴由来已久的、各高校普遍建立的一种教育教学制度——导师制，聘任园内德艺双馨的骨干教师作为导师，组建幼儿园导师团，充分发挥他们在青年教师培养中言传身教及专业引领的力量。

导师团是我园培训教师、规划教师专业发展的重要组织，主要职能是引导、规划与培训，促进教师特别是青年教师实现持续性、综合性的成长。导师团工作点面结合，既有集中性活动，也有一对一指导。集中性活动主要是针对群体的、解决普适性问题的培训活动，一对一指导是指各位导师团成员与青年教师建立长期的、一对一的支持性关系，以解决青年教师的个性化问题。在引导与培训工作中，导师们不仅关注青年教师在保教工作、课程建设等方面的专业性发展问题，也关注青年教师在思想认识、职业体验、个性情感等方面的个性化问题，给予青年教师全方位的引导与帮助。

作为导师团，既要为年轻教师的基本功打下扎实基础，又要考虑每一位教师的长远发展，我们应如何设定导师团活动的内容以及形式，让不同层级的教师都有所提升和发展，导师团的成员们共同商量、讨论并进行规划。

年轻教师的基本功培训是导师团工作的一项内容，弹、唱、跳、画、朗诵等都是幼儿

① 陈春花.价值共生：数字化时代的组织管理[M].北京：人民邮电出版社，2021：45.

教师必备的基本功，每个月进行一到两项基本技能的培训，坚持一段时间效果往往不错。对于每一位教师而言，掌握真正的教育教学能力非常重要，如何组织各个领域的教学活动，如何把握田野课程六大实施途径，如何做好家长工作，如何在一日生活中与幼儿有效互动等，这些都是导师团进行教师培训的重要内容。

学期结束前夕，幼儿园会面向所有教师开展针对培训需求的调研。梳理大家的问题、兴趣和需求，同时，也针对日常课程实施中发现的问题，确定下学期的培训重点和专题。不同的教师往往有不同的培训需求，此时我们会分层级或专题分别进行。如针对刚工作的教师，因工作时间短，对田野课程的整体框架和实施途径不熟悉、不理解而存在困难时，培训工作便从读书开始，采用领读和自读相结合的方式；紧接着，邀请有经验的老师开展微讲座，帮助大家厘清不同实施途径的特点和基本组织策略；而后，利用实例（现场观摩、活动视频）开展分析与研讨，进一步明确各实施途径的内涵和要点；最后，导师团成员观摩其课程实践活动并讨论。

除此之外，关爱孩子、与家长平等相处、和同事团结协作等是成为一名合格乃至优秀教师的必备素质，事实上，这些观念层面的引领非常重要，可以说是更为重要。如何培养教师的专业思想和素养？如何传承田野课程文化？这是导师团成员需要思考的新话题。我们采用了多种方式，其中讲故事就是一种不错的选择，于是，我们开展了一场导师团成员"讲述自己的成长故事"的活动，其中，有这样两则故事让年轻老师们记忆犹新……①

以上是我园第一代导师团团长邱梅蓉老师提供的短文，从中我们可以看出：导师团成员对于自己的工作职责是明确的，工作态度是务实的，大家会从儿童观、教师观、课程观等方面进行全方位的思考与实践。每到寒暑假期间，导师团成员都会依据需求调查和存在问题规划下一阶段的培训重点及方式，可贵的是，她们不仅仅关注基本技能，也不仅仅关注课程理念与实施能力，还倡导以爱为魂的基本观念。

导师团成员作用的发挥主要体现在两个方面。一方面是以身作则，发挥导师本人隐性但重要的力量。导师的价值观、儿童观、教师观、课程观等观念，大局意识、团队精神和创新精神，以及为人处事、思考问题、解决问题等方式，这些隐性因素事实上有着巨大的力量。另一方面，当青年教师遇到无法独自解决的挑战与困惑时，通过多种方式帮助他们走出困境，带领他们向着促进幼儿及自我成长的方向努力前行、走出困境。通过沟通交流与榜样示范，导师团成员在培养青年教师的责任感与专业能力方面发挥着重要作用，同时，也在过程中不断完善自我，实现共生共赢。

值得一提的是，导师团成员之间以及与导师与青年教师之间事实上也是伙伴关系，大家都是田野课程的共同建设者，如同教师陪伴幼儿那般，导师团成员是青年教师生活与学习活动的支持者、合作者、引导者。导师首先是用心观察与欣赏青年教师，以关怀、

① 作者邱梅蓉，南京市太平巷幼儿园副园长，选用时略有删节。

接纳、尊重的态度与青年教师交往，耐心倾听、努力理解他们的想法与感受，了解他们的需要和困惑，激励大胆实践与表达，然后才是与之讨论并提出建议或意见。总之，始终平等地与青年教师在一起，站在了解和支持青年教师成长的角度，尽可能激发他们的潜能和内驱力，并抱有开放的心态相互学习、共同探讨、合作共赢，激发共同前行的渴望与力量，这是每位导师对自己的定位。

试点班的改革与探索

在田野课程建设的不同时期，尤其是在初建期，总有一些传统需要打破，也有一些重要问题有待突破，然而，仅凭已有的课程实践经验难以解决当下面临的问题，一些问题的解决往往是开创性的，此时，非常需要有挑战精神和创新意识的教师勇挑重担、先行先试、探索创造。幸运的是，我园始终有一批心怀大爱、勤于学习、善于创新的优秀教师，她们以强烈的使命感担起了为田野课程建设探索问路的重大责任，由此，不同年龄段都会有试点班应运而生。试点班的出现，在一段时间内，成了田野课程发展的一个重要举措，它以一种无形的力量有力地推动着课程向前迈进。试点班的存在，犹如一个理智而又充满探究精神的探路者，率领整个课程团队前行。

作为在较长一段时间内都主动担任试点班教师的陆晓民老师，对肩负率先改革的重要使命始终充满热情。她写道：

课程改革需要勇气，更需要科学精神，我特别喜欢看《儿童的一百种语言》《生成课程》等书，虽然复印的书已被翻阅得有点旧，繁体字看上去有点累，但丝毫没有影响我对这些图书的喜爱。作为试点班老师，我必须拥有正确儿童观，认同儿童学习的可能，理解儿童学习的可能，实现儿童的无限可能，也需要有智慧、爱学习，敢为人先，大胆创新，用自己的先进的教育行为引领课程发展。我经常和伙伴们基于班级正在开展的活动，分析活动的可行性、好的经验与做法，针对产生或面临的问题集思广益、相互碰撞，团队成员彼此之间毫无保留。幼儿园也大胆放手和支持我们，还邀请专家定期来园，从中我获得了大量宝贵的幼教新观念、新理念，明确了方向，增添了动力、信心和勇气。我们做了很多大胆的、有趣的改革，改变空间、改变时间、改变课程内容的组织方式和实施方式，特别是尝试开展主题活动、项目活动、区域活动等，这些改革尝试让我和孩子们都特别开心！当然，作为试点班的教师本身所承受的压力也是巨大的，改变的过程并不容易，需要极大的热情和勇气，勇于挑战新问题，勇于改变，需要打破自己的固化思维，吸收新理念并转化为自己的教育行动，需要不断地学习和超越。改革过程中有成功的喜悦，也不乏困惑和来自多方的质疑。在挫折面前，我们也曾感到沮丧，有过一丝退缩的念头，而最终战胜这一切的，是对儿童的爱和来自课程改革的魅力！①

试点班的教师通过和幼儿、家长以及同伴的创新实践，用不同寻常的、美妙的方式实现着某种突破，如：拓展了活动的时间与空间，追随着幼儿的兴趣与节奏，改善了与幼

① 作者陆晓民，南京市太平巷幼儿园教师，选用时略有删节。

儿、家长的关系，用档案记录、主题墙、作品展或是多种方式的主题活动展示来呈现研究和实践的过程。作为探路者，试点班的教师以勇气、智慧和担当突破了一些重难点问题，她们在艰辛付出的同时，也收获着快乐与自豪，体会到改革与创新的意义。我为拥有这么优秀的合作伙伴感到自豪，她们是我园课程建设乃至整体发展的中坚，是开拓者，是榜样，也是力量。她们所作出的贡献，不仅仅是为大家提供了观摩研讨的现场，也不仅仅是问题的解决与突破，其重要意义还在于，她们正在传递着一种精神与担当，让更多人看到了幼儿教育令人振奋的前景，明确了为之奋斗的目标与价值。试点班教师的改革激情、愉悦精神和能量传递，激发了越来越多的教师对田野课程改革充满好奇并主动加入。

既然试点班是探索问路的重要组织，承载着创新改革的使命，那么，作为管理者，我理应给予大家更大的空间、更多的支持，并开始与这些富有勇气的教师们一起学习，一起改变，一起努力和奋斗。我们热情高涨，不墨守成规，随时准备挑战并改变自己的观点。我们似乎顾忌得较少，因为我们知道，我们这么做，是为了改变，为了给幼儿提供对他们来说更有需要、更有意义的教育。

研究组的组建与实践

田野课程建设是一个系统工程，环节多、要素多，且具有复杂性、长期性的特点。不同时期，教师们都会面临一些具体问题，有些问题通过班级审议和实践优化便可得到解决，而有些复杂问题仅凭一个班或少数人的力量难以得到解决，也有一些问题是当下不少教师正在面临的具体而关键的问题，教师们被问题所困扰，难以作出准确判断并有效解决。此时，团队的精神和智慧显得尤为重要，需要有志同道合者聚焦问题、齐心协力、“抱团”前行。

于是，一些有着共同兴趣或研究意愿的教师自然地聚在了一起，幼儿园也会针对面临的问题及阶段研究重点，在分析问题性质及教师资源等情况的基础上，组建相应的研究组。研究组成员也许在同一个年级组，也许跨年级组，还有可能是跨园部组建的，但无论人员如何组成，研究组无一不是基于问题和需求应运而生的。相关研究表明，在大部分情况下，组织稳定性是组织绩效的来源，但是在一个动态环境里，只有组织动态特征才能帮助组织获得绩效①。随着田野课程建设推进过程中出现的重要问题，以及教师结构、社会环境等因素的改变，我园的研究组也并非固定不变，而是在一个阶段内相对固定，长期来看具有动态性特征。如，2005 年左右，围绕资源建设和项目活动等开展问题，我们形成了环境研究组、资源研究组和项目研究组；2008 年，为提升田野课程的适宜性，着重开展区域活动研究，成立了科学、表演、沙土、建构、种养等八个区域研究组；2017 年，为整体再构并不断优化幼儿的生活，成立了一日生活、共同生活和自主游戏三个研究组。这些研究组在特定时期，为田野课程建设及教师专业成长发挥着重要

① 陈春花.价值共生：数字化时代的组织管理[M].北京：人民邮电出版社，2021：4.

作用。

作为一日生活研究组的组长之一,方老师对本研究组的工作作了一些梳理。

一是加强学习,拓宽视野。在实践研究之前,首先应进行理论学习,提升理论水平和拓宽研究视野,我们分别阅读了《幼儿教育的原点》《3—6 岁儿童学习与发展指南》等图书,研究组成员结合实践交流阅读体会。当然,阅读与反思并不仅仅是在实践前,而是一直伴随着实践研究始终,边学习边实践,有效把握研究的方向,提高研究的效益。二是制订计划,聚焦重点。在学习的基础上,我们针对前期幼儿生活现状调查中存在的主要问题,讨论本组的研究重点,制订研究与实践计划。前期调查显示,幼儿的一日生活不够自主、不够完整,存在经验被割裂的现象,出现不太理想的失衡状态。在多次讨论后,我们达成了一致意见:一方面,重视挖掘以往被相对忽略的生活环节的课程价值,思考如何充分发挥幼儿的主体性;另一方面,从一日生活整体考虑,怎样让幼儿的生活更加整合、更能满足幼儿内在生长的需要,并基于此制订具体的研究实施计划。三是立足现场,梳理经验。以现场观摩、集体研讨、问题诊断、调整优化、实践验证的思路开展研究,并注重过程中经验的梳理和积累。聚焦幼儿园生活中存在的现实问题,利用团队的力量,有重点地推进实践研究,及时分享交流,努力将个人经验提升为集体智慧,在解决具体实践问题的同时形成经验。①

就这样,所有的研究组成员时刻保持敏感、灵活、开放的心态,也保持资讯和信息的畅通,立足实践,通过求真务实的态度以及灵活的系统性工作,探究问题的解决,探讨理论与实践发展的新动向,大家不断努力使一个又一个的课程建设问题变得清晰而明朗。因为有着共同的问题和方向,有着强烈的责任感和兴趣,以及有着意想不到的惊喜和收获,教师十分乐意参与这样的研究组,在研究与实践中,始终与其他人共同工作,共同成长。这就是我园一个个研究组成员真实的工作与生活方式的写照。

我园的研究组因问题和需要而成立,主要功能是解决教师所面临的共同问题。研究组针对的是共同问题或重大问题,采用联合的方式进行探索尝试、寻找答案,这与班级日常的探索研究有一定差异,班级研究针对的是本班存在的个性化问题。用团队的力量解决幼儿园当前面临的共性、具体的问题,无论是现在还是未来,都需要这样的组织。

全园性的引领与推动

在田野课程的建设过程中,我园倡导人人参与,其中教师是重要的课程建设者,也是重要的课程领导者,但这并不意味着降低了园长在课程建设中的责任和作用的发挥。幼儿园课程建设是一个复杂的工程,它受到园内外各要素及文化的影响,也需要园内外各要素的积极协作,在此过程中,园长作为管理者和领导者,其角色的定位、站位及相关活动行为显得非常重要。通过对人类发展生态学理论的学习,我认为这一理论不单单

① 作者方静,南京市太平巷幼儿园教师,选用时略有删节。

适用于人的发展，也可以应用于幼儿园管理及课程管理。于是，我和班子成员以幼儿发展为中心，借鉴人类发展生态学思想，关注四个不同层次的环境及其相互关系对幼儿、教师等个体及课程建设的影响，尤其是对我自己的角色、活动和人际关系进行深入的思考。在此基础上，我园通过变革优化幼儿园管理，探寻田野课程建设的有效管理机制，努力发挥方向性、引领性作用，营造浓厚的学习研究与求真创新的氛围，凝聚园内外每一个参与者的智慧，努力达成同心同力向前行的良好状态，力求在推进田野课程建设的同时，实现我园的办园宗旨——让幼儿获得真正幸福的童年，让教师获得惠及终身的发展。

角色、活动和人际关系是人类发展生态学理论微观系统中三个非常重要的要素。园长的角色通常被认定为管理者，事实上，园长的角色应该是多样的，我清楚地认识到，自己不仅是管理者，还应是田野课程建设中的研究者、实践者、倾听者、合作者、支持者等。多样的角色决定了我在课程建设中的活动方式也应是多样的，同时也会使得自己与教师、家长及其他人员的关系更为多元。以研究者的角色为例，只有当我成为田野课程的研究者，我才能敏感地发现和感悟课程实施的经验，特别是存在的那些具体的、重要的、核心的问题，也只有当我成为研究者，才能和教工感同身受、共同思考、密切合作，协力探究这些问题的解决。因为研究者角色的确立，我与田野课程建设中各类人员的关系也就不一样了，我们之间不仅仅是管理者与被管理者的关系，还是共同的研究者关系、同事关系或是朋友关系等。既然自己拥有了多个角色身份，那么我的主要活动有哪些？与他人的关系又是怎样的呢？

就这样，我经常反省：我应该做什么？我做得怎么样？怎样才能让教工既感到满意又有一定的挑战性，既觉得有压力又对自己有信心和充满希望？在田野课程建设的不同阶段，我都努力使自己站在一个更高的高度，来看待田野课程建设对自己提出的新要求。虽然不同阶段的研究与工作重点有所不同，但有些事情是我在任何一个阶段都努力去做的：挑战现状、建立共同愿景、组建团队、优化机制、鼓舞人心、通过榜样领导等。在二十多年的管理者与领导者的实践工作中，我深刻感受到，以下几个方面的工作非常重要。

变革管理健全机制

一种新的课程建设必然带来幼儿园管理的变革，也必然要求不断优化健全管理机制。管理是一切活动取得效益的保障，我们以田野课程本身固有的开放性、互动性来统整幼儿园管理，关注管理的各要素和管理的基本环节，更新管理理念，调整组织结构，健全管理机制，力求管理创新，持续向管理要质量，不断增强课程管理的效益。

观念决定行为。为更好地满足田野课程建设的需要，融合田野课程理念，通过不断反思和学习，我和班子成员在观念上实现了几个转变。

一是从“指令”到“服务”，我们专注于服务并引领教师、幼儿和家长共同进步。对于教师，由原来规定教工“你们应该做什么”“你们不能做什么”改变为“我们需要做什么”“我们倡导做什么”。我和班子成员努力成为课程观念的引领人，广泛学习课程理论，并通过论坛、经验分享等方式引领教师加强学习、更新观念。我们深入课程实践,以合作者的身份参与规划、观摩和研讨,共同分析问题,探寻有效的课程实施方式,同时,积极营造求真、对话的氛围,建立协作、共享的课程研究环境。对于幼儿,强调幼儿园的一切管理活动,包括环境创设、内容选择、一日工作程序等都从幼儿出发,尊重幼儿的需要、认知特点和个体差异。如:实施弹性作息时间,充分挖掘课程资源,为幼儿提供最大限度的自主活动时间和空间;关注身心发展有特殊需要的幼儿;创设课程资源室,为师幼开展活动提供服务。对于家长,通过多种方式让家长了解幼儿在园活动与发展的情况,并积极参与幼儿园课程建设;过渡办园期间,增设三餐和全托,将三条公交线路的终点站延伸至幼儿园所在小区旁,全体教工没有临时过渡的想法,放弃休息创设环境,并大胆尝试推进田野课程改革。老师们常说"只要是孩子、家长需要的,再大的困难我们都能克服""现状是困难的,前途是光明的"。全体教工的敬业态度、创新精神和服务意识得到了家长的赞许,家长与我们共渡难关,他们有的在幼儿园附近买房子,有的买汽车,有的请他人接送孩子,家长的信任给了我们莫大的鼓舞。一位家长在来信中这样写道:"点点滴滴的小事、琐事都闪烁着老师的辛勤汗水,幼儿园是孩子的骄傲,我深切地感到,孩子爱幼儿园、爱你们,我代表众多的家长、孩子感谢园长、感谢老师!"从"指令"到"服务"观念的转变,大大增强了大家的认同感和责任感,有效地提高了课程管理的效益。

二是从"静态"到"动态",由原来的"事前布置,事后总结"的静态管理改变为"关注过程,全程支持"的动态管理,以增强管理的适宜性和应变能力。通过学习与探究,我们做了一些有益的尝试,其中最大的改变有两个方面:一方面,尝试"一事一记录",即采用案例研究的方法,对重要、典型的课程建设或管理工作进行记录,全过程记录这些工作的进展,以发现问题,梳理经验。另一方面,开展"一人一档案",即为每一个幼儿和教师建立成长档案,客观反映每一个人的成长轨迹,教师、幼儿、管理人员和家长均是档案的建设者和评价工作的参与者。

三是从"单一"到"多元",由原来的注重园内资源的单一管理到现在的注重幼儿园、家庭、社会三位一体的多元管理。幼儿园打开围墙,走进家庭,走向社区,建立田野课程实践基地,聘请田野资源教师,建立共建关系,以走出去、请进来等形式,吸纳社会力量参与幼儿园的管理。成立家长委员会,组织家长志愿者活动,开办家长学校,开展家长开放周、家长沙龙等活动,设立家长信箱、园长热线等,让家长了解、理解和支持我园工作。由此,建立健全幼儿园、家庭、社会密切联系制度、网络和良好关系。

以上是 2004 年秋,我园在接受区综合督导时我所准备的汇报稿内容节选。从中可以了解在那个阶段,我们关于管理和领导活动的理解与实践。管理和领导活动的核心价值是激活人,如何看待教师、幼儿、家长及他们在幼儿园的价值,如何看待幼儿园、家庭、社会及其之间的关系,是我们最为关注并努力学习和改善的。在不断更新管理观念的同时,基于课程建设的问题和需要,我园有针对性地建立管理机制,以制度创新提升管理效益。以下是我于 2010 年撰写的一篇关于幼儿园管理机制思考的部分内容。

一是问题倒逼机制。问题倒逼机制是对产生的问题进行现状分析，梳理和确认核心问题，从解决问题出发，对管理进行改革、调整，从而推动和促进发展。问题倒逼机制体现的是实事求是的务实精神，如针对“班级师资不均衡”的问题，实施“年级组长跑班制”。2008年前后的那段时期，我园年轻教师多，班级间师资出现较为明显的不均衡现象。针对这一问题，我园实行年级组长跑班制，年级组长根据本年级组各班的具体情况进入班级，与班级教师开展深度的互动与合作。这不仅加强了骨干教师的辐射力度，进一步提升年级组长自身的课程领导力，也有效了解并支持年级组中每一名教师尤其是青年教师的有效成长，同时使得每一个班级中的幼儿得到更加直接的支持，实现了各班之间在班级管理、课程实施等方面的均衡。又如，针对“自主活动时空不足”的问题，实施“改变一日活动模式”。幼儿是在与周围环境的相互作用中自主建构经验、获得发展的，他们开展自主性、个别化的学习活动需要多样化的材料、独立开放的空间和足够的探究时间。然而，由于我园的班级活动室兼具午睡室功能，且一日活动中采用集体活动方式较多，这不但带来了幼儿自主时空不足的问题，而且使教师或多或少受累于每日的班级结构调整。针对这一问题，我们改变一日活动模式，增加区域活动、游戏活动的时间；将原有利用率不高的功能室改造成中、大班午睡室，将班级活动室空间设置成相对独立的游戏、区域活动空间，由此较好地满足了幼儿自主活动的需要。同时，将游戏、区域的空间固定下来，也解放了教师，减少了许多无谓的体力劳动，以确保教师有更多时间和精力观察并支持幼儿。再如，针对“园务大会效益低”的问题，实施“开展主题式大会”的策略……

二是质量监控机制。质量是生命线，过程管理是保障，为切实提高保教质量，我们重点落实：首先，优化岗位职责。制度不是一成不变的，而应随着保教工作的需要不断细化、优化。我们组织教工对各岗位的原有职责、工作流程和考核内容进行充分讨论，精简条目，明确重要职责，优化考核方案，使制度更加贴近需要、具体明确、操作性强。其次，实施推门研讨。领导班子、导师团成员或是有需求意愿的教师，在不干扰常态活动的情况下，随时可以进入活动现场，观摩、记录、了解幼儿的活动和教师的工作状况，重点关注师幼关系、材料准备、教师实践能力和精神状态，及时交流讨论，确保保教质量的不断提升和教师专业的持续发展。最后，建立成长档案。采用作品分析、观察记录、谈话等方式积累幼儿具有典型意义的行为表现、各种作品、活动照片等，建立幼儿成长档案，呈现幼儿发展的过程。档案内容全面，有针对集体、个体的，也有围绕区域、主题的等；档案形式多样，如成长手册、教师观察记录、集体区域活动记录表等，以此全面了解幼儿的发展需要，以便提供更加适宜的帮助和指导，确保每个幼儿富有个性地发展。

从田野课程建设的需要出发，以幼儿的发展作为出发点和归宿，我们不断转变管理理念，健全管理机制，通过管理的变革和优化来实现整合资源、凝聚力量和提升质量与效益。实践证明，有效的幼儿园管理赋予幼儿园生机和活力，提升了广大教师参与课程建设、课题研究的热情与效益，在群策群力和通力合作中，提升了田野课程实施的质量及教师的专业能力，幼儿也因此获得更好发展。

整体规划课程建设

在田野课程建设的不同时期，我和团队成员都会基于课程建设的现实问题，对下一阶段的课程建设作整体性规划。在我看来，这项工作相当重要，我深入了解并参与课程实践，对课程建设中存在的问题和有价值的经验时刻保持敏感，而后深思熟虑、集思广益。课程规划的内容主要包括：研究方向及重点、研究思路及方式、研究内容与活动、组织与制度建设、资源与环境建设，以及教师培训等。通常情况下，我们基于关键问题和现有资源，从以下两个方面作好课程建设的整体规划。

一方面，以课题或项目研究为载体，明确下一阶段的研究方向、目标、思路及工作重点等，通过研究有序、有效推进田野课程建设。例如，2007 年，经过多年的课程研究与实践，田野课程架构已完成，理念已明晰，实践体系已形成，也取得了一些研究成果和影响。接下来，该何去何从？是高枕无忧，还是另起炉灶？这是摆在我们面前的一个重要的现实问题。通过与教师及专家的反复论证，我们决定开展“提升田野课程适宜性的实践研究”，这一课题也被立项为全国教育科学规划课题。田野课程的适宜性体现在三个方面，即课程之于幼儿个体发展的适宜性、之于班级的适宜性、之于环境的适宜性。研究旨在探索田野课程适宜的实践体系，形成适宜的课程观念，促进每个幼儿全面、富有个性发展；同时，帮助教师明晰、反思、重建田野课程文化，成长为研究型教师。研究思路为：以分析班级幼儿及园内外现状为先导，明确研究的优势与劣势；不断学习、吸纳有关课程适宜性的先进教育理论与教育思想，结合研究形成有关课题结论；以班级为基础，依托课程实践活动现场，吸引家庭、社区的参与，借助学前教育专家的力量，全员参与进行实践研究，并不断对经验进行总结与提升；将成果再次运用于课题实践，以进一步优化实践过程。哲学家塞尼卡曾经说过：“如果一个水手不知道自己驶向哪个港湾，那么就没有什么风向会对它有利。”对田野课程建设来说，此时确定“提升田野课程适宜性”是一个重要的节点和整体的规划，它明确了下一阶段的研究方向和重点。

另一方面，以组织建设和制度建设为保障，优化人、财、物、环境等资源及制度管理，向管理要质量，整合资源、凝聚力量，提升课程建设的实效。

在组织建设方面，如之前所提到的，根据田野课程建设的需要及资源状况，建立导师团、设立试点班、形成不同项目的研究组等组织，这些组织与常规的班组、年级组工作交叉融合，形成合力。2004 年春，基于对环境重要性的理解，成立环境创意组，改造山坡、游戏场、种植园地，完善课程资源室，充分挖掘室内走廊及户外空间的利用，以收集、购买的方式添置原材料及半结构化材料，环境创意组的建立对优化幼儿园环境及资源建设发挥了重要作用。

在制度建设方面，建立相关财务报销、课程审议、教师培训等制度，给予教师更多的创造空间，支持和鼓励教师通过合作、团队或群体的力量来解决课程建设中的问题，共同推进课程的发展，如实行开放的弹性管理，下放权力，使班组、年级组、教研组等基层组织有一定的决策权。每班每学期拥有一定数额的图书与材料的购买权；教师根据班级的实际情况，对主题活动的内容、时间、形式有决定权；年级组管理中，对家长会与开放日的内容与时间形式有决定权。优化教师培训与研究制度，实施按需培训、分层培训和教研培一体化等，定期开展问题剖析、专题讨论、主题审议等活动，鼓励教师大胆分享自己的想法和经验，激发同伴间的交流、辩论，激发思维和潜能。如开展“如果……那么……”“标杆与行动”“创新与突破”等话题讨论，激发思维，形成策略，鼓舞士气。为提高课程管理的效益，创新性建立了项目负责制、课程审议制、课题联动制、联合研究制等制度，形成了较为健全的课程研究机制。项目负责制是指幼儿园将课程建设中教师面临的共性问题，或是正在研究的课题划分为若干项目，教师自主组合形成项目研究组，即在前部分内容中提到的研究组，通过合作推进一个个项目和问题的解决。课程审议制是针对田野课程建设中的重要问题，通过班级、年级组和教科室三级部门进行反复讨论、分析、权衡，达成一致性的理解与认同，从而优化课程行动方案的过程。关于这一制度在之前有过详细阐述。课题联动制是指幼儿园围绕正在进行的国家级或省级研究课题，制订教师个人课题或专题研究选题指南，教师从中选择自己感兴趣的专题，积极申报市、区、园的个人课题，从而形成“一条主线、多级开展”的幼儿园课题研究模式。联合研究制是指幼儿园与南京师范大学教育科学学院专家团队或同行进行合作研究，有效整合研究与实践资源。总之，在确保方向正确的前提下，以组织建设和制度建设为保障，全方面、全力支持教师的专业成长和田野课程建设的需要及各项创新举措。

凡事预则立，不预则废。基于田野课程建设问题和发展需要的整体规划，特别是实践研究及组织、制度创新，有效地支持和确保了田野课程的发展和实施质量，起到事半功倍的作用。

精心策划园务大会

在本章节“变革管理健全机制”部分，曾提到我们针对“园务大会效益低”的问题，开展“主题式园务会”。以往的园务大会大多采用“一言堂”形式，总结或部署学期工作，针对性、趣味性较低，效益不高。为改变现状，我将“主题式园务会”的召开作为自己的“公开课”，每一次都针对问题全面分析，抓住幼儿园课程建设与发展所面临的关键问题，确定园务会主题，预设会议目标，开发相关资源，设计活动环节。对会议的目标、内容和呈现方式有了初步的设想后，征求班子成员及园务管理委员会成员的意见和建议，以完善方案。在对几十场“主题式园务会”进行梳理后，发现大致可以分为以下几类：一是体验式主题园务会，如“海底捞”出高品质。某一次，在一年一度的教师节来临之际，我园教师以年级组为单位到“海底捞”，真实体验那里的高质量服务，体会独特的管理文化，反思自己作为一名教育工作者该如何真挚地服务幼儿、服务家长，明确“关注细节，一言一行展素质；关注幼儿，一心一意促发展 ”的工作追求。二是解析式主题园务会，如“时间管理” 创效益。田野课程创新与实践活动热热闹闹、丰富多彩，但也有一些问题困扰着教师，教师们普遍反映的是“事情太多、时间不够”，终日忙忙碌碌，疲惫不堪。于是，我买了两本关于时间管理的图书,仔细研读,依据幼儿园的现状设计了“我的时间管理”记录表,邀请 7 位不同岗位、不同工作效率的教工在分析自己岗位职责的基础上,连续记录自己在两周内每日的工作计划与实施情况。会议中,我先请这 7 位教师分享自己的记录表及感受,而后结合他们的工作案例进行解读、分析,并剖析问题背后所蕴含的心理特征和思维方式,在此基础上提供有效的时间管理方法和工具,从而帮助并增强教工对于时间管理理论的理解。三是互动式主题园务会,如“真情故事”展师爱。建园 60 周年之际,邀请首批毕业生来园讲述幼儿园中爱的故事,展现我园的历史及无悔的爱、无私奉献的太幼文化精神,让教工感受幼儿园由来已久的“爱”的传统,思考和诠释新时期下我园师爱的升华——真正走进幼儿的心灵。四是思辨式主题大会,如从“我到我们”展蜕变。倡导“我们”的观念,分析“我”和“我们”的关系,明晰个体的发展离不开团队,同时,优秀个体的真正价值也只有在团队中不断发挥作用、产生影响才得以实现。

轻松愉悦、参与互动性强的主题式园务会,不仅吸引了不同岗位、不同经验的教工的兴趣,跨领域的主题内容和多形式的活动方式也开阔了教工的视野,促进教师间思维产生碰撞,在分享经验、理解理论和收获技能的同时,也在潜移默化中引领教工的观念发生转变。因为喜欢,所以期待,不少教工表示自己总是怀着好奇的心理期待着下一次主题式园务会,这是对我及团队的最大褒奖。

幼儿园老师的事情很多,经常同时要做好几件事情:备课、计划、观察记录、处理突发状况……当这么多事情同时来袭时,如何处理好?曾经的我是抓到哪个做哪个。直到有一天,我知道了一种时间管理的工具和方法。

每次学期总结大会,就是一场充满正能量的大会。在回顾总结我们成果的同时,汪园长经常会带领我们进行一次跨界学习,或是一次心灵的洗涤。作为管理整个幼儿园的园长,当她发现“同样是老师,为什么有的老师做事效率很高,有的老师明明做了很多,但是效果却不明显”这一现象时,及时地给我们分享了“时间管理”法则,又称“十字法则”。她先邀请一些老师分享了自己的工作案例,然后剖析了这个“十字法则”的精髓及背后的价值观和思维方式。她介绍道,我们遇到的事情一般分为四种:紧急且重要、紧急不重要、重要不紧急、不重要也不紧急。当我们事情很多感到困惑时,可以分析一下所面临的事情属于哪一类?如果分析清楚了,再把自己每天的事情归个类,那么就可以更加得心应手、有条不紊地完成。在介绍了这个法则后,她还假设了各种情境,请参会的教工现场互动并说明理由。

十多年过去了,我对这次会议内容的印象仍然很深刻,是因为从那以后,我都会用此法则,做事前先思考一下,再决定先做什么,后做什么,以此提高自己的工作效率。现在带徒弟的过程中,我也会把此高效工作的法则告诉她。[①]

这是胡老师的一份随笔。很多年后看到这份随笔时,我内心暖暖的,精心策划的一

① 作者胡思彤,南京市太平巷幼儿园教师,选用时略有删节。

次主题式园务会，能让教工们或多或少有所收获，给他们留下一些印象，总是令人愉悦的事情。从另一个侧面看，园长的一言一行，开展的每一次活动，推出的每一项举措，无不在对教工产生一定影响。因此，持续学习与修炼也就成了必然。

每一次策划主题式园务会，我都会坚持这样一些原则：突出主题，聚焦关键词；参与互动，不唱“独角戏”；深入浅出，体现大众性。我会尽可能地将幼儿园的发展愿景、努力方向，倡导的文化课程理念以及行为规范、良好关系等尽可能自然地融入会议中，努力地从形式到内涵都尽可能让更多人接受并喜欢，从而起到传承文化、培育文化、拓展思维、凝练智慧、明晰方向、奋勇向前的意义，最终让教工和幼儿园都具有创造力并且面向更加美好的未来。

更新理念、优化组织、健全机制、加强规划、精心策划等活动有利于推进组织建设与发展，有利于实现组织目标。但归根到底，人是组织发展和目标实现的关键。只有充分了解个人潜能及其价值，使得组织中的个体具有共同情感、指向共同目标并且协同行动，此时的幼儿园才是充满活力并拥有无限可能的。基于这样的认识，我和团队成员一直在努力，也取得了令人欣喜的成效，也许，下面李煜老师的这篇随笔能从一个侧面反映我们关于组织及其文化的理解与践行。

“偶遇”田野课程，那是在2007年8月。

我原来工作的幼儿园，在一条小河旁，我从毕业起就在那里，一晃就是20年。刚来到南京市太平巷幼儿园时，我一点都不了解田野课程，“清新、开阔、真实、现场、参与”是看上去再普通不过的十个字。田野是什么意思？是和农村有关吗？这个处于市中心的幼儿园看起来和农村没有一点点关系啊……带着这么多疑惑，我开始了我的“田野学习之旅”。

我默默观察，发现这里的每一个人都特别敬业，工作起来很投入，一日生活开展得那么有序，每个人都浸润在工作时光里，自然地奋力前行，我觉得她们就是我想要成为的样子，我也尝试努力。直到有一天，我忽然明白，职业倦怠感绝不是体力上的辛苦造成的，当一个人心里有了目标和方向并为之努力，你的职业倦怠感就会消失，取而代之的是油然而生的自豪感。

一次教研活动中，平时一对形影不离的好朋友，为了一个活动中的细节，争得面红耳赤；一次集体活动后的研讨中，同组的老师认真地指出执教老师观念的偏差，大家一起寻找更好的、更适合幼儿的方法，这对我带来了不小的冲击，又让当时的我迷惑不解，好朋友难道不应该“相互包庇”吗？讨论的时候可以这样直言不讳吗？这使我心灵上受到震撼。渐渐地，我发现在这里，这样的事情再平常不过，无论是教研还是教育教学，每一个人都可以真实地发表自己的观点而心无旁骛，人与人之间的关系清新和谐，对一个人、一件事情的评价也是多元的，每一次的研讨或教学，就是一个生态的课堂，在这样的环境里，我们都可以卸下心灵的盔甲，像个孩子一样充满幸福地工作着，这难道不是当今整个社会中越来越渴求而并不容易达到的境界吗？

随着越来越多的参与，我发现这里的孩子，也经常被我称为“惊为天人”，田野课程理念下培养出来的孩子，充满好奇、热爱探索、善于表达，小班的孩子就能你一句我一句地编出喜爱幼儿园的儿歌，他们会充满童真地告诉你，园歌就是我们这个幼儿园每个人都要会唱的歌……中班的孩子能分辨出幼儿园和小公园里的许多花草树木，和它们做朋友，照料动植物，融入自然……大班的孩子探访城市里的名胜古迹、参观各种场馆，能规划自己的每一次活动……同样是长大，这里的孩子是多么的不一样！

我慢慢发现，田野课程理念并不是我当初以为的平淡无奇，在质朴理念的背后，透出的是低调而有内涵的高端感，我喜欢上了这样的理念，我不仅仅用这样的理念来指导工作，也不自觉地时时用这样的理念去指导我的生活，待人接物清新而不俗气；对人对事真实而不虚伪；遇到问题心胸开阔、方式多元……这样的我也被朋友们喜欢和尊重。①

《田野课程——架构与实施》

从 1999 年到 2008 年的十年间，我园经历了搬迁过渡、新园重建，经历了领导班子的两轮调整，但田野课程的研究步伐没有丝毫停歇，而且大家的研究意志更加坚定，改革力度更加有力，研究成果也日益凸显。令人感到幸福的是，虞永平教授自始至终引领着我们，他见证了我们的热情与奋斗、成功与喜悦、焦虑与困惑，他的理论信念、情感使命无时无刻不在感染并激励着我们中的每一个，在他的指导和鼓励下，我们把“做”出来的田野课程“写”了下来。2008 年春，《田野课程——架构与实施》由南京师范大学出版社出版发行，感谢虞永平教授和成尚荣先生为该书作序，感谢南京师范大学出版社给予我们一个展示的机会，这也是一个我们与同行及专家互动交流并能得到更多指导的机会。

该书与前一本课程专著——《田野课程——观念与实施》有了很大的不同。上一个阶段的课程建设工作是开拓性、创新性的，但毕竟还处在最初阶段，是学习、模仿、创新的原始阶段，那时的课程体系还有些模糊不清，因此，前一本书是局部的、点状的，它还不能呈现完整的课程结构，主要呈现的是主题活动和实施方式的列举，课程结构和重要观念变革的说明，以及田野课程的特点、设计要领和实施要领。然而，这一阶段的课程建设是体系化的，是在高度合作基础上的感性与理性的融合，也就具有了一定的内在规律性。因而，这本书呈现了田野课程的完整结构，反映了田野课程的各个要素以及各个要素之间的关系。至此，读者可以看到田野课程的完整体系：课程的核心理念是真实、参与、现场、开阔、清新，本质是注重生活性、经验性和活动性，尊重幼儿的学习特点和规

① 作者李煜，南京市太平巷幼儿园教师，选用时略有删节。

律;课程目标是促进幼儿快乐生活、真实学习、个性发展。课程内容组织方式包括主题活动、领域活动和生活、游戏活动;课程实施途径包括项目活动、系统活动、区域活动、游戏活动、生活活动和亲子活动,它们各具特色、相互补充,满足幼儿多样化学习的需要;课程评价贯穿于课程设计与实施的整个过程,最为重要的评价是评价课程的适宜性;田野课程管理机制完善,特别是课程审议与课程资源的管理。读者也能清晰地看到:田野课程是倡导建设以儿童为本位、以生活为基础、以行动为途径的课程,让幼儿在开放真实的生活情境中,通过多种活动方式自主学习,让课程成为幼儿的行动过程。

该书分为五个部分:清风扑面——走进田野,编织一个现代故事——田野课程的开发,形成一个"个人"的故事——田野课程的实施,育禾得需长流水——田野课程的培训与学习,面向园墙外的对话——田野课程的家庭与社区。这五个部分是对十年来田野课程实践的阶段性总结,从理性的阐述和生动的案例中,读者可以清晰地了解到那个阶段我们的田野课程是怎样的,框架是怎样的,有了怎样的课程理论和课程理念;也可以清楚地感知到田野课程活动类型发生的变化,要素发生的变化,要素间相互关系发生的变化。总之,该书反映了那个阶段田野课程的完整结构和实践状况,它也代表了那个阶段我们的课程建设水平及所达到的追求与境界。

该书是我们在向外求索的基础上,不断探索课程本土化的创新性实践的结果,是每一个太幼人集体智慧的结晶。其中的每一条课程理念、组织方式、课程内容、课程实施及课程资源策略都是集体智慧的结晶。《田野课程——架构与实施》一书,先后被印刷了 8 次,也曾一度脱销,直到 2021 年,仍有同行、学者表示希望能得到此书。这些现象令人欣慰,也表明了我们的课程实践创新活动在较长时间和一定范围内颇具影响。

虞永平教授在他为该书所作的序《心中的田野是无边的希望》中写道:"我有理由相信,无论田野课程带来的是丰硕的成果、社会的赞誉还是前进中的困惑和波折,田野课程都将伴随太平巷幼儿园老师们的整个职业生涯。"对于我们来说,这句话既是激励也是方向。在不确定的时代背景下,我们面临的人员、境况等无不在发生着变化,课程的研究必然没有止境,正如成尚荣先生在序中所说的:"接着,他们将怀着更美好的情怀和更丰富的经验,奔向更广阔的'田野',这多么神圣,又多么令人向往!"

第四章　优化田野课程2.0:步入课程改革深水区

简　介

第二本课程专著——《田野课程——架构与实施》的出版,标志着田野课程完整体系已架构。至此,我们的田野课程之旅到达终点了吗?答案自然是否定的,课程建设之旅只有起点,没有终点。

经过十多年的研究与实践,田野课程的理论与实践框架已基本形成,教师也基本掌握了几类不同的课程实施途径。但看似比较成熟的课程,若以发展的眼光来看,其实仍存在不少问题,主要有:教师与幼儿的关系问题、教师教与幼儿学之间的关系问题、幼儿经验的生发与延续问题、课程资源与幼儿经验的关系问题、幼儿个体发展需要的差异如何得到满足的问题等。这些问题决定着田野课程的质量,也最终决定着幼儿的发展可能与水平。我们清醒地意识到了这些问题的存在,于是,以更强的意志、更大的自觉和更专业的理性探索,并怀着强烈的使命感和美好的情怀,持续学习、勇于挑战,坚定地步入幼儿园课程改革的深水区。

深水区是相对于浅水区而言的。步入改革的深水区意味着改革从表面到内部、从现象到本质,这是一种更高层次的改革,难度必然更大,要求必定更高。针对当下面临的关键问题,我们认为要想突破难题,应当走向对幼儿园课程本质的研究,应当回归到幼儿的经验上来。我们需要从幼儿经验的维度重新审视田野课程,不断优化和完善课程建设与实施,以使田野课程真正走进幼儿的心灵,从而更好地促进每一个幼儿全面且富有个性的发展。事实上,这一过程也是真正落实《纲要》《3—6岁儿童学习与发展指南》(以下简称《指南》)精神的过程。要想使课程回归幼儿的经验,就必须改变在不知不觉中长期形成的观念并切实转化到行动中,必须拓宽视野,以更理性、更系统的眼光来看待和推进课程实施,必须敏感地发现日常课程实践中那些熟视无睹的问题、改变习以为常的做法。这些改变看似平常无奇,但事实上其中的任何一点突破都不那么容易。

于是,我们更加重视科学规划和顶层设计;更加强调“理论武装头脑”,坚持学以致用、用以促学、学用相长;更加持续推进文化建设,坚守信念、坚定信心,并努力用理念和行动传递“儿童权利优先”“儿童利益最大化”的价值观念。在这一阶段,我们深入开展区域活动的研究，重视幼儿在区域活动中的感受、状态以及获得的新经验。聚焦幼儿经验发展、坚持不懈的实践研究，使得教师知道有所为而有所不为。教师创设环境和支持幼儿活动的能力不断增强，田野课程之于每个幼儿的适宜性也随之不断提升。

本章节总体分为两个部分，一部分是我们对一些重要问题的再认识，另一部分是我们在实践上的创新与突破。在表达上，主要采用理论阐述、活动列举、分析说明等方式，旨在反映我们在步入课程改革深水区后，遇到的困难、认识的转变、实践的创新与质量的提升；体现幼儿学的过程、教师教的过程及师幼间的关系；体现田野课程中教师对幼儿的支持以及管理者对教师的支持；等等。通过本章内容，您可以看到我园教师的思考与成长，看到田野课程对本质的追寻和不断完善的过程，当然也能看到我们为了幼儿的成长所作出的不懈努力。

探寻课程改革的深水区，使得我园的幼儿和教师得到更适宜、更全面的发展；田野课程框架也有所微调，区域活动的课程价值更为凸显，它成了田野课程重要的实施途径之一；凝聚教师智慧的第三套课程专著《走进幼儿心灵的田野》——田野区域活动丛书出版发行。应该说，这一阶段的课程改革，使得田野课程实践越来越回归幼儿园课程的本质，回到幼儿园课程应有的状态。

天道酬勤！十五年来，我们一直在“田野”上奔跑，创造出美丽的风景，也收获了甜蜜的果实，三项研究成果分别荣获首届基础教育国家级教学成果二等奖、首届省基础教育教学成果特等奖和一等奖。这，多么令人鼓舞！

教与学

谚语云，牵牛要牵牛鼻子。步入课程改革的深水区，我们必须抓住当下田野课程建设中面临的主要矛盾或关键问题。目前，田野课程建设中存在的种种问题，如果要归纳为一点，或许是田野课程还不能真正走进幼儿的心灵，《纲要》及《指南》精神还不能真正落实到每位教师的日常活动中。要想解决这一关键问题，首先需要对这一问题产生的原因进行深入分析，然后寻找突破口。通过努力，我们认为可以先从“教与学”这对基本关系入手。教与学是教学活动中的两种基本活动，对这两种活动及其关系的探讨也是长期以来各种教学理论流派争论的焦点。对教与学及其关系的认识和理解，影响着我们的教学观念和行为，厘清教与学的关系，对于师幼关系的改善、活动内容的选择、活动过程的开展、活动方法的应用以及活动结果的评价都具有重要的意义。如此看来，重新认识教与学并厘清教与学的关系，是我们步入课程改革深水区所需要解决的前提性、基本性、重要性问题。

什么是学

什么是幼儿的学习？幼儿的学习是如何发生、如何推进的？幼儿怎样学习才更有效？这些关于学习的问题决定着田野课程中教的方向和方法。正如陶行知先生所说的，教的法子必须根据学的法子。那么，就让我们首先来探讨一下什么是幼儿的学习。

第一，诸多教育家及教育理论告诉我们，幼儿的学习是主动参与、主动建构的过程。杜威认为，儿童的发展就是原始的本能生长的过程，教育不是把外面的东西强迫儿童去吸收，而是要使人类与生俱来的能力得以生长。同时他强调“从做中学”“从活动中学”，认为儿童生来就有一种要做事的愿望，他们对活动具有强烈的兴趣，并能从那些感兴趣且有教育意义的活动中进行学习。换句话说，如果儿童没有了“做事”、没有了“活动”的机会，也就意味着没有了学习的机会，他们的生长和发展也必然受阻。被称为“现代课程理论之父”的泰勒认为，从本质上说，学习是通过学习者自身的经历而发生的，也就是说，学习是通过学习者对身处环境所产生的反应而发生的。学习是通过学习者的主动行为而发生的，他学到什么取决于他做了什么，而不是教师做了什么。① 这样看来，杜威和泰勒都强调学习者的主动行为，幼儿的学习不是被动地接受，而是在“做”中、在“活动”中的主动学习。

建构主义理论是影响当代幼儿园课程改革及发展的重要理论之一，建构主义是认知主义的进一步发展，该理论更加关注学习者如何以原有的经验、心理结构和信念为基础来建构知识，更加强调学习的主观性、社会性和情景性。皮亚杰和维果茨基是建构主义的典型代表人物，皮亚杰认为认识起源于主客体之间的相互作用，强调个体在认知生长过程中的积极作用，认为学习的结果不只是对某种特定刺激作出某种特定反应，而是头脑中认知图式的重建。个体与环境的交互作用在个体的学习中起着关键性作用，个体通过“同化”和“顺应”两种心理机制重建认知图式，学习是一种能动建构的过程。作为社会文化建构主义代表，维果茨基认为文化不仅是人的社会生活与活动的产物，更是人心理发展的源泉与决定因素。② 在他看来，社会文化、环境对个体学习与心理发展具有重要影响，个体认识的发展不仅是在通过与材料及客观环境互动中形成的，更重要的是在社会文化环境中建构形成的，因而十分强调个体参与社会生活及文化实践的重要性。由于个体认知发展与学习过程密切相关，因此，利用建构主义可以较好地说明人类学习过程的认知规律，也能较好地说明学习如何发生、意义如何建构、概念如何形成及理想的学习环境应包括哪些因素等。尽管建构主义理论不同流派的观点有所差异，但无论是以皮亚杰为代表的认知建构主义，还是以维果茨基为代表的社会文化建构主义，都强调学习者是关键的行动者，他们参与生成意义或理解，通过双向互动建构自己对客观世界和周围环境的理解。从中我们可以得知，互动与建构对于幼儿的学习至关重要。

---

① 拉尔夫·泰勒.课程与教学的基本原理[M]. 罗康，张阅，译. 北京：中国轻工业出版社，2008：55.

② 维果茨基.维果茨基论著选[M].余震球，译.北京：人民教育出版社，2005：2.

第二，相关政策文件以及丰富的课程实践告诉我们，幼儿的学习有其独特性。《指南》明确指出，幼儿的学习有着直接感知、实际操作、亲身体验的特点，幼儿的学习是以直接经验为基础，在游戏和日常生活中进行的。我们越来越多地发现并相信，很多的知识和概念会自然而然地出现在幼儿的日常生活、自主游戏等各种活动中，幼儿对于这些知识和概念的理解和掌握，并不是被动地接受或人为练习的结果，而是在互动中自然而然的结果。另外，蒙台梭利相信，幼儿的学习有其独特性，他们个别化的自我学习发生在其他学习之前，调动所有感官的探索更适用于他们且更有效，幼儿的学习不能仅仅是看和听，而是需要接触和操作，通过看、听、闻、尝、摸等多种感知方式。当幼儿能使用所有的感官作为学习通道主动参与活动时，此时才是学习，才能达到期待的学习效果。

第三，由于每个幼儿的身心发展具有个别差异性，因而他们的学习方式也会有所不同，并且会随着环境或兴趣等发生改变。一方面，每个幼儿的发展状况、个性特点是不同的，即使是处于同一年龄阶段，其身心发展水平也不是完全相同的，而且每个幼儿喜欢的学习方式也是不同的。有一些幼儿喜欢动手操作、阅读思考，而另外一些幼儿喜欢交流表达、运动协作；一些幼儿喜欢自己多探索多思考，而另一些幼儿则更喜欢随时与他人互动，随时准备向成人寻求帮助或获取信息。另一方面，每一个幼儿的学习方式也不是一成不变的，而是会随着环境、兴趣或发展状况等发生改变，他们天生好奇，通常会对一些新事物、新方式抱有更多的好奇，并愿意积极尝试。

综上所述，我们认为，幼儿的学习是他们自己与周围客观环境及社会文化环境积极互动的过程，他们通过实际操作、亲身体验不断建构经验；幼儿的学习以直接经验为基础，在游戏和日常生活中进行；只有当幼儿用多种感官参与到活动中时，这样的学习才更适用、更有效；因为个体发展存在差异，每个幼儿的学习方式是有所不同的，每个幼儿的学习方式也不是一成不变的。

一天，大班幼儿惊奇地发现，班级那株滴水观音的叶子正在滴水，对幼儿来说，这真的是一个神奇而有趣的发现，瞬间就引发了全班幼儿的兴趣。在接下来的一段日子里，这个班的幼儿在区域活动中经历着关于叶子的探索之旅，也发生了许多有趣的故事。

水是从哪里来的？说实话，我也不清楚滴水观音为什么会滴水，即便我知道，我也应该听听孩子们的想法。

“滴水观音的瓶子里有水，它吸了许多的水。”

“它的叶子没有肚子，喝了水没地方装。”

孩子们认为滴水观音的叶子里是有水的，那么，“其他的叶子有水吗”？

“叶子里有水，天会下雨，它就有水了。”

“会有叔叔给大树浇水，我们也会给蚕豆浇水。”

“书上说叶子会吸水，从茎上吸过来的。”

“叶子没有水就会干了，死掉了……”

在他们的对话里，我看到他们对滴水观音“滴水”现象的浓厚兴趣，也很想知道“叶子里有没有水”。《纲要》指出：“善于发现幼儿感兴趣的事物和偶发事件中所隐含的教育价值，把握教育的时机，提供适当的引导。”“幼儿的科学活动应密切联系幼儿的实际生活，教师应充分利用幼儿身边的事物与现象作为科学探索的对象。”正值秋天，树叶发生着明显变化，能否借机让孩子一方面探究关于叶子里有没有水的问题，同时进一步关注各种各样的叶子及其变化，引发他们对周围世界变化的关注及观察等能力的发展？

经验的获得很重要的一点是通过自己的尝试，基于这样的想法，我和孩子们共同搜集了各种各样的叶子，共同创设了“叶子的世界”。有趣的事发生了，孩子们发现叶子里的水是有颜色的。

嘟嘟在用积木捣叶子，“咚咚咚”……听着有节奏的捣叶子的声音，我看到的是他专注的身影。

“欸，我的纸上有红色的?”捣红叶的小雅说。

“我的是绿色的，我知道了，我的是绿叶，所以纸上有绿色，你的是红叶，纸上是红色的。”嘟嘟摇头晃脑地说着。

一会儿，他拿了一片银杏叶捣起来：“它是黄色的水，我知道了，叶子是有颜色的，黄叶的水是黄的，绿叶的水是绿的。”嘟嘟高兴地说着自己的发现。

“这个叶子都破了，应该没有水。”马雅拿着一片枯叶说。嘟嘟却拿过枯叶，用积木捣了起来。“我试试，应该有一点水。”叶子被捣碎了，嘟嘟看着干净的纸说：“这叶子老了，没有水……”

在分享的时候，嘟嘟激动地向大家分享自己的发现：年轻的叶子是有水的，叶子老了就没有水了。多么有趣的理论，嘟嘟在自己的操作中发现并推理，总结了判断叶子有没有水的方法以及水的颜色是和叶子颜色一样的结论，这就是幼儿的科学思维，具有一定的逻辑，又有趣稚嫩。

那段时间，嘟嘟对叶子特别感兴趣，经常来到这个区域。一天，他在活动时又有了新的发现。“这是什么?”嘟嘟仔细地看着捣过的银杏叶。“叶子里有东西，好像是线。”他拿了放大镜又仔细地看了看。“有很多线，好像是蜘蛛网。”“蜘蛛网！”周围几个孩子都聚集了过来。

“蜘蛛网怎么会在叶子里?”小龙说。

“对啊，蜘蛛网应该在墙上的。”萱萱很肯定地说。

“是的。”“我在墙上看到过蜘蛛网。”……其他的孩子也表达自己的想法。

“是这样的，”嘟嘟摊开双手说，“蜘蛛把它的网结在叶子上了，慢慢地长到叶子里了。”他歪着头，很有“道理”地说着。大家看着他，有的孩子笑了。“这是它的茎。”小高告诉他。“对，这是它的茎。”萱萱也说。面对大家的质疑，嘟嘟仍然很坚持，笑着说：“我觉得是蜘蛛网，不然是什么呢。”

我静静地看着，听着孩子们的争论。但无论大家怎么说，嘟嘟仍然肯定地坚持自己的想法。“蜘蛛网长到叶子里”这应该是他基于自己的经验和理解形成的朴素理论，表达的是他对这一发现的独特理解和推测。我想如果直接告诉他们这是叶脉，既打破了嘟嘟的美好想法，也让他们失去了进一步探究问题的机会。日常开展的园本教研经验一直在提醒我：“要等待，要给幼儿机会，要多想少帮……”我应该放慢脚步，给嘟嘟等孩子们充分的时间和空间，相信他们在探索中一定有更多的新发现，这会比我告诉他们更深刻、更有意义。

这一天，嘟嘟仍然饶有兴趣地在区域活动中观察探索叶子。忽然，他高兴地喊了起来：“老师，我终于知道叶子里是什么了，不是蜘蛛网，是丝。”他拿起捣过的银杏叶给我看：“这是它的把子，你看，里面有许多丝，它们长在叶子里。”

我的心里一阵激动，等待他接下来的解释和发现。

“这个是茎。”小高还是坚持这样告诉他。

“它是丝，银杏叶的把子长出了很多丝一样的东西，这些丝长到叶子里了。”嘟嘟肯定地说。

接着，他又拿了一片，捣碎了说：“但是其他叶子里的丝像网一样，不同叶子里的丝长得不一样。”他根据自己的观察开始了推理。

“真是这样的?”小高说。

嘟嘟说：“我就说是丝吧。”

“真的是丝吗?”我问。

“不是丝又是什么，肯定是丝。”嘟嘟说。

这次，嘟嘟研究的其实是叶脉，关于叶脉他已经有了不少发现和猜测，比如不同叶子的叶脉不同，叶脉是从叶柄开始长向整个叶片……我们主张幼儿通过自己的探究来学习，但是类似“叶脉”这样的科学名词并不能通过探索得来，此时我应该给予一定的支持，让他通过自己的方式获得经验。

于是，我在这个活动区域的一角放了几本与叶子有关的科学图书，建议孩子们有时间看一看。我相信这对嘟嘟也会有所帮助。

几天后，嘟嘟也带来了书，和小朋友分享自己寻找到的答案。他终于知道，原来叶子里的“丝”叫“叶脉”。他还说了自己的发现：不同叶子的叶脉不一样，银杏叶和香樟叶、梧桐叶的叶脉就不一样。

“真的像嘟嘟说的那样吗?”我想嘟嘟的发现和分享也许会促进孩子们继续研究，同时也在想，我还可以做些什么……[①]

① 作者陈丹琴，南京市太平巷幼儿园副园长，选用时略有删节。

图 4－1　中班幼儿在观察叶脉

图 4－2　嘟嘟探究叶子的记录

我们不可否认，在幼儿的学习中，教师等成人的榜样和支持具有重要的意义，有时在技能、规范、概念词汇和语言结构上能发挥重要作用，但归根到底，幼儿本身的参与、互动、建构对于他们的学习来说才是最重要的。显然，案例中的陈老师认同“儿童所真正理解的，只能是他们自己创造的东西”“儿童独立摸索，看来是‘浪费了’时间，其实恰恰是赢得了时间”。[①]陈老师对幼儿的学习特点和方式有着自己深刻的理解，因此她允许并支持幼儿“按照自己的速度行动”，并为幼儿创造出能够以他们自己的步调、自己的方式进行学习的环境和条件。

从嘟嘟和同伴探究“叶子里有水”“叶子里水的颜色不一样”“叶子里有蜘蛛网”等问题答案的过程中，我们看到了幼儿的学习方式和路径，他们自主探究、大胆猜测、动手发现、分享讨论、质疑修正……在这种有时空保障、材料保障和情感保障的学习过程中，嘟嘟始终扮演着主动积极的角色，面对问题、困惑、挑战时，能够逐渐找到通往理解的道路，此时的他正如皮亚杰所指出的那样：幼儿真的像“科学家一样”，能不断地发现、探究、解决问题。[②] 事实上，有经验的成人都知道，发现、提出问题进而探究问题的答案是幼儿自然而然的行为，如果被允许或得到支持，他们就会在这样的活动中建构认知、形成思考的方法和自己的理论。通过自己的努力解决问题，或在成人的帮助下解决问题，幼儿不但能体验到探索的快乐，兴趣和动机得以加强，而且会给他们带来满足和激励。

案例中嘟嘟看似固执的探究过程，恰恰体现的是他发现问题并致力于解决问题的科学精神，这种坚持和执着让嘟嘟总是有新发现，这些发现、推理、归纳、修正等过程所带来的意义，事实上远远超出了得知问题答案本身的意义。嘟嘟执着探究的过程，让我

① 筑波大学教育学研究会.现代教育学基础[M].钟启泉，译.上海：上海教育出版社，2003：431－432.

② 米丽娅姆・别洛戈洛夫斯基，莉萨・戴利. 让早期学习理论看得见[M]. 赵红霞，译. 南京：南京师范大学出版社，2018：138.

们看到了幼儿的一种哲学态度，也让我们再次坚信：幼儿的世界是自己“建构”的，他们通过自己与人、物、事及观念的直接经验来探索世界。事实上，每一个幼儿的学习都是一个自主建构的过程，他们有自己的理论，他们也可以不断创建和修正自己的理论。

什么是教

在前一部分关于幼儿学习的讨论中，我们认同并强调：幼儿的学习是在互动中自我建构的过程，幼儿学到什么，取决于他们自己做了什么，而不是教师做了什么。在这里，我需要特别说明：我们的幼儿学习观并不意味着否定或是减轻教师的作用与责任，相反，这恰恰是对教师的教和教师的角色定位提出了更高要求，带来了更多挑战。

建构主义理论提倡在教师指导下以学习者为中心的学习，也就是说，既强调学习者的认知主体作用，又不忽视教师的指导作用。世界上不少教育学家和心理学家也强调了教师在学生学习与发展中的作用。基尔帕特里克和鲁格认为，比孩子们自己更多地意识到他们想要和需要什么是教师的责任。杜威认为教师是领导者。“教师作为一个领导者，依靠的不是其职位，而是其广博、深刻的知识和成熟的经验。认为自由的原则使学生具有特权，而教师被划在圈外，必须放弃他所有的领导权力，这不过是一个愚蠢的念头。”①维果茨基认为，儿童的发展水平本来就有相当的幅度，除了靠自力能够达到的一定水准之外，还包括靠自力不可能达到、但只要有成人的帮助就可以达到的发展水准(最近发展区)。这些理论和观点无不在强调教师在幼儿学习中的重要作用与应有职责。

这些理论以及我国学前教育的相关文件，一方面强调幼儿的主动学习、主体地位，另一方面也强调教师的重要作用和主体责任。对于我们这些一线教育工作者而言，理解“双主体”的含义其实并不难，但要想在课程实践中真正落实却不容易，甚至会在很长一个阶段内都是一个不小的难题，它时常让教师处于进退两难的困境与尴尬。正如《英国基础教育阶段(3—5岁)课程指南》指出的那样，“教”一词可以被简单地界定，但教是一个非常复杂的过程。

皮亚杰在其著作《理解即创造》一书中强调，必须在以下两者之间做一个决定，是直接教授基础知识与结构，还是只提供给幼儿丰富的问题解决情境，让幼儿主动从探索过程中学习。我理解为这是对于两种截然不同的关于教的观念的选择与决定。事实上，在20世纪末，当我们勇敢地走进田野课程改革以来，对我园教师来说，重要的已不是弹唱说跳画等基本技能，也不再只是教那些精心确定的教育目标、选择的教育内容、设计的教育环节。我园教师已逐渐有意识地从幼儿的兴趣、问题和需要出发，尽可能创设真实情境，综合使用各种方式鼓励幼儿进行学习；我园教师也有了尊重幼儿、平等对待幼儿的意识，并与更多人员积极合作，从而尽可能支持幼儿的学习；我们也已经开始考虑为什么教和如何教，考虑如何去观察幼儿、了解幼儿，考虑如何帮助幼儿找到适宜自己

① 杜威. 我们怎样思维·经验与教育[M]. 姜文闵，译. 北京：人民教育出版社，2005：223.

的主动发展方法和途径。但随着田野课程改革的深入，教师始终面临着不少挑战，尤其是关于教师“教”与幼儿“学”之间关系与尺度的把握，有时在某个特定的情境中，教师难以把握、左右为难：此时，教还是不教？怎么教？教到哪一步？关于“教”，我们还有不少问题没有得到有效解决，如：如何系统地帮助幼儿学？如何帮助幼儿在学的过程中更好建立联系？如何更好地支持每一个幼儿的学？如何让教学过程中使用的策略更好地适宜于特定幼儿当下的需要？这样看来，以有效的“教”支持有效的“学”也许就是田野课程改革深水区中一块难啃的骨头，我们有必要重新审视并努力在这一问题上有所突破。基于幼儿的“学”，田野课程中教师的“教”意味着什么？“教”的主要方式有哪些？怎样“教”才更有效？我们不断尝试。

幼儿园操场上有三棵银杏树，金秋时节，这几株挺拔的银杏树又展现出让人羡慕的金色，煞是好看。其中一棵树下散落着很多圆圆的果子。大三班的活动室离这几株银杏树很近，幼儿经常来这儿分享、讨论和游戏。这天，幼儿发现了这些果子，这是什么果子？它们从哪里来的呢？为什么有的银杏树硕果累累，有的却一粒果子也没有？带着这些问题，幼儿开始了探究，教师也经历了令人愉悦并带来共同成长的“教”的过程。

咔咔盯着银杏树仔细看，突然她激动地叫起来：“这棵树上的叶子有缝缝，就有果子；那棵树上的叶子没有缝缝，也没有果子。”“对，有果子的是银杏树妈妈，它的叶子上有一条长长的裂痕，像大嘴巴一样，银杏树爸爸的叶子上就没有裂痕”……受到这几个孩子的鼓舞，更多的孩子观察银杏树的叶子，很快，大家达成共识：结果子的银杏树的叶子上有裂缝，另外两棵银杏树没有果子，它们的叶子上没有裂缝或是裂缝很小。孩子们亲切地称呼它们为银杏树妈妈、银杏树爸爸。

看到孩子们兴致勃勃，我也想了解更多，于是习惯性地打开百度查询，把相关内容读给孩子们听。果然，银杏树有雌雄之分，可是关于叶裂的描述和我们观察到的恰恰相反，此时的活动室热闹起来，关于“怎么知道银杏树是妈妈还是爸爸”，孩子们各有各的想法。我想，从促进孩子深入探究以及家园互动来看，这是不是一个很好的契机？我决定尝试一下。于是，我鼓励孩子们把这个问题带回了家，邀请爸爸妈妈参与到这个有趣的田野活动中来。同时，我在班级 QQ 群中也发了一条信息，将近期孩子们的兴趣、活动和问题告知家长，也诚恳地发出邀请：“……这让我们困惑，在此，真诚邀请您明早送娃时，移步大三班‘后花园’，和孩子们一起探寻银杏树的秘密。”很快，得到了不少家长的留言。

第二天入园时，爸爸妈妈们如约而至，像孩子一样仔细观察银杏树叶子的秘密。彦辰妈妈看着手机里读大学的女儿发来的叶子对比图；小龙爸妈带来了从知网下载的研究论文对比验证；小语妈妈、一辰妈妈一边观察一边讨论；米粒的爸爸妈妈被几个孩子围着……班级的 QQ 群里研讨氛围也正热烈。中午，豚豚妈妈发来一段视频，她请园林专家录了一段 VCR，是关于如何区分银杏树爸爸、银杏树妈妈的，我把视频放给孩子们看，专家说不能光凭叶子的裂缝判断，还要从树形、树干与树枝的夹角、树的外观等综合判断银杏树的雌雄。

我们的田野课程是真实的、现场的，看完豚豚妈妈发来的视频，怎能不去验证呢？我和孩子们来到银杏树下，引导他们观察，用自己的身体动作比画、模仿并展开讨论。班级家委会主席加菲妈妈是一位生物老师，她来到幼儿园，在说明树枝与树干夹角不同时，用了一个形象的比喻：爸爸会把宝宝举得高高的，逛街的时候妈妈总是把手放得低低的牵着宝宝，树枝高高向上长的是爸爸，平平长的是妈妈。后来，她还请来了一位植物学专家，和孩子们零距离互动，这满足了孩子们对幼儿园中不同植物的各种兴趣。

过了几天，孩子们总结了银杏树爸爸和银杏树妈妈的特征：树爸爸高高瘦瘦的，树枝和树干的夹角比较小，树枝多数斜着生长，叶子上的裂缝不明显；银杏树妈妈胖胖的、宽宽的，树枝和树干的夹角大，树枝大多横着长，叶子上的裂缝很明显。孩子们还说要给银杏树挂个树牌，将这个发现告诉全园老师和小朋友，这个提议很棒！于是我鼓励他们在区域活动中将自己的发现和想法，用绘画、文字、符号的方式表现出来，当然也可以拍成短视频。

国庆假期到来了，孩子们响应幼儿园资源收集的号召，在大自然里寻找秋天的果实。我们班的孩子还有一项特别的任务，那就是再找找大自然里的银杏树，和家长讨论并判断它们是树爸爸还是树妈妈，并请爸爸妈妈把孩子们观察、发现、表达的过程拍摄下来，这既是一个继续验证的过程，也将成为分享总结的资料，同时也是亲子互动的一个活动。①

图 4－3　幼儿发现两棵银杏树的叶裂差异大

图 4－4　感兴趣的家长来园分辨银杏树的雌雄

案例中，孟老师“教”了吗？她“教”了什么？是怎么“教”的？效果怎样？答案显而易见。其实，孟老师一直在教，教的内容丰富、方式多样、效果明显。只不过，这儿的“教”已不是简单地传递知识和技能，而是创造环境、挖掘资源、提供机会、引发互动、拓展经验，她为幼儿提供丰富的问题解决情境与资源，让幼儿主动从探索中学习。很显

① 作者孟凡，南京市太平巷幼儿园教师，选用时略有删节。

然，孟老师将自己的教师角色定义为幼儿意义建构的支持者与促进者，而不是知识的传授者与灌输者。同时，她认为家庭是幼儿园重要的合作伙伴，于是不断激发家长参与到课程建设中来的热情，以共同支持幼儿的经验生长。在此过程中受益的不仅仅是幼儿，也包括家长及教师本人。在参与了探究银杏树秘密的系列活动后，豚豚妈妈写道：

1978 年，一篇名为《实践是检验真理的唯一标准》的文章从南京的土地上诞生。如今，这个标题，几乎成为每个成年人都能脱口说出的一句至理名言。我们这群成年人面对疑难问题时，习惯地掏出手机“问百度”。前不久，一群孩子给我认真地上了一课，让我知道，什么才叫作“实践”，什么才是真正的“田野精神”。

……

“妈妈！百度是错的！我们观察到的不是那样！”儿子豚豚眉飞色舞地向我描述他的“研究现状”，告诉我他们如何“发现问题”，还提出了他设计的解决问题的路径：找找《我的植物朋友》那本书里是怎么写的（文献查找），问问小仙阿姨（采访专家），去植物园观察更多的银杏树（样本采集）。他的大眼睛里闪着光，那一刻我仿佛看到了一支被点燃的火炬。同样身为教育工作者的我，在这一刻，被他眼里的小火炬深深打动。勇敢质疑，在田野里探究真理，让知识从泥土里生长出来，这才是真正的田野精神！这才叫“实践是检验真理的唯一标准”！这才是苏格拉底所说的：“教育不是灌输，而是点燃火炬！”

根据豚豚的请求，我请教了身边的专家朋友，业界和学界的大专家们都对小朋友们的探究精神表示了赞赏。来自江苏省城市规划设计院的园林规划设计师张老师、南京林业大学林学专业的田老师先后给出了判断银杏树雌雄的专家意见。

儿子认真的样子让我惭愧，想想今天的大学生，在做论文时甚至还有论据的出处是“百度百科”，而我们这些成年人，在发现问题时的第一反应也常常是“问百度”，还好意思大谈特谈“critical think”！是这群幼儿园里的孩子给我上了一课，我应该认真反思自己。什么是批判性思维，什么是田野精神，这是我在这座幼儿园里重修到的学分。我们常常重视结果而忽略了过程，我们急于知道答案，却不知道探索答案的过程，往往比答案本身更为重要。

时下，“不要输在起跑线上”已成为被很多人诟病的观点。然而，我却深以为然。人，当然是有起跑线的！而我们当然不要让孩子输在起跑线上！这条起跑线的名字，就叫作“好奇心”。它决定了我们的孩子，能跑得多远。人只有在为好奇心而学习的时候，这种学习才是无功利的，才是长久的，才是真正有意义的。因此，对好奇心的呵护要如同呵护幼芽一样，让它恣意地在田野里生长。这，正是我在这次“银杏树田野课程”里感知到的。①

豚豚妈妈的认识与反思是深刻的。诸多事实与研究表明，幼儿在与周围环境相互

① 作者豚豚妈妈，南京市太平巷幼儿园家长，选用时略有删节。

作用的过程中，既是受益者，又是贡献者。一方面，他们在互动中实现经验的主动建构；另一方面，家长、教师等成人在“教”幼儿的同时，也从幼儿那里学到很多。豚豚妈妈积极参与到孩子的幼儿园课程生活中来，并通过多种方式和资源支持孩子的活动，她在与孩子一起探究银杏树雌雄的过程中，惊叹于这个年龄段孩子敏锐的观察力、强烈的问题意识以及大胆的质疑精神，这次经历让她重新认识了幼儿的学习与发展，也重新考量了教育的目的与规律，无论是作为妈妈还是高校教师，于她而言，这些无疑都具有重要的积极意义。孟老师通过这样的“教”，不仅助幼儿“点燃火炬”，还让更多人加入进来，也使得更多人从中受益。

在田野课程实施中，“以学定教”是我们关于教学的基本原则，我们认为“教”是从研究幼儿及幼儿的学习开始的。只要我们真正站在幼儿的视角，尊重、理解、接纳、包容他们，那么，他们也一定会用自己的方式告诉我们：他们是怎样的？他们需要怎样的帮助？在之前我们已经讨论过，幼儿经验的基础是他们必须亲自从事某项行动，那么，教师又是如何发挥主导作用的呢？田野课程中，教师主要通过营造环境、构建情景来提供经验，从而激发所期望的那种反应。教师所营造的环境、情境应该具有“邀请性”“挑战性”和“多样性”。“邀请性”是指环境、情境能够邀请包括幼儿、家长、其他人员的加入。正如上述案例中，教师营造的环境既有物质环境也有心理环境，这些环境中隐含的问题温暖与有趣，不断邀请幼儿、家长、专家及教师的加入。“挑战性”是指环境、情境能够激发具有挑战意义的行为发生。“树爸爸、树妈妈”案例中一个又一个问题的发现，特别是当有认知冲突时，由于人类具有的好奇与探究的本能，这些认知冲突对所有参与者来说都具有强烈的刺激性，由此必然经历一个并不容易但饶有兴趣的意义探究过程。“多样性”隐含着环境、情境是具有丰富性、差异性和选择性的。教师所营造的环境、情境要努力唤起所有幼儿的期待行为。每个幼儿及其家庭是不一样的，教师可以通过支持开展不同项目或多种区域活动等方式，从而使经验多元化、可选择，如此，就能提供一些很可能对班级每一个幼儿都重要的经验。

幼儿阶段对未知充满了好奇，这种好奇通常将会随着年龄的增长而减弱，因而在这个阶段，欣赏并理解幼儿的好奇，支持和唤醒幼儿的好奇相当重要。教师的“教”能否利用并激发幼儿当下的好奇心，抓住正确的时机，找到正确的方法，这很重要。真正走进幼儿的心灵是田野课程中每个教师的追求，但这不是一个空虚的、表面化的概念，也不能仅限于观念层面，而是要落到每个人每一天的行动中。做到这一点很不容易，最重要的还是对幼儿深深的爱与责任，只有真正理解幼儿、尊重幼儿并研究幼儿，真正对待每一个发生的细节，真正与他们建立平等、和谐、开放的合作关系，才能真正走进他们的心灵。此时的“教”，也才最有效。简而言之，田野课程中的“教”，更多意味着为幼儿提供学习经验的机会以及在此过程中的有效支持。

以上内容，是为了能够更加清晰地阐述我们对什么是学、什么是教的理解与实践，才分成了两个部分。事实上，在推进田野课程建设的实践中，我们认为教与学是密切联系、不可分割的。正如苏联教育学家凯洛夫所认为的，教与学是同一过程的两个方面，彼此不可分割地联系着。教与学的密切关系主要体现在以下几个方面：首先，从字源上看，几乎每种写法的“教”字里都包含着写法与意义最简单的“学”字（爻），可见，“教”字来源于“学”字。教与学在字源上的关系，已经蕴含了教以学为前提和基础，学是教的出发点和归宿，教与学相互依存、共生同在。其次，教与学相互影响，相互促进。奥苏伯尔把全部教育心理学简化为一条原理，即教师需查明学生的已知，并据此开展教学活动。幼儿的学习准备即是教师开展教学活动的起点，“教”从研究幼儿及幼儿的学习开始。同时，有研究表明，学生的有效学习是以教师的有效教学为前提和保障的。课程实践中，教与学相互影响，相互促进，这也许就是我们经常所说的“以学定教”“以教促学”的由来吧。最后，教与学亦此亦彼，相互转化。教与学的主体和地位不是僵化、固定不变的，它们间存在相互转化的可能和现象。本书中所呈现的丰富而鲜活的田野课程实践案例，也能够让我们清晰地看到教学相长、亦教亦学的状态。田野课程中的教学活动是师幼双方共同参与、积极互动、彼此成就的过程，教师的教不是单向的、给予的、付出的，而是与幼儿的学互补的、融合的、双赢的，课程实践中也时常出现教中有学、学中有教以及幼儿教、教师学的现象。总之，在田野课程中，教师的教永远是与幼儿的学同步发展的，就如马拉古奇所说，“教”与“学”不应该对立站在河的两岸，看着河水潺潺流过，而应该相互结合，随着河水一同流淌。只有通过主动、积极、互惠的相互沟通，“教”才能使学习者更会学。[①]

经验对儿童发展的重要性

通过对学与教的再认识，我们进一步明确了田野课程中“学”与“教”的含义。在田野课程中，幼儿的“学”被认为是一个自主建构经验的过程，教师的“教”则更多意味着通过创设环境、提供资源从而支持幼儿经验生长的过程。由此，我们进一步认识到了经验对于幼儿发展的重要性。在田野课程中，无论是学还是教，最终都统一到了经验上，田野课程中的教与学都以幼儿的经验发展而展开，促进幼儿的经验发展是田野课程的核心价值追求。

关于“经验”这一概念，事实上曾经在一段不短的时间内困扰着我。“经验”是动词还是名词？是过程还是结果？是内容还是目标？经验与资源、经验与活动又有着怎样的关系，等等。为此，我和同伴们又开始学理论，并努力将理论运用于实践，虽然这仍然不是一件容易的事情。我们主要学习了杜威和泰勒关于经验的理论。“经验”是杜威教育理论的核心概念，他重视儿童经验的价值，认为任何教学都必须使用儿童的经验，儿童的经验是教学的起点，为儿童提供发展的可能性，一切真正的教育都来自经

---

① 卡洛琳·爱德华兹，莱拉·甘第尼，乔治·福尔曼.儿童的一百种语言[M].尹坚勤，王坚红，沈尹婧，译.南京：南京师范大学出版社，2014：60.

验。泰勒认为，从本质上说，学习是通过学习者自身的经历而发生的，也就是说，学习是学习者通过对身处环境所产生的反应而发生的。因此，教育的方式就是学习者拥有的教育经验……因为正是通过这些经验，才会产生学习行为，从而实现教育目标。[①] 同时，我们延续以往思路和做法，那就是以科研促质量、向科研寻出路，我们围绕"幼儿经验"这一关键词开展了课题研究。理论学习、课题研究与课程实践，让我们进一步意识到经验对于幼儿发展极其重要，幼儿的发展是基于自己的已有经验，在经验中、通过经验的改造与生长而实现的。可以说，离开了经验，也就谈不上幼儿发展。

当然，以杜威的观点来看，并非所有的经验都是有益的。杜威在《经验与教育》中指出，经验有好坏之分，好的经验能促进儿童生长，坏的经验则破坏儿童的生长。他指出，教育应为儿童提供有益于生长的经验，改造坏的、错误的经验，从而促进儿童健康生长和发展。那么，什么样的经验是有益于幼儿生长的？或者说，什么样的经验才能进入田野课程？关于这一点，我们也可以从杜威的相关论述中得到答案。"教育就是经验的改造或改组，这种改造或改组，既能增加经验的意义，又能提高指导后来经验进程的能力。"[②]同时，他提出了具有教育意义的经验应具备连续性和交互性的两大原则。经验的连续性原则意味着，每个经验既从过去的经验中采纳某些东西，同时又以某种方式改变未来经验的性质。[③] 经验的交互性原则是指，经验只有通过主体与环境之间的交互作用才能产生，假如仅有主体或是环境，抑或是这两者之间是割裂的、孤立的、静止的，而没有产生交互作用，那么，经验也就无从产生。由此，我们进一步明白，连续性、交互性的经验即是有益的经验，这样的经验对幼儿的生长和发展是有意义的，也是应该被纳入田野课程的。

基于这样的认识，我园教师努力做"有准备的教师"，努力地为幼儿提供有益的经验。一方面，为幼儿准备连续性的经验，促使幼儿获得经验的扩充和扩展。我们始终对幼儿的已有经验和兴趣保持关注，并以幼儿的已有经验为基础，创设适宜的环境和情境，以不断深化或拓展幼儿的经验。另一方面，我们为幼儿准备充足的与环境交互的机会，无论是在时间、空间、情境、材料的提供和保障方面，还是在氛围营造与情感支持等方面。创设环境时，我们还会考虑到材料的丰富性、层次性以及方式的多样性和可选择性，努力使每一个幼儿都能获得满足和成功。另外，我们还关注反思性的经验，引导幼儿准确、审慎地把所做的事和它的结果联结起来，引导幼儿发现并指出"行为"和"结果"之间的联系，因为，我们认同有思维参与的、带有反思特征的经验对于幼儿的发展更有意义。

---

① 拉尔夫·泰勒. 课程与教学的基本原理[M]. 罗康，张阅，译. 北京：中国轻工业出版社，2008：55.

② 约翰·杜威.民主主义与教育[M].王承绪，译.北京：人民教育出版社，2001：87.

③ 约翰·杜威.我们怎样思维·经验与教育[M].姜文闵，译.北京：人民教育出版社，2005：256.

环境、资源与经验

关于环境和资源，在第二章和第三章中已有不少内容，这里我之所以再次提及，主要有以下两个方面的考虑。一方面，随着学习、研究与实践的推进，我们愈发确定并重视经验之于幼儿发展的价值。那么，经验又是什么呢？杜威认为，经验是有机体与环境交互作用的过程与结果。“一种经验往往是个人和当时形成他的环境之间发生作用的产物……环境就是那些同个人的需要、愿望、目的和能力发生交互作用，以创造经验的种种情况。”[①]这样看来，无论是作为过程的经验还是结果的经验，都离不开与幼儿发生作用的环境。换句话说，假如我们想要促使幼儿获得经验、拓展经验，就需要为他们创设适宜的环境，环境和资源在促进幼儿经验发展中如何更好地发挥作用值得我们进一步关注。另一方面，为不断提升田野课程适宜性，这个阶段的田野课程实施途径更加多元，区域活动已成为重要的实施途径之一。田野区域活动是以幼儿的关键经验、需要、兴趣为依据，通过环境创设与材料提供，幼儿自主选择并与环境积极互动的一种课程实施途径。很显然，在田野区域活动中，幼儿经验的获得对环境和资源的依赖程度很高。正是因为以上两个方面的思考，引发了我们重新认识和思考环境与资源，与之前不同的是，这个阶段我们着重关注环境、资源与经验的关系，并努力通过环境创设与资源利用，在满足幼儿多样化活动需要的同时，给幼儿带来新的经验。

我们理解的环境

田野课程中，环境被定义为园内外场所及其内在影响幼儿生长发展的各种因素的总和。通过这个阶段的学习、研究与实践推进，我们对环境有了一些新的认识，此时我们理解的环境更全面、更立体，更强调环境之于课程的价值和意义。

首先，从要素来看，环境包含三个基本要素，即空间、材料、人。我们的这一理解主要来源于对杜威环境观的学习。杜威认为的环境不仅包括物质材料，还包括物质材料的空间以及其中的人，他认为如果不考虑人的因素，那么这个环境就不是真环境。我们认同人是环境的重要因素，环境中自然包括教师、家长和同伴，有时也有各类社会人士，当然也包括幼儿本身，这些人员对幼儿的发展起着影响作用，并且我们非常重视幼儿在环境中的主体地位和作用发挥。一方面，在促进幼儿成长过程中，每一个环境都要尽可能发挥作用，让每一处空间可进入，让每一个材料可接触，让每一个人员可亲近，最终让幼儿成为环境创设和利用的主人。另一方面，不同年龄阶段的幼儿对环境有着不同要求，我们针对幼儿的年龄特点及需求，创设具有不同空间、不同材料和不同人员结构的

---

① 约翰·杜威.我们怎样思维·经验与教育[M].姜文闵，译.北京：人民教育出版社，2005：262.

环境，以适合不同年龄段幼儿的互动需要和互动方式。在田野课程中，环境是一个活生生的不断交互、变化的系统，无论是物理空间，还是不同的角色及其人际关系。

其次，从空间上看，环境是分层的。环境总体可以分为物理环境和心理环境，物理环境空间可以分为室内外区域环境、班级环境、幼儿园室外环境、园外环境等。其中，室内外区域环境为不同兴趣、不同需求、不同发展水平的幼儿提供了多样化、情境性的活动场所，为幼儿个体提供了更多的选择和适宜的挑战，更好地满足他们个性化发展的需要；班级环境是幼儿在园生活的主要环境之一，让幼儿感到安全、温馨、愉悦并获得成长是其主要功能，因此班级文化也就成了班级环境的主要特征，也是其作用发挥的关键要素；幼儿园室外环境是幼儿的主要活动场所，它打破了班级和年龄的限制，如同室内一样精心创设的室外环境也是一个重要的学习环境，相较于室内环境而言，室外环境在拥有的空间和资源上更加广阔、自然和多样，蕴含了更为开放的经验、机会和可能，幼儿与之互动的活动更为多元，经验也就更为丰富；园外环境亦是如此，幼儿走出幼儿园意味着置身于更广阔的空间，能接触更丰厚的资源，产生更多元的互动，迎接更多样的挑战，园外环境扩展了幼儿的生活与学习空间。虞永平教授认为，“幼儿园课程是生长的。课程生长从表面上看，是课程内容的生发，是活动的产生，实质上是儿童发展空间和可能性的增加”①。我们重视创设以上各类空间环境，因为这些分层的空间环境都在为幼儿的发展发挥着作用，只是作用有所不同而已。事实上，在田野课程实施过程中，这些分层的环境也并不是孤立存在的，而是根据活动和经验的需要自由切换、紧密联结的，它们共同构成了一个真实、完整的幼儿生活与学习的环境，共同促进幼儿获得多元、连续的经验。

最后，从功能来看，环境是能带来新经验的场所和氛围。杜威强调，“成人有意识地控制未成熟者所受教育的唯一方法，是控制他们的环境。他们在这个环境中行动，因而也在这个环境中思考和感觉。我们从来不是直接地进行教育，而是间接地通过环境进行教育”。② 田野课程中所说的环境，不是幼儿现实生活环境的客观存在和简单呈现，而是有课程意义的，环境要能为幼儿带来发展的机会和可能，要能与幼儿产生互动并带来新经验。倘若只是客观存在，不能与幼儿产生互动，又或是产生的活动简单重复、缺乏挑战，不能拓展幼儿的经验，那么，这样的环境缺乏课程意义，也不是我们所理解的环境。

“任何环境，除非它已被按照它的教育效果深思熟虑地进行了调节，否则就它的教育影响而论，乃是一个偶然的环境。”③在这里，我暂且把“调节”理解为创设和利用两个方面，那么，在这个阶段，我们又是如何创设环境的呢？下面以区域环境创设为例。一

① 虞永平.拓展幼儿园课程的空间和可能[J].教育导刊(下半月)，2021(10)：5.

② 约翰·杜威.民主主义与教育[M].王承绪，译.北京：人民教育出版社，2001：25.

③ 约翰·杜威.民主主义与教育[M].王承绪，译.北京：人民教育出版社，2001：25.

方面，我们进一步扩大区域环境的类型与空间，从落实《纲要》《指南》的精神出发，不断丰富和扩大区域环境，不断增强区域活动对于提升田野课程适宜性的贡献程度。于是，依据幼儿园教师结构与专业发展状况，幼儿园成立了八个区域研究小组，每个班创设若干个区域环境空间，从场地设置、材料提供、规则建立、经验分析和师幼互动等方面开展深入研究与实践。通过研究，我们总结了不同类型的区域环境以及不同年龄段区域环境创设的基本原则，从不同年龄段的区域情境创设来看，年龄越小的幼儿对生活化情境的依赖程度越高，于是，在小班，我们注重创设生活化、游戏化的情境，在中大班则更关注任务情境和问题情境的创设。另一方面，我们重视区域环境氛围的营造、规则的建立，以确保活动有序开展和幼儿主体性作用的发挥。我们努力营造温馨、包容、充满爱的区域环境氛围，在这里幼儿可以决定自己的活动内容、活动方式和活动时间，在这里他们可以与同伴交流互助，有需要时也可以得到教师等成人的帮助，友好的氛围不断增强幼儿的安全感、归属感和效能感。需要说明的是，田野课程中，环境创设不只是教师等成人的工作，幼儿不只是环境利用的主人，他们也是环境创设的主人。随着年龄的增长，幼儿在环境规划过程中的主体地位也越来越显著，他们参与场地的安排、材料的提供、规则的制订等。

概括来说，关于环境创设我们坚持这样一些原则：牢固树立课程意识，将幼儿的经验融入环境创设中，环境创设指向幼儿新经验的发展；以幼儿为中心，倾听他们关于环境的想法，最大可能地理解幼儿对当下环境的需要，使得环境创设尽可能满足不同幼儿的需要；让幼儿成为环境的主人，积极邀请幼儿参与到环境创设中来，包括环境规划、材料准备及规则制订等；综合考虑各类环境的创设，注重室内外、园内外环境的共同开发与建设。最后，在关注环境需要满足幼儿的感官体验、充满探索的同时，更关注环境需要让幼儿在其中感受到安全、爱与温馨，以及拥有自由与选择的权力。

简而言之，田野课程中的环境是属于幼儿，也是为了幼儿的。

我们理解的资源

《纲要》明确指出“环境是重要的教育资源”。园内外的环境中要素丰富、包罗万象，具体看来有空间、设施、动植物、气象、活动材料、同伴群体等自然与文化环境。为充分挖掘和利用资源的教育价值，我们对资源进行了分类，主要分为自然物或自然现象，人造设施与物品，同伴及教师、家长，空间机构，社会事件，专门人才，文化艺术，电子信息八类。这些资源为幼儿的学习与发展构筑了一个丰富的环境，在他们的经验获得中提供着显性的或是隐性的支持。虞永平教授指出，我们要用科学的理念审视资源，用专业的眼光发现资源，用行动的思路规划资源，用发展的意识利用资源，用现实的成效评价资源。在这一阶段，为更好地支撑田野课程，特别是田野区域活动的开展，我们在继续关注资源开发与建设的基础上，继而探究资源所蕴含的教育价值及有效利用。由此，我们对资源的理解也进一步深入。

第一，资源产生活动，活动产生经验，幼儿经验的获得依赖于资源和活动，因而，在田野课程建设中，开发与利用资源是非常重要的事情。资源是田野课程活动开展的重要保障，也为幼儿的自主发展提供了可能。为支持幼儿经验的获得，首先，我们分析筛选幼儿园、家庭和社会中可利用的资源，设置了“资源经验脉络表”，对每一种资源“所蕴含的经验”及“可能开展的活动”进行梳理，将资源、活动、经验三者之间建立联系，最大限度考虑资源整合、经验延续、活动多样。其次，我们重视资源的提供与调整。一般来说，我们基于幼儿的兴趣和已有经验，为他们提供安全、丰富、适宜的资源，并让他们有充分的时间与资源互动；同时，仔细观察幼儿，分析资源可能产生的活动以及所蕴含的经验，跟随幼儿经验发生、发展的脚步调整或提供新的资源，引发、支持新的活动，不断推动幼儿经验发展。再次，我们关注活动的多样性与挑战性。资源中所蕴含的经验只有通过活动才能转化为幼儿的经验，那么，活动的方式和质量也就决定着幼儿经验的获得。为满足幼儿个体发展差异的需要，田野课程活动内容和方式是多样化的，并具有一定的挑战性。最后，我们关注经验的连续性、互动性和反思性特征。课程实施中，教师以幼儿原有的经验为起点，以经验的拓展和发展为目标，注重他们思维的参与，努力支持每一个幼儿的经验不断深入和拓展。总之，我们认为，资源是田野课程实施的重要保障，也为幼儿自主活动、经验生长提供可能。幼儿在与资源的互动中感知、探究、交往、创造和表达，使自己的内心世界与客观世界发生积极相互作用，实现经验的自主建构。换句话说，田野课程中，教师在协助幼儿发展经验的过程中，是从精心准备资源开始的，准备资源就是在准备经验。

在幼儿园东南角，有两个不大的石头池，还有木屑池、滑道、攀爬网等，这是孩子们喜欢的小天地，小班孩子也经常来这里玩。过了一段时间，小二班的孩子希望幼儿园有一个可以玩泥巴的地方，就像小猪佩奇那样可以跳泥坑。这个想法很有趣，经过讨论，大家准备将其中一块石头池改为泥巴池。让我没有想到的是，小二班的孩子居然自告奋勇承担搬运小石子的任务，约定大家轮流去完成这个搬运任务。小二班的教师一开始就意识到，这是一个仅凭小班孩子的力量不可能完成的任务，但是，不着急，等等看，接下来会发生什么呢？小二班的孩子们从最初用手捧、用娃娃家的锅碗瓢盆、用小篮子，到使用小耙子、小推车等，他们乐此不疲地挑选和使用着不同的工具。可是石头池中的石头实在太多，怎么也搬不完，孩子们觉得好累呀。怎么办？孩子们和老师开始了讨论，他们想到请更多人一起来搬石头，可以邀请小三班的小朋友、大班的哥哥姐姐，还有幼儿园的男老师等。那么，邀请的时候可以怎么说，怎样才能让其他人明白并且同意参加呢？对于小班孩子而言，这些任务都是有一定挑战的。接下来，他们分成了小组，有的孩子还制作了邀请卡，他们到不同地方去邀请，成功地邀请到很多孩子和成人的参与。在大家的共同努力下，泥巴池终于建成了，孩子们找来了玩泥巴的工具、雨鞋，老师也为他们购买了防水衣裤，大家太喜欢这个泥巴池了，在泥泞的泥土中玩真有趣，有时也很累。

图4-5 小班幼儿参与改造泥巴池

图4-6 小班幼儿在泥巴池中玩

资源不仅仅是空间、设施、材料,有时也是人们的生活与活动。在我们眼中,“改造场地”这件事本身就是课程资源,它蕴含着多种活动可能和经验,下面仅从小二班幼儿的角度进行分析。小班幼儿虽然年龄小,但已经有意识地对自己生活、游戏和学习环境提出要求和设想,也很乐意参与到环境改造中。他们开展了丰富的活动,有表达、交流、讨论、劳动、绘画、比较、交往、游戏等,在这些活动中,我们很容易发现幼儿获得了《指南》中小班年龄段的部分学习与发展目标,如“愿意表达自己的需要和想法”“喜欢承担一些小任务”“能友好地提出请求”“喜欢用涂涂画画表达一定的意思”“能用多种感官或动作去探索物体,关注动作所产生的结果”等。同时,他们积极主动、不怕困难、敢于尝试等良好学习品质的发展也是显而易见的。

第二,不同资源蕴含着不同经验,同一资源也会蕴含不同层次的经验,这样看来,丰富性、层次性和可选择性是资源开发与利用的基本原则。资源的丰富性在很大程度上影响着幼儿获得经验的多样性;资源的层次性满足了不同发展阶段和发展差异幼儿的需要,让活动更适宜于每个阶段、每一个幼儿。资源的这三个原则是紧密相连的,资源的丰富性与层次性为幼儿和教师的选择使用及活动推进提供了前提与可能。从宏观来看,我园建立了三级课程资源库,即班级资源箱、园级资源室和社区资源库,丰富的、有层次的资源为所有班级的幼儿和教师自主选择、开展活动提供保障。每个班级的幼儿有着不同的经历、兴趣和需要,每个班级对资源的需要也存在差异,班级教师根据本班活动开展的需要和幼儿的实际情况,与幼儿、家长一同开展班级资源箱的建设,以更好地满足本班幼儿个性化活动的需要;园级资源室内的物品品种繁多,既有书、纸、木、石、贝壳、土壤、天平、放大镜、工兵铲、锤子等丰富多样的物质资源,也有人力资源档案、资源地图、资源包、音像制品等信息资源,所有资源被分门别类地放在图书音像间、服装道具间、原材料库、耗材库和工具包中。为便于教师和幼儿查找、拿取,不同空间和所有物品都贴有相应标签，所有标签也都配有幼儿看得懂的图示；除了室内，幼儿园公共空间、室外空间中也有丰富的田野课程资源，如种植和饲养的动植物、陈列的作品或农作物、开辟的空间及工具、不同专业的人们以及其他班级幼儿的活动展等；社区资源库不受围墙的限制，公园、消防队、超市、图书馆、博物馆、戏剧学校等周边社区，这些包含丰富的自然与文化资源的场所同样是重要的田野课程资源。这些丰富的、不同类别的资源中蕴含着不同层次的幼儿学习经验，不同年龄段、不同发展差异的幼儿或多或少、或深或浅地与之发生互动，既满足了自主选择、主动活动的需要，也在互动的过程中获得适宜的经验。从微观来看，丰富性、层次性和可选择性也是每一个班级环境及具体活动中需要坚持的原则，目的是更好地满足每一个幼儿的兴趣、需要，更好地支持每一个幼儿的经验发展。以大三班美术区域活动“春天的花”为例。

春天到了，幼儿和教师带来了许多美丽的花，有满天星、百合、郁金香、杜鹃等。幼儿在欣赏的同时，总是希望表达的。于是，教师准备了丰富的资源支持幼儿创作，将一些不同的花放在美术区，色彩丰富，高低错落，美术区顿时充满生机且舒适温馨。教师还提供了许多春天的花的照片、画册供幼儿欣赏。当然，操作材料是必不可少的，如可以用来做花朵的不同材质的纸、玉米皮、油泥、毛根、树枝等，可以用来装饰的纽扣、麻绳、果壳、水果兜等，可以用来绘画的水彩、水墨、毛笔、排笔、彩铅、勾线笔等。考虑到幼儿的能力不一样，原有经验也不一样，教师提供的材料也是有层次的。以折花为例，根据花朵折法的难易程度，教师提供了不同层次的折花步骤图，有挑战一颗星难度的梅花、两颗星难度的郁金香、三颗星难度的百合、四颗星难度的绣球花、供幼儿自己选择。活动中，材料、内容和活动方式都是可以自选的，如幼儿可以决定做花、折花、画花还是包花，也可以选择用水粉、黏土、水墨或是彩铅，抑或是几种的混合。事实上，在活动中我们可以发现，幼儿很有主见，他们会在不同的时期选择不一样的材料和方式，进行不一样的活动，他们总是想不断挑战、有所进步。①

图 4－7　大班“春天的花”美术区环境与资源

在这个美术区域活动中，胡老师精心挑选并布置花展，投放了不同特征的材料，且以非结构化的材料为主，同时幼儿已有了从班级资源箱寻找材料的习惯。这些丰富的、有层次、可选择的资源，让幼儿在这个美术区域活动中可能获得这样的经验：在充分欣

① 作者胡思彤，南京市太平巷幼儿园教师，选用时略有删节。

赏中感知春天里花的多样性；遇到问题时愿意向别人请教，并积极与同伴分享交流；仔细观察，学习看不同折法的步骤图；进一步探索发现不同材料的特性；按一定的规律进行装饰；敢于尝试有一定难度的任务，并为自己的成功而高兴。

第三，资源需要精心准备，但它们往往就在我们身边，关键是教师要拥有敏感的资源意识与发展意识，善于发现、挖掘和利用资源。从《指南》中 3～6 岁各年龄段幼儿学习与发展目标出发，同时考虑幼儿当下的兴趣和经验，我们经常性地审视园内外各类环境和资源，通过资源调查、资源收集等方式充分挖掘、收集、开发各类资源。如第三章中所提到的，我们绘制资源地图、打造了三级资源库、梳理了各类资源表格，设置了种植园地、小池塘、小果林等各类场所，尽最大可能地为幼儿准备多样化的资源。但事实上，无论怎样精心准备都无法穷尽有价值的课程资源，因而，每位教师拥有敏锐的课程意识和资源意识才是关键。一旦教师有了敏锐的资源意识，我们便会惊喜地发现，很多时候资源就在我们身边，就在幼儿的现实生活中，我们不需要舍近求远、标新立异地准备，而是需要时刻保持课程的敏感性和拥有幼儿的眼光。我园教师除了关注一些相对宏大的资源，如之前提到的“改造场地”“幼儿园的新滑梯”“奥运会”“郑和公园”“超市”等，还关注随时出现的、相对微小的资源，诸如雨后春笋、桂花飘香、树干开裂、池塘结冰、风、雨、雪、阳光等，这些司空见惯、随即发生的气象或现象，都有可能成为宝贵的课程资源。在我园，阴雨绵绵的春天也是可以开展有趣的户外活动的。幼儿穿着随时准备着的雨鞋、雨披，撑着雨伞，又或是直接在细雨中奔跑，他们享受蒙蒙细雨落在自己脸上、手上的快乐，感受雨后清新的空气和夹着青草与泥土气息，观察沾满小雨滴的嫩芽和叶子，邂逅蜗牛、蚯蚓、蜻蜓、蚂蚁，讨论并寻找雨水到哪儿去了……幼儿把自己的发现和感受说出来、画下来，大家的绘画被教师合订在一起，编成了一本属于自己的图书放在语言区。刘玥澄小朋友也喜欢在下雨天时出去玩，四岁十个月的她，“写”了这样一首小诗：

春天的小雨落在叶子上，
啪嗒啪嗒，像远处传来的马蹄声。
小雨把叶子打湿了，
小雨滴在叶子上玩着滚来滚去的游戏。
小蜗牛躲在叶子下面，怕把壳淋湿，
小蚂蚁在洞里，不敢出来，怕找不到回家的路，
鼠妇缩成了一团藏在叶子下，谁也不敢干扰它，
我听不懂它们在说什么，
我只是猜一猜啊。
我们在雨中撑着的伞，像一朵朵小花，
我们骑着小车，开心地骑过小水塘，
溅起了小水花给小草洗澡，

把它们洗得亮晶晶的，
小花的叶子带着小水珠，像彩虹一样漂亮。
春天的雨，让小花小草都长得更加茂盛啦，
还有花瓣落在水塘里，不知道有没有小蚂蚁想坐花瓣船呢……①

让幼儿进入大自然是送给他们最好的礼物，大自然原本就蕴含着丰富的资源，蕴含着多种发现、探索与想象的机会，大自然可以充分调动幼儿的各种感官，而且，大自然中的活动总是充满乐趣的。如果被允许，幼儿很喜欢在雨天出来玩，他们喜欢踩水坑、接雨水、感知风雨、仔细观察、用心听闻、在草地上奔跑、寻找小动物，他们在雨中可以做很多事情，也有着不一样的发现、体验、创造与表达，从中可能获得让我们为之惊叹的综合性的经验。中班刘玥澄小朋友的小诗，充满了浪漫的文学色彩和科学精神，它告诉我们，幼儿的眼里到处都是美，自然中的美与他们的想象相遇也就成了艺术；幼儿天生就是文学家、科学家、哲学家，在幼儿那里，生活、游戏、情感、科学、艺术、想象本是融为一体的；幼儿一旦有机会亲近自然并充分感知与发现，通道会被打开，前后经验会产生联系，也就有了科学、语言、艺术、社会等领域的综合性发展。这首小诗足以让我们看到幼儿对大自然的亲近之情、细致的观察力、丰富的想象力、流畅的表达力，以及他们从科普读物、文学作品、歌曲等作品中所获经验的迁移能力；也让我们再一次惊叹大自然的独特魅力，以及挖掘好、利用好身边那些随手可得的自然资源的重要意义。

光和影也是生活中司空见惯的现象，小、中、大班幼儿都会开展相关的活动。

“影子”这一物理现象存在于幼儿的生活中，它时时吸引着幼儿，幼儿会观察影子、玩影子游戏、探寻影子的变化等。小班幼儿在户外游戏时，尤其是有阳光时，会发现自己有影子，而且自己移动了，影子也会跟着移动，教师鼓励幼儿大胆地在集体中或在同伴间表述自己的发现；中班幼儿不仅能发现影子和自己的联系，还会发现在一天中的不同时间，影子会在不同的方位，他们对这一发现感到既惊喜又好奇，教师支持幼儿用图画、符号及时地将自己的发现记录下来，并完整地讲述自己的发现和感受；大班幼儿对影子已经有了丰富的已有经验，教师有意识地创设情境，引发幼儿对光和影进行多样化的深入探究活动。例如，在户外测量、比较影子的长度，观察同一物体影子一天的位置变化；在室内进行光的反射的游戏，并在科学区域中创设“影子屋”；在表演区中开展手影小剧场；在语言区中增加有关影子的绘本；在数学活动中进行影子配对游戏；在生活活动时玩“影子躲猫猫”和“踩影子”游戏，在户外大型建构时选择彩色透光积木，这样就能在墙面和地面呈现出彩色的城堡；等等。总之，教师通过多种方式支持幼儿对光和影进行持续探究。②

① 作者刘玥澄，南京市太平巷幼儿园中班幼儿。

② 作者杨柳，南京市太平巷幼儿园教师，选用时略有删节。

再普通不过的光和影，在我园教师眼中也是课程资源，三个年龄段的教师从幼儿的兴趣和经验出发，鼓励并支持幼儿开展了一系列活动。她们这么做的依据是《指南》科学领域中各年龄段的学习与发展目标，如，小班幼儿“对感兴趣的事物能仔细观察，发现其明显特征”“能用多种感官或动作去探索物体”等；中班幼儿“能对事物或现象进行观察比较，发现其相同与不同”“能感知和发现简单物理现象，如物体形态或位置变化”等；大班幼儿“能探索并发现常见的物理现象产生的条件或影响因素”“能用一定的方法验证自己的猜测”等。一旦教师心中有目标，眼中有幼儿，就会有敏锐的课程意识和资源意识，此时的资源开发与利用也就显得并没有那么困难。田野课程资源也许是一片竹林、一群蜗牛、一个博物馆、一部作品，也许就是落叶、泥土、雨雪、阳光等，只要能为幼儿带来新的经验，都被我们所珍视。

有效利用环境与资源

关于环境和资源在课程建设及幼儿经验发展中的作用及关系，我们早已形成了共识，它们不只是幼儿生活与游戏的背景，也不只是幼儿简单欣赏与观察的对象，而是幼儿互动的对象、亲密的伙伴和经验的来源，它们与幼儿的经验紧密联系、相互转换。此外，环境和资源也不能只停留在开发的层面，它们的课程价值发挥关键在于利用，环境和资源的开发与利用相辅相成，开发是利用的前提，利用是开发的目的。只有通过有效利用，环境和资源才能为活动开展提供条件保障，最终转化为幼儿的经验。随着我们对环境与资源理解的不断深入，有趣的课程故事也相继产生。

十一假期前夕，孩子们兴高采烈地讨论着自己的出游计划。孩子们的热情感染了我：“你们要去那么多有趣的地方，到时候把明信片、照片带来，给大家看看，也介绍一下，怎么样？”

放假回来的第一天，孩子们真的带来了不少明信片、照片，有的还带了当地的小吃、特产等。分享时，孩子们一个个恨不得把自己的东西凑到我的鼻子尖。为了方便分享，这些东西被放在了门口的窗台和展板上，成了一个小小的展览区。孩子们发出赞叹：“好美啊！”“这是哪里，有这么大片的花，我也想去。”“西安，你们知道吗？那里有兵马俑，有的和我一样高。”第二天，豆豆妈妈带来了一个漂亮精致的苏绣作品。

渐渐地，门口的展品越来越丰富，狭长的走廊都有点容纳不下它们了。其他班级的孩子散步时也特别喜欢到这儿转一转，大家开玩笑地说：“我们来参观哦。”这句话激励了我们，将这个班级展览变得更丰富是不是一件值得孩子们深入探究的活动呢？

当我们把这个想法提出来的时候，导师团的老师们给出了建议，首先需要认真观察孩子们的反应，他们对接下来干什么有想法吗？导师们的建议很重要，我们带着这样的思考静心观察，时而静静聆听，时而成为他们的同伴出谋划策，时而认真记录并组织讨论。我们有了共识：举办一个规模更大的展览，一个可以让爸爸妈妈、弟弟妹妹都能看到的展览。

孩子们想要一个比较大的地方，而且能让大家都很方便地看到的地方。在全园寻找、讨论后，孩子们决定把展览设在阳光长廊，因为所有人一走进幼儿园就能看见。一开始，我是有疑虑的，担心孩子们陈列的展览有些凌乱，也不会那么高大上，这样会影响幼儿园的整洁和美感。孩子们坚持选择这里，那好吧，孩子才是幼儿园的主人，他们打造的环境、喜欢的环境才是幼儿园应该有的样子。

是啊！回想曾经的我们，也为环境迷茫过，我羡慕那些美术功底好的同事，理所应当地认为环境就是应该好看，结果环境是环境，孩子是孩子，花了不少工夫却没有取得应有的效果。为此，幼儿园组织我们进行了多次研讨和实践，引导我们理解环境的真正含义，认识到环境对于孩子发展、对于课程建设的那种隐形却又强大的支撑力量。渐渐地，我的想法改变了：环境应该是与孩子、与课程融为一体的，环境一定是要有孩子参与的，他们才是环境的主人。

在接下来的日子里，孩子们规划场地、讨论分享、分工合作，他们用纸箱、木箱、搁架等布置展台，讨论如何分类、分区域布置展品。为了让大家清楚地了解这些展品的由来和特点，他们制作说明、展牌，发现问题后他们还讨论制作了参观的规则……孩子们的表现不断让我感受到他们的力量，我也不断地学会用他们的眼光去欣赏。除了展出收集到的照片、物品外，孩子们决定制作一个“南京馆”，“紫峰大厦”就是五个孩子站在桌子架着的椅子上小心翼翼完成的；为了调查南京特色小吃，双休日兵兵小朋友请爸爸带着她把南京的小吃都看一看，她说网上的图片没有自己亲眼看到的好；展品不够时，他们互相鼓励去其他班级宣传征集……一步步、一天天，我们的展览越来越丰富，规模越来越宏大，我们的工作日记本也越来越厚了。

虽然我们的展览真的不够精致，虽然我们不但“霸占”了阳光长廊，还占用了活动室外的一大片公共区域，可从来没有人说它不好看。有的只是这样的声音：“昨天孩子们讨论了什么问题？”“孩子的想法很棒，和全班分享了吗？”“听说有的孩子去了南京博物院，他们有什么新发现吗？”“关于南京馆，孩子们最感兴趣的是什么？”“如何更好地将家长邀请进来？”大家的疑问和建议给了我们帮助。

“老师，我们建的是博物馆吗？我妈妈说我们建造的像一个中国博物馆。”“博物馆比我们这个要大很多呢，你不是去过南京博物院吗？”“可是我觉得我们这个就是，我妈妈也说是。我们是小博物馆啊。”妞妞不甘心地反驳到。妞妞的话稚气却如此坚定，看来这么久以来的忙碌，让她对自己的作品充满自信。

一张张美丽的明信片或嵌在孩子们自制的镜框中，或穿插在他们绘制的展板中，真的要谢谢这些最初来到的小东西，是它们的出现让我看到了孩子成长的脚步，是它们带给了我们这段美好的相处时光。如果把这些美好的记忆和经验都放进来，我想叫它“博物馆”也不为过吧！①

① 作者杨柳，南京市太平巷幼儿园教师，选用时略有删节。

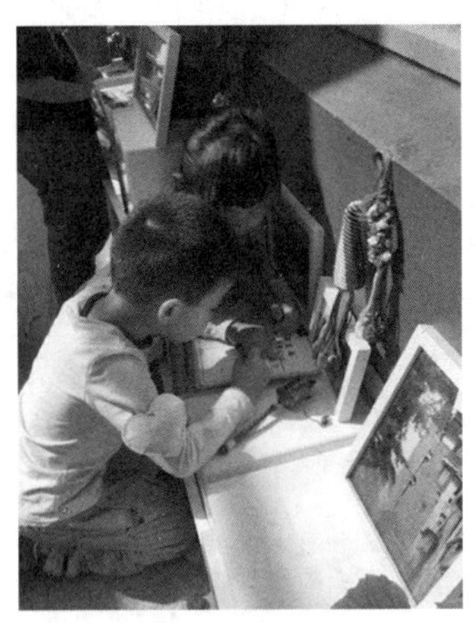
图 4－8　幼儿在阳光长廊布展

图 4－9　幼儿为“南京馆”建造“紫峰大厦”

杨柳老师在和大班幼儿经历了一段美好时光后写下了这个课程故事，被她取名为“从一张明信片到一个博物馆”。博物馆的演变与建立过程是资源的挖掘与利用的过程，也是教师尊重并支持幼儿学习的过程。国庆假期前夕，杨老师明确地意识到让幼儿回顾、分享假期生活将会是有意义的活动，她也意识到小小的明信片、照片就是不错的课程资源，它们看上去虽然很不起眼，却是重要的媒介，可以引发幼儿回顾美好经历，引发幼儿间分享讨论、产生好奇、自主探究。通过班级门口的一个小小展区，幼儿有了欣赏、交流、交往等活动机会，也吸引了家长和其他班级人员的参观。因“场地不够”等现实问题，幼儿动手将展览搬到了幼儿园的阳光长廊，这可是一项不小的工程，需要规划、寻找或搭建展台，调查、比较、陈列、宣传、表达等，这些都会给幼儿带来不少不一样的挑战，幼儿就在这样的真实任务情境中愉快工作、收获成长。从明信片这一小小的资源开始，到材料、人员等各类资源的加入，再到空间的利用和环境的改变，这是教师和幼儿充分利用资源、深入开展活动的结果，从中我们也看到了幼儿及教师的成长。从另一方面看，同伴、家长、导师团成员在活动的开展过程中发挥着积极作用，他们也是重要的课程资源。

我园的一景一物都是精心设计的，一个池塘、一座砖桥、一片果林、一树桂花、一口密封的水井，在我们眼中，这些都是课程资源，都可以很好地加以利用，生发出多种学习机会。有时，园内的资源就像一座桥梁，打通了园内外，将园内外资源和活动联结起来，拓展着幼儿的学习空间和经验。

幼儿园小果林旁的一座砖头桥，其中有几块看上去、摸上去有些特别，它们上面或多或少有一些凸出来的文字。这些不一样的古城砖引起了中一班幼儿的兴趣，他们想了解砖头桥背后的故事。他们采访幼儿园里年龄比较大的老师，有些孩子提出这些砖和南京古城墙的砖有点像，他们想去探寻南京的古城墙，有些孩子知道白鹭洲公园里有许多不一样的石桥，建议大家远足过去找一找……于是，他们走出幼儿园来到东水关、中华门寻访南京的古城墙，来到白鹭洲公园、夫子庙寻找不一样的石桥。孩子们调查城墙、城门、石桥的名字和由来，发现了历史故事、唐诗宋词；他们用中国画的方式表现石桥、亭子、池塘、花草的美丽风景，并展览在班级和幼儿园走廊里；他们朗诵表演，艺术的表现力、创造力十足。还有一些孩子对一些古老的文字感到好奇，老师在图书区放了一本图书《我的第一本汉字书》、甲骨文卡片等，孩子们在写写画画中感受汉字的有趣和博大精深。幼儿园里的一座小石桥，引发了中班孩子、教师和家长展开了丰富多彩的园内外综合性活动，收获了有益的经验，也留下了深刻、难以忘怀的印象。

图 4－10　中班幼儿拓印桥砖上的文字

图 4－11　幼儿在东水关听城墙“说话”

园外资源也是需要充分挖掘并珍惜利用的。对我园幼儿和教师来说，幼儿园对面的郑和公园就像一个巨大的宝藏，公园里的人、景、物，以及历史故事、现实事件都是宝贵的课程资源。

小班孩子喜欢到郑和公园里散步，他们观察着、交流着。春天，找一找幼儿园里没有的花，认识幼儿园里没有的柳树，感知小桥流水、假山亭台，说一说公园里喜欢的事物，感受欢歌笑语的快乐生活，这些弥补了幼儿园资源的不足。

中班孩子对郑和公园里的人们感兴趣：“公园里哪些人最多，他们为什么喜欢来这里？大家对公园的感受和建议有哪些？这些工作人员在干什么？”虽然大家对郑和公园已经很熟悉了，但是对于这些问题真的还不太清楚。于是，他们决定做好计划后再次走进郑和公园，用自己的方式尝试获得信息。他们观察公园里人们的活动，记录自己的发现，尝试与不同的人包括有语言障碍的爷爷交流，采访人们喜欢公园的原因及对公园的建议。整个活动中，孩子们有的结伴采访，有的观察记录，他们分工合作、交往互动并认真倾听……活动中，他们也发现了一些不文明的现象，如有的人踩踏草地，有的人乱扔垃圾。“如何做文明游客？怎样保护公园环境？”讨论后，孩子们决定到郑和公园进行环保宣传。他们自制了不同环保内容的宣传画，排练了环保宣传小节目，大方地表演、介绍环保知识，希望通过自己的努力让郑和公园更干净、更漂亮。

有些大班孩子对郑和下西洋的故事充满兴趣，郑和为什么要那么多次下西洋？广场上的文字和符号分别代表什么意思呢？老师捕捉到孩子的兴趣，以问题为导向，充分挖掘各种资源，引导他们通过调查、参访、搜索、阅读等方式去解决问题。活动过程中，孩子们惊叹于宏大的船队、明朝先进的造船技术和航海技术，他们也想造一艘宝船，通过规划、讨论、分工协作，历时两个月宝船终于完工了。巨型的宝船上放着大唐时期惟妙惟肖的塑像以及中国、外国的特产，大家把宝船展览在阳光长廊，颇有郑和下西洋船队的风采，吸引了众多孩子和老师的围观。毕业典礼上，孩子们身着明朝服饰，在舞台上尽情演绎着属于自己的宝船故事，这是孩子们的课程演绎，也是他们的美好印记。

图 4-12　中班幼儿在郑和公园中向爷爷请教打陀螺的方法

图 4-13　大班幼儿建造的宝船之一

图 4-14　大班幼儿建造的船队

图 4-15　大班幼儿表演“郑和下西洋”的故事

无论是婴幼儿或是成人，环境在他们的成长发展中都扮演着至关重要的角色。基于对幼儿的学习规律和特点的理解，基于对经验在幼儿发展中重要性的理解，我们努力为幼儿创设充满安全感和自信心的环境，创设具有丰富性、邀请性、灵活性和经验生成性的环境，让幼儿园的一草一木承载课程的意义，让幼儿园每一处环境都有幼儿活动与成长的印记。我们还创设了种养区、沙土区、语言区、美工区、表演区、科发区、积木区、生活区等区域，开发利用了大量的、多层次的、可选择的课程资源，建立了三级课程资源库，引导幼儿开展多样化的自主探究、交往和表达等活动，让幼儿真正在行动中学习，在经验中学习，在过程中学习，努力让《纲要》《指南》中的目标能够落地、生根、发芽。

区域活动研究

《纲要》和《指南》等文件一再强调，要关注幼儿学习与发展的整体性，注重领域之间、目标之间的相互渗透与整合，促进幼儿身心全面和谐发展；同时，还要充分理解和尊重幼儿发展进程中的个体差异，支持和引导他们从原有水平向更高水平发展。在我们看来，无论是促进幼儿身心全面和谐发展，还是支持幼儿按照自己的速度和方式发展，都涉及一个重要问题，那就是需要不断提升田野课程之于幼儿个体发展的适宜性。提升田野课程适宜性包含哪些维度？如何提升？有突破口或抓手吗？这是田野课程建设当下面临的主要问题。于是，我们坚持一以贯之的思路，仍然期待以科研为抓手解决当下面临的重要问题，2008 年，我园成功申报了全国教育科学规划课题“提升田野课程适宜性的实践研究”。

对于田野课程适宜性的思考使得田野课程研究与实践面临新的挑战，也经历了新的发展。我们将目光再次聚焦区域活动，将区域活动的实践研究作为重点研究内容之一，这是因为我们有以下假设。区域活动为幼儿提供了行动与创造的机会，让幼儿能够专注于感兴趣的活动；区域活动是幼儿自主的、多样化的学习方式，适宜于幼儿个体的学习与发展，能够满足幼儿个性化的、多方面的需要；在区域活动中，幼儿获得的经验往往不是单一领域的，而是综合的，这有助于幼儿的发展更具整体性；因其开放性，区域活动与其他田野课程实施途径可能会产生更多联系，从而使经验更好地连接与拓展。同时，在区域活动中，教师可以更好地观察幼儿的言行，了解幼儿的发展，提供适宜的支持。总之，我们假设，区域活动符合幼儿的学习特点，能够走进每个幼儿的心灵，是田野课程重要的实施途径之一。

全面发展与区域活动

在田野课程中，区域活动被定义为以幼儿的关键经验、兴趣、需要为主要依据，在一定空间内投放多样化、适宜的材料，供幼儿自主选择并通过与材料、同伴等积极互动，从而获得个性化、全面发展的一种活动形式。我们认为：一方面，区域活动作为田野课程重要的实施途径之一，对幼儿的发展有着独特价值，与其他实施途径各有特点、互为补充，共同为幼儿提供多种方式的学习；另一方面，区域活动在内容与经验上与主题活动、领域活动、生活和游戏活动紧密关联、相互转化。田野区域活动强调每个幼儿的主体地位和自主活动，教师的主要作用是分析幼儿的经验、提供适宜支持，目的是促进幼儿富有个性的全面发展。在促进每个幼儿的全面发展中，田野区域活动能发挥其独特作用，这是因为：

第一，直接经验是幼儿最重要的经验，区域活动的开放性特征为幼儿提供更多感知、体验与操作的机会。幼儿的年龄特点决定了他们进行学习以直接经验为主，间接经验一定需要有直接经验做根基才能成为自己的经验。田野区域活动中的材料是丰富而开放的，对于每一类材料，幼儿都可以展开丰富的想象，可以引发对话和互动，可以激发合作与探究；这些材料没有明确的操作指南，它们可以被单独使用，也可以与其他材料结合在一起使用。区域活动中的开放性材料让幼儿拥有了开展无限活动的可能，能在不同的活动内容与方式中收获着不同的经验。同时，田野区域活动中开放的空间、充足的时间，能够让幼儿充分接触丰富多样的材料和人员，充分面临真实具体的任务与情境，在时间、空间与材料的保障下，幼儿可以热情而专注地投入其中，产生更多互动机会与方式，遇到多样且不确定的挑战，获得丰富深刻的直接经验。在田野区域活动中，幼儿通过看、听、闻、摸、尝等多种方式感知周围世界，通过交流、分享、创作、表达等多种交往与创造性活动方式理解周围世界，从中获得的直接经验是丰富而真实的，这对幼儿发展来说至关重要。对于幼儿来说，区域活动中充分互动的方式和过程不仅是具有挑战性的，而且是令人愉悦的，因为儿童生来就有一种要做事和要工作的愿望，他们对直接参与操作及互动等活动具有强烈的兴趣。

第二，幼儿的经验是整体且多样的，区域活动的综合性特征能更好地满足幼儿“多方面发展的需要”。幼儿是一个完整的个体，他们的发展本来就是整体的，而不是割裂的，我们应关注幼儿发展的整体性，促进他们全面发展；培养全面发展的幼儿就应当关注并支持他们多方面发展的需要。我们不难知道，满足幼儿多方面发展的需要，最好的办法就是关注环境与资源的多样与平衡，以及确保幼儿与之发生互动的机会和质量。假如环境与资源单调了，则不易激发幼儿与之互动的愿望和动机；假如环境与资源失衡了，则会导致幼儿经验的失衡，从而导致幼儿片面发展。田野区域活动中，丰富的环境与资源能够满足幼儿操作摆弄、探索发现、交往表达、欣赏创造等多方面发展的需要。一方面，不同类型的区域活动所涉及的核心经验有所侧重，如，语言区侧重阅读与表达能力，科学区侧重探索和思维能力，美工区侧重欣赏和创造能力，表演区侧重创造与交往能力，等等，田野区域活动为幼儿获得相关领域的核心经验提供了可能与保障。另一方面，更为重要的是，田野区域活动的一个重要特点就是其本身的综合性，任何一个区域都有可能出现几种不同领域的核心经验。如科学区中除了探索、思考，幼儿还与他人积极、大胆地交流自己的想法与发现，学习尊重他人的见解，以及用绘画、图表、符号甚至是简单的文字记录自己的操作与发现，这些涉及语言领域和社会领域的经验。再如，生活区和种植区则更是综合性很强的区域活动，涉及更多方面的学习经验，在观察、比较、发现、表达、劳作、交往、记录等活动中，幼儿的动作、力量、耐力、生活卫生习惯、自理能力、倾听与表达、阅读与理解、友好合作、遵守规则、探究自然、表现创作等方面都能得到发展，同时，热情、专注、不怕困难、敢于探究、乐于想象等良好学习品质也得到发展。田野区域活动本身就是综合的，它符合幼儿的心理发展水平和学习特点及需要，能更好地满足幼儿多方面发展的需要。幼儿在其中的活动也是多样的，生发出更多、更综合的目标，这些目标自然会与《纲要》《指南》五大领域所提出的目标相关。

第三，幼儿的发展存在个体差异，区域活动的可选择性特征能更好地满足每一个幼儿学习与发展的需要。《纲要》指出："关注个别差异，促进每个幼儿富有个性的发展。"幼儿不是一个抽象的整体概念，我们所面向的全体幼儿，不是全体中的部分幼儿，而是全体中的每一个幼儿。众所周知，每个幼儿的生活环境和经历不同，他们作用于环境的方式也会有所不同，这就决定了他们的原有经验也是存在差异的。幼儿在原有经验、学习方式、发展水平和能力倾向等方面都或多或少存在差异，那么，"一刀切""齐步走"等整齐划一的活动和评价方式显然难以满足幼儿差异化的需要。此时，最好的方法就是创设一个个多功能、多层次且具有选择自由度的环境，提供丰富多样的材料，让每个幼儿自主选择，并用自己喜欢的方式与环境中的实物和人充分互动，在此过程中，教师用心观察、敏锐觉察和捕捉，并给予个别化的指导。可选择性是田野区域活动的最大特点，无论是材料、内容还是方式，幼儿都可以根据自己的兴趣或需要确定，真正尊重他们的意愿，满足他们的个体需要。幼儿在自主活动的基础上，得到教师个别化的指导，从而获得了对自己来说有意义的经验。

我们依据《纲要》《指南》精神规划田野区域活动，不只是规划一个空间，而是为了让幼儿有更多选择的机会及与环境互动的机会，让幼儿在具有吸引力的区域活动中进行自主学习，得到全面而富有个性的发展。

区域活动研究的组织

我们对田野课程实施的现状进行分析，进一步认识到区域活动的独特价值，决定将其作为田野课程实施途径的基础。任何一项工作总是离不开规划的，区域活动研究的规划包括两个层面，分别是幼儿园规划和班级规划。幼儿园规划的内容主要包括区域种类、关键经验、主要内容建议、时间安排、研究团队等；班级规划则包括区域内容、关键经验、空间设置、材料准备、活动规则等。规划需要从现状出发，以研究组织为例，我们考虑原有的研究组织是否满足需要，怎样的组织结构更有利于全面推开区域活动的研究与实践。在充分讨论及全面分析幼儿园教师队伍的状况，特别是分析能够引领队伍、独当一面开展工作的骨干教师的状况后，我园确定成立八个区域研究小组，每个小组设组长一名、副组长一名，全园每位教师依据自己的兴趣、特长以及各年龄段实践研究的实际需要，分别进入一个研究小组，这八个研究小组成员是跨年龄段、跨园部的。各研究小组根据实际情况确定研究重点、研讨时间与方式，幼儿园每两周组织一次集中性的区域研讨活动，每个研究小组轮流出现场、定专题。经常性的学习与教研活动有效推进了实践，以及促进了经验的汇聚和共享。从开始的科发区、美工区、种养区、生活区、建构区、沙土区、扮演区和语言区 8 个区域的研究与实践，到两年后的“8＋N”种区域，田野区域活动类型更为多样，实践更为深入，区域活动也从最初的作为其他课程实施途径的补充，发展成为田野课程重要的实施途径，与其他五类实施途径紧密联系，共同支持幼儿的学习与发展。

虽然田野区域活动是综合性的，但每类区域活动的主要功能还是有所侧重。幼儿喜欢参加区域活动，因为区域活动的开放性、可选择性及综合性，幼儿不但能沉浸在其中满足自己的兴趣和需要，还能在相对独立的一个个小空间中体验不一样的精彩、收获满足与成就感。科发区是一个充满问号的天地，幼儿在这里动手操作、发现问题、大胆猜测、调查实验等，保持好奇好问、学习尊重事实、质疑归纳，以及热爱科学与生活；幼儿在建构区中从无意识摆弄到学会基本建构技能，再到创造性搭建，使得他们的秩序感、对称感、平衡感、立体造型等空间与数学思维及协作意识得到发展；表演区中，幼儿自娱自乐、规划合作，将游戏、生活与创造融为一体，体验想象、合作、表演的乐趣，旺盛的表达欲望也得到满足；语言区活动包含阅读、听说、记录分享、想象创作等，为幼儿提供了良好的阅读与交流环境，使幼儿从中获得内心的满足及良好习惯的发展；美术区是一个色彩斑斓的世界，幼儿在这里感受美、表现美和创作美，让心中那颗美的种子不断萌芽成长；沙土区极大满足了幼儿的情感需要，他们积极运动、探索发现、想象创造，并乐在其中；生活区让幼儿在有趣的情境和活动中，学习相关生活技能，丰富生活体验，提高生活能力；种养区更是一个有魔力的地方，它是幼儿与自然对话的天地，在这里，幼儿亲近自然、发现惊喜、劳作思考、感悟生命，热爱自然、关爱生命的情感油然而生。

开展区域活动，除了有研究组织、人员，以及明确的主要功能定位外，还需要有空间和时间的保障。在空间上，我们尽可能挖掘室内外所有空间，通常每个班级室内有 6 个以上的区域活动，这对班级活动室的空间规划提出了更高要求，于是，我们对室内部分的空间进行了改造，将一些利用率不高的公共活动室改造成幼儿午睡室。这么做，一方面扩大了班级活动室内可灵活利用的空间，另一方面也将教师从每天重复搬床的体力劳动中解放出来。除了班级的区域空间外，每个班还充分利用班级附近的公共空间。同时，幼儿园还设置了烹饪室、种植园地等公用的区域空间。在时间上，我们对三个年龄段的作息时间都作了重新规划，进一步减少集体活动时间，消除时间上的隐性浪费，确保每天都有一定时间满足幼儿参加区域活动的需要。无论是空间还是时间安排都是相对稳定的，教师和幼儿会根据实际活动的需要灵活调整。活动中，我们经历了一个不断提醒自己慢下来的过程，不急于求成，不拔苗助长，努力为幼儿创造一个可以让他们从容专注的环境，让每一个幼儿可以按照自己的速度、自己的节奏，获得实实在在的发展。

为推进幼儿经验的整合与拓展，我们还探索了区域活动与其他五种实施途径之间的关系，探索区域活动与主题活动、领域活动以及游戏、生活活动的有机融合，努力使经验之间产生联系并不断拓展。

区域活动的回归与变革

20 世纪 90 年代中期，我园在开展“3—6 岁幼儿创造教育启蒙与发展”课题研究中，除了深入开展创造性游戏、“创造节”等活动外，还尝试开展活动角活动。活动角的空间类似于现在的区域活动空间，在内容上，更多选择活动有趣、材料特别、操作性强的活动，如有趣的小实验、蔬菜创意造型、小工具收集与操作、纸袋创意、蜡烛熔化等。活动角活动的开展为幼儿创造了更多操作与探索的机会，这在当时不能不说是一种有价值的尝试，可以说，这是田野区域活动最早的雏形。但那个时期的活动角活动，总体看来还缺乏明确的理念指导，在内容选择及材料提供上以教师为主导且较为单一，整体规划和促进幼儿发展的意识也不够强。

到了 90 年代末，也就是在田野课程建设初期，大量的学习开阔了我们的视野、冲击着我们的理念，我们充满热情地尝试网络式主题活动的开展，在主题活动实施中往往会增加一种新的活动方式——区域活动。如在“服装”主题活动中，在美工区开展“裁缝店”活动，幼儿设计、制作、包装服装，在表演区开展时装表演活动，幼儿布置舞台、设计形象、选择音乐、合作表演。这个时期，每个班的教师在开展主题活动时通常会创设几个与该主题活动内容相关的区域，其中较多的是美术区、语言区、科学区等，教师们创设区域活动的目的主要是为了更好地丰富主题活动的内容和手段，同时尽可能关注并满足个别幼儿的不同需求。事实上的确如此，区域活动不仅受到幼儿的欢迎，也发挥着积极的作用，应该说，这个时期的区域活动是具有一定前沿性的。但总体来看，此时的区域活动是田野课程实施，特别是主题活动开展的一种手段，操作性、游戏性较强，在内容确定、材料提供和功能指向上以教师为主，更多的是从教师的角度去看待幼儿的需要，教师的主导地位还较为明显。

在经历了近十年的田野课程改革与实践后，我们期待不断提升课程的适宜性，我们认为区域活动也许是能够满足幼儿个性化发展的需要以及综合性经验获得的重要的课程实施途径，我们决定回归对这一实施途径的高度关注，并期待通过实践研究有所突破。全园教师历时四年，使得田野区域活动在内涵、形式、功能等方面都有了较为明显的优化与突破，主要体现在以下四个方面。

第一，更加自主开放。在内容来源上，区域活动内容的产生与幼儿的兴趣、问题和经验紧密关联，教师更多关注幼儿的需求，关注幼儿身边正在发生的事情，关注幼儿的已有经验和可能发展的经验；在空间设置和管理上，幼儿参与区域活动的规划、环境的创设、材料的搜集、日常的整理等全过程；在活动进程上，幼儿选择什么活动、以什么方式与环境互动、怎样表达自己的问题与收获等更为自主；在材料提供上，除工具性材料外，以开放性材料为主，且更为丰富、具有层次性，同时幼儿及家长也是重要的材料提供者。总之，教师更尊重幼儿的主体地位，区域活动内容、活动方式及活动进程不再是封闭的、固定的，而是开放性、变化的，这使得幼儿的自主性不断增强，由此，区域活动的功能也必然是开放的、延展的。

第二，更加综合全面。每一类区域活动都是综合的，这是田野区域活动的重要特征，因此，从区域活动的功能指向看，幼儿在任何一区域中活动都能获得不止一个领域的学习与发展目标。例如，大班幼儿在科学区探究蚯蚓，他们会饲养、观察蚯蚓，阅读有关图书与视频资料，会用表格、绘画、泥工等方式记录自己的发现，有可能也会产生相关故事表演，这是科学、语言、艺术等领域经验的整合。又如，在建构区，幼儿能获得空间思维和数学思维的发展，获得创造性立体造型能力的发展，获得平衡、对称等科学概念以及平衡感、对称感等艺术美感的发展，获得规划分工的合作意识和能力的发展，还能在遇到困难时不放弃而是想办法解决，从而使得坚持性和抗挫性得到发展。田野区域活动本身更为综合，功能也更为综合全面。

第三，更加关联整合。首先，区域活动与其他五类田野课程实施途径是紧密关联的。田野课程的实施途径是多样的，区域活动是其中一种重要的而非唯一的实施途径，它与其他的实施途径各有特点，对幼儿的发展有着独特的发展作用，它们紧密联系，共同为幼儿提供多种学习方式，教师根据需要灵活采用。其次，班级内不同类型的区域活动间，在内容特别是经验上也可以建立紧密联系，这有利于经验的联系、拓展与整合。再次，单一区域活动在不同年龄段、不同时期的经验也是具有连续性的，我们认真规划不同年龄段每一区域的重要经验。最后，区域活动与主题活动、领域活动、幼儿生活与游戏活动不可割裂，我们更为整体地去看待区域活动，它可能为主题活动、领域活动、生活与游戏活动服务或相互转换。

第四，更加指向学习。田野区域活动具有很强的操作性、情境性和游戏性，但幼儿在这里不仅仅是为了操作与游戏，还要在操作与游戏中获得新的经验，区域活动是能给幼儿带来学习机会的一种课程实施途径。例如，即将毕业的大班幼儿，他们想建造“我们的幼儿园”，以此表达对幼儿园的喜爱与不舍之情。于是，他们交流自己眼中的幼儿园，并从不同视角拍摄、观察幼儿园建筑和环境的结构、造型；活动中他们凭借经验、借助照片，从多角度分析幼儿园的建筑特征，运用绘画、符号、图标等方式初步进行规划；综合使用架空、平铺、围合、连接等技能搭建幼儿园的建筑造型，尝试搭建组合式建筑物；发现积木之间的倍数和替代联系，如两块短板拼接成一块长板，两个三角块可以拼接成一个正方块；使用纸盒、纸板、牛奶罐等废旧材料辅助搭建，使得作品更加美观；利用照片、图示、记录等多种方式向同伴、家人介绍自己的搭建过程；等等。这些既是幼儿多种方式的活动过程，更是幼儿的学习与发展过程。

在区域中生发学习

在田野区域活动中，区域活动是田野课程的重要实施途径，它为幼儿提供了更多自主活动的机会和更为适宜的挑战，也就更能满足幼儿个性化学习的需要。但要想真的把学习带进区域并不是一件容易的事情，我们主要在以下几个方面做了一些有意义的尝试。

一是明确每类区域活动的特质及其核心经验。田野课程中，不同类型的区域活动相互联系，在本质上都受到田野课程理念的指导，但就每一类区域活动而言，也是有其特质的。教师对区域特质和核心经验的了解及把握，有助于区域活动设置及过程中的观察与指导，以确保区域活动对于幼儿学习的重要意义。我们梳理了不同类型区域的活动特质和核心经验，这并不容易。为此，我们集中全园教师力量，八个区域研究小组的成员从实践探索和理论学习两个方面入手，进行梳理提升。一方面从一个个实践案例中，概括总结幼儿的学习经验；另一方面通过学习《纲要》《英国基础阶段教育（3～5岁）课程指南》《活动中的幼儿——幼儿认知发展课程》《幼儿园创造性课程》等专业图书，借鉴提取其中的精神和经验，并在实践中予以验证优化。

表 4-1　种养区的活动特质

特质要点	特质阐述
蕴含对自然的情感	种养区是对生物的照料，这里需要幼儿投入极大的情感，倍加小心、倍加珍惜，能满足幼儿亲近自然的需要的同时，增强对自然的热爱之情。同时，由于动植物变化的不确定性，因此，这里的每一天都有可能是幼儿的发现之地、惊喜之地
活动具有长时性的特点	由于动植物的生长有长时性和延续性的特点，因此，这里的活动并不是即时能够完成的，需要幼儿长时间，有时是几周，有时是几个月，甚至更长时间的关注与照料，这需要幼儿投入更多的热情和精力，以及更多的坚持与耐心
经验的综合性强	种养区活动既有对各种动植物的特点与习性经验的了解，也包含对各种种植及养殖工具的使用经验，这里既能培养幼儿观察、记录、比较等科学能力与精神，也能让幼儿体验照料、劳作的艰辛与责任及发现、收获的喜悦，更有助于幼儿形成坚持、创造、不怕困难等学习品质以及对大自然的真挚情感
蕴含丰富真实的情感经验	在种植活动中，幼儿能感知、体验植物从种子到果实，从生命开始到生命结束的完整成长过程；养殖活动中能照料陪伴小动物的生命历程。在其中，幼儿体会到季节的更替、生命的往复，体验喜怒哀乐，能从种养过程中获得真实且丰富的情感经验。同时，种养活动通常并不一帆风顺，相对于其他区域活动，它更有可能面临失败，每一次失败都可以让幼儿反思、猜测、探究、总结，不断改进自己的养育技巧，不断增强战胜困难的勇气，不断体悟生命的惊喜与珍贵

表 4－2　区域活动的核心经验（以科发区、生活区为例）

科发区	1. 对周围的事物与现象感兴趣，有好奇心和探索欲 2. 能够运用各种感官，动手动脑，对一些事物、现象或问题进行持续、深入探究，感受事物的某些特性、前后变化或事物间的相互关系 3. 有初步的问题意识，善于发现问题、提出问题，愿意想办法解决问题、寻求答案；会就某一现象或问题进行猜想，并通过实验检验猜想，尊重实验结果 4. 感受现代科技给人们的生活带来的便利，会使用简单的工具，如天平、放大镜、镊子、测量工具等 5. 与他人合作，敢于大胆地与同伴、教师交流自己的想法或发现，也能尊重他人的意见 6. 会用适当的方式表现、记录自己的操作结果，比如图画、图表、符号，甚至是简单文字 7. 尝试运用和迁移经验，通过有创意的操作和创作表现自己的想法，或用不同的方法解决某一问题，有发现时感到兴奋和满足
生活区	1. 参与简单的自我服务活动，掌握基本的生活自理能力，能初步根据自己身体的需求做好生活管理 2. 知道生活自理能力很重要，在成人的鼓励下坚持做力所能及的事 3. 积极参与各种生活活动，大胆尝试，体验成功后的喜悦 4. 主动参与烹饪活动，初步了解生活中常见食材的名称、基本特征以及烹饪过程中产生的变化 5. 喜欢品尝各种食物，尝试自制美食，体验生活的乐趣，并愿意与他人分享 6. 正确、安全地使用筷子、小刀、剪刀等工具，用完工具后放置在固定位置，养成良好的卫生、安全习惯 7. 在穿、编、叠、揉、和、切、擀等动作中锻炼身体的大、小肌肉，手眼协调、动作灵活

二是投放丰富且有层次的活动材料。材料在区域活动中具有举足轻重的作用，它是区域活动开展的重要前提和保障，材料的投放直接关系到区域活动的开展及幼儿新经验的获得。我们重视开放性材料的挖掘和使用，投放丰富性、有层次性的材料。材料的丰富性不只是种类的丰富和数量的充足，事实上材料的丰富性并不是一个数量概念，而是指材料所蕴含的活动和经验的开放与丰富程度。我们理解的材料层次性包含两个方面，一是不同年龄段幼儿所需要的材料是有层次要求的；另一方面，同一年龄段幼儿因个体差异对材料的需要也是不一样的，因而，区域中需要投放隐含不同经验层次的材料。投放材料是区域活动中教师的重要工作，也是教师支持幼儿有效学习的重要策略之一。在投放材料时，我们以开放性材料为主，当然也会将结构性材料与开放性材料结合起来。同时，区域中材料的使用方式也是开放的，有时同一材料蕴含着不同的工作和经验，如花瓣、麦穗等不仅仅可以用来装饰，也可以作为认知探究的对象，它们也许会引发幼儿对其他自然物的兴趣和活动；而有时同一经验需要通过与不同材料的互动才能获得。教师投放材料后，接下来的主要工作是观察幼儿对材料的使用情况，并根据幼儿经验的需要进行调整。

表 4-3　小班美工区活动“春天的小草”材料投放①

区域活动内容	活动之一：春天的小草 幼儿在区域中选择自己喜欢的方式表现春天的草地以及不同形态的小草，可能的方法有撕贴、泥贴、线条绘画、点彩等
原先的区域材料	1. 水粉笔、深浅不一的绿色颜料 2. 胶棒、薄厚不同的绿色系纸张 3. 深绿、浅绿的油泥、纸黏土等 4. 幼儿集体涂鸦的背景纸 
教师的观察发现	1. 幼儿在美术区的活动已获得一些初步的经验：从“认识蜡笔和水粉笔”到“使用蜡笔、水粉笔涂色”，再到“多种绘画材料在区域中结合运用”，目前可以根据自己的需要和喜好选择使用 2. 存在三个方面的问题：一是对于纸黏土的操作方法不太熟悉；二是撕纸时不够大胆；三是用水粉绘画小草的方式较为单一，基本都是单线条从下向上的表现形式
教师的思考	1. 增加新材料（纸黏土）的数量，并与之前已经熟悉的材料分开摆放，同时保证幼儿充分探索新材料的时间 2. 引导幼儿继续在户外活动中观察、感知幼儿园中不同形态的小草，丰富幼儿对于各种各样小草的认知 3. 在区域中摆放几盆不同的植物，如铜钱草、含羞草等，以供幼儿直观感受与观察 4. 结合班级正在进行的自然角种植活动，将部分水粉画活动迁至班级户外平台的种植区，让幼儿在画板上作画
调整后的区域材料	  

① 作者李婷，南京市太平巷幼儿园教师，选用时略有删节。

在万物复苏的春天，嫩绿的小草生长迅速，幼儿喜欢轻轻抚摸它们或是轻声和它们说话，用多种方式表现小草当然是幼儿喜欢做的事情，而且这样做也会让他们有所收获。李婷老师在美工区提供了多种材料，这些温馨、丰富、有层次的材料将会激发幼儿操作与表达的热情，同时这些材料也蕴含着不同的美术表现方式，有泥工、绘画、撕贴等。多种活动不但能满足幼儿动手操作、表现表达的愿望，还能促进幼儿精细动作、感知、欣赏等方面的发展。李老师用心观察幼儿在该活动区的活动，并分析这些活动中所获得的经验，敏锐地发现存在的问题和困难，然后反思自己可以做什么。针对纸黏土使用方式不多、操作不熟练的问题，李老师增加纸黏土的数量并单独摆放，同时考虑时间因素，这样，色彩斑斓的纸黏土更有可能吸引幼儿的注意力和满足幼儿活动的需要；针对幼儿小草表现方式单一的问题，李老师决定增加户外感知小草的机会，同时在美术区摆放不同类型的小草盆栽，让幼儿随时可以近距离地感受与观察小草。另外，李老师将美工区部分绘画活动延伸至班级户外平台，让幼儿在更为丰富多样的自然环境中充分感知和表达。李老师对材料、空间、时间等方面的调整决定与行动，都是基于对幼儿活动及经验、需要进行理性分析的结果。

孩子们在“汽车嘟嘟”主题活动中制作了一辆小汽车。这辆车是孩子们分工协作、共同努力的成果，大家决定将它放置在表演区。

“小兔乖乖”是孩子们最近在表演区最喜欢表演的内容之一。可是，今天孩子们演到兔妈妈外出拔萝卜时，却发现没有大灰狼来敲门，原来还没有人扮演大灰狼呢。于是，演员们开始想办法，还有人小声提议：“找老师来当。”我当还是不当？我告诉自己还是先耐心等等吧，相信孩子们会有自己的办法。

正当孩子们犹豫时，司机琪琪转动着方向盘，发出“呜呜”“滴滴”“汽车到站了”的声音。她打开车门询问：“有人要坐车吗？车要开了，还有谁要上车？”小兔子们一起看向小汽车，正在这时，兔妈妈回来了，兔宝宝轩轩提议：“妈妈，我们坐汽车出去玩吧。”兔妈妈慢慢地说：“好，我们去买萝卜。”兔宝宝们开心地笑着跳着。大家坐车来到公园（美工区中小池塘作品展示架）看看花、说说话，还到超市买了萝卜，绕了一圈，小兔一家坐车回到家里，烧饭、吃萝卜，可开心啦。

表演区来了这辆小汽车，产生了新角色——司机。同时，孩子们对扮演交警也更有兴趣了。不过，面对着这两个立场不同的角色，孩子们的冲突随之而来。

交警辰辰因为司机琪琪“不遵守交通规则”，向我告状了。琪琪也立即快速跑来向我解释，原来辰辰做的指挥动作和说的指令，琪琪没有听清也看不清。面对幼儿的主动求助，评估小班幼儿独立解决这个矛盾的能力后，我觉得此时有必要介入。

我：“除了交警，还有其他办法帮助司机安全开车吗？”

琪琪：“看红绿灯。”

辰辰：“看有转弯箭头的牌子。”

琪琪:“有人走过来车就不能开。”

我:“我们班有这些标志牌吗?”

辰辰:“我看过的,在看图书的地方,我去拿。”

琪琪也追了上去。孩子们在“汽车嘟嘟”主题活动中认识过这些标志牌,之后被放在了语言区。辰辰和琪琪来到语言区拿着各种交通标志牌讨论起来。过了一会儿,辰辰和琪琪回到自己的岗位。瞧,小兔子一家要过马路了,辰辰一手出示行人过街标志,另一只手出示红灯标志,琪琪心领神会踩下刹车,停下手中转动的方向盘,目送小兔子们走过;妈妈推着婴儿车带娃娃上街了,辰辰出示禁止鸣笛的标志,琪琪不再发出汽车的滴滴声;辰辰出示拐弯标志并做着手势说“汽车请拐弯”,琪琪顺着标志指出的方向转动方向盘……[①]

这个在“汽车嘟嘟”主题活动背景下进行的“小兔乖乖”表演区活动,既有游戏性又有表演性,小班幼儿对该活动也有着强烈的内在动机。值得一提的是,在“小兔乖乖”游戏进行过程中,因为幼儿和教师共同制作的小汽车的加入,随即带来了角色的增加、活动的增加,以及角色与角色之间关系的增加。小汽车使得经典文学作品的表演活动发生着有趣的变化,使得故事情节和幼儿的想象力丰富了,并且,小汽车还将班级区域与区域之间连接了起来。小汽车还带来了司机与交警之间的冲突,宦老师依据小班幼儿的经验适时介入其中引发讨论,两名幼儿成功发现并使用主题活动中曾经认识过的交通标志,有了这些材料的加入,交警与司机的关系得到改善,矛盾得以解决。这个案例中还有一点值得我们关注,那就是教师的课程整体意识和资源意识,将幼儿制作的小汽车放置在表演区,将用于认知的交通标志放入语言区,教师这样做有利于幼儿经验的巩固与拓展。事实上,幼儿需要一些重复操作和游戏的机会,特别是年龄较小的幼儿。

三是聚焦活动过程及幼儿的经验。区域活动是幼儿自主选择并展开的活动,但这并不意味着教师只需要轻松地陪伴在一旁,此时教师的重要工作是用心观察幼儿的活动过程及其经验发展情况,并在需要时给予支持或调整。就全体幼儿而言,教师需要关注:在一定阶段内有哪些幼儿进入了这个区域?他们做了什么,获得了什么经验,哪些区域更受幼儿的欢迎,为什么?幼儿喜欢在其中做什么,怎么做?不同区域之间以及与其他活动之间的关系是否紧密?就个体幼儿而言,教师需要关注他(她)对活动专注吗?使用了哪些材料,如何使用?是否获得了探索、表达等机会?我园教师总会记录幼儿的行为表现,关注活动中幼儿活动的基本线索,分析判断幼儿获得了什么经验。田野区域活动中的教师总是会思考这样两个问题,一是幼儿获得了什么经验,二是他是用什么材料、内容或方式获得这个经验的。总之,关注幼儿的经验及经验的发展才是区域活动开

---

① 作者宦瑛,南京市太平巷幼儿园教师,选用时略有删节。

展的关键。

几个男孩在区域里用树枝进行立体造型，小皮蛋和苗苗在用捆扎带将树枝进行连接，看到我过来，小皮蛋说："我们要搭一辆能坐进去的大汽车！""哇，这个想法真的很棒！我们很期待哦！"我的期待提升了两个小家伙的热情，也吸引了一旁的壮壮。"好厉害啊！我可以和你们一起搭吗？""可以呀！"渐渐地，加入汽车搭建的人越来越多。因为汽车比较大，孩子们自发地进行合作，有人扶树枝，有人捆扎，有的用麻绳捆扎、有的用捆扎带捆扎、有的用毛根拧，幼儿自主选择不同的材料。可是，有一天，小皮蛋遇到了一个问题，树枝太粗，捆扎带不够长，麻绳、毛根捆不紧，总是容易歪，这下怎么办呢？小皮蛋向我发出了求助。我说："去玩具柜找找看有没有什么能帮忙的吧，看看树枝和我们平常玩的什么玩具比较相似。"小皮蛋来到玩具柜边看了一会儿，突然激动地说道："我知道了，可以用管子接头连接！"于是，平常的玩具此刻成了一种重要的连接材料。孩子们在用管子接头连接树枝的基础上，又用胶带和捆扎带进行了加固，将几种连接材料进行了综合使用。

邱湉搬了椅子坐在旁边看同伴们搭建，过了一会儿她拿了一根树枝、一截麻绳，独自在一旁练起了打结。整个区域活动时间她都在练习这项本领，并成功学会了打结。

汽车框架搭好了，孩子们想要用真实的轮胎做汽车轮子，并合力到操场上搬了四个轮胎上来，结果他们发现想把轮胎装上去是个很大的难题。另外，如果按照他们的想法装上去之后，车子会被整体抬高，他们就没办法进入汽车里面玩了。他们发现这个方案不可行后，开始寻找其他的替代方案，有的说画个轮胎，有的说用玩具汽车的轮胎，有的说用圆形的东西来当轮胎，最后孩子们在班级资源箱里找到了四个圆形的月饼盒装在汽车上，用黑色油泥进行装饰，还贴上了汽车品牌的标志。接下来，孩子们对汽车进行了进一步的完善与装饰，安装仪表盘、后备箱，设计并粘贴车标、车牌，用光盘做后视镜，用树枝制作车钥匙、雨刮器，用积木做门把手，一辆私人定制的"宝马"车完美呈现！

在玩汽车的日子里，孩子们发现需要有红绿灯，于是用纸板制作了红绿灯。可是一直举着红绿灯很累呀，他们便将一根树枝插在奶粉罐里，将红绿灯固定在了汽车前，还用毛根和上面的悬挂物进行连接，表示红绿灯的电线。紧接着又有幼儿发现只有给司机看的红绿灯，没有给行人看的，于是又画了两个小人形状的红绿灯，剪下来安放在汽车前方。又过了几天，又有幼儿突然想起来，爸爸的车上还有放手机的架子呢，于是用纸板做了个手机，用毛根做了个手机架装在车子上。

周末，森森参加了一场婚礼。回来后，她和好朋友开始在汽车上缠绕彩色的布条、叶子，她们将汽车改造成了一辆婚车。又过了几天，小皮蛋先在汽车的前面装上一根树枝，然后装上拉绳、下面装上车斗，于是婚车变成了吊车。一直到学期结束，孩子们自主选择不同的材料，不断地对汽车进行改造，一直玩得不亦乐乎。①

图 4－16　中班幼儿尝试新的连接方式

图 4－17　中班幼儿用树枝做的小汽车

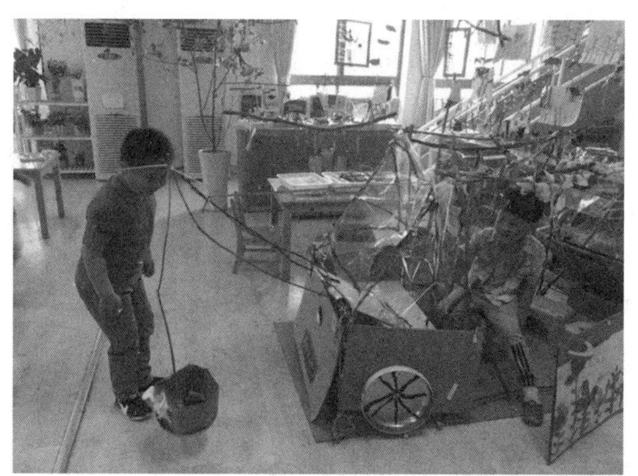

图 4－18　中班幼儿将小汽车改装成吊车

中班下学期，陈艳老师所在的班级收集了许多树枝，幼儿喜欢用这些树枝加上其他材料做很多事情。当幼儿想要用树枝"搭一辆能坐进去的大汽车"时，陈老师表达了兴趣和期待，这鼓舞了幼儿的热情。在整个活动过程中，陈艳老师坚持观察幼儿，始终尊重并支持幼儿的想法，她一直关注活动中幼儿的语言行为、材料使用、面临的困难及解决的方法等。她关注活动中幼儿经验的发展，包括其中的每一个幼儿，如邱湉小朋友在那天的整个区域活动时间都在用一根树枝、一截麻绳练习打结，并成功学会了这个本领。当她发现幼儿使用原先多种材料、方式连接树枝的已有经验并不能解决面临的问题时，于是引导幼儿仔细观察树枝的外形特征，建议寻找与其相似的玩具，从而促使幼

① 作者陈艳，南京市太平巷幼儿园教师，选用时略有删节。

儿发现了一种新的连接材料和方法。当幼儿的原有计划失败时，陈老师鼓励幼儿思考为什么、怎么办，并提供丰富的材料，不仅使问题得以解决，也让幼儿懂得了积极面对、灵活调整的意义。这些都是陈老师分析与支持幼儿经验的结果。

对树枝建造车辆的一系列改造，源于幼儿对原有或新获得的生活经验的再现与创造，陈老师始终以欣赏的眼光看待幼儿每一个细小的改造，让幼儿感受到被尊重、被认可，幼儿的兴趣与自信心得到增强、创造力更加突显。活动中，幼儿有充分的机会来操作树枝等材料，这锻炼了他们的大小肌肉，发展了手眼协调能力，他们的精细动作、观察比较等能力得到发展，想象与创造愿望得到满足，克服困难、坚持到底的学习品质也得到强化。通过持续的问题解决、同伴合作及对现实生活经验的迁移，幼儿的社会性和情感得到发展。同时，幼儿经过努力取得成功后有了更多的满足感，这种感觉是无可替代的，让他们进一步感受到自己工作的意义以及自信心。

四是关注教师的有效支持。无论是哪一种类型的活动，即便是在幼儿自主的区域活动中，教师的观察与支持都是必不可少且非常重要的，这是教师的责任，也是教师专业性的体现，教师的支持对于幼儿的学习始终非常重要。除了之前所提到的，投放丰富、有层次的材料来支持幼儿的经验发展外，教师的支持策略还包括经验支持、言行支持、信息支持、情感支持等。

《一片叶子落下来》是世界著名演说家和作家利奥·巴斯卡利亚的作品，作品讲述了一片名叫弗雷迪的叶子从生命的诞生到生命结束的故事。三年前，一位即将毕业的孩子的妈妈将这本书送给了“班级图书馆”，我翻阅了一下，觉得真的是本好书，只是其中关于生命价值和生命轮回的问题对于孩子们来说似乎深奥了些，我不太能确定孩子们是否能够了解这一切。我迎来了新一届的孩子，小班、中班的这两年，这本书并没有引起孩子们的注意，直到第三个秋天来临……

开学不久，秋天就悄然而至，时有落叶轻轻飞下。散步、游戏时，孩子们总爱捡拾漂亮的落叶，或自己收藏，或送给我。十一月，当深秋来临，活动室门前的银杏叶纷纷落下，面对遍地金黄的落叶，我忽然被触动，想起了已经被我放置了两年的那本书——《一片叶子落下来》，已经是大班的孩子们是否能够试着理解它了呢？于是，我把这本书放在了语言区。班级的语言区和种养区相距很近，种养区当时正在进行有关秋季的活动，孩子们一起收集准备了一些不同的落叶展示在环境中，这样孩子们和树叶之间的距离缩短了，变得更为亲近。我准备了两个透明的玻璃瓶，也许它们可以成为树叶的“家”，我还准备了漂亮的信纸、彩色铅笔、细的彩色水笔以及双面胶、胶水、糨糊等，这些充满了温馨色彩的材料，也许会让孩子们爱屋及乌吧。如果他们要想写信，这已不是什么问题，因为进入大班以来，他们在语言区里已有写“读书笔记”的经验。

在秋日的阳光下，我和孩子们一起坐在门前的银杏树下，看着遍地落下的银杏叶，许多孩子拾起一片片落叶放在手心，轻轻摆弄，而我轻轻地读起了《一片叶子落下来》。

书的内容很长，孩子们一直在听，很安静，有时，他们会抬头看看高高的银杏树，有时，他们会看看手中或是地上的银杏叶，也有时，他们会专注地看着读书的我，我能感觉到，孩子们似乎有些明白，但又有些迷惑和不解。这不奇怪，因为这正是我让本书沉寂了两年的原因。不过现在，我找到了一个绝佳的时机，让这本书和孩子们见面。

接下来的几天里，孩子们每天都会在户外活动的时间里带回自己的树叶朋友，还像书中写的那样，给每片树叶都起了名字。有趣的是，有些孩子珍重地将树叶放入玻璃瓶中时，还会对树叶说上几句悄悄话。

“把说的写下来吧！”基于班级中的孩子已经有了使用类文字的方式写“读书笔记”的经验，我鼓励孩子们给树叶朋友写信。此时，我们一起准备了一本自制的大书，封面上的书名为《许多叶子落下来》——“谨以此书献给千千万万个弗雷迪”，署名经过孩子们的集体讨论，最终确定为“大二班孩子”。

孩子们开始给树叶朋友写信了，每写好一封信，就会将信贴在大书上，而后口述信的内容，由老师将内容记录在他们的信纸旁边。初时，孩子们写信的内容十分相像。经常会有孩子为“可以写些什么”而发愁。于是，我们开始讨论，请大家一起想办法，或是让孩子倾听同伴写的信。“老师，写信就像说话一样，很简单的！”瞧，他们已经能从同伴那儿获得新经验！

孩子们的信贴在了大书上，对于能够成为作者，他们很高兴，一起来读一读他们写的信是他们最想做的事情。我羡慕地说，做他们的树叶朋友真幸福，孩子们脸上呈现出愉快的笑容，这种幸福感，让他们在以后的日子里，一直持续做这件事情。当然，读完之后，我会和孩子们一起讨论信中的哪句话让你喜欢、让你感动，信中的哪种表达方式很好，还鼓励孩子们以后可以试一试。

我发现孩子们在区域中经常翻阅这本《一片叶子落下来》，有的孩子在写信时还把这本书放在旁边，看来这本书对孩子们的吸引力确实很大，我决定和孩子们再一起来读一读。一周后，我再次和孩子们一起集体阅读《一片叶子落下来》，这一次，我将书放置在投影下，让孩子们看着画面和文字听我朗读，同时，我鼓励孩子们将觉得不懂或是疑惑的地方提出来，让大家一起来了解。孩子们听得很认真，他们讨论了什么是死亡，他们对生命和死亡有了粗浅的认识。这次阅读后，他们再捡树叶回来，放进玻璃瓶时说的话发生了一些改变，而他们的信呢，当然也有了些变化。信的内容较之前丰富了一些，孩子们甚至和树叶朋友谈到了生命，谈到了复活，他们希望当春天来临的时候，树叶朋友会重新回到树上，并且他们相信，一定会是这样的！

看着孩子们如此喜欢这本书，翻阅时的那种专注，我问他们想不想再一起来读一读。“好啊好啊！”他们连声说。这一次，教师除了使用视频，在孩子们的建议下还增加了一段背景音乐，音乐会对这次的阅读有所帮助。我的朗读开始了，孩子们很安静地倾听着，我注意着孩子们的表情和眼神，我从他们的脸上读到了理解、勇气、快乐、忧伤……是的，忧伤！好几次，我的眼角也悄然湿润，被书中的文字所感动。我想，孩子们也一定读懂了这本书。这种理解，在他们给叶子的信中也得到了体现。

孩子们现在很喜欢去语言区，因为那里有他们的树叶朋友，他们喜欢去探望这些朋友，并且写上一封充满温情的信。每天，都会有孩子请我帮助他们将信的内容写在这本大书上，我发现，信的内容很丰富，只是书写上有些凌乱，如果不是孩子们在旁边指读，我有时无法看出书写的顺序。于是，在区域活动分享时，我提出了这个问题，并且请孩子们想一想有没有什么好办法能让书写变得清晰有序。仅仅是第二天，我就欣喜地发现有一个孩子的书写发生了变化。他用了最简单的横线来区分行，这样看来，信的内容就清楚了许多。这是个不错的经验，在征求这个孩子的同意后，我和其他孩子一起读了这封信。在随后的日子里，孩子们使用了不同的方法来写信，有画分隔线的，有用数字来区分不同内容的，有用箭头指示来表现内容递进的……总之，他们让书写变得有序了许多。孩子们还会使用在读书笔记活动中常用的符号，这些符号对孩子们写信也产生了一些影响，让书写更加完整。

接下来的日子，因为临近新年，班级开展了"红红火火中国年"的主题活动，那是个很有趣的主题活动。孩子们喜欢上了龙，热衷于写"福"，对唐装有了偏爱，对春联、门神、金元宝、鞭炮表现出极大的热情。我和孩子们交流这些生活中正在发生的、让他们充满了兴趣的事情，提醒孩子们这些也可以告诉树叶朋友。于是，孩子们向树叶朋友诉说了关于新年的事情，也表达了对叶子朋友的关爱和美好祝愿。常常，我会被孩子们字里行间所表达出来的真诚和真情所感动。我和孩子们一起读信，让大家共同欣赏自己写的信，来自老师和同伴的赏识让孩子们感受到幸福。

后来，这个内容一直在语言区中存在着，直到春天来临，新的生命出现了……[①]

图 4－19 师幼自制的大书

图 4－20 幼儿给玻璃瓶里的树叶朋友写信

① 作者陆晓民，南京市太平巷幼儿园副园长，选用时略有删节。

图 4-21　幼儿在活动初期写的信

图 4-22　幼儿在新年主题活动背景下写的信

虽说幼儿的经验是自主建构的过程，但他们的学习总离不开教师的支持。对于经典文学作品的欣赏与学习及幼儿读写能力的发展，幼儿更需要得到教师的引导与帮助。这本关于生命的故事《一片叶子落下来》，包含了生命价值和生命轮回，对于幼儿来说，的确有些深奥，但关于生命的问题是幼儿正在面临或将要面临的真实生活的问题，如自己种植饲养的动植物损坏、死亡，亲人生病或是离开自己。如何感受、体悟生命的珍贵和自然的轮回，用积极的情感面对生命的消失，这对每个人都是一个重要的命题，幼儿也是如此。

出于对这本书的喜爱，以及这一话题和读写能力对于幼儿重要意义的理解，陆老师一直在等待机会。最终，她选择了在户外的银杏树下让幼儿第一次与这本书见面，真实、唯美的自然场景会让幼儿有更多真切的感受。她巧妙地建议，将幼儿原先捡树叶的行为与文学作品联系起来，这是有意识地将文学与情感对接，因为她深知情感是所有行为的主要驱动力，一旦有了情感，接下来的活动也就有了可能。接下来，陆老师把这本书放在语言区，准备了透明玻璃瓶作为"树叶的家"，以及漂亮的信笺等各种用于书写的材料，她期待幼儿能够迁移以往读书笔记活动中的经验，不断丰富自己的表达能力。在接下来的日子里，根据活动与经验发展的需要，陆老师和幼儿开始了一次又一次的阅读与欣赏，每一次阅读、欣赏活动都会有所不同。事实上，我们也知道，优秀的文学作品是需要反复阅读的。渐渐地，幼儿开始迁移作品中的经验，把树叶当作自己的朋友，对它诉说自己的情感与生活，这些内容广泛而丰富。陆老师还认为，对于即将进入小学的大班幼儿来说，单一的口头表达不足以满足他们内在的需要，前书写也是一种重要的表达方式，她期待幼儿喜欢书写并能用符号或图画等方式记下自己的想法，写成简单的句子，并采用不同的格式写写画画，让自己的书写与表达更有趣、更流畅。从案例描述来看，陆老师的期待已然成为现实。另外，活动要想延续，必须要有新经验、新内容的加入，于是，结合新年主题活动，陆老师建议幼儿将自己的快乐与他人分享，这不仅使信的内容更为丰富，也使主题活动与区域活动间紧密联系，这有利于经验的联系与拓展。情感的深入、内容的丰富、挑战的增大，使得这个区域活动对于幼儿的吸引力越来越大，幼儿在其中的发展也是显而易见的。

从案例中，我们可以清楚地看到陆老师对于幼儿学习的支持。她的支持是从情感开始的。她为幼儿营造了温暖的氛围，始终陪伴在幼儿身边，敏锐地捕捉他们的喜悦与困惑，尊重他们的意愿、描述他们的言行，支持和提升他们的想法和行动，并为他们取得的任何一点进步感到高兴。当然，活动中的环境创设和材料准备也很重要，尤其是那本自制的大书，它让幼儿有了成就感，也有了向同伴学习的机会。其实，这本大书就是这段时间语言区活动的集体档案，幼儿可以经常性地阅读自己和同伴写的信，他们从作者变为读者，这种体验一定很美好，相信他们从中获得的成就与幸福也会不断促使活动与经验的延续。陆老师对幼儿的支持还体现在不断提出有意义、有挑战的建议，体现在基于活动和经验分析的集体分享与讨论，体现在不断引发幼儿间的相互学习。在教师的陪伴与支持下，通过一段时间的经历，幼儿欣赏、阅读、书写、感知自然、充分表达、相互学习的能力都有所发展，他们喜欢上了这本看似深奥的原著，也更有兴趣阅读其他图书，愿意反复阅读同一本书以更好地理解和表达；他们乐意用简单的符号、图画表达自己的想法，并尝试运用书写的方式表达自己的生活和情感；他们初步了解了书信的写作格式，尝试使用标点符号。当幼儿表达情感的需要得到支持并有机会运用图画、文字等符号时，幼儿从一开始的为情感而书写，到之后本质上的为学习而书写，他们就会更加喜欢和自信地运用前书写以及讲述等方式表达自己的情感和认知。

我们看到，在教师的支持下，该语言区域活动中，幼儿的学习和发展不断得到生长。事实上，幼儿的阅读和表达的习惯及能力对其一生都具有极其重要的意义。然而，我们也知道，幼儿读写技能的发展在很大程度上是隐性的，尤其需要教师的帮助，教师对幼儿读写能力的发展起着关键作用。教师需要拥有专业的理念和技能来激发并鼓励幼儿，以帮助他们发展兴趣和能力，挖掘他们的潜能并培育习惯，从而帮助他们在此后的人生中热爱书籍，学会表达。

为不断提高田野课程的适宜性，满足个体幼儿的不同需求，从而更好地促进每一个幼儿的发展，在进入课程改革深水区的这一时期，我们着重对田野区域活动进行了深入而持久的研究。随着实践研究的深入，我们对区域活动的理解不断深入，效益也持续显现。我们认为：

区域活动是田野课程中一种重要的实施途径，它与其他的实施途径各有特点、紧密联系。不同的实施途径对幼儿发展都有着独特的作用，它们共同为幼儿提供多种方式的学习，教师根据具体需要灵活采用不同的实施途径。

大多数田野区域活动是在主题活动背景下开展的，区域活动与主题活动关联度较高。主题活动背景下开展的区域活动的关键经验，大多时候指向主题的关键经验，有的则与该主题的关键经验关联度不大，更多指向某一领域的经验。

区域活动的开展对教师提出了很大挑战，最大的挑战在于教师脑海中要有幼儿发展经验体系。教师需要知道不同阶段的幼儿及幼儿个体需获得什么经验，而后思考用什么活动内容、方式和材料来帮助他们获得这个经验，如此等等。

从本质上看，区域不是一个空间的存在，而是经验的存在，起着真正支持幼儿发展的作用。在区域活动中，我们通常看到幼儿在不停地“做”，“做”是方式而不是目的。过程中，教师需要着重关注幼儿做了什么、怎么做，有无有意义的经验获得，有无思维的参与，有无层次性，等等。

区域活动中，教师精心选择和提供材料非常重要。因为材料蕴含着经验，材料决定着活动的方向和进程，因而我们要为幼儿提供“适宜”的而非“丰富”的材料。

区域活动的最大特点是可选择性。区域活动中，幼儿在材料的使用、活动的形式、表达的方式等方面都具有选择权，以满足幼儿个体的需要，不断实现幼儿的自主学习和自我管理。

区域活动中，教师“看得清”幼儿比“指导”幼儿更重要。这是因为教师的指导策略建立在观察幼儿、了解幼儿的基础上，从某种意义上说，观察幼儿是区域活动中教师的主要工作。

回归课程的本质

当我们不断审视田野课程建设中存在的种种问题，坚定地步入课程改革的深水区，努力使田野课程走进幼儿心灵时，我们仍以课题研究为抓手，不断推进理论学习与实践研究，这一过程使得田野课程不断得到优化。尤其是对区域活动的持续深入研究，让我们进一步认识了幼儿学习与发展的特点及规律，进一步认识幼儿个体发展的差异性及可能性，这促使我们进一步思考教与学的关系，探索环境、资源与经验的关系，把握幼儿园课程的特质，以游戏为基本活动，努力实现课程的生活化，充分尊重幼儿个体的兴趣和差异，聚焦幼儿的经验，从而不断提升田野课程的质量。这一阶段的田野课程研究与实践过程，是对一些幼儿学习与发展重要问题的深入理解与把握基础上的改革与探索，我们所理解的重要问题主要包括幼儿的学习方式和特点、幼儿发展的整体性、幼儿个体发展差异的满足等，可以说，这一过程正是我们努力向着幼儿园课程本质靠近与回归的过程。

幼儿园课程的本质

“幼儿的学习是以直接经验为基础”“使他们在快乐的童年生活中获得有益于身心发展的经验”“满足幼儿通过直接感知、实际操作和亲身体验获取经验的需要”……《纲要》和《指南》中共 27 次提到了“经验”，由此看来，“经验”在幼儿园教育、幼儿园课程中的重要性不言而喻。

杜威认为，理想地说，课程以儿童的经验和兴趣为基础，并为儿童的人生事务作准备。他在《经验与教育》一书中提到，应该从儿童已获得的经验出发，儿童的经验实质上是进一步学习的基础；教育者不但要分析儿童的经验，而且要把儿童的经验视为有生命力的、流动的和动态的，而不是静止的；课程中幼儿学习的学科本身其实就是他们经验的结果。很显然，在杜威那里，课程以儿童已有经验为出发点，在此基础上发现新的生长点，并在主动参与的活动中获得经验的深化与扩充，从而实现生长和发展。我国幼教先驱也有类似的观点。张雪门指出，幼儿园课程就是给三足岁到六足岁的孩子所能够做而且喜欢做的经验的预备[①]；课程是经验，是人类的经验用最经济的手段，按有组织的调制，用各种的方法，以引起儿童的反应和活动。张宗麟认为，幼儿园课程者，由广义地说之，乃幼稚生在幼稚园一切之活动也。陈鹤琴主张，幼儿园应该给儿童一种充分的经验，这种经验的来源有二，一是与实物的接触，二是与人的接触；应该把儿童能够学而且应该学的东西有选择地组织成系统，应该以儿童的自然环境和社会环境为中心组织幼儿园课程。从中外教育家的研究观点中，我们不难得出这样的结论，从本质上说，幼儿园课程不是知识的组合，而是经验。

通过学习与实践，我们进一步知道了幼儿需要什么以及他们如何学习与发展，他们需要与周围环境互动的机会，需要选择的机会，需要充分的时空及适宜的环境资源。同时，幼儿的经验依赖于活动，依赖于多样化的、适宜的活动，幼儿只有在亲身参与各种各样的活动中获得成长，没有参与就没有经验。田野区域活动为每一个幼儿提供了选择和参与各种各样活动的机会，他们在活动中不只是做事，而是经验的获得与发展，他们从自己的已有经验出发，产生新的生长点，发展新经验。此时，知识也就不再是外在于幼儿的客观世界的东西，它已成为幼儿所获得的经验的一部分。这种观念与行动的转换体现了我们更多地站在了幼儿的立场上，站在了经验的立场上，站在了活动的立场上。区域活动和田野课程其他实施途径紧密联系、形成整体，共同为幼儿有益经验的生长提供可能，从而也让田野课程逐渐回归幼儿经验的本质。

以游戏为基本活动

步入课程改革深水区的我们越来越深刻地认识到，游戏对于满足幼儿天性和生命成长诉求的重要意义。正如幼儿教师所知道的，幼儿最迷念的活动是游戏，幼儿的学习和发展也离不开游戏。教育家马卡连柯曾说："在童年时期，游戏是一桩正当的事，儿童甚至在做重要工作的时候，也应当经常做游戏……儿童的整个生活也就是游戏。"[②]不同于其他年龄阶段，游戏是幼儿的生活状态，幼儿的主要活动是游戏，幼儿也在游戏中成长，游戏就是幼儿最重要的"工作"。

应该说，"以游戏为基本活动"是近几十年来我国学前教育工作者最为熟知的一个基本理念，可为什么《纲要》等文件及专家学者仍在反复强调，我想无非是在现实中从理

① 戴自俺. 张雪门幼儿教育文集(上卷)[M]. 北京：北京少年儿童出版社，1994：24.

② 李妙兰，决胜佳，罗偲. 学前儿童游戏技能实训与指导[M]. 广州：广东高等教育出版社，2013：4.

念到行为的转化还不理想，各级各类幼儿园或多或少存在两张皮现象，要想将这一基本理念真正落实到每位教师的课程实践中仍需不断作出努力。可以说，“以游戏为基本活动”仍是我国当下幼儿园课程改革中的一个重要命题，我园也不例外。

在田野课程实践中，“以游戏为基本活动”包含两层含义：一是充分满足幼儿自主游戏活动的天性需要，二是将游戏作为课程实施的重要途径，让幼儿在游戏中获得经验的生长。除了游戏本身就是目的外，游戏也是将经验转化为意义的媒介。有经验的教师会有这样的共识，幼儿的兴趣和需要是开展各类活动的前提，那么教师要想真正了解幼儿关注的事物和兴趣是什么时，让他们游戏并仔细地观察他们应该就是最好的方法了。因此，在田野课程中，除了自主游戏、区域活动具有游戏的意味外，集体活动、生活活动、亲子活动等要想成为有效的课程实施途径也必须具有游戏的性质，于是，我们注重以游戏的方式开展其他各类活动。正是这种令幼儿愉悦的游戏方式让他们在丰富的情境中，在不断积累和强化经验中逐渐达成了课程的目标。事实上，《指南》中的很多目标是不可能通过单一的、被动的、枯燥的上课方式直接教给幼儿的，而是在综合的、参与的、丰富的游戏情境或日常生活中才能有效获得。即便是集体教学活动，我们也会从不同年龄段幼儿的特点出发，精心预设集体活动，注重集体活动内容的来源及活动形式的趣味性和多样化，通过各种游戏的形式，帮助幼儿了解新知识、发展新技能，进一步了解自己，与他人共处，以及探索身边的世界。

为了满足幼儿自主游戏活动的需要，我们努力做好以下两个方面的工作。一方面，我们保障幼儿游戏的时间、空间和材料。在时间上，幼儿需要时间来发展他们的想法并且尝试付诸实践，因而，我们结合幼儿一日活动安排表，将多个零散时间段合并形成较为完整的时间段，一些年龄段还尝试开展“跨班游戏”“游戏日”等活动，满足幼儿对较长时间游戏的需要，也为扩大交往、提升创造性提供了可能。在空间上，我们打破空间限制，调整原有游戏空间设置，实现内外联通和互补。我们发现幼儿喜欢将大自然作为游戏环境，他们喜欢走出活动室，走进自然，以自然为舞台，这有利于充分激发幼儿对自然的好奇及发挥自然所蕴含的教育力，引发新的游戏行为，推进游戏发展。在材料上，不断更新关于游戏材料的认识，明确游戏材料应是幼儿喜欢的、需要的、可操作的，进一步发挥自然物、生活材料和低结构材料在游戏中的重要作用，同时师幼共同制订规则，优化材料的收集与整理工作，减少不必要的时间上的隐性浪费。另一方面，就是持续更新教师的观念，教师把游戏权真正还给幼儿。关于这一点我们是这样做的：首先，确保幼儿自主规划和开展游戏的权力。教师充分意识到那些幼儿自发产生的、焕发着生命活力的自主游戏，要比自己预设的游戏更有意义，在过程中充分尊重幼儿的游戏意愿和想法，支持幼儿自主选择游戏场所、规划游戏内容、推进游戏发展，确保幼儿全身心地投入到游戏中。其次，再构游戏中的师幼关系。在游戏中与幼儿建立亲密的关系，尊重并信任幼儿，从幼儿的观点去感受他们的游戏，了解他们的想法，在适当的时候通过多种方式的参与提供协助；活动中我们不轻易打断幼儿的游戏，因为我们知道只有当幼儿自己经历了游戏过程的不同阶段后，他们才能适应复杂、合作性的游戏，才能在越来越长的游戏时间中进行充分互动和表达，增强自我调节能力和独立性。最后，教师悉心观察与指导幼儿。游戏中，花时间用心观察、倾听、发现和反思是我园教师的主要工作，教师用眼看，用心观察，接纳幼儿在游戏中所表现出来的感动、发现以及经验的发展，并通过多种方式向幼儿表达自己的兴趣，而后根据需要参与他们的讨论和游戏，实现游戏的共感，从而支持幼儿游戏的发生和发展。我们重视幼儿自主游戏，但并不代表着教师不关注、不参与，任其自由发展。在教师参与幼儿自主游戏时非常明确的一点是，教师切忌在不知不觉中将自主游戏沦为教师主导的游戏，教师参与游戏的目的不是控制游戏，而是在于促进自主游戏的发展，最终指向幼儿的发展。

游戏是幼儿生活的重要组成部分，也是幼儿园课程不可或缺的实施途径。无论是幼儿主动、自发的游戏，还是承载着教学目标的游戏，都应该充分尊重幼儿的兴趣、需要及学习特点、方式，也都要反映游戏的基本精神，如同江苏省幼儿园课程游戏化所提出的自由、自主、愉悦、创造的游戏精神。我以为，这些精神意味着每个幼儿都能在自己的原有水平上开展活动、获得发展，意味着幼儿的个体差异能在游戏中体现得淋漓尽致。虞永平教授指出，幼儿的生活世界就是幼儿的游戏世界，我们努力将游戏置于幼儿生活的中心，核心目的就是落实“以游戏为基本活动”的精神。事实上，能否以游戏为基本活动促进幼儿发展，是幼儿园教师专业性和专业地位的重要体现。

课程的生活化

杜威认为，生活就是发展，生活就是生长。他还认为学校是社会生活的一种重要形式，学校科目相互联系的真正中心不是科学，不是文学，不是历史，不是地理，而是儿童本身的社会活动。也就是说，幼儿园课程不是以学科知识为逻辑加以组织的，而是以幼儿的生活逻辑加以组织的。当幼儿园课程的内容与幼儿的现实生活距离越近时，就越能贴近幼儿的原有经验，引发幼儿的学习兴趣并提高学习的有效性。在学习者的具体的问题意识中，存在着隐蔽的活教材，它比教科书的内容更富有个性。“活教材的源泉存在于人们的生活本身之中，这种教材是从一个世界通往多元世界的开拓过程的媒介。”①《纲要》指出，教育活动内容的选择应“既贴近幼儿的生活……又有助于拓展幼儿的经验”，《指南》指出，“要珍视游戏和生活的独特价值”。这些都无不在告诉我们，幼儿园课程应该生活化，我们不仅应该将幼儿的真实生活视为田野课程内容的重要来源，还需要依靠幼儿真实生活的展开过程来实施田野课程。

一方面，课程的生活化要求我们着重关注幼儿的兴趣和需要。对于幼儿来说，生活世界不是关乎自然和社会的事实与规律的世界，而是具有他们独特的个人兴趣的生活世界。我们关注幼儿的生活世界，就必须关注幼儿的兴趣和需要，这儿所说的幼儿指的是现实的、活生生的、具体的幼儿，而不是抽象的、文本的、整体的幼儿。田野课程实践

---

① 筑波大学教育学研究会.现代教育学基础[M].钟启泉，译.上海：上海教育出版社，2003：257.

中，我们努力接近每一个幼儿，用心观察、分析、理解并尊重他们的兴趣和需要，从幼儿的兴趣和需要出发，将他们真实而丰富的生活世界作为课程资源纳入课程，充分利用和挖掘真实生活中所蕴藏的多方面的发展机遇和可能。

另一方面，课程的生活化要求我们努力将课程目标、内容及实施等还原为经验。幼儿的身心发展特点决定了他们的学习方式从属于经验的本质，幼儿是在操作、探索、交往、表达等行动中感知、体验、学习和发展的。田野课程实践中，我们努力将知识、技能以及情感、态度、能力等还原为幼儿的行动过程。在还原过程中，我们首先考虑的是幼儿喜欢做什么、可以做什么、可能怎么做。在此基础上，考虑自己可以做什么，怎样做最为适宜。

我们通过以上两个方面努力推进田野课程的生活化。课程的生活化在本质上首先是理解与尊重幼儿生命存在及成长的现实与需要，而后是通过课程使幼儿沉浸在自己的世界中，一个能够充分满足和发挥幼儿的兴趣、需要及潜能的美好世界，从中幼儿可以获得安全感、满足感与幸福感，并使自己的生命更具生长的力量。

然而，幼儿的现实生活并不总是美好的。为深入了解我园幼儿当下生活存在的主要问题，我们展开了调查，结果表明幼儿的生活在一定程度上呈现出不太理想的状态，主要表现在幼儿游戏生活还不够充分、自主性还不够突出、关联性也不够紧密。于是，我园开展了江苏省前瞻性教学改革实验项目“完整儿童视野下的幼儿生活再建构”的研究与实践。针对幼儿游戏生活还不够充分的问题，开展了“将游戏置于幼儿生活中心”的研究。针对幼儿生活自主性还不够突出的问题，开展“幼儿一日生活”的研究。针对幼儿生活关联性还不够紧密的问题，开展“共同生活”的研究。通过该项目的实践研究，我们从多个方面优化了幼儿的生活状态，基本实现了幼儿生活的再建构和持续优化，使得幼儿的幼儿园生活、家庭生活和社会生活有机融合、形成整体，幼儿的生活也呈现出真实性、丰富性、自主性、趣味性、规范性和挑战性等特征。对幼儿来说，其生活本身就是课程，田野课程的展开过程就是幼儿生活的过程，田野课程的生活化不仅努力体现幼儿生活的本质，也努力满足幼儿生命成长的渴望。

建设课程提升质量

《国家中长期教育改革和发展规划纲要（2010—2020 年）》指出“把提高质量作为教育改革发展的核心任务”，《国务院关于当前发展学前教育的若干意见》也指出，要“保障适龄儿童接受基本的、有质量的学前教育”。在那个时期，重视教育质量已成为教育改革发展及学前教育发展的重点和难点。2008 年底，为真正落实《纲要》精神，我们步入课程改革的深水区，期待通过不断提升田野课程的适宜性，让田野课程真正走进幼儿的心灵，以更好地促进每一个幼儿的发展。我们深入步入课程改革深水区的过程，事实上就是努力回归幼儿园课程本质的过程，就是致力于课程质量持续提升的过程。也正是在这一过程中，我们对幼儿园的课程质量有了更为全面、深入的理解。此时，我们所理解的幼儿园课程质量已不单单是结构性的，如课程资源是否充足，课程组织是否合理、有活力，也不仅仅是结果性的，如幼儿的发展状况以及是否让社会及家长感到满意，而是比以往任何时候更多地关注过程性的质量。我们尤其重视教师与幼儿一对一互动的质量，重视教师支持每一个幼儿活动、学习和发展的质量。

这一阶段的步入课程改革深水区的实践活动，让我们更加坚信，幼儿的学习与发展是自我建构的过程和结果，幼儿基于兴趣选择并展开的活动更有利于他们发展，他们有能力专注并推进自己感兴趣的活动，他们也可以在教师的支持下安排好自己的生活。实践研究的经历不但让我们更多地发现幼儿、了解幼儿，而且增强了对幼儿的好奇感和信任感。于是，幼儿拥有了更多选择的机会以及自主活动的权力。然而，田野课程中幼儿自主性的不断增强，并不意味着教师只需要创设环境、投放材料，也不意味着仅仅让幼儿有事可做。事实上，强调幼儿主体地位的田野课程实施给教师带来了更大挑战。一方面，教师必须具备敏锐的观察力及对幼儿发展状况的评估能力，使自己的指导有利于幼儿主动、有效地学习。基于对幼儿的观察、了解及经验分析，教师创设情境让幼儿有事可做，在幼儿做事的过程中观察并反思：幼儿做了什么，是怎么做的？和以前的经验有什么关系？能获得新经验吗？能拓展出更丰富的活动吗？诸如对此类问题的关注与反思，不断提高教师支持幼儿主动学习的能力，这是课程质量提升的关键。另一方面，教师必须意识到班级文化的重要性，在观念更新的基础上不断优化各类人员之间的关系，营造一种能激励、支持幼儿学习和发展的班级文化，这一点也非常重要。总之，教师是否能清晰地了解到幼儿的已有经验，是否能敏锐地捕捉到他们的兴趣和需要，是否能基于、利用并挖掘幼儿的生活，在空间、时间、材料、环境、关系等方面给予适宜而有力的支持，这些是决定田野课程质量的关键。归根到底，提升课程质量的关键在教师，每一位教师的专业态度、理念、知识和能力最终决定着田野课程的质量。

2012 年，是我园的 60 周年华诞。60 年，在岁月的长河中，只是沧海一粟，但对于我园来说，却是不同寻常的悠悠六十载。六十年风雨砥砺，一代又一代太幼人用那颗爱孩子的心，从最初的“幼儿游戏”“独生子女教育”，到“幼儿创造教育”，再到 1999 年开始的“田野课程”研究，我们一路探索，一路前行，擦亮了“太平巷幼儿园”六个铮铮大字。如何让幼儿园的 60 岁生日变得更有意义，全园教职工、幼儿和家长的参与必不可少，大家一起讨论、规划并开展了丰富多彩的系列活动，“幼儿园过生日啦”事实上已成为一个大家参与的主题活动，许多活动的痕迹保留至今，让人记忆犹新。以园庆为契机，我们加强对外交流，主要开展了三个方面的活动。

第一项活动是举办了一个简短的充满“田野”气息的庆典。我们邀请社会各界及同行等人士走进幼儿园，走近儿童，嘉宾在重温童年美好时光的同时，更好地理解与关爱儿童。同时，我们也清楚地知道，献礼太幼 60 周年，鲜花与掌声还稍显单薄，更需要的是我们坚持一贯的研究品质与实践精神，于是，我们的第二项活动是举办一场研讨会。我园与南京师范大学学前教育研究所、《早期教育》杂志社联合举办“幼儿园课程建设与教育质量提升”研讨会，会期两天半。研讨会旨在交流幼儿园课程理论和实践研究的新进展，为全国各地积极参与课程建设的园所搭建与专家学者及同行广泛交流的平台。研讨会得到了海峡两岸暨香港、澳门诸多学前教育专家的大力支持，6位高校知名专家作了6场专题报告，16所来自全国各地的幼儿园进行了分享交流。研讨会上，我代表幼儿园以“走进幼儿心灵的田野——田野课程发展”为题，向大家全面介绍了田野课程的内涵和发展，并重点介绍了田野课程在区域活动方面的最新研究成果，邱梅蓉和陆晓民两位老师分别就“区域活动中的材料”和“区域活动中教师的观察和支持”两个方面详细介绍了我们在区域活动方面的研究成果。之后，与会专家和代表观摩了各班级区域活动现场，观摩活动结束后，与会代表就如何有效开展区域活动的困惑与专家及我园教师进行了深入研讨。应该说，研讨会在一定范围内产生了轰动效应，与会专家及同行在参观幼儿园环境、观摩田野课程活动后说得最多的是“感到震撼”，认为田野课程代表着我国幼儿教育的发展方向，认为田野课程从理念到实践都给予了自己很多的启示，“关注幼儿生活、经验和活动”成了大家的共识。我们从研讨会中得到鼓舞并汲取营养，研讨会让我们从不同视角审视田野课程，展望接下来的路怎么走；研讨会也成功地传递了科学的幼儿园课程理念与方向，大家对贯彻落实国家发展学前教育各项政策精神、提升幼儿园教育质量的课程建设方向更加明晰，我们认为，这是献礼60周年最有意义的方式。我们的第三项活动是出版发行第三套田野课程丛书《走进幼儿心灵的田野》。丛书首次发行40000册，与前两本专著一样，丛书依旧是全员智慧的结晶，这也是我园全体教师送给幼儿园60周年华诞的生日礼物。丛书分为理论篇和实践篇，理论篇包含田野区域活动的理论基础，呈现了区域活动的内涵、开展依据、组织要点和开展过程中的重要关注点，也包括了八类区域活动各自的核心理念、幼儿发展的关键经验、活动组织及教师支持策略等。理论篇反映了我园教师对区域活动设置与实施基本规律和要点的认识，这是我们在实践基础上形成的属于“自己的理论”。在实践篇部分，选取了实践中的99个案例，每一个案例均有该活动中幼儿的经验、《指南》中相关学习和发展目标、师幼规划、教师记录、支持与反思、活动建议等内容。每个案例中有若干个真实的活动故事，它们记录了幼儿真实的活动状态、幼儿经验获取的方式和发展的过程，记录了教师的工作、支持、反思以及对幼儿、教师行为背后含义的解读，反映了师幼的互动与成长。这些案例不仅全方位地呈现了一个区域活动的真实展开过程，还充分体现了教师的儿童观、课程观及自己的实践智慧。丛书代表了我们当时对区域活动研究和实践的水平，现在看来还略显粗糙、存在不足，但无论是理论篇还是实践篇在当时仍有着一定引领性和借鉴意义。可以说，对区域活动的实践研究让我们在课程质量的提升上有所突破，这种突破过程是补差的过程，也是为下一步的持续发展奠基的过程。我们期待，通过课程质量的不断提升，更好地促进每一个幼儿全面且富有个性的发展。

以一场庆典、一个研讨会和一套丛书的方式献礼幼儿园60周年华诞，实际上体现了我们正在实现真正意义上的课程转折。2008年，田野课程有了一个完整的框架体系，但有些方面还需要在实践层面有所突破。这一阶段的研究，使得田野课程的理想进一步成为现实，课程实施途径丰富了，区域活动研究深入了，儿童观念及课程意识增强了，这弥补了之前田野课程实践中的一些遗憾，补足了一些短板。我们把学习带进了区域，让区域支持幼儿发展，田野课程多种实施方式齐头并进，这是一种重要的理念转变和实践创新。

图 4-23　研讨会现场

图 4-24　区域活动观摩现场

第五章　田野课程3.0:实现课程自我超越

简　介

天道酬勤！十五年来，我们一直在“田野”上奔跑，创造出美丽的风景，也收获了甜蜜的果实，三项研究成果分别荣获首届基础教育国家级教学成果二等奖、江苏省首届基础教育教学成果特等奖、江苏省教学成果一等奖。

成果来之不易、令人鼓舞，我们的田野课程之旅似乎渐入佳境。但我们始终清醒地认识到，当人沾沾自喜时，好奇就会减少，动能也将不足，不思进取绝不是我们想要的状态。事实上，田野课程建设是一个永无止境的过程，我们还有很多问题没有解决，也有诸多理想没有实现，为了孩子也为了自己，我们理应持续审视自己的困难和问题，持续迎接新的挑战，憧憬并努力建设更高质量的田野课程。

开启崭新目标，实现自我超越，我们有了明确的态度和意志，但一切不会自动发生，它需要理念指引，需要时间投入，更需要使命责任以及持之以恒的不懈努力。然而，此时的田野课程到了一个高位发展阶段，高位接力从来不是一件容易的事情，我们唯有通过深层次的学习与反思，立足幼儿权利，拓展国际视野，持续创新实践，才能实现共同成长和可持续发展。

在这个阶段的研究与实践过程中，我们更有意识地时常追问：教育的原点是什么？“田野”到底是什么？我们如何突破课程建设的瓶颈？如何实现教师在理论与实践间进行高效益转换？如何更好地将教师个体经验凝聚成共同智慧？这些追问让我们进一步明确方向、追寻意义、深入本质、生成智慧。我们依然从学习入手，努力寻求在学习中不断成长，我们从经典著作中感受真知、开拓视野，在同伴分享中增进智慧、攻坚克难，在剖析现实问题和与同行互动中改变思维方式。通过多维度学习与反思，我们聚焦面临的关键问题，拓展田野课程建设的深度与广度。例如：以幼儿经验生发为导向，开展田野课程深层研究；支持项目活动的深度开展，支持幼儿基于经验进行自主建构、批判理解、迁移运用、解决问题，促进幼儿深度学习的发生，逐步提升他们的思维能力；我们厘清并践行共同生活理念，在完整儿童视野下进行幼儿生活的再建构，在赋能管理、呼唤团队精神的氛围中与同事沟通生活。

当然,我们明白,推进田野课程建设并不是我们的最终目的,我们终究追求的是不断提升保教质量、指向幼儿发展。事实上,田野课程建设以来的20多年间,我们的内外部环境都在发生着太多变化,面临着太多的不确定性,但无论如何变化,我们"以儿童为本"的立场从未改变,"我们可以做得更好"的信念坚定如磐,这是我们实现自我超越的不竭动力,我们一路高歌,不断前行。

通过本章节的阅读,也许您能感受到我们持续学习的热情与成长,了解到我们在课程自我超越阶段聚焦的关键问题和行动努力,并与我们一起感知共同生活、走向深度学习、努力回到教育原点的经历、认知和信念。

就在幼儿园迎来70周年华诞之际,又一本课程专著《田野课程——深耕与超越》出版发行,它是我们对最近十年田野课程深耕细作、不断超越的记录和思考,反映了由幼儿、教工、家长及社会人士等组成的"我们",在一起共同生活、学习与成长的真实历程与不懈探寻。和前几本课程专著一样,这是伴随着理论学习的实践智慧结晶,是对儿童发展的坚定承诺与不懈努力的结果。您在该书中可以看到更为清晰的课程内涵、更为细化的课程目标体系、更为完整的课程内容和结构、更为灵动的课程实施、更为多元的课程评价,以及隐藏在实践与行为背后的课程管理与课程文化。

随着时间的流淌,儿童所处的环境正在发生着巨大的变化。田野课程为儿童而存在,为儿童而改变和完善,永远处于追求更适宜和更有效的演进过程中,不断实现自我超越。至此,田野课程之旅仍将继续,因为心中的儿童,我们迈向理想未来的脚步不会停歇,且将更加坚定!有力!

在学习中成长

2010年底,《国务院关于当前发展学前教育的若干意见》出台,从中央到地方的学前教育三年行动计划陆续落地,从此,我国学前教育迎来了前所未有的发展机遇。同时,经历了十多年的研究与实践,田野课程有了完整的框架体系,并逐步回归幼儿园课程的本质,相关研究成果获奖。良好的发展环境和发展态势极大地鼓舞着我们,"应该做得更好""可以做得更好"成为大家的共识,我们期待在学前教育的"春天"里,通过自我否定、自我挑战来实现自我超越。然而,原有的认知结构和教育智慧并不能支撑我们的美好愿望。

正如虞永平教授在《田野课程——架构与实施》一书的前言中所说:"我觉得我们是从学习起步的,新的研究的生长点经常源于学习,过去是如此,我相信今后还是如此。"[①]要想实现自我超越,我们需要从学习入手,理解理论、驾驭理论,以使研究视野更

① 汪丽.田野课程——架构与实施[M].南京:南京师范大学出版社,2007:1.

加开阔，并将田野课程置于多学科的审视之下；需要立足课程实践与反思，聚焦课程建设中的关键问题，在剖析中不断优化思维方式，用系统的思维方式探求田野课程质量提升的新思路、新理念、新方法；还需要以对话的方式形成广泛合作与学习，以凝聚所有的力量前行。于是，我们依旧从学习入手，与志同道合的专家和同伴在学习与探究之路上并肩前行，我们每个人都在努力用理论武装自己，将理论与实践紧密结合，并在互动反思中成长。具体来说，我们聚焦三个方面，即聚焦经典专著的理论学习，聚焦课程实践的智慧分享，聚焦现实剖析中的思维改变。

从经典著作中感受真知

一直以来，理论学习都是田野课程建设的源动力之一，科学的理论为我们完善与更新理念、反思和改进实践提供了不竭动力。莎士比亚说：书籍是全世界的营养品。高尔基也曾指出：读书，这个我们习以为常的平凡过程，实际上是人们心灵和上下古今一切民族的伟大智慧相结合的过程。毫无疑问，经典著作是人类优秀的理性积淀，是值得我们反复读，并且是常读常新的，这些“营养品”和“伟大智慧”是支撑田野课程及教师个体实现自我超越的强大力量，它们滋养我们的心灵、照亮前行的方向。从理论上说，专业阅读与教师成长之间也有着一种天然的联系，任何一名合格、优秀的教师，都需要通过专业阅读来为自己的教育行为寻求科学依据和专业支撑。然而，事实上，对于一线教育工作者而言，学习理论并在实践中加以运用本就不是一件容易的事情，更何况是经典著作的阅读与学习。

幸运的是，虞永平教授太了解我们的需要，于是，从共读一本书开始引领我们进行专业阅读。我们共读了《童年的秘密》《皮亚杰教育论著选》《课程与教学的基本原理》《学习环境的理论基础》等著作的节选，我们边阅读边讨论，这种逐字逐句共读经典的方式为我们提供了适宜的支架，使得原本对我们来说枯燥的理论阅读与自己鲜活的课程实践之间产生了紧密联系，使得理论阅读与实践经历相互支撑、相互验证，顿时，我们觉得理论也并不像原来那样晦涩了，我们卸下了阅读经典著作的沉重心理负担。经常性的反复阅读及与实践的紧密联系，让我们渐渐地感悟经典、把握要义、深入思考，也渐渐地理解了这些理论的基本原理、立场以及观点和方法，而且，我们也从中体会到了经典著作的时代价值和实践指导意义。这些变化也吸引了我们阅读经典的兴趣，我们开始有意识、自主地阅读，并举办了一期又一期的读书分享会。

虽然时至今日，对我们来说，阅读经典依然并不那么容易，但也会时而沉浸在学习带来的快乐中，我们渐渐地养成阅读习惯，有意识地用经典理论涵养自己，并期许这些理论能够为接下来的学习思考和实践研究铺路、奠基。这个过程虽然有些难，也有些慢，但从中的收获让我们越来越相信，成人如儿童那般，在适宜的环境下每一个人都是积极的、有潜力的学习者。回望十多年前刚读《方案教学的理论与实务》《儿童的一百种语言》时的感动，在那个阅读并不受重视的年代，是阅读让我遇见了更好的自己。经过一段时间的积累，经典著作终究焕发出了强大的生命力，吸引着我一遍遍品读，细细揣摩其中的教育真谛，现在我对于读书已没有以前那么被动和害怕，在阅读中，努力做到不再强调记忆能力和仅仅是从书本中提取知识，而是尝试在浩如烟海的文本中定位信息并对其进行评估，并结合实践经验，努力建构属于自己的知识体系。对经典著作的阅读使得我们对幼儿园课程、对教与学，尤其是对儿童学习与发展的理解不断加深。

探究深层次的学习理论

进入 21 世纪以来，我们对"学习的革命"一词不再陌生，学习科学作为一个新兴的学科广受关注。我们深知，对幼儿学习理论与问题的关注是提高幼儿园保教质量的重要话题，幼儿如何学习、如何更为有效地支持幼儿的学习，对这些问题的理解水平及实践智慧的高低决定着我们是否能实现田野课程跨越的美好愿望。《我们如何学习：全视角学习理论》《学习环境的理论基础》《教育中的建构主义》《情景学习——合法的边缘性参与》等众多关于学习领域的图书先后出版，《课程与教学的基本原理》《课程——基础、原理和问题》《幼儿全人教育》《超越早期教育保育质量——后现代视角》等课程与幼儿教育理论图书的相继出现，给我们带来了新的信息与视角。于是，我们开始更多关注和探究学习的有关理论，静下心来反复学习、汲取营养。在传统上，学习更多被纳入心理学领域进行探讨与分析，近几十年来，随着认知心理学、发展心理学、社会心理学等领域的深入研究，尤其是基于脑及身体的生理学研究发展，以及社会科学领域的发展，使得学习的研究与理解有了很大的超越，学习研究被拓展到更为宽广的视野，也加深了我们对幼儿学习的理解与实践。

首先，我们认可幼儿的学习是意义建构的过程，田野课程确保并支持幼儿成为学习的主人，让他们在与所处的自然、社会、文化环境的充分互动中获得有益经验，让学习者主动参与到学习中是建构主义核心理论的一部分。对建构主义者而言，每一个学习者都要参与到创建意义中去……建构主义者相信学习者的任务不是通过模仿获得，而是通过积极的思考来内化知识、改造知识、转换知识。[①] 建构主义者认为学习是个体积极参与他们生活的世界，与外部环境互动中建构形成的，学习者获得的知识既不是纯粹先天与生俱来的，也不是纯粹后天习得的，而是个体不断建构而形成对外部世界的看法与认识。包括建构主义理论在内的诸多学习理论告诉我们，幼儿是自己学习的主人，他们通过各种各样的活动方式和思维方式参与到意义建构的过程中，学习与发展意味着幼儿内在自发的生长，而不是外在强加灌入。因为现实中不可能有两个完全相同的幼儿，所以即便在同样的环境和情境中，每个幼儿建构的意义都是不一样的，幼儿所认为的现实也是他们个体建构的结果，是主观的，而不是客观的。皮亚杰和维果茨基是建构主义理论中的杰出代表。皮亚杰的认知发展理论揭示了儿童是通过积极参与对他们来说有意义的活动来理解周围世界的。"这个理论强调了儿童如何建构他们对周围世界的理

---

① 艾伦·C. 奥恩斯坦，费朗西斯·P. 汉金斯.课程：基础、原理和问题(第 3 版)[M].柯森，主译.南京：江苏教育出版社，2002：125.

解，并基于已有知识及积极参与活动改善自己原有认知结构。”[①]在皮亚杰的理论中，学习被看作一种平衡的过程，建构基于同化与顺应，他强调一个人掌握的所有内容不可能以一种未被组织过的方式储存于脑中，强调新旧经验之间的联系，认为学习意味着将某些新东西与早已存在的东西相连接，以同化的方式增加，以顺应的方式重构。作为社会文化建构主义的代表，维果茨基认为每个人都有自己的文化，儿童学什么以及如何学是由他们的文化所决定的。学习是发生于人们之间的，因此具有社会性。“儿童的发展与他们所处的社会和文化环境是紧密相连不可分开的。”[②]在他看来，个体认识的发展不仅是在通过与材料及客观环境互动中形成，更重要的是在社会文化环境中建构形成的，强调通过社会互动来建构自己的知识。

学习理论尤其是建构主义理论给我们带来了诸多启示，在推进田野课程研究与实践中，我们的观念与行动更加坚定。第一，我们坚信幼儿是学习的主人，进一步把时空及选择权还给他们，充分保障他们自主学习的权利，采用多种方式支持他们在多样化的活动中建构属于个人的意义，充分理解并尊重他们的认识与想法，发自内心地承认和关注幼儿的个体差异，并以发展的眼光看待幼儿。第二，进一步认识到幼儿经验发展的规律和特点，幼儿的学习经验不是零碎的、片段的、线性的，而是相关的、联系的，关联的经验有助于他们的成长，具有重要的教育价值。对于幼儿个体来说，适合他们已有经验和需要的学习以及能够运用的学习才是最好的，于是，我们在创设环境和预设活动时，更加关注幼儿的原有经验、兴趣和需要，以幼儿的原有经验为起点，又为他们未来的学习提供起点，使得幼儿在行动与反思中不断获得连续的有意义的经验。第三，我们对环境的理解更为清晰，幼儿的学习除了发生于和材料及客观环境的互动中，也发生于他们所处的社会文化环境的互动中，社会文化是幼儿心理发展的源泉和决定性因素。田野课程中，环境不仅包括周围的材料与事物，还包括人及文化活动与产品等，同等重要的还有环境中人们之间的连接以及连接的本质。于是，我们更加重视幼儿与同伴的互动，不但在班级活动中幼儿有充分的与同伴活动的权利，还通过跨班、跨年级组结对以及围绕共同感兴趣的话题开展的班际活动等方式，让每个幼儿有了更多与不同年龄、不同兴趣、不同经验的同伴进行互动与交流的机会；我们也更加重视师幼间的共同生活，幼儿与班级教师以及园内不同岗位的教工间有了更多互动的机会，展开了许多有趣的活动；我们还更加重视幼儿园与家庭及社会的积极协作关系，为幼儿创造了与“更多识的他人”交流、互动及合作的机会与条件。

其次，我们对幼儿在行动中学习有了理论的依据，进一步认识幼儿的学习是他们身

---

① 米丽娅姆·别洛戈洛夫斯基，莉萨·戴利.让早期学习理论看得见[M].赵红霞，译.南京：南京师范大学出版社，2018：3

② 米丽娅姆·别洛戈洛夫斯基，莉萨·戴利.让早期学习理论看得见[M].赵红霞，译.南京：南京师范大学出版社，2018：9

心合一的结果,并且,幼儿身体的学习是大脑学习的一种先决条件和基础。田野课程一直倡导以生活为基、以行动为径,解放幼儿的身体和大脑,通过身体及各种感官参与的身体力行,让幼儿在观察、讨论、操作、调查、表演等活动方式中获取直接、丰富的经验,使田野课程成了幼儿行动的过程,也实现了让幼儿在行动中学习。在阅读经典书籍的过程中,我们了解到一些关于脑科学和心理学的研究成果,如在阅读《我们如何学习:全视角学习理论》时,我们了解到:身体与心智功能之间密切联系,身体与精神是一个整体情境中的部分,现象学(经验导向)和精神分析学都表明,学习不但是理性的,而且是建立在身体功能的基础之上的,可以"在身体中加以完善",并且能够通过诸如身体姿势、运动模式、手势、呼吸等表达出来。身体方面的学习是对所谓心智或理性等"真正的"学习的补充,而不是这种学习的一种先决条件和基础。英国的研究人员指出:根据神经生理学的观点,所有"生命事务"最终是通过"身体事务"的调节(提示和转化)而实现的。这也代表了其他现代脑科学研究者们的普遍观点。①

身体现象学认为,个体的自我与身体是不可分割的,是身心合为一体的存在。在梅洛·庞蒂看来,身体是知觉的中心,人通过身体的各种活动形成对世界的知觉认识。这就意味着人的认识是完整的、身心合一的结果,而不仅是归于大脑、思维、意识的产物。这一认识让教育实现了在哲学本源上的突破,为学习革命从"脖颈以上"的静坐冥想式转向身心合一的"整全学习"提供了认识论的支持。

具身认知理论是近三十年来心理学中的一个新的研究领域,该理论强调身体和心理的统一,认为触觉、动觉、视觉、味觉和听觉等融合构成最初的身体图式,强调身体是"构成"认知过程的组成部分;认为人的身体会影响人们对周围世界概念的理解,不一样的身体,会产生不一样的理解,当身体受到限制,人的大脑和思维也会受到影响,认知过程及结果也会受影响。大脑与身体在儿童认知学习过程中是统一协作、不可分离的,没有脱离身体的理解与学习。身体影响头脑,有时候,身体的经历会对大脑的理解造成决定性的影响。② "所谓身心一体指的是身体在心智中,心智在身体中。身体并非传统上认为的那样,仅仅是心智发生的'场所''载体'或'生理机制'。身体是体验中的身体,是认知过程的主体。身体和心智是主体经验的两个不同方面。有什么样的身体经验就有什么样的认知方式,因此,身体的性质决定了我们的思维方式和内容,决定了我们怎样形成概念和进行推理。"③具身认知理论不是对传统认知的替代,而是更强调身体与心智之间的相互作用,强调身体与环境的交互作用。

我觉得以上学习中的收获与理解,也许可以作为用以解读"幼儿的学习是以直接经验为基础"的一些理论依据,作为解释田野课程一直倡导的让幼儿在行动中学习的理论

① 克努兹·伊列雷斯.我们如何学习:全视角学习理论[M]孙玫璐,译.北京:教育科学出版社,2014:11.

② 西恩·贝洛克.具身认知:身体如何影响思维和行为[M].李盼,译.北京:机械工业出版社,2016:96.

③ 叶浩生.认知与身体:理论心理学的视角[J].心理学报,2013(4):485.

依据。事实上，作为有经验的学前教育工作者的我们，的确很容易发现幼儿拥有某种“身体性”学习的欲望，他们的身体在学习中显得非常重要，并且他们经常需要通过活动一下身体来使自己处于一种愉悦、平衡的状态，越小的儿童越是如此。由此，在田野课程规划与实践中，我们进一步坚定地解放幼儿的身体和大脑，让他们的身体真正走进学习的场域，让他们在现场中直接感知、实际操作和亲身体验，在满足“身体性”学习欲望的同时，让大脑、身体与学习环境在共同交互作用下实现有质量的、充满身体体验感的学习。

最后，幼儿的学习基于境脉，且是他们的一种选择性过程。田野课程为幼儿创造丰富的学习情境，认同并支持他们的选择，让幼儿在拥有自由感和充满爱的环境中实现自己的潜能。情境认知理论告诉我们，学习和思考不是我们脑中原有的一套技巧，而是在一个特定情境下出现的活动，所有的学习都是基于境脉的，去情境化获得的知识往往是惰性的并且缺乏实践效用。社会建构主义学派认为，学习并非仅在单个的个体身上发生。相反，学习总是嵌入在一个社会性的情境之中。学习是发生于人们之间的，因此具有社会性，学习具有个体和社会的双重性。① 现象学强调整个有机体或个人，现象学者指出，我们看待自己的方式是理解我们行为的基础，我们做了什么，以至我们学习到什么程度都取决于我们的自我概念。② 由此看来，幼儿的自我概念会影响他们的认知表现。同时，对现象学家来说，情感需要比认知需要更重要。罗杰斯是杰出的现象学家，“他相信积极的人际关系能够使人成熟，因此学习者之间的人际关系和认知分数一样重要”③。自由的概念是罗杰斯学习理论的核心，学习者越能意识到自己的自由，他们就有越多的机会发现自我和全面发展。“在这种思想指导下的课程，关心的是过程，不是结果；是个人需要，不是学科内容；是心理意义，不是任意知分数；是不断变化的环境（在时间和空间方面），不是预定的环境。应给予学生学习的自由，而不是限制他们的学习或预先设计好活动。”④著名的现象学家马斯洛提出一种关于人类需要的经典理论，他认为，一个基本需要——比如说爱或尊重——没有获得满足的孩子不会对获得这个世界的知识感兴趣。这个孩子对爱和尊重的需要远远大于对学习的需要，也大于指导自己行为的需要……学习者应当为之奋斗的和教师在课堂情境中应强调的东西是自我实现以及相伴随的满足感。⑤

---

① 克努兹·伊列雷斯.我们如何学习：全视角学习理论[M].孙玫璐，译.北京：教育科学出版社，2014：20.

② 艾伦·C.奥恩斯坦，费朗西斯·P.汉金斯.课程：基础、原理和问题（第3版）[M].柯森，主译.南京：江苏教育出版社，2002：135.

③ 艾伦·C.奥恩斯坦，费朗西斯·P.汉金斯.课程：基础、原理和问题（第3版）[M].柯森，主译.南京：江苏教育出版社，2002：137.

④ 艾伦·C.奥恩斯坦，费朗西斯·P.汉金斯.课程：基础、原理和问题（第3版）[M].柯森，主译.南京：江苏教育出版社，2002：137.

⑤ 艾伦·C.奥恩斯坦，费朗西斯·P.汉金斯.课程：基础、原理和问题（第3版）[M].柯森，主译.南京：江苏教育出版社，2002：136.

通过学习我们进一步认识到，无论是情境认知理论、社会建构主义等认知发展学习理论，还是现象学等人本主义学习理论，都把个人与个人所在的场看成是相互关联的。决定行为和学习的主要是心理因素，幼儿的选择很重要，自尊、自由、自我概念等是与他们的学习紧密相关的重要概念。于是，一方面，田野课程更加关注幼儿的学习情境。关注幼儿园、家庭和社会的不同空间情境的创设和利用，努力让每一种学习空间情境都能为幼儿提供更为多元的学习机会。同时，考虑不同空间情境之间的内在关联性，通过参与、沟通、共享等方式为幼儿提供多重并行和整合一体的情境，形成关联的境脉，以支持幼儿经验间的连接和发展。另一方面，在田野课程中，我们将幼儿作为整体的儿童来对待，他们是有体验的生命体。幼儿是有思想、有情感、有需要、有潜能的生命体，他们的学习也是一个整体的过程，包括情感、认知、动作等。因此，我们在给幼儿创设适宜情境的同时，给予幼儿更多选择的机会，并充分肯定、鼓励、奖赏并认可幼儿所取得的任何成就。我们让幼儿意识到自己是一个主体的“我”，意识到自己有权利、有能力，意识到可以按照自己的需要和方式来作用于外部环境，他们可以选择并独立去做他们想做的事。简单来说，就是在不伤害别人以及没有潜在危险的情况下，幼儿拥有充分的决定权和自由感。最后，也是最重要的，我们进一步理解了幼儿的情感需要比认知需要更重要。于是，我们明确并践行与幼儿共同生活的理念，与幼儿建立温暖、友好、民主的师幼关系。我们充分尊重幼儿的兴趣和需要，毫无保留对他们充满信任，全方位创设让幼儿有归属感的环境和文化，让幼儿在充满爱的环境中得到最佳的学习机会，得到更有力的支持，从而获得自我导向的发展和日益增长的责任。

通过学习，我们对幼儿学习的建构性、社会性、情境性、情感性、复杂性等的判断成为普遍共识。对幼儿学习本质、特点和规律的进一步认识，使得田野课程进一步适宜于不同幼儿的发展，使得我们与幼儿的关系进一步得到改善，使我们对幼儿的支持更为有效。

吸收可持续性发展理论

可持续发展这个概念最初源自环境教育。普遍存在的透支资源开发，掠夺性耗尽资源，无视环境挑战，忽视人与气候、地球环境等种种“关系问题”，促使人类对自身的行为进行反思，开始关注环境教育。自 20 世纪 70 年代中后期开始至今的 40 多年间，环境教育的政策取向逐渐发展到可持续发展教育的概念。“联合国教科文组织（UNESCO，2014）将可持续发展定义为均衡考虑社会、环境、文化和经济四个方面以提高未来生活质量的思维框架”①。2014 年，联合国教科文组织编制了《全球可持续发展教育行动计划》，我国《国家中长期教育改革和发展规划纲要（2010—2020）》中明确提出“重视安全教育、生命教育、国防教育、可持续发展教育”，可持续发展教育已成为国际战略以及教育界的共识。自 2007 年可持续发展教育进入幼儿教育领域以来，很多国家已

① 朱莉・M. 戴维斯. 幼儿与环境：致力于可持续发展的早期教育[M]. 孙璐，张霞，王巧玲，等译. 南京：南京师范大学出版社：3.

经进行了诸多尝试。“可持续发展”作为一种价值观已成为指导当下学前教育改革的重要哲学，学习、吸收可持续发展理论成为我园教师的共识和行动。

我们如饥似渴地学习该理论，并在了解的基础上理解、吸收。从最初的环境教育演化到现在的可持续发展教育，其概念的内涵发生了重要改变。在刘焱教授等看来，可持续发展教育究其根本是价值观的教育[①]。可持续发展教育倡导人们保护自然环境和维持生态平衡，强调人类在社会、政治、环境和经济方面的联结及相互依存，认可人与人、人与其他物种之间关系的重要性，反思人类使用和分享资源的方式以及代际公平问题等；可持续发展教育倡导将“可持续文化”融入教育中，以克服教育短视化、碎片化、表面化的缺陷，以建构兼具深度与广度的整合性系统课程，以改变人们的思维、观念与行动方式；可持续发展教育鼓励改变知识、技能、价值观和态度，鼓励所有人秉持终身学习的理念，并为所有人建立更加可持续、公正优质的教育。儿童早期可持续性教育不是“前景暗淡”的教育，它是改革性的教育，它重视、鼓励、支持儿童在他们自己的环境中成为问题的发现者、解决者和行动者。它旗帜鲜明地提出要改变社会，并且这一变化的核心是对于权力与权威的再分配。赋权可以被理解为权力的转移……赋权和改革意味着在可持续性的问题话题以及实践上让儿童的思维行动和学习方式发生改变。[②] 通过学习我们明白了，可持续发展是一个宽泛的概念，它远不止涉及自然环境方面的问题；从责任主体看，是人人有责，包括在我们眼中幼小的儿童；从本质看，是社会的公平和正义；从目的看，是实现人人共享的更美好的未来。因而，在幼儿园教育中有“在环境中的教育”和“关于环境的教育”是不够的，还要有“为了环境的教育”，并且，可持续发展教育不仅仅是在教育中加入环境的内容，更是一种从思维、内容到行动都在发生变革的教育，改革性、赋权性与参与性是推进可持续发展教育的重要特性。

可持续发展理论对我们深入推进田野课程改革、实现自我超越具有非同寻常的重要意义。于是，我们对以下五个方面进行了再思考与行动变革。一是，对我们的思维方式进行再思考与转变。我们需要持续学习、优化我们的思维方式，需要采用系统、生态的思维方式来发现问题并解决问题，从碎片式的、短期的、只顾眼前的思维方式，转变为系统的、长期的、着眼于未来的思维方式。从课程建设来看，田野课程也不应只关注儿童现在的发展，更要着眼于儿童更长远的未来发展，将过去、当下与未来联结起来。田野课程在目标、内容、实施、评价等方面都有意识指向儿童可持续发展，以帮助他们应对未来不确定社会的挑战。二是，对儿童观及儿童与成人的关系进行再思考与改善。我们深刻意识到，幼儿不再仅仅是“被照顾者”，他们是“有能力的个人”，我们认同和尊重幼儿的能力，相信他们可以对当下的生活及未来社会作出改变，于是进一步强调以儿童

---

① 刘焱，刘峰峰.幼儿教育的新视点：可持续发展教育[J].学前教育研究，2007(12)：4.

② 朱莉・M. 戴维斯.幼儿与环境：致力于可持续发展的早期教育[M].孙璐，张霞，王巧玲，等译.南京：南京师范大学出版社，2018：25.

为中心,真正尊重他们的能力和需要,给予幼儿更多时空的支持,运用民主、协商的方式培养幼儿自主选择、决定的能力。总之,充分认识幼儿的能力,切实保障他们的权利,包括民主参与和解决更复杂问题决策的权利和机会。三是,对幼儿与自然的关系进行再思考与行动变革。我们深刻认识到人与自然的“亲属关系”,让幼儿在自然中活动的同时,培养他们作为主动建设者参与推动自然生态可持续发展的意识,并在力所能及范围内作出贡献,在不断增强满足感、责任心和自信心的同时,不断增强保护环境与生态的意识。四是,对幼儿园与家庭、社区的关系进行再思考与变革。转变角色和关系,家、园、社区进行有深度、有广度的联系与合作,形成有利于儿童发展的微观系统,形成教育合力,共同促进幼儿可持续发展。五是,对社会资源和核心价值观的再思考与行动。根据可持续发展目标,充分挖掘各类自然资源和社会资源,进行价值筛选,形成教育资源体系。同时,开展幼儿、教师社会习惯和核心价值观的践行研究,在让幼儿感到安全的环境氛围中,鼓励并支持他们积极参与到各种实践中去,充分分享想法,为决策作出自己的贡献并采取行动。

在吸收、借鉴可持续发展理论的田野课程改革实践中,作为园长,我最需要做的就是进一步赋权,给幼儿、教师、家长赋权,让家长、教师、幼儿及更多的人员都能参与到幼儿园管理中来,形成一种积极的参与模式,从而不断丰富资源、确保运转,更为重要的是确保幼儿的权利。管理者赋权教工、赋权家长,让赋权幼儿成为可能且更为充分。赋权幼儿,实际上是赋予幼儿做事情的权力,让幼儿有更多参与、决定与选择的机会,让他们在参与中解决问题,感受到民主、平等与尊重,觉得自己是有权利的,认可在自己的生活圈内是可以“发挥影响力”的,从而愿意去质疑、去行动、去参与挑战并表现出适应力,进一步促进自己思维、观念、行动与学习方式发生改变。如此成长起来的幼儿,综合潜能可以得到更好发展,也可以使他们在当下乃至将来,成为有伦理、有爱心、有知识、有力量且充满热情和希望的公民。这是我们正在努力并期待的。

在与同伴对话中增进智慧

教师的专业性成长除了需要自己的努力,也需要通过与他人的互动对话,对话既是一种互动方式,事实上更是一种观念、精神和态度。后现代主义推崇“对话”,多尔认为通过师生之间有意义的对话,学生可以获得知识、事件的阐释性的再构,课程可以帮助学生看到、学到既定界限之外的东西。事实上,教师之间的同伴对话对于教师成长而言同样具有重要的意义。

作为田野课程建设群体中的不同成员,每一位教师在学识、观念、经验等方面都不同,对于课程的理解和实施也必然存在差异,同伴间的有效对话能使教师的多样性经验得以交流、多元化观点得以碰撞。对于教师个体而言,同伴对话有助于深度反思、积累更为具体生动的“实践性知识”,进而获得一种意义的建构;对于田野课程建设而言,同伴对话有助于分享经验、发现问题、汇集智慧、形成共识。课程审议是田野课程建设中一种重要的同伴对话方式,除此之外,读书分享和教育故事也是我园延续十多年的同伴对话方式，它们在促进教师成长和课程发展中发挥着积极作用。

读书分享

苏霍姆林斯基曾指出："读书，这是一个富有智慧而又善于思考的教师借以通向儿童心灵的门径。"①阅读书籍让我们每个人开阔视野并有了深入反思的机会，也为我们交流与对话提供了机会。我园重视教师阅读及分享活动的开展，根据每个阶段田野课程实施所面临的关键问题及不同层级教师的实际需要，通常在每学年末给每位教师选配必读书籍，同时提供选读书目，不仅有教育名家的经典著作，有中外优秀的实践经验著作，也有关于文化、管理或思维的著作。教师利用假期静心阅读与思考，记录自己的理解、感受和启示，而后开展读书分享活动。教师是参与读书分享活动的主要人员，有时我们也会邀请专家、学者及同行的参与；分享话题大多时候是开放的，教师从自己的视角和兴趣出发进行分享对话，这类读书分享活动包容性强、视野更为开阔。有时，分享话题也可能是事先确定的，这样有利于聚焦观念和问题，对话也可能更为具体而深入。

《把学习带进生活——瑞吉欧学前教育方法》是我们曾经共读过的一本书，书中所涉及的学前教育机构与我园倡导的理念有较多相似之处，因而，我园教师更易与之产生广泛的共鸣。在教师阅读前，我们预设了三个主题，分别是环境创设、教师支持幼儿的学习和需要以及家长参与。教师依据自己的兴趣选择分享主题，在自主地泛读与精读基础上，开展系列读书分享活动。

作者笔下的学校和家庭中心充满神奇，尤其是每一处环境仿佛都有鲜活的生命。聚焦"环境创设"主题的教师们在认真阅读书籍后，一部分教师围绕"环境创设的理念"进行分享，在深入对话后形成了一些共识：每一处环境创设都有其定位和目的，具有鼓励性、接纳性和参与性，应让环境"动"起来；环境创设是幼儿、教师、家长活动与对话的过程，也可能引发新的课程，环境是鲜活的，应让环境"活"起来；环境创设需把握整体与细节，暗含着秩序、智慧和美，应让环境"美"起来。同时教师们认为，环境创设包含材料纬度、过程纬度、文化纬度。从材料纬度看，材料应该是真实、自然与丰富的；从过程纬度看，环境创设是包括幼儿在内的不同人员参与、记录、对话、改变、解决问题、反思等过程；从文化纬度看，环境创设还应该体现个性、归属感、尊重、爱的情感等文化内涵。

一部分教师围绕"如何理解对于孩子来说，最好的环境是可以提供最大数量和最高质量相联系的环境"进行分享与对话。有的教师以自然物材料的提供为媒介进行解释。教师观察幼儿操作一些如石头、木头、树叶、松果、藤条等材料，有对材料进行匹配、排序的活动，有想象、创作、拼画等活动，有用放大镜仔细观察并记录的活动。"数量"是指材料的丰富性和层次性，而"质量"指向教育价值。有的教师以案例"折纸"来进行分析，从开始提供一定数量的纸和图示，到教师设计了一张表格，让幼儿明确任务、自主记录，再到小组互相学习讨论，最后全班幼儿组织了一场折纸展示活动。通过阅读分享，将书中

① 孔孙懿. 苏霍姆林斯基教育学说[M]. 北京：人民教育出版社，2018：139.

理论与自己的课程实践密切结合,以及听取同伴从不同视角的对话分析,教师们抓住了这句话中的三个关键词——数量、质量和联系,认为仅仅提供数量丰富和有层次的材料是不够的,我们要把眼光放在联系上,思考如何让幼儿与物、让幼儿与人之间发生多样的联系,这样幼儿的学习才更有价值,此时的环境才是有质量的环境,才是最大数量和最高质量相联系的环境。

可以看出,通过本次读书分享、对话,我们关于环境创设的认识较以往更为多元、全面、深入。我园长期开展扎实的读书分享活动,努力做到学思用贯通、知信行统一。一方面,我们进一步深刻理解读书的意义,慢慢地开始习惯沉下心来多读书,努力将公共知识及他人的个体知识转变为自己的个体知识,以夯实自己的专业理论功底。另一方面,我们也在与同伴的对话互动中充分表达、仔细倾听、激情碰撞,由此将理论知识与实践智慧进一步融合,将个人的经验变成集体的智慧。

教育故事

每位教师在教育实践中都有丰富的经历和真实的感受,有收获与喜悦,有困惑与失败,也有无奈与徘徊,这些源于教育实践的经历与感受事实上形成了一个个真实的教育故事。我园定期开展教育故事分享活动,不同岗位的教工都会采用讲故事的方式来阐述自己的经历、观念与感受,大家觉得这是一件有趣又令人期待的事情。

在我园分享的教育故事中,不乏成功的案例,也有面临两难困境的案例。从参与人员的范围来看,可分为全园教师、班级教师、家长与教师、青年教师专场及自由结伴等。我园十多年的教育故事分享活动表明,大家喜欢说故事,也喜欢听故事。然而,要想说好教育故事,其实也并不那么简单,对于“说什么”和“怎么说”倒也不难,只要尊重事实和真诚表达应该就可以了,但“为什么说”是关键所在。在众多的教育生活故事中,为什么要说这个故事?它对自己有着怎样特别的意义?自己想通过它来传递什么?对这些问题的回答,事实上是教师关于课程观、教师观、儿童观等一系列观念的反映,是教师专业性的体现。

对于分享者来说,准备教育故事并与他人分享的过程就是回顾反思及与自我对话的过程,故事中透射着自己的教育经验、情感体悟和行动反思,能更好地聆听自己内在的声音,更清楚地认识自我、理解幼儿以及与幼儿的关系等,从中体悟教育生活的充实与幸福,反思教育实践的经验与不足,从而不断提升实践性智慧及品质,以及积极强化个人理论知识的建构。每位参与者用内心倾听,让故事带着思绪遨游,努力去理解故事内涵,透过现象看本质,发现深层次意义,并学习从不同视角审视教育故事,捕捉并提炼问题与经验,与分享者等进行积极对话。这是一个在倾听、理解基础上学习、对话与反思的过程,需要心胸开阔、包容性强,需要思维敏捷、积极参与,并学习从一个个特殊性的教育故事中通过理性分析、不断提炼,增强对一般性教育规律的认识与把握。对话过程具有重要意义,能进一步引发深入的学习,对于汇集智慧、促进反思与成长都不失为一种有效的途径。

站在田野智慧论坛讲台上那一刻，我有一丝紧张，更有一丝期待……

之前老师们讲的故事很精彩，有很多让我印象深刻。有甘蔗地的故事，大班的孩子即将毕业，他们精心育苗种植的甘蔗不再有人每天照料，于是他们拜托给手拉手班的弟弟妹妹，爱的传递就这样展开了。让我感慨的是，大班孩子的幼儿园生活虽然结束了，但课程的精神，对植物的关爱一直传承了下去。有资源室的故事，资源室老师讲述了自己在资源室工作中和孩子发生的故事，她从幼儿的视角对资源室的物品摆放和登记方式进行了调整，幼儿用自己的方式参与其中，资源室老师强烈的课程意识和儿童观念感动了我，对作为一线教师的我也有很多启发。还有亲子部老师讲述的故事《宝宝不哭了》，让我更多地了解了托班年龄段的孩子入园时出现的困难，老师用真诚细腻的情感和因材施教的策略，走进孩子的内心。作为一个听众，在聆听各位老师讲述的过程中，我了解了很多我没有接触过的领域，如资料室、托班等。我也学习了很多经验，如课程活动与经验的延续、跨时空情感的传承、课程意识的重要意义、对幼儿内心的关照等。也激发了我很多新的思考，如果这个事件发生在我身上，我会怎么做？这位老师这样做的原因是什么？故事说明了什么？从中我能获得什么？我珍惜每一次教育故事分享后讨论的机会，在过程中了解大家的想法，发表自己的观点，在一次一次的头脑风暴中，集思广益，更全面地认知、感悟和反思。

这次，我选择了一个突发事件引发的故事《藏在风里的一阵狂欢》。这个故事源于一次偶发事件，在一次小班科学活动"认识银杏树"中，孩子们和我正围坐在三棵银杏树旁，孩子们开心地分享着他们的发现。突然，一阵风吹过，天空下起叶子雨，孩子们激动起来："哇！下雨啦！下雨啦！"孩子们蹲下来捡起一片片的落叶，猛地往天空中一抛，树叶雨下洋溢着一张张灿烂的笑脸。此时，他们的注意力已经转移到抛撒树叶的快乐啦！突如其来的一场风打乱了我的活动计划，我该怎么办？……由此，我们和孩子共享自然的馈赠，走进叶子的世界，形状各异、五彩斑斓的叶子成了随手可得的课程资源。作为讲述者，我再次对教学活动中的偶发事件进行了思考，将自己以及年级审议过程中的想法进行了梳理，对接下来一系列活动的过程进行了反思。

故事讲完了，伙伴们展开了讨论。有老师指出，虽然这个主题活动暂时告一段落了，但是对植物的观察和探究应该是持续的，幼儿可以选择自己喜欢的植物做朋友，进行长期的观察和照料；也有老师对如何判断偶发事件的价值提出想法和建议……大家的鼓舞和肯定增强了我的自信心，他们的意见和建议推进了我对课程的再思考。①

多尔认为，"一个好的故事，一个伟大的故事，诱发、鼓励、鞭策读者去阐释，与文本进行对话。好的故事应具有足够的不确定性以诱使读者参与到对话中来。"②如果教师所分享的故事具有足够的不确定性，那么集文字、影像和声音于一体的教育故事分享活

---

① 作者夏惟瑜，南京市太平巷幼儿园教师，选用时略有删节。

② 小威廉姆·E.多尔.后现代课程观[M].王红宇，译.北京：教育科学出版社，2000：241.

动对于激励教师参与对话更是有着独特的魅力。我园经常性的、多样化的教育故事分享与对话活动，让我们通过不同维度寻找规律特点及表达方式，并将理论与实践更好地融合；让我们相互学习、质疑、真诚吸收，从而不断对原有的观点和态度加以修正；也让我们不断反思个体和集体，反思自我和他人，从而获得合作性团体学习的价值，不断增长课程实践的集体智慧。在每一次倾听教师分享故事的过程中，我都能感受到教师尊重事实、认真回顾的态度。教师们搜集对自己来说具有特别意义的瞬间或过程，用属于自己的、已经理解了的理论来解释经历的过程及其意义，他们也许为自己当时的行为与决策庆幸，也许会遗憾、纠结、困惑甚至是懊悔。这种操作性强、喜闻乐见的形式，无论对于讲述者或者倾听者都有很大的价值。从管理者的角度，我在其中也深受启发，能从一个侧面了解到每一位教师的状态，包括专业理解、实践态度、价值追求和个性倾向等，还时常被他们的故事所感动，并为拥有这么优秀的教师团队感到自豪和骄傲。

在解剖当下中改变思维

虽然，田野课程在经历十多年的探索之后不断发展、趋于完善，但事实上在任何阶段总是存在各种各样的问题，一些问题凭借已有经验便能得到较好解决，然而有些问题仅凭已有经验仍让我们深感疑惑，一时难以取得进展。事实上，从另一方面看，一些我们早已习以为常的观念与行为背后也许隐藏着重要的问题，只是我们暂时还没能敏锐地觉察到它们的存在。要想有效推进当下问题的解决，或是不断提高敏锐觉察问题的能力，就必须有意识地改变我们的思维。我们需要养成质疑、批判、反省和探索的习惯，需要时时提醒自己跳出“舒适圈”、多问“为什么”，需要有意识地打破固有的思维方式，尝试以更广泛的视角进行深入探究，从根本上改变观念与行为，从而使得自己的思维变得更优化、更有成效。

杜威认为，反省思维是一种较好的思维方式。他还认为只要人们愿意，就可以改变个人的思维方式。“简单地说，思维起源于某种疑惑、迷乱或怀疑……然而，有了疑难的状态，也有了先前的经验，能够产生一些联想，思维还未必就是反省的……只有人们心甘情愿地忍受疑难的困惑，不辞劳苦地进行探究，他才可能有反省的思维。”[①]因反省思维使得人们能够忍受疑难并不断激励人们去探索，毫无疑问，它更有利于帮助我们有效地解决面临的问题。

随着可持续发展理论的不断深入，可持续发展教育已成为教育界的最新共识，思维方式的转变也不可避免地得到更多关注并成为必然。人们需要从碎片式的、短期的、只顾眼前的思维方式（斯特林称其为“机械的”）转变为系统的、长期的、着眼于未来的思维方式（即“生态的”思维）。[②] 超越学科界限的、指向可持续发展的系统思维方式和问题

① 约翰・杜威.我们怎样思维・经验与教育[M].姜文闵，译.北京：人民教育出版社，2005：21.

② 朱莉・M.戴维斯.幼儿与环境：致力于可持续发展的早期教育[M].孙璐，张霞，王巧玲，等译.南京：南京师范大学出版社，2018：18.

解决方法得到了越来越多的推崇，系统思维方式被认为可以创造新知识、过程和视角，并提供新的审视及问题回应与解决方式。

今天人们常说的批判性思维，在过去指的是反省思维。无论是批判性思维方式还是系统思维方式，都鼓励人们去质疑、去行动、去参与挑战并表现出较强的适应力。作为当代幼儿教师，我们必须不断改变自己的思维方式，在更好满足当下发展需要的同时，陪伴幼儿能够从容地走向更加不确定的未来。

在分析现实中质疑改进

在教师回顾反思的基础上，我园各年级组、各园部都会定期开展田野课程建设分析、审议活动，虽然活动形式会根据需要有所调整，但活动目的均指向经验梳理、质疑反思与问题剖析。我们营造民主、平等、开放、创新的良好文化氛围，倡导问题意识，激励大家每天都花点时间用心观察幼儿活动并质疑反思，重视教师质疑精神的培养和自我反思习惯的养成。对于发现的问题，我们及时解决或将其作为接下来一个阶段教科研的话题。对于确定的、习以为常的观念和现象，我们也时常以谨慎的态度对待，通过质疑所确定的东西，拓展了对自己和周围环境的看法，进一步反思自己的观念与行为。

例如，经过一段时间的课程研究与实践，我们都认可并形成了幼儿是在行动中学习的观念，那么，幼儿在行动就是在学习吗？对这一现象和问题的质疑，让我们时常有意识地从每日丰富多彩、热热闹闹的活动中抽离出来，并对此进行理性的审视与分析。一个阶段后，我们形成了这样的共识，即幼儿通过行动来学习，但并非所有行动都是学习，只有能给幼儿带来新经验的行动才具有学习的意义。如游戏是幼儿的天性，在游戏中幼儿有着各种行动方式，但在很多时候，游戏更多的是满足幼儿的兴趣和需要，让幼儿获得快乐与满足对幼儿来说非常重要，这也是幼儿游戏的应有之意。但假如教师基于观察，在尊重幼儿的兴趣和需要的基础上，通过改变幼儿与环境、材料及他人的关系等，那么，此时的游戏将会给幼儿带来许多新的体验、感受和挑战，此时幼儿在游戏中的行动便有可能产生新经验，从而具有学习的意义，那么，此时的游戏也就富有了课程价值。很多时候，在区域活动或是日常生活中同样存在类似情况，也许我们看到的是幼儿在热火朝天地忙碌着，他们正在摆弄各种物品、材料，或是正在搭建某样东西，或是正在进行每日的餐点、整理等活动。很明显，此时的他们都在行动，但若仔细分析，却是在简单地重复或循环，这也是对已有经验的重复，并不能给幼儿带来新的经验，那么，这样的行动对幼儿的学习和发展也没有实质性作用。基于这些认识，我们进一步珍视区域、游戏和生活的独特价值，创设丰富的、适宜的教育环境，最大限度地支持和满足幼儿通过直接感知、实际操作和亲身体验等行动获取经验的需要。于是，为了更好地支持幼儿的学习与发展，在每日活动中，教师清晰地意识到需要拥有课程的眼光，用心、理性地观察、审视幼儿的活动与行为，分析其中可能蕴含的新经验，敏锐地发现并抓住契机，在满足幼儿兴趣、需要的同时，把握好每一次有利于给幼儿带来新经验、促进经验生长的机会。

再如，在田野课程建设近 20 年之时，我们通过反思与总结，发现有一些问题亟待解决。如,在儿童观及儿童与成人的关系上,虽倡导并反复强调以幼儿为中心,但成人时常仍在代表幼儿作出重要决定;虽已关注倾听幼儿的意见,但有时会忽视幼儿的真实需求,让他们参与决策更复杂的问题却不常见。在幼儿与自然的关系上,我们对人与自然的"亲属关系"认识还不够深刻;幼儿时常作为认识自然的主体,对事物间的联系关注得不够;幼儿作为主动建设者,参与推动自然生态可持续发展的意识、贡献还不明显。在幼儿园与家庭的关系上,存在"少数家长参与多,整体家长参与不多""被动参与多,主动建设少"等问题,同时,家园联系的深度、广度以及对联结本质的思考不够深入。在课程建设的思维方式上,时常呈现出关注碎片的、眼前的特点,还未能采用系统的思维方式。我们从现状出发,对田野课程存在的问题进行再思考,不断质疑和发现了田野课程当下存在的主要问题,这有利于课程的不断优化。同时我们也明白,课程优化的最终目标是指向人的发展,是促进幼儿发展和教师专业成长。那么如何推进这些问题的解决呢?于是,我们对幼儿发展理论进行再学习,对教师专业发展的重要性及复杂性进行再认识。在此基础上,我们认为,从人类发展生态学视角对田野课程进行反思与改进,也许是个不错的选择。我们开始尝试运用人类发展生态学的发展观、系统观对田野课程存在的问题进行全方位的理论与实践的优化。我们重视"系统""发展""关系"等概念在实践中的应用,主要聚焦幼儿微观系统的优化,同时建立幼儿发展的有效中间系统,并充分利用幼儿外观及宏观系统中的积极影响要素。就这样,我们尝试开阔视野、改变思维方式,努力从思维、观念和实践层面对田野课程进行全方位的优化,以期使田野课程更完整、更立体、更具有生命力,最终指向幼儿、教师、家长共同发展目标的实现。

对现实课程实践、发展方向和存在问题的质疑与分析,使得我们不断澄清价值,拟订问题解决思路与方案,并充满热情地开展持续的探究行动。这不仅让田野课程建设中存在的问题更加明确,让课程目标更加明晰、人际关系更加和谐,更重要的是,思维和观念的改变,让我们更鲜明地意识到可以让未来变得更加美好,我们便一往无前。很显然,从另一方面来看,在分析现实基础上的反思与改进工作,让我们发现问题、推进问题的解决,助力我们成长为学习型教师、研究型教师,也意味着我们始终与幼儿在一起进行主动学习、经历探究过程。这一过程很迷人、很美妙。

在同行互动中反思改进

"独学而无友,则孤陋而寡闻。"田野课程需要同行的参与,同行的质疑是田野课程重要的评价方式,同行的认同又是田野课程发展重要的推动力,同行的经验分享也能开阔我们视野、引发我们反思。我们与不同性质、不同地区、不同民族、不同国家的幼儿园互动,在互动中吸纳更新、反思改进,这使得田野课程实践与研究更加深入有效,同时,也推动了田野课程文化的丰富和发展。我们与同行互动的方式是多样的,有外出参观,有接待来访,有专题分享,有沙龙论坛,也有定期的分享与审议,等等。

在与同行的互动中,我们本着真实、开放、平等、自由的态度,与不同学术背景的参与者对话交流、畅所欲言,并倡导每位教师以包容、诚恳、感恩的态度对待他人的批评和建议。因此，无论是对幼儿园还是对教师个体来说，每次与同行的互动活动都能带来反思与成长。

有一次虞教授和他的研究生、博士生要来幼儿园观摩课程实施，刚工作不久的我要开展一个活动，说实话，当时的我非常紧张。活动开始了，孩子们很积极。忽然，天天指着比他略高一点的一片叶子问我："胡老师，我喜欢那片叶子，你可以帮我摘下来吗?"当时，我心头一震，怎么在这个关键时候问这个问题呢？旁边的专家、园长们可都看着呢。怎么办？该怎么回答？无奈之下，我对着天天说："你去问问园长老师可不可以摘？如果她同意了，我就帮你摘下来。"

课程研讨环节，一位博士生问道："胡老师，有个地方我很疑惑，你们幼儿园的课程都是要经过园长同意的吗？如果是这样的话，那真是太可怕了。"事实上，我园一贯倡导每个教师都是课程的实施者、决策者。但那时作为年轻教师的我，心里总是害怕孩子会冒出一些自己原先没有预设到的问题。博士的这番话使我印象深刻，也让我陷入深深的反思。当天天问我这个问题时，我是不是可以请他找一片低处的叶子观察，或者是保护着他，让他站在小凳子上看一看。叶子也是有生命的，难道这不就是自然教育、生命教育的契机吗？当有人观摩时，活动中"以幼儿为本"的出发点和目标难道就可以改变了吗?

记得还有一次课程研讨活动，我和孩子们到户外观察。孩子们在幼儿园的各个角落寻找春天，几位观摩者就在我的旁边，一边听一边记录着我和孩子的对话，因为这些内容，等会儿都可能成为研讨的话题。

有几个孩子正在观察四季桂，希希把我拉过去，指着一串串黑色的小果子问："这是什么呀?"我一看，不假思索地回答道："这是桂花的种子呀。"一旁的老师夸赞我："胡老师，这个你都知道，太厉害了。"正当我沾沾自喜时，又有一个声音响起："为什么要告诉孩子这是桂花的种子呢？如果让孩子带着问题回去，自己查一查，多好。"

是呀，我为什么要告诉孩子呢？如果用一种疑惑的口气、好奇的心态与孩子讨论，一定可以更好地激励孩子并给他们带来更多的思考与寻求答案的机会。

现在的我与孩子相处时，会把更多的机会留给孩子，我思考着如何把他们抛过来的球再巧妙地抛回去，引导他们通过查阅资料、观察比较、咨询他人等多种方式解决遇到的难题。"课程就是给幼儿做事的机会""授人以鱼不如授人以渔"，应该就是这个意思吧。①

这是胡老师在回顾自己刚工作不久时的一些经历和感受，作为一名相当年轻的被观摩者，我特别能理解她当时的紧张、担忧、所思、所行。值得鼓励的是，胡老师能从同行那儿受到启发并深入反思。她反思的问题实际上包括活动的意义、课程中幼儿和教师的权利、教与学的关系以及课程意味着什么等，这些问题是源自她的实践困惑及同行质疑基础上的理性思考，这恰恰印证了杜威所提出的"实践即研究"的教育信条。在与同行的互动中，作为青年教师的胡老师不断反思，从而不断改善教育行为、师幼关系，更

---

① 作者胡思彤，南京市太平巷幼儿园教师，选用时略有删节。

新教育观念、课程理念，从而也让自己和幼儿获得更好的成长。可以看出，胡老师是一位善于反思、善于学习的教师，在与他人的互动中，他人的质疑引发自己反思，反思过后又带来观念与行为的改进。毫无疑问，在这里，他人的质疑是诱因，自己的反思才是关键，我园一贯重视激励教师的学习意识和反思精神，胡老师的这篇教育随笔，是我园教师个体在与同行互动中反思成长的一个缩影。

从幼儿园层面的整体课程建设来看，与同行互动也有助于我们拓展信息，引发新思考，从而推动思维和实践的发展。“课程四合院”是虞永平教授于 2019 年初成立的一个研讨组织，虞教授带领他的博士生以及十所幼儿园的教科研骨干，围绕幼儿园课程建设定期进行深入交流和讨论，作为其中一员，我园教师受益良多。每次的“课程四合院”活动都有一个主题，如幼儿园课程理念、课程的生长，幼儿园课程框架、幼儿园课程结构的完善，疫情背景下对幼儿园课程的新思考，幼儿园优势资源的挖掘与利用，等等。围绕课程建设中的一些重要问题，在各园介绍有益经验、提出面临问题的基础上，虞教授和博士生都会开设短小精悍的学术报告，并针对各园的经验及问题提出鼓励和诸多建设性建议，帮助我们探求有效的解决思路和策略。探究游戏、学习与课程的关系也是活动主题之一，这是基于阅读《游戏、学习与早期教育课程》后的一次活动，各园从课程建设的实际出发，谈谈如何处理三者之间的关系。在我看来，围绕这些主题的探讨活动，让各幼儿园明白了课程建设不但需要做，还需要以系统思维来分析反思和周密规划本园的课程建设，让课程建设成为有意识的过程，从而科学系统地推进课程建设，实现各幼儿园课程的可持续发展。在虞教授的引领下，在与同行的真诚分享、互帮互助中，我们进一步意识到优化田野课程最重要的工作是理念的清晰和结构的完善，同时更好地开发与利用课程资源。于是，我们关于田野课程建设的思路进一步明确，理论视野进一步打开，我们在从其他幼儿园的分享中获得有益经验的同时，更多的是深刻感受到他园在课程建设上的快速进步，以及发现田野课程建设中亟待解决的问题。如，目前田野课程框架是线性的、平面的，然而影响幼儿发展的因素和维度却是多元的。同时，幼儿园课程建设原本就是一个生长的过程，那么，目前的田野课程框架显然不是最好的呈现方式，怎样调整才能更好地反映田野课程螺旋上升、动态发展、立体关联的特点呢？关于这一问题的反思困扰我们许久，这真不是一件容易的事情。再如，真实、现场、参与、开阔、清新的田野课程理念，一直以来较好地指导着我园教师的课程实践。十多年过去了，一方面，田野课程的实践样态发生着一定变化；另一方面，在与同行专家的互动中，我们经常被问及这五个理念之间的关系，尤其集中在“清新”一词。这两个方面促使我们开始思考，田野课程理念有更适宜的表达方式吗？我们再一次静下心来聚焦课程理念，通过理论学习和实践凝练两条路径，将原有课程理念调整为“现场”“行动”和“生长”。与此同时，我们对这三个理念进行了进一步分析，这样有利于课程理念真正落实到实践中。“现场”是真实的、可参与的、开放的，也是隐含经验的；“行动”指的是行动的状态是积极的、方式是多样的，幼儿的行动需要成人的支持，更为重要的是行动需指向经验的发展;“生长”指的是,无论是作为课程中的幼儿和教师,还是课程本身都是生长的,生长既有其自然的内在逻辑,也需要适宜的环境支持。假如要用一句话来概括我们的基本观点,那就是,田野课程可以理解为支持幼儿在现场中行动而不断生长的经验总和。理念的调整和发展,让我们进一步形成信念、付诸行动,让田野理念充盈在行动中、环境中和日常生活中。在与专家同行的互动中,我们不断发现田野课程中存在的重要问题,分析问题原因,探索解决思路与方式,不断调整课程建设规划并尝试改进实践,这一过程不仅挑战我们的知识储备和实践经验,也不断挑战我们的思维方式和终身学习意识。我们从他人身上吸收经验、看到自己,我们期待他山之石,借鉴、质疑、反思,力求在每一次的互动中都能产生碰撞、有所收获,从而不断改进成长。

持续深入的学习探索和质疑反思,给我们带来了更多可能,我们正是在这样的过程中不断挑战自我、超越自己,逐步达到一个新的有意义的状态和水平,也使得田野课程不断发展,努力迈向自我超越。记得斯坦福大学的一位教授曾提出过增长型心智模式的概念,这种模式的最大特点就是“什么都想学”,对未知世界充满好奇,能够不断学习、不断成长。与之截然不同的是停滞型心智模式,这种模式的最大特点是认为自己“什么都知道”,因而满足现状,没有了强烈的学习动机。也许,在最初阶段,“什么都知道”的人更领先,但是,最后一定是“什么都想学”的人更卓越。在这个变化日新月异的时代,我们每一个人都不应停止阅读、停止学习,而应通过学习和实践实现不断成长。我认为,“在学习中成长”应该是现代教师角色的应有之义吧。

支持项目活动深度展开

众所周知,幼儿是与生俱来的探索者,他们具有强烈的好奇心和探索欲望,他们也总是拥有各种各样探索周围世界的办法和能力。同时,大量的研究成果以及长期的实践经验表明,幼儿的主动活动、深入探究对其成长的独特价值已经成为不争的事实。幼儿所参与的活动是否能满足他们的兴趣与需要,以及活动过程中幼儿是否拥有主动性和决定权,决定着他们经验的发展水平、质量与效益。

田野课程中,项目活动在满足幼儿的兴趣,支持幼儿自主、深入探究方面具有独特的价值和优势,它既能满足幼儿自主探究感兴趣的问题的需要,又能为幼儿个体发展其经验的质量和效益提升创造更多机会。因为,在田野课程中,项目活动被定义为一种幼儿自主选择,通常以小组活动的方式对感兴趣的问题进行自主、持续、深入探究的活动。项目活动中,幼儿在“主动作业”中收获快乐与成长。他们时常围绕自己感兴趣的问题展开一系列调查,进行讨论、操作、表达、反思等活动,在自主活动中持续地深入探究,活动中他们自主表达“一百个”念头、“一百种”语言、“一百种”思考和游戏的方式,他们忙碌而快乐,在行动中收获。同时,项目活动中的教师也拥有了更为丰富的体验和复杂的情感,这是因为:一方面,项目活动更为开放的活动过程,让教师更易发现不一样的、真实的、有着巨大发展潜能的幼儿,教师时常享受着来自幼儿及自己工作带来的惊喜,从而被项目活动的魅力所深深吸引;另一方面,这一更为开放、个性化的活动给教师带来的挑战也是巨大的,教师不仅要实现身份的改变,更需要随时依据现场活动进行专业判断,从而决定是否支持、如何支持,是否介入、如何介入,以确保自己给予幼儿的帮助和挑战是适宜的。很显然,对每一位教师来说,这无疑是很不容易的,有时它让教师喜忧参半、左右为难、忐忑不安。

但无论怎样,对幼儿和教师来说,经历项目活动都是一段有趣的旅程,在这段旅程中,幼儿、教师、家长都可以满载而归。在我园教师的眼中,项目活动具有非同一般的魅力,它深深地吸引着我们去探索。我们依据不同年龄段幼儿的特点,边学习、边实践、边反思,开展了丰富多彩的项目活动。梳理我园各年龄段项目活动的展开情况,可以得出一个基本结论:项目活动的产生和发展是一个开放的过程,它产生于幼儿的兴趣和问题,幼儿决定着整个活动的发展方向和进程,随着幼儿年龄的增长,这一特性尤为凸显。在项目活动中,教师的工作更多的是在充分观察、倾听、分析幼儿发展状况的基础上,依据专业判断,在需要时适时介入或给予适宜的帮助,以支持幼儿经验的发展。项目活动中的教师,确保幼儿的主体地位,支持幼儿通过多种方式推进活动的深度开展,支持参与其中的每一个幼儿自主、深入开展探究活动,从而持续建构对于自己来说有意义的经验。

尽管我们喜欢项目活动,在不同年龄段也开展了为数不少的项目活动,但当我想用文字来表达所开展的项目活动时,我却被深深困扰。我尽力回顾 20 多年来那些记忆犹新、令我振奋的项目活动,我和教师们展开讨论,希望从她们那儿得到启发,但似乎很难真正解决我所面临的困境。于我而言,最大的困难在于,真的很难用文字去描述和分析在较长一段时间内,幼儿、教师以及其他成人在真实情景中所展开的那么鲜活与生动的互动过程。我也曾做过多个假设,但事实上,在我看来,除了对某一活动、片段的实录外,很难通过概括性的描述准确反映项目活动从发生到发展、高潮直至结束过程中的开放性和自主性。也许,真的只有身处其中,与幼儿一同经历这一真实的过程,才能真正享受和体会到项目活动的有趣、美妙和不易吧。在我看来,这不能不说是一个不小的遗憾。那么,接下来,我尝试从大量项目活动案例中,梳理项目活动发生和推进过程中的特征、方式以及幼儿与教师的工作和收获。

项目活动的发生

总体来说,在田野课程中,项目活动的发生可遇不可求。它的发生也许因为一个突发事件或遇到的困难,也许源于日常生活中的有趣现象或意外发现,也许是日积月累的情感迸发和美好愿望,又或许是某个人、某种资源的出现、加入。这样看来,似乎项目活动总是发生在不经意间,但事实上也不是没有规律可循。丰富的田野课程实践告诉我们,无论以上哪种情况发生的项目活动都有这样一些基本特征,即幼儿的兴趣、值得探究的问题、持续推进的可能、材料的支持、空间的保障、教师的立场与专业发展、民主的关系等。概括来说，以下三个方面显得尤为重要。

幼儿的兴趣导向

能引发幼儿浓厚的兴趣是项目活动发生的前提。在项目活动中，幼儿自发、浓厚的兴趣自始至终都很重要。任何情况下，如果对于幼儿来说，不能引发他们好奇、喜爱、疑惑、期盼、同情、关切等情感愿望时，也就不会因此产生浓厚的兴趣，即使教师觉得当下的事物、情境很是有趣或值得被关注，也不可能发生项目活动。项目活动发生于幼儿的兴趣，而不仅是教师的兴趣。并且所引发的幼儿的兴趣不是短暂的、稍纵即逝的，幼儿的兴趣事实上将随着问题、情感、活动的不断深入而延续和拓展。

众所周知，幼儿的兴趣很广泛，通常涉及日常生活中所接触到的自然与社会的方方面面，也可分为两大类，即知识的兴趣和社会的兴趣。当然，一些意想不到、不断变化、审美有趣、参与性强、操作性强、充满想象与期待，并能在相关行为中获得成功体验和满足感的事物、现象和活动，更易引发幼儿强烈、浓厚的兴趣。

无论哪个年龄段的幼儿，都会对蜗牛、蚂蚁、蝴蝶、仓鼠、小鸡、小鸭、鸣叫的蝈蝈、变色的蜥蜴、出逃的小兔等动物，盛开的鲜花、挂满枝头的果实、破土而出的竹笋、漫天飞舞的落叶、皑皑的白雪、雨后的水洼等植物和自然现象萌生兴趣。

惊蛰节气，万物复苏，孩子们在幼儿园和对面郑和公园里寻找动物朋友，他们在草丛中翻找，在池塘中寻找，用铲子挖开土壤，很快就找到了西瓜虫、小蜗牛、蚂蚁、蜘蛛、甲虫、蝌蚪等，他们想把找到的小动物带回班级饲养。于是孩子们展开了热烈的讨论，小动物们会喜欢什么样的环境？它们生活的家是什么样的？饲养小动物的强烈愿望，促使他们查阅资料、咨询成人、交流分享。紧接着，大家一起为小动物们做了临时的家，他们给大玻璃鱼缸里填上土，移植小草，插上树枝，时常喷水以使土壤保持湿润，让这个临时的家更适合小动物们居住，孩子们小心翼翼地将小动物们移到新居。在寻找、照顾和观察这些动物朋友的过程中，有的孩子对蚂蚁、蜗牛、西瓜虫很感兴趣，有些孩子更钟情于蝴蝶。从孩子的对话中可以看出，他们对这些小动物的兴趣十分浓厚，有的孩子开始特别喜欢阅读语言区中关于昆虫的绘本，喜欢在美工区中绘画昆虫，喜欢继续寻找和讨论昆虫，他们对昆虫也有着自己的认知和想法。孩子们的兴趣应该被尊重，在征询他们的想法后，我们决定采用小组的方式进一步探究，“我的动物朋友”项目活动由此产生。①

就这样，中班下学期的幼儿在惊蛰节气的户外观察中，惊喜地发现了许多动植物以及它们的快速生长变化，班级教师用心记录下幼儿的发现和兴趣。在多次寻找昆虫，经常与同伴、教师、家长谈论这些小昆虫的过程中，尤其是在通过照顾昆虫、与它们朝夕相处的过程中，幼儿与这些小昆虫的关系越来越密切，兴趣越来越浓烈。于是，幼儿按照自己特别感兴趣和想要研究的昆虫进行分组，师幼共同规划成立了一个个昆虫项目研

① 作者邱韦，南京市太平巷幼儿园教师，选用时略有删节。

究小组。在田野课程中，关于动植物和自然现象的项目活动还有不少，如小班的“蜗牛”“我是小恐龙”等，中班的“蚂蚁的地下世界”“桂花树生病了”“有趣的影子”“小兔逃跑”等，大班的“探秘小竹林”“保护甘蔗地”“银杏树爸爸、树妈妈”“我们的药草园”等。

幼儿日常生活中的一些社会事件、文化活动等，也常常能引发幼儿的兴趣，从而产生项目活动。无论是中华人民共和国成立 70 周年国庆大阅兵、南京举办青奥会、南京长江大桥封闭维修及恢复通车，还是六朝博物馆落成、南京入选世界文学之都、南京博物馆内的戏剧表演、最美 600 米的石象路，以及来自幼儿园的新年礼物——大滑梯、幼儿园 70 岁啦、我们想要一个泥巴池、幼儿园小池塘有垃圾、我们要毕业旅行、齐老师结婚了等幼儿园生活，也往往能吸引幼儿的兴趣并满足他们参与的愿望。这些事件和活动引发幼儿参与、讨论、关注、期盼，幼儿的好奇心、主体意识和责任感也被不断激发，此时，项目活动也许随之发生。如，南京长江大桥是南京重要的地标，一代代南京人与它结下了深厚情感，封闭 27 个月进行维修对南京人来说可真不是一件小事，恢复通车则是一件值得庆贺的喜事。对此，各大媒体争相报道，相关调查、参观、访问、对话等活动时常开展，这些新闻和活动也自然进入到幼儿的生活中。幼儿、教师、家长时常讨论、现场参观、查询资料、收集图片，渐渐地，一些大班的幼儿很想在幼儿园建造一座长江大桥把它保留下来。幼儿建造如此雄伟、功能多样的长江大桥可不是一件容易的事，他们将面临诸多不小的挑战，当然也会经历许多有意义的过程。幼儿浓厚的兴趣，加上可以得到教师、家长等帮助，大班幼儿的“搭建长江大桥”项目活动由此发生。再如，面对一组新滑梯的即将到来，因为不同班级、不同幼儿的兴趣不同，也就产生了不一样的项目活动——“超棒的新年礼物”“新滑梯线路图”“新滑梯落成仪式”等。经过一个周末，幼儿来到幼儿园，突然发现彩色滑梯不见了。“滑梯怎么不见了？”“滑梯去哪里了？”“以后是不是没有滑梯玩了？”消失的滑梯引起了幼儿激烈的讨论。其实，滑梯的消失，是因为幼儿园将安装一套更大更好玩的新滑梯，它是幼儿园送给幼儿的新年礼物。得知这样的消息，幼儿激动得不得了！他们开始畅想、期盼、表达、体验、举行剪彩仪式、反思问题、设计路线、制作模型等，一个个项目活动小组成立了，一系列活动展开了。

图 5－1　小班幼儿在探究蜗牛

图 5－2　大班幼儿设计自己想要的滑梯

幼儿自主探究发现

幼儿自主探究发现是田野项目活动的特质。无论是在项目活动的发生还是推进等阶段，都是幼儿自主选择并在探究中不断发现的过程。幼儿的兴趣是广泛的，他们充满好奇，只要环境条件允许，他们总会发现对自己而言值得深入探究的问题。值得探究指的是对幼儿而言具有一定的挑战，因而也是能带来新经验的。深入探究指的是幼儿并不能通过一两次活动就能解决自己感兴趣的问题，而是需要经历一系列持续的探究过程。对幼儿来说，问题与兴趣是相辅相成、相互包含的，通常情况下幼儿有了兴趣就会产生问题及探究的愿望和行为，他们在探究过程中也会不断产生新的问题，这些问题则会进一步激发幼儿的探究兴趣和解决问题的欲望。概括来说，项目活动的过程是幼儿自主选择、持续探究和发现的过程，幼儿在这一过程中会遇到一系列问题，他们也将通过自己的努力或是在教师等成人的帮助下不断解决问题、获得经验。

中班幼儿在搬运砖块时发现一群蚂蚁。它们在搬家吗？它们要到哪里去？幼儿对蚂蚁有兴趣，接下来几天的户外活动，幼儿经常到原来的地方寻找蚂蚁。还有的幼儿在地上画起了弯弯曲曲的线，他们认为这是通往蚂蚁家的路。蚂蚁的家是什么样的？哪里能够找到蚂蚁？蚂蚁喜欢吃什么？蚂蚁长得一样吗？蚂蚁的卵是什么样的？为什么会有一群蚂蚁正在往梧桐树那个鼓起来的树皮里搬蚂蚁卵？蚂蚁的洞口为什么会像个小火山？怎样才能做一个地下的蚂蚁世界？一段时间内，在“小蚂蚁，你好”这个项目活动中，一个又一个的问题被幼儿提出，又被他们通过多种互动方式加以解决。

在欣赏完小剧场戏剧表演后的几天里，一些大班的幼儿总是喜欢模仿演员拖长音说话和演唱的样子，模仿他们纤柔的身姿和打斗的模样，尤其是在自主游戏时间。在一次集体讨论中，几个幼儿提出了“我们要演出”的想法，让教师有些意外的是，这一想法得到了不少幼儿的积极回应。于是大家热烈地讨论开来，“道具组”“舞台组”“服装组”等项目组成立了。在接下来的一段日子里，孩子们围绕“为什么他们要化妆，而且是五颜六色的？”“为什么女生的脸上没有很多花纹？”“他们的衣服和我们穿的有什么不一样？”“服装从哪来？”“为什么他们边唱边打架？”“戏曲里有哪些道具？”“我们的舞台有多大，是什么样的？”“我们演哪些剧目？”“邀请谁来听戏，怎么邀请和安排？”“怎样才能演得更像？”“其他班的小朋友也想参加，怎么办？”等问题，开展了一系列活动。幼儿在活动中遇到的问题，给他们带来了做事的机会，他们又在做事的过程中获得了经验的发展。一个有足够吸引力的项目活动，总是像这样，在过程中会不断出现各种各样的相关问题，这些问题的出现以及解决问题的欲望，深深地吸引着幼儿，推动着项目活动的发展。也正因为这些问题的出现给幼儿带来了不少困惑，并由此产生丰富的、有挑战的一系列活动，也让幼儿经历一个持续探究的过程以及多样经验的发展。

图 5-3 中班幼儿让"恐龙"站起来

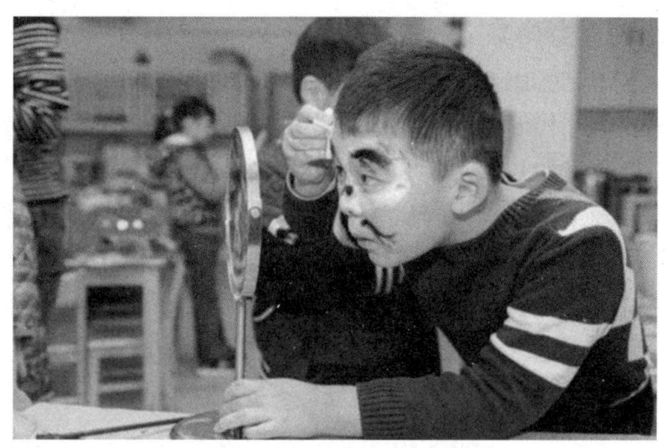

图 5-4 大班小戏迷在化妆

教师把握时机

教师坚定的儿童立场和敏锐的课程意识是项目活动发生的关键。通过之前的讨论,也许您会认为,幼儿的兴趣如此广泛,幼儿也总是有着各种各样的问题,那么项目活动是不是就可以随时发生?事实上并非如此,项目活动发生的关键在于教师。一方面,教师有无科学坚定的儿童立场决定着项目活动能否发生以及活动的质量。幼儿的兴趣被教师关注到了吗?幼儿的问题被教师观察到了吗?幼儿的认知、想法和意愿被教师真正尊重了吗?幼儿是否可以从接下来的活动中得到新经验被教师全面准确分析了吗?这些都得由教师深入骨髓的儿童立场所决定。另一方面,教师有无科学敏感的课程意识也决定着项目活动能否发生以及活动的质量。事实上,幼儿园课程就在幼儿的生活中,就在幼儿具有挑战性的行动中。田野课程中的项目活动带有更强的幼儿自主性和实施弹性,它不可能被教师精心预设,它的发生和发展是教师在依据活动中幼儿的状况及经验检核后,决定是否支持和如何支持的结果。因此,在项目活动中,我园教师面临着更大的挑战,教师的儿童观、教育观和课程观也就显得尤为重要。在面临同样情境和课程资源时,不同教师因课程观及课程敏感性的差异,在项目活动的产生和发展走向上会存在或多或少甚至很大的差异。

中班的幼儿在去社区参访"智能垃圾亭"回幼儿园的路上,经过了内秦淮河上的一座桥。他们对河里的打捞船和船上的人的活动产生了兴趣,回到幼儿园,他们并没有马上回到班级,而是围着幼儿园的池塘看看说说,他们谈论得最多的是池塘中那些落叶、垃圾以及黑黑的东西,他们觉得幼儿园的池塘需要清理了。当他们提出这个想法和要求后,一开始,班级教师是纠结的。教师认为,虽说清理工作对于中班幼儿的发展有一定意义,但挑战太大,似乎很多活动很难推进,教师认为中班幼儿难以完成清理小池塘的一系列工作,这一活动更适合在大班开展。可是,幼儿对于清理幼儿园池塘的工作热情很高,他们很想自己清理池塘,并坚持认为自己是可以做好的。最终,教师选择尊重幼儿的想法和愿望,在分析可能开展的活动以及可能获得的经验后,认为活动过程中也许需要更多的集体讨论、现场考察、细致规划及安全教育与保护等。

中班幼儿开展的项目活动“清理小池塘”就这样发生了，这个项目活动的发生让有经验的班级教师感到意外并为此纠结。试想一下，如果这个班级的教师没有坚定的儿童立场，中班项目活动“清理小池塘”也就不可能发生。

能为朝夕相处的班级教师举办婚礼，对幼儿来说，不但能满足情感的需要，掀开结婚这一神秘的面纱，还能开展许多有趣、有意义的活动。特别是在中式婚礼中隐含了丰富的中国传统文化，如祝福成语、诗词歌赋、琴棋书画、剪纸刺绣、茶艺瓷器、乐器音律、传统习俗等。在亲手为教师策划和举办中式婚礼的过程中，幼儿也一定会感知到博大精深的中华传统文化的魅力。

大班的齐老师要结婚了，这一消息在班级孩子们中快速传播开来，他们感到兴奋和神秘。他们很想知道：新郎是谁？新郎长什么样？齐老师为什么要结婚？爸爸妈妈结婚时是什么样的？孩子们喜欢分享自己所参加过的婚礼经历和感受。当然，他们更想参加齐老师的婚礼，但事实上大家到齐老师的婚礼现场是不现实的，孩子们感到很遗憾！在得知齐老师想要一个中式婚礼后，孩子们提出要在幼儿园为齐老师举办中式婚礼，在师幼的共同讨论下，“齐老师要结婚了”的项目活动由此产生。孩子们开始调查，他们向身边的成人请教，参观民俗博物馆、查阅相关书籍和网络资料等，对中式婚礼有了初步了解，知道了中式婚礼的传统习俗和所需物品。在讨论规划齐老师的中式婚礼所需物品的基础上，孩子们根据自己的兴趣组成了“婚床”“轿子”“大马”“喜烛”四个项目小组，这些婚礼所需的主要物品准备好之后，孩子们又开始张罗婚礼当天的活动。于是，大家又组成了“乐队组”“嫁妆组”和“环境布置组”三个项目小组。项目小组成员准备材料、分工合作，绘画、剪纸、写对联、包装礼品、准备请柬、选举司仪、敲锣打鼓……孩子们和老师一起在幸福的氛围中忙得不亦乐乎。

对于大班幼儿，班级教师要结婚了是难得的课程资源，具有敏感课程意识的教师，及时抓住了幼儿的这一兴趣，并且充分分析和挖掘中式婚礼所隐含的发展意义，支持这一项目活动的发生和发展。

图 5－5　中班幼儿在清理小池塘

图 5－6　大班幼儿制作中式婚床

项目活动的推进

项目活动发生后,是谁在推动着活动的发展?是幼儿、教师或是家长,还是另有其人?这是一个非常重要的话题,它决定着活动的性质,反映了项目活动的本质。田野课程中,项目活动是幼儿自主选择、自主规划、自主推进的持续探究的过程。从幼儿这一教育主体来看,在项目活动中,幼儿自己可以胜任并负责很多工作,他们全身心投入到真实问题与现象的探究中,他们有机会发挥一些与生俱来的才能,并获得新经验。幼儿是项目活动的主人,与同伴不断发现和解决问题并动手动脑,大胆尝试通过各种行动方式来达成自己的目标。在整个项目活动过程中,幼儿都是推进活动的主体,项目活动的发展方向和发展进程由幼儿所决定。从教师这一教育主体来看,在项目活动中,教师尊重并保障幼儿的主体性,充分尊重幼儿的兴趣与需要、思维方式、活动方式和活动进展,用心观察幼儿并思考如何给予幼儿适宜的帮助。在项目活动中,教师的首要工作是在一旁仔细观察、用心回应,而不是有意无意去主导。

项目活动为幼儿提供了更多的主动权,幼儿的主动权一方面使得他们所面临的问题和挑战更适合自己,更容易与自己的原有经验产生联结。另一方面,主动权也会让幼儿在活动中更加专注及抱有热情,他们的观察会更仔细、调查会更深入、思维会更活跃、交流会更充分、合作会更紧密,如此,幼儿便会以最大的努力面对挑战、解决问题、推进活动、得到成长。我们都知道,幼儿的学习往往发生在真正投入时,此时的活动也往往具有自发和自主的特征,项目活动中幼儿的主动权不仅使得活动过程更愉悦、活动经验更个性化、活动价值更多元,让幼儿真正成为学习的主人。事实上,更为重要的是,项目活动中幼儿的主动权也让他们的学习有了一些深度学习的意味,使幼儿良好的学习品质如学习兴趣、学习习惯、学习态度和学习方式得到发展,这些都决定着他们今后的持续发展,甚至决定他们将来能否取得成功、感到幸福。学习品质对幼儿的终身发展具有重要意义。

当然,在项目活动中,幼儿也会时常遇到超出自己经验、技能、知识或是思维能力等问题,此时他们便会依赖教师,希望得到教师以及其他成人的帮助,此时成人的帮助对于项目活动的推进以及幼儿经验的获得都是很有帮助的。另外,在项目活动开展过程中,教师基于对活动中幼儿、材料、关系等的观察与分析,也会凭借自己的专业敏感决定尝试以某种方式主动参与到活动中。事实上,无论在哪个年龄阶段,一个好的项目活动离不开教师明智而审慎的参与和支持。在项目活动过程中,教师是否参与,何时参与,如何参与?对于这些问题的回答有时会让我们的教师有些纠结,事实上这本来就不是一件容易的事。面对同样的情境,拥有不同儿童观、教师观和课程观的教师会有自己的专业判断,从而给出不一样的答案,做出不一样的选择,对这些问题的回答是对教师专业素养的挑战和检验。但无论怎样,在田野课程中,幼儿是项目活动的主要推进者,教师等成人通常会以记录者、合作者的身份,通过多种方式支持幼儿推进项目活动。

在项目活动的持续推进过程中,问题不断出现,活动丰富有趣。回顾20多年来我园的田野课程实践,我们发现以下一些活动方式在项目活动展开过程中通常存在,它们也在有效地推进项目活动的发展。

小组讨论

小组讨论中，幼儿与同伴或教师等成人交流自己的经验、做法和想法。小组讨论通常出现在每次项目活动的开始和结尾。项目活动开始时，小组成员通常会通过观看活动记录或回忆等方式简要回顾前一次工作，在此基础上明确、规划当天的工作任务，预设可能遇到的问题或是需要注意的事项等。此时教师的主要工作是认真倾听并努力理解、接纳幼儿即将要做什么，必要时参与讨论以帮助幼儿进一步明确问题，或是提出适宜的挑战、必要的提醒与建议。当天项目活动的最后环节通常也会开展小组讨论。这时，幼儿会向同伴描述自己在活动中的有趣发现、问题、困难、想法、做法、需要及请求等，他们会描述活动的进展以及对下一步工作的思考与打算，大家展开讨论并提出意见和建议，有时也许是激烈的辩论。此时教师的主要工作是做好集体记录，激发幼儿间充分讨论，引导幼儿评估自己和小组的工作，鼓励幼儿预测问题的可能解决方式等，在必要时教师也会提出自己的想法和建议。教师所做的集体记录通常采用图文或是表格的方式，有利于大家梳理经验、问题和下一步规划；教师可以通过提问或是发表感慨等方式，鼓励幼儿向同伴提问或是回答同伴的问题，鼓励幼儿对他人的工作和计划提出意见和建议等；教师可以引导幼儿讨论并预测接下来的工作和问题，鼓励那些作出预测的幼儿认真思考并阐述自己的依据或理由。在一些特殊情况下，如发生突发事件或遇到困难，幼儿凭借个人或小组的力量无法解决而导致项目活动停滞时，也会开展小组讨论，此时教师的主动参与和积极引导是有必要的。

小组讨论可以帮助小组成员获得所需要的共同经验，有助于幼儿进一步诱发兴趣与好奇心，明确提出问题、确定探索方向；可以帮助幼儿规划接下来可能进行的任务、内容、分工、策略及规则等；可以帮助幼儿清楚地知道所需的资源材料以及在哪里得到帮助；可以帮助幼儿探索新的信息来源并吸收新的信息；可以帮助幼儿回顾或分享过程中自己遇到的问题、解决方式、内心感受等；也可以帮助幼儿不断修正和完善自己的想法和做法；还可以帮助幼儿梳理经验、反思问题，进一步做好规划；等等。概括来说，小组讨论通过经验分享、观点碰撞、规划预测、集体记录并阅读记录等方式汇聚集体力量，具有提供信息、获得共同经验、激发动力、促进反思、汇集智慧等功能。

获取信息

项目活动过程中新的问题不断出现，这对幼儿的认知、技能、思维都提出了诸多挑战，幼儿仅凭原有经验无法加以解决，此时，获取信息也就成了非常重要的事情。在田野课程实践中，实地考察、阅读查询、专家参与、实物收集、调查访谈等都是经常使用且效果不错的信息获取方式，它们为幼儿、教师提供了丰富且必要的直接信息和间接信息。

实地考察前，教师鼓励幼儿通过小组讨论的方式为考察作好相关准备，当幼儿与教师或其他成人来到现场，他们常常通过观察、访问、记录、体验等方式来获取信息。实地考察不仅能满足幼儿与探究对象亲密接触的愿望，在获得多元信息的同时还特别容易引发幼儿新的发现、问题和兴趣，这也使得他们在实地考察中获得的信息丰富而多样。

阅读儿童图书、查阅图书或网络资料也是获取信息的常用方式。田野课程实践中，教师会根据近期幼儿的兴趣和活动的需要，在语言区等区域投放相关内容的儿童图书、画册等，也会投放相关视频、音频等资源，为幼儿接下来的查询、阅读作好准备。

专家参与活动为幼儿获取信息提供了有效帮助。这里所说的专家可能是家长、社会人士或是年龄大些的学生。幼儿和教师会根据活动需要，尽力邀请相关专业人员参与活动。专家进入幼儿园或现场前，教师会采用多种方式与他们充分沟通，沟通想要达成的目的包含两个方面。一方面，向专家请教相关专业知识以拓展自己的视野与思维，结合幼儿的经验与问题再次对相关活动的价值作出判断。另一方面，让专家了解幼儿正在进行和将要进行的活动，了解这些活动可能隐含的发展价值及期待，了解幼儿园所倡导的课程基本理念，并且了解一些与幼儿互动的策略等。概括来说，教师与专家沟通的目的是尽可能让专家真正理解活动目的和任务，并形成教育共识。在幼儿与专家互动前，教师鼓励幼儿通过讨论、预设问题、绘画表征等方式理清自己的问题和想法，帮助他们丰富自己关于调查和对话的策略，引导幼儿思考如何互动。过程中，教师激励幼儿积极主动地与专家对话，从而不断丰富自己的经验，修正自己的认识。

以上获取信息等活动，可以让幼儿接触到多元真实的社会世界、充满想象的文化世界和复杂神秘的科学世界，这让他们拓展了视野、跨越了时空，也常常会引发对人、事、物的更多关注与兴趣，由此不断增强探究欲望、拓展探究活动、获得新的经验。

充分行动

“皮亚杰认为儿童是意义的创造者。他们通过参与那些有意义的、真实的问题情境来建构自己的知识。”①幼儿的动作是联系主客体的桥梁，动作或实践是经验获得的源泉。杜威指出，只要幼儿主动去做，就能很好地激发幼儿的本能，吸引他们去实验和发现，“主动作业”就是一种积极的探究、操作和交往的过程和状态。幼儿在“主动作业”的过程中，将过去的经验和当前的经验联结起来，将他人的经验和自己的经验产生联系。由此看来，幼儿行动的背后是其心智的发展，每一个幼儿能学到什么、学到多少、学得怎样，在很大程度上取决于他自己所做的。

幼儿的行动方式是多样的。观察、调查、访问、摆弄、测量、记录、建构、制作、绘画、劳作、阅读、讨论、表演等都是幼儿的行动方式，这些行动能让幼儿使用原有经验并使之熟练，也能因在挑战新问题的过程中通过自己的努力和他人的帮助产生新的经验，从而获得成长。如大班幼儿在欣赏戏剧表演后，不少幼儿对这一传统文化很感兴趣，他们为了举办一场心目中的戏剧表演，开始查阅资料，到幼儿园对面的公园请教票友；在教师的支持下，大家邀请非遗传承人来园一起研究脸谱的秘密，欣赏不同戏曲的经典剧段；

---

① 米丽娅姆·别洛戈洛夫斯基，莉萨·戴利. 让早期学习理论看得见[M]. 赵红霞，译. 南京：南京师范大学出版社，2018：138.

他们参观附近的戏曲博物馆，到戏剧学校和哥哥姐姐们一起感受唱念做打的辛苦；他们在家长的帮助下设计戏服，缝制精美图案；他们设计、搭建、装饰大型且对称的舞台及背景；他们选择剧目并一遍一遍地练习，为了演出更加精彩，每次练习后反思如何做得更好；他们规划、布置观众席，制作宣传海报，分工协作做好剧务及演出现场的服务；等等。幼儿进行了三场演出，每场演出后都会主动征求观众的意见和建议不断反思与改进，演出越来越精彩，幼儿的内心也越来越满足。

幼儿行动时，教师仔细观察记录，并根据情况决定介入的时机和方式，致力于增强幼儿行动的动力和深度。教师可以鼓励幼儿运用自己的经验，采用建构、绘画、讲故事、表演等多元表征的方式来呈现自己的发现和想法；可以通过帮助他们仔细观察、充分表达和思考来进一步明确问题和观点；可以在幼儿提出观点时，给予鼓励并支持其验证的过程；可以通过提供情感、信息、技能、认知等方面的支持，帮助幼儿深入推进活动。

记录回顾

在项目活动中，幼儿和教师都会采用多种方式进行记录，并采用阅读、分享、展示或建立档案等方式回顾和利用它们，以持续促进幼儿的主动学习。

无论是哪个阶段的幼儿都有记录的能力，而且，事实说明他们喜欢记录。小班幼儿的记录虽然显得有些单调或凌乱，但如果教师愿意听他们说一说，就会发现他们的记录和想法多么有趣、丰富。我园教师已经养成了一种习惯，那就是在幼儿记录后，会和每一名幼儿进行一对一交流，认真倾听并记录他们的表述，需要时还会进行追问和对话，这看上去是一件需要花费不少时间的事情，但无论是从促进幼儿学习或是教师更好地了解幼儿的角度，花费一对一交流的时间都是很有意义的。中、大班幼儿的记录意识和记录能力不断增强，他们的记录方式更加多样，内容更为丰富，表达也更为清晰。幼儿的这些记录可以在小组讨论中发挥作用，可以帮助幼儿更为清晰地表达自己的想法和经历，也可以作为其他同伴和教师观察的媒介。它们时常被幼儿或教师收集在档案册中作为项目活动资料保存下来，这对整个活动的回顾具有积极作用。当幼儿在项目活动中忙碌时，教师的主要工作是用心观察并采用多种方式记录他们的活动及项目活动的发展过程。教师记录的方式通常有文字描述、标识符号、音频、视频等。教师根据需要，有时会就整个项目活动的进展情况或互动过程作记录，有时会针对某一问题、现象或某一幼儿做较长时间的连续性观察和记录。

回顾、整理与分析师幼的记录很有意义，这样可以“让幼儿的学习看得见”，进而通过反思与学习，进一步促进幼儿主动学习和全面发展。我园教师会将师幼的记录和幼儿的作品等展示出来，或是在活动需要时充分利用。“阅读”记录可以帮助大家回顾活动、激发表达、引发关注，也可能由此得到一些新的建议，从而进一步激发“工作”的热情。“阅读”记录可以帮幼儿回顾许多细节，梳理自己和同伴的观点，发现不一样的问题或是一些普遍、有趣的规律，并看到自己的成长足迹，在欣赏自己的努力成果中获得满足感。“阅读”记录也可以帮助家长等成人了解幼儿的经历、认识及学习方式、童趣和潜能。

展示汇报

通常，在项目活动的尾声，幼儿和教师会采用多种方式来展示、汇报整个项目活动的开展情况。举办展览、表演节目、制作图书展板或是讲述故事等都是一些常用的方式。如在项目活动“超棒的新年礼物——新滑梯”的尾声，幼儿在阳光长廊和文化广场展出了自己制作的三种类型的滑梯模型，他们邀请其他班的幼儿来参观新滑梯模型展，自己则在一旁热情地介绍；在项目活动“桂花树生病了”的尾声，项目组的幼儿在周一升旗活动后，向全园幼儿展示和讲述桂花树从生病到治疗，再到康复过程中的故事；在“谁是树爸爸，谁是树妈妈”项目活动的尾声，幼儿、班级教师及艺术教师一同设计、制作了大大的展示墙，大家用绘画、照片、记录或是作品等展示活动中的发现和行动；在项目活动“秋天的收获”结束时，大家举办了秋天的美食品尝会，有自己做的柿饼、酿制的桂花蜜、烘烤的白果、冲泡的菊花柠檬茶等。

展示汇报活动，事实上是项目小组的幼儿总结与反思自己工作的一种方式，更是幼儿通过总结和反思来获得新经验的过程。幼儿邀请父母或其他同伴参观，介绍自己的工作，表述活动的过程及自己的收获。这些活动都可以帮助幼儿向他人展示自己的学习，解释自己学到了什么、是如何学的，以及在学习过程中遇到的问题、解决的方法、收获的成长。这有助于帮助幼儿拥有一种非常重要的能力——学会如何去学习，在这个不断变化的世界中，再也没有比这种能力更宝贵的了。

图 5－7　教师在幼儿制作的婚床上接受祝福

图 5－8　大班幼儿以舞龙舞狮的形式庆祝新滑梯到来

让幼儿获得新经验

对于任何人来说，时间都是宝贵的，幼儿也不例外。幼儿在园一日生活的所有时间都应该被珍惜，不但要尽量减少不必要的集体行动和过渡环节，减少和消除消极等待的现象，而且要在尊重幼儿的兴趣、学习与发展规律的前提下，不断提升活动的效益和质量。随着田野课程实践的不断深入，随着对幼儿经验的持续关注，我们越来越意识到，任何活动都必须指向幼儿新经验的获得，我们需要警惕那些隐藏在看似热热闹闹、快快乐乐、忙忙碌碌的幼儿活动中的时间浪费。

尽管我们非常关注和尊重幼儿的兴趣，但我们也认为，并非幼儿的所有兴趣都值得他们以项目活动的方式，花费较长时间和较大精力予以展开。尽管我们也被项目活动的魅力所吸引，但也清楚地认识到，开展项目活动本身不是目的，项目活动本质上是为了不断生发新的课程契机，让幼儿获得新经验。因此，在项目活动开展前，我们会充分分析接下来可能开展的活动对于幼儿发展的意义，此时的分析主要包括两个方面。一方面，分析该活动所包含的经验中，哪些是幼儿已经具备的？哪些是他们通过该活动将会获得的新经验？因为对幼儿来说，只有这些新经验才是有益的经验，如果只是原有经验的不断重复，事实上是一种浪费。另一方面，分析这些新经验能否与幼儿的原有经验产生关联，以及如何促进新、旧经验之间建立联结。以幼儿自主、持续探究为特征展开的项目活动，如同田野课程其他实施途径一样，都必须指向幼儿新经验的发展。在项目活动中，幼儿的新经验是在发现问题、解决问题的过程中自然而然形成并发展的。

项目活动因其广泛的复杂性和高度的实施弹性，能为不同发展水平的幼儿提供学习和发展的机会，使他们选择承担适合自己能力的挑战性任务。许多有经验的教师发现了这样一个事实，大多数幼儿能够清醒地意识到自己在某些方面是否是擅长的，如果认为自己是擅长的，就自然会主动承担挑战性更大的工作，而认为自己在这方面不擅长的，则会选择对自己来说有趣却相对简单的任务，但这并不代表他们在活动中是消极的，他们会根据活动的需要积极参与、决定并开展工作。这样一来，每个幼儿都可以从项目活动中获得新经验。在项目活动中，在一旁仔细观察的教师会根据实际情况和专业判断，有意识地帮助每个幼儿设计和推进工作任务，并建议他们如何最有效地运用个人经验和技能，并努力地与他人积极协作，从而在自己的“最近发展区”内获得尽可能多的新经验。相较于其他田野课程实施途径，项目活动在获得多元性、综合性的经验方面，尤其是在自主学习能力、合作学习能力、深度学习能力及批判性思维方面具有一定的优势。

如在之前提到的“超棒的新年礼物——新滑梯”项目活动中，幼儿收获的远不止一份新年礼物。他们的角色发生了改变，从旧滑梯的牵挂者到新滑梯的守望者、迎接者、保护者和使用者，他们与周围人们和滑梯的关系也发生了改变，并且在多样化的自主活动中，无论是情感、技能还是认知和思维方面都有了很多收获。

在情感方面，担心与期盼、自豪与责任、自信与快乐等丰富情感不断得到满足。幼儿牵挂“旧滑梯去哪里了”，担心“我们玩什么”“安装时会不会伤害到银杏树”，他们觉得“大雪天，工人叔叔一定很冷”。当看到新滑梯模型中有自己的设计时，他们激动、兴奋并更加期待。作为新滑梯庆祝会的策划者、新滑梯的试玩者和玩法建议者等，幼儿既体验了作为小主人、作为哥哥姐姐的骄傲与自豪，也萌发了初步的责任与担当意识。成功的庆祝会让幼儿增强自信、克服恐惧，最终爬上最高的那个蜂巢带来了战胜自我的喜悦与骄傲。

在认知方面，该项目活动给了幼儿很多机会。“大吊车到底有多高？”“吊车里面的操纵杆都有什么用？”“怎么把银杏树装到玩具中？”在筹备庆祝活动时，幼儿知道应该非常认真地准备；需要去和不同的人交流沟通、解决问题；规划游玩时间、玩法与规则等，需要学会从他人的角度加以考虑。在装饰新滑梯的过程中，幼儿通过讨论与亲手试验发现，不是任何好看的东西都适合用来装饰新滑梯，应该考虑新滑梯的大小和对环境的保护。他们通过猜测、观察、亲身验证、采访专家，对大吊车有了更多的了解。他们知道超大的滑梯是由一个个部件组装起来的，因此它们可以绕过大树，而不需要从大树上套下来；想要将两个部件组装在一起，有的是用很大的螺丝拧，有的需要焊接，焊接会溅出火花，火花落在水里会变成黑色的焊渣；用来编网子的绳子和普通绳子不一样，里面有钢丝，这样才够结实……

在技能与思维方面，幼儿也有很多收获。调纸浆制作灯笼的过程中，幼儿不断探索碎纸、水、胶水的比例，感受用纸浆作画的不同和不易。庆祝活动既让幼儿主动迁移唱歌、跳舞等原有表演经验，又尝试开展了舞龙舞狮、剪彩等新方式，这是对传统文化和礼仪经验的丰富。在守望新滑梯到来的日子里，他们讨论可以做些什么。为了新滑梯的剪彩仪式，他们统计人数、划分场地、装饰制作、排练节目、发出邀请。他们讨论、规划新滑梯来了之后大家怎么玩、怎么安排时间，需要注意什么……所有这些都发展了幼儿的规划能力。整个过程中，幼儿不断地发现问题、解决问题，如：如何测量与确定站立 30 个人所需场地的大小？如何依据一块场地的大小来确定另外 11 块相同大小的场地？当其他大班幼儿不认同自己的线路图时，在设计专家的帮助下，他们尝试用比例图的方式加以解决。在数量统计与计算、工具选择与使用、测量与展示方法的学习等活动中，幼儿发现了不同测量和计算方法的优劣，进而学会选择，学会坚持与改变，幼儿思维及解决问题的能力进一步增强。面对谁先玩、什么时间玩、怎么玩等问题，幼儿到其他年龄段的班级清楚地介绍自己的想法、询问他人的意见；作为哥哥姐姐，他们带着任务检查、试玩，并提出建议、制作提示卡，他们进一步学会倾听别人的意见，主动关心工人叔叔什么时候吃饭，用各种方式与他人分享令人激动的事情和发现的问题与想法，等等。在这些活动的过程中，幼儿的社会性不断发展。

此外，幼儿关注与大滑梯有关的人、事、物，因而更加关注天气、空间、时间、果树、小草等。他们收获很多很多……

图 5－9　大班幼儿制作大蛋糕庆祝新滑梯到来

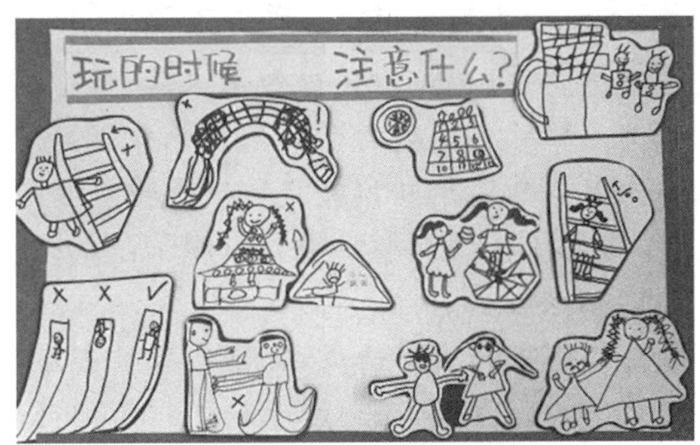

图 5－10　大班幼儿绘制的玩滑梯规则

甜甜的甘蔗汁引发了孩子们种甘蔗的兴趣，甘蔗用什么种呢？和以前种的小麦、红薯、包菜、黄瓜一样吗？用种子还是苗？孩子们想知道。经过调查，孩子们得知原来用我们吃的一节节甘蔗就可以种了。一些孩子带甘蔗来幼儿园，结果发现甘蔗不一样，有的上面有叶子，有的上面有根须，有的既没叶子也没根须，有的有很多像小桃子一样的苞，有的是紫色，有的却是绿色。那么，到底什么样的甘蔗才能种，怎么种呢？孩子们激烈地讨论，有人认为有根须的才能种，有人认为有叶子的才能种。大多数孩子认为要将甘蔗直直地插进土壤里，小米说要将甘蔗横着种进土里。她的想法引起孩子们的大笑，孩子们说那样的话不就像开火车一样，横着长了吗？可是小米坚持自己的想法，大家争论不休。我们建议孩子们回去和爸爸妈妈一起寻找答案。原来，只要有蔗芽的甘蔗都可以种，而且，甘蔗确实是横着种的，好神奇啊！

孩子们用自己的方法记录下种植甘蔗的方法和所需条件，开始关注每天的气温。可是气温忽高忽低，迟迟达不到要求，有的甘蔗开始发霉，怎么办？孩子们有两种意见：一是继续等，可是他们查看了近15日天气曲线，发现气温仍然不稳定；二是现在就种，可是温度太低，甘蔗冻坏了怎么办？孩子们陷入了两难境地。我们再次观看甘蔗种植的视频，原来在北方较冷的地方，果农会给甘蔗覆盖地膜、搭拱棚来保暖。太好了！

孩子们着手种甘蔗。第一步是挖沟，问题接踵而来：怎样才能挖出符合要求的沟？那么多人怎样一起挖，选用什么工具，如何方便测量，挖沟时加多少水合适，不小心铲断的蚯蚓还能不能活？泥土深处的石墩述说了幼儿园怎样的历史……教师鼓励孩子们讨论商量、采访调查、查看书籍、大胆尝试、对比实验、分享交流。他们发现原来用T形尺测量深度时还要加上顶端横着部分的高度，而用软尺测量更方便；先用麻绳拉两条线可以帮助自己把沟挖直；硬硬的泥土不容易挖，如果加水太多会很泥泞，并不像想象的那么好挖；挖沟时大家合理站位、合理分工能让效率更高；被铲断的蚯蚓不一定能活，也不一定两头都能重新生长；盖房子真的是要在地底下打地基的……

在解决了甘蔗如何摆放、间隔多长距离摆放合适后，他们开始尝试铺设地膜、搭建拱棚，可这项看似简单的工作并不简单，孩子们遇到了不少挑战。薄薄的保鲜膜看着很合适做地膜，可是特别容易粘在一起，也许一次性桌布也适合，裁剪也不容易。原来要将又薄又软的一大块一次性桌布裁剪出需要的尺寸，需要几个孩子合作，折叠、拉紧后更容易剪。为了找到合适的搭拱棚的支架，孩子们在资源室找到了竹竿、树枝、藤条、玻纤杆，尝试了搭建方形和拱形的棚子，通过比较，孩子们发现用玻纤杆搭拱形棚子很方便，还不会将膜戳坏。

保温棚制作大功告成，孩子们日日去看望。一些甘蔗开始发芽，可是第一批种下的却迟迟没有发芽，反而逐渐干枯。孩子们很着急，为什么呢？明明每条沟都是一样浇水的呀？教师引导他们仔细对比第一条沟里的甘蔗与其他的有什么不同，通过比较发现，第一条沟里甘蔗的蔗芽没碰到泥土。可是，为什么会这样呢？种的时候已经把蔗芽碰到泥土的呀？孩子们提出了疑问。于是，我们翻出当时活动的照片和录像，通过反复对比终于找到了答案：原来第一条沟的泥浆太稀了，当时蔗芽的确碰到了泥土，可是等水渐渐退去就碰不到了。孩子们决定换些新的甘蔗段，令仪一边打泥浆一边说："这一次可不能放那么多水了，这叫吃一堑长一智！"

气温逐渐升高，当孩子们揭开地膜，惊讶地发现种下去的淡青皮甘蔗变成了紫红色。为什么呢？这一次我们在网络上和在家长那里都没找到答案。有谁会知道？孩子们想到了去问卖给我们甘蔗的人。于是，孩子们第一次经历了和淘宝卖家的线上对话，不但得知白玉甘蔗种下去经过阳光照射、吸收泥土里的营养自然会变红，还知道了如果甘蔗长到五六十厘米高时，用叶子将甘蔗包裹起来，甘蔗的茎就会是白色的。原来种植甘蔗藏着这么多秘密。

就在孩子们静心照料、耐心等待中，一夜大雨将拱棚压塌了，塑料薄膜上汇聚了很多水，甘蔗的小芽芽会被压坏吗？甘蔗会被冰冷的雨水冻死吗？孩子们赶紧想办法将塑料薄膜上的雨水清理掉并加固拱棚。甘蔗越长越高，又有一场暴风雨冲倒了甘蔗，孩子们赶紧找来竹竿固定，并给甘蔗培土以加固根部。甘蔗生了赤腐病，需要赶紧把生病的叶子除掉，不然会传染给其他叶子。苒苒说："种甘蔗真不容易！"

毕业季来临，甘蔗却还没成熟，谁来继续照顾？孩子们决定转交给"手拉手班"的弟弟妹妹。可是，弟弟妹妹不会照顾怎么办？我们需要做些什么？结合自己的担忧，孩子们带着弟弟妹妹移栽甘蔗，给甘蔗拔草、浇水、施肥，亲手绘制甘蔗种养手册、拍摄甘蔗种养视频等，在离开幼儿园之前郑重地将甘蔗地交给弟弟妹妹。

新的学期开始了，孩子们和弟弟妹妹在线上交流，了解甘蔗的生长情况，得知甘蔗成熟后，认认真真地写申请书，申请回幼儿园收获甘蔗。他们给弟弟妹妹带来了感谢信、棒棒糖，这片甘蔗地连接了哥哥姐姐和弟弟妹妹的心，孩子们体会了责任、懂得了感恩。①

这是另一个大班项目活动"种植甘蔗"。幼儿从决定种甘蔗，到最后回到幼儿园收获甘蔗，始终充满着浓厚的兴趣。幼儿在一个个真实的问题情境中，不断遇到各种问题与挑战，但每一次都通过动手动脑、不断探索、齐心协力解决了问题。伴随着这些问题的出现和解决，一系列综合性、有意义的活动也在不断深入。我们看到，幼儿的活动方式是多样的，有观察、调查、猜测、验证、测量、比较、交往、表达、劳作等，幼儿在教师的支持下主动推动着活动持续向前，自然而然地获得了综合经验的不断发展。如果我们将该活动中幼儿可能获得的经验与《指南》进行仔细比对的话，一定能发现该项目活动中幼儿所获得的新经验已经涉及五大领域大班的发展目标。

---

① 作者陈艳，南京市太平巷幼儿园教师，选用时略有删节。

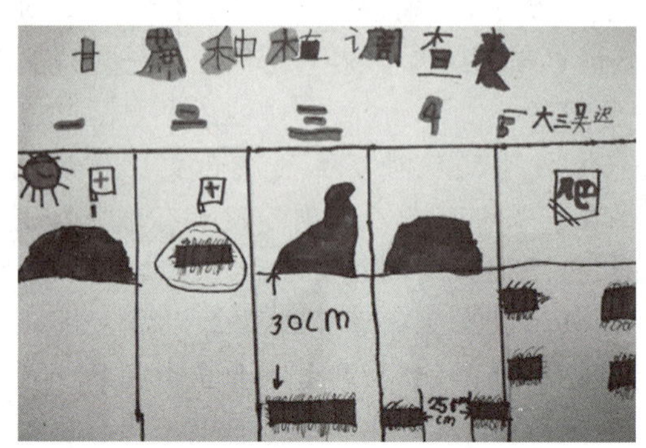

图 5－11　大班幼儿种植甘蔗前的调查记录

图 5－12　挖沟、摆放蔗苗后覆上地膜

图 5－13　幼儿把被大雨冲倒的甘蔗扶直

图 5－14　幼儿用甘蔗渣造纸

践行共同生活

走向共同生活也已成为《纲要》和《指南》的共同追求。《指南》47 次出现教师要“和幼儿”“和孩子”“与幼儿”“带幼儿”一起活动这样的表述，9 次出现“幼儿和”“幼儿与”成人、教师或同伴一起的表述，并提出“家庭、幼儿园和社会应共同努力”促进幼儿适宜性的发展。《纲要》指出“幼儿与成人、同伴之间的共同生活、交往、探索、游戏等是其社会学习的重要途径”……这些表达隐含着“共同生活”的理念。“生活”“共同生活”是《纲要》《指南》的基本理念，也必应成为幼儿园课程的本质要求。[①] 张晗博士在研究中，把

① 张晗.走向共同生活的幼儿园课程研究[D].南京：南京师范大学，2016：8.

幼儿园课程活动中的“共同生活”界定为：所有课程参与者围绕课程活动目标，在幼儿生活世界中的共同活动、多元对话、互学共生、共享幸福的过程。[①] 我们对这样的关于“生活”“共同生活”的基本判断、概念界定及有关研究观点深以为然并深受启发。

十多年的田野课程之旅，也让我们越来越清楚地认识到，与其说幼儿园是一个教育的机构，不如称之为一个许多成人与许多幼儿共同生活的场所，在这里，幼儿、教工、家长以及相关课程参与者在一起交往、对话、生长、发展；在这里，没有人拥有权威、掌握真理，每个人都有权利要求被理解、被尊重；在这里，大家的经验被扩大、主动性被激发，使得共同生活的过程本身也具有了发展的意义。我们认为，共同生活看似是一种生活方式，实质上却是一种新的生活观念，是落实《纲要》《指南》精神、提高幼儿园课程质量必须树立的一种课程观和生活观。在田野课程研究与实践中，我们不断更新观念，与儿童共同生活、与同伴共同生活，也努力与家长及其他重要他人共同生活、共同成长。

树立新的生活观

生活教育理论是陶行知教育思想的精髓，“生活即教育”是他生活教育理论的核心。自 20 世纪 80 年代开始，我园学习陶行知先生的教育思想，开始关注幼儿的真实生活，围绕幼儿生活中遇到的真实问题开展“小问号”探究与游戏活动。90 年代末尝试田野课程的开发与建设以来，更是意识到幼儿的生活之于幼儿发展的重要意义，我们注重幼儿的生活经验、兴趣和需要，支持幼儿在真实的生活现场中行动、探究、游戏，关注幼儿真实的生活体验及真实经验的获得。生活决定教育。教育要通过自觉的生活才能踏进更高的境界，通过自觉的集体生活的教育更能发挥伟大的力量以从事与集体之创造。生活教育是给生活以教育，用生活来教育，为生活的向上向前的需要而教育。“‘生活’，既是指人们的日常生活，也指‘生存’与‘活泼’，是与人的生存、生命密切相关的。教育与生活结合，‘生活教育’的思想，既是指教育与生活相结合，也是指教育与‘生动’‘活泼’的生命相结合。”[②]随着课程实践及学习思考的深入，我们对陶行知的生活教育理论有了进一步的理解与感悟，我们尝试在此基础上，结合《纲要》《指南》相关精神，梳理形成我们的生活观。

既是需要，也是目的

幼儿的生活是幼儿成长与发展的需要，事实上，幼儿的生活本身就是目的。一方面，幼儿的成长与发展离不开他们的生活，幼儿在自己的生活世界中，受其生命成长的内在驱动展开丰富的生活活动，并且在此过程中与环境、他人相互作用，从而得以成长、发展。另一方面，生活的本性就是努力使自己继续生存、更好发展，幼儿的生活首先应该满足他们自己的内在需求，带来内心的安全感与满足感，而后综合利用各种力量使自己更好地成长和发展。这样看来，对于幼儿的生活来说，发展不是外在的目的，而是生

① 张晗.走向共同生活的幼儿园课程研究[D].南京：南京师范大学，2016：15.

② 朱小蔓，王平. 陶行知的生命教育思想与实践[J].江海学刊，2019(1)：227.

活本身所具有的内在属性。幼儿的发展需要生活，反之，如果没有发展也就没有了幼儿的生活，幼儿的生活原本就是一个不断自我更新、向上的过程。正如杜威所说的“生活就是发展；不断发展，不断生长，就是生活”[①]。

既是“我的”，也是“我们的”

每个人都有自己的生活，对个体而言，生活首先是自己的，也就是“我的”。当然，幼儿也不例外。幼儿是在自己的生活世界中了解世界、发现自我、主动学习适应和改造自己的生活，从中享受童年的幸福、追寻生活的意义。幼儿的生活具有自然属性，他们只关心当下，关心生活本身，关心并享受着自己生活的简单与幸福。幼儿的日常生活具有节律性，幼儿生活的节律不是成人外在赋予的，而是存在于幼儿自身之中的。幼儿这种本真且有节律的生活，不需要追求效率，不需要承载压力，不用刻意追求，没有功利色彩。

然而，每个人并不总是完全独立的个体，总会与他人产生密不可分的联系，人也不能孤立地生长和发展，这样看来，事实上，没有绝对的个体生活。“人是社会的人，任何人的生活都是社会的，没有‘我们’也就没有了‘我’。对于个体而言，生活的核心是‘我的’，没有‘我的’生活，没有个体作为主体参与的生活，生活就不具有任何意义，生活也不再是‘生活’。……‘我们的’生活是‘我’以及‘我的’生活产生、存在和发展的背景和条件基础。从这个意义来看，生活首先是‘我们的’，然后才是‘我的’”[②]。简而言之，每个人是在“我们的”生活中过着“我的”生活。

自己的生活才有意义

对幼儿来说，只有自己的生活才是有意义的生活，并且幼儿有能力学会创造自己的生活。这就意味着，要想让幼儿的生活有意义，就需要让他们过自己的生活，并通过反思和改进学会创造自己的生活。首先，在田野课程中，我们确保幼儿有权利享受和规划自己的生活，只要确保安全和符合道德规范，幼儿就能按自己的兴趣和需要生活，而不是按照教师的安排和要求过着整齐划一、消极等待甚至是超负荷的生活。幼儿是自己生活的主人，这样的生活能满足幼儿内心的需要，且是真实的、自主的。其次，我们鼓励并支持幼儿学习自我管理，通过自己对环境的主动适应、选择和改造，来努力学习不断创造更加适宜于自己的生活，从而开启更有意义的生活。另一方面，我们也认识到幼儿的生活是完整而广泛的。从时间上看，幼儿的生活包括过去、现在和将来；从空间来看，幼儿的生活包括家庭、幼儿园和社区。我们将时空纬度上的所有幼儿的生活看作一个整体，关注它们之间的关系，考虑它们之间的联结，如此，我们也越来越避免了狭隘、割裂地看待幼儿生活的尴尬与困境。

幼儿园课程从属于生活，也优化生活

幼儿的在园生活除了包括日常的自然生活，也应包括教育生活，幼儿园课程是一种

---

① 约翰·杜威.民主主义与教育[M].王承绪，译.北京：人民教育出版社，2001：58.

② 张晗.走向共同生活的幼儿园课程研究[D].南京：南京师范大学，2016：11－15.

教育生活,它从属于幼儿的生活,是幼儿完整生活的一部分。幼儿园课程离不开幼儿的生活,幼儿的生活既是课程内容的来源,也是课程目标实现的载体和方式。幼儿的生活是"一部活的教科书",它是幼儿园课程的源头活水,所有的课程都要从幼儿的"实际生活和经验中选出"。教育即生活的过程,幼儿园课程的组织和实施,依赖幼儿一日生活的展开,教师只有紧紧围绕幼儿的实际生活才能支持他们获得有意义的经验。幼儿园课程"从生活而来,从生活而开展,也从生活而结束"。这样看来,幼儿园课程从属于生活。

但无论如何,我们也应该充分认识到,处于特定发展阶段的幼儿,他们的幸福生活需要教师创造良好的环境和条件,需要得到教师专业的支持和帮助。从这个意义来说,幼儿园课程基于生活,但不是复制生活,而是通过对生活的选择和重组不断优化生活,让师幼过上更加充实、更有意义的生活。因此,一方面,幼儿园课程应珍视幼儿生活的独特价值,围绕幼儿的生活,充分利用并挖掘幼儿实际生活的教育意义,引发课程内容,推进课程展开,促进幼儿发展。另一方面,幼儿园课程应避免狭隘、割裂地看待幼儿的生活,而是将时空纬度上的所有幼儿的生活看作一个整体,关注它们之间的关系,努力丰富和优化幼儿的生活;应该将幼儿过去、现在和未来的生活联系起来,将幼儿园、家庭和社区的生活联结起来,从着眼于当下和未来的幸福生活出发,支持并促进幼儿与同伴、教师和其他相关人员共同生活,使他们在快乐的童年生活中获得有益于身心发展的经验,也使得教师在与幼儿共同生活中体验幸福、获得成长。

与幼儿共同生活

虞永平教授认为,在幼儿园教育中,需要树立"师幼共同生活"的理念。教师不是仅仅照护幼儿的生活,而是参与幼儿的生活,与幼儿共同生活,在此过程中理解幼儿的生活需求和向往,把握幼儿的生活趣味,变审视幼儿的生活为体会和反思幼儿与自己的生活。我们都知道,6岁以下的幼儿有着非凡的活力和发展可能,他们正经历着一段令人着迷、快速发展的阶段。对幼儿教师的我们来说,能陪伴在他们身边与他们共同生活、共同成长是令人振奋与美好的经历,尽管与幼儿共同生活对我们的观念和行为也提出了不小的挑战。

与幼儿共同生活,意味着我们必须拥有真正的好奇心,以幼儿的视角探寻不寻常的话题,或以不寻常的方式展开;意味着打破固有思维方式,在过程中寻找答案、感受快乐,接受各种不确定性的结果;意味着教师不断认识自己、改变自己,能真实地面对自己的不足、接纳自己的不知道;还意味着教师不仅仅是尊重幼儿、支持幼儿,还应该真诚地向幼儿学习,这一点非常重要。幼儿天生具有好奇心并具有超强的自主学习能力,他们会通过多种方式告诉我们喜欢什么、需要什么,会告诉我们其实有很多习以为常的认识可以被质疑,也会告诉我们解决问题和表达的方式其实有很多。简而言之,如果我们不断走进幼儿的心灵,总是能从他们身上学到很多。在田野课程中,教师在与幼儿的共同生活中应努力做到以下两个方面。

以爱为前提，不失赤子之心

教师以爱为前提，努力走进每一个幼儿的心灵，与他们建立温暖、充满爱意的友好关系。这是教师与幼儿共同生活的关键所在。安全、温馨且充满关爱的环境是每个人所需要的，事实上，小年龄段儿童对周围环境及情感的感知比成人更为敏感。幼儿所接受到的每一个微笑、每一次皱眉、每一瞬间的眼神和体态动作，都会鼓励或阻碍他们的感受、想法和行为。他们能敏感地觉察到教师是否真的喜欢自己，是否对自己所做的事情很好奇，是否对自己的思维感兴趣，是否得到认同、信任，以及是否能在需要时得到保护和帮助。在满足了安全感需要的基础上，幼儿才会更有勇气去探索周围不熟悉的环境，为他们的学习和成长奠定良好的基础。当幼儿充分感受到安全、关爱并知道自己对教师而言很重要时，就能与教师建立起信任、友好的亲密关系，就会自由愉悦地与教师进行奇妙交流、开展趣味探索，从而达到心灵沟通、心领神会的状态，也只有在此时，教师与幼儿的共同生活才会达到我们所期待的状态。

爱是一种神奇的力量，爱孩子也是每一个幼儿教师必备的情感。那么，爱孩子体现在哪里？我认为，它就体现在自己和孩子每一次身体的接触、眼神的交流、肯定的微笑、问题的回应、困难的支持中……也许，有老师会问：一个班有那么多孩子，如何才能保证每天与每一个孩子都有一对一的交流呢？其实，只要教师有意识，做到这一点也并不难。早晨，当我在教室门口迎接孩子入园时，我会蹲下或弯腰给孩子一个拥抱，问候一句“你早”；活动间隙，当孩子们上完厕所，帮助他们整理的时候，我会和他说一句话，可以赞美他的行为和进步，可以询问他的心情或感受，或是继续之前没有说完的话题；午睡起床后，在轻音乐的伴奏声中，我拿着梳子轮流给每一个孩子梳梳头发。记得第一次给一名小男生梳头时，这个小男生有点惊诧和害羞，旁边的小女生笑着说：“男生还梳头啊！”我笑着回答：“男生当然也要梳头啊，男孩子也要整洁、漂亮。”说完，小男生顿时直了直身体。以后的每一次梳头，每个孩子都特别享受，我感觉这是孩子们期盼的时刻，也是我和孩子之间爱的流淌。①

邱老师的这段文字中，没有豪言壮语，没有高深理论，这些看来再平常不过的微笑、眼神、问候、回应、拥抱……却能让幼儿真切接收到这样的信息——老师喜欢我。让每一个幼儿感受到教师对自己的爱，这一点无论是对幼儿还是教师都非常重要。日常生活中，就在教师那些看上去最细微、最平凡的一言一行中，只要有源自内心的爱的流淌，就足以打动人心、滋养幼儿的心灵。

一天，中一班的老师收到了一张一三小朋友的妈妈写的爱心便笺，上面写道：“亲爱的老师，一三前几天就说要把毛巾带去幼儿园给王老师修一下，我们没同意，昨天她很认真地把毛巾拿出来，说是和王老师说好了，一定要把毛巾弄好。感谢有爱的老师们！”班级负责保育工作的王老师在看了这张爱心便笺的内容后，有感而发，写下一段文字，

① 作者邱梅蓉，南京市太平巷幼儿园副园长，选用时略有删节。

取名为“超可爱的孩子”：“故事是这样的，班级小朋友的擦手毛巾因为天天使用，偶尔有个别毛巾的挂绳被撑开了，为了让小朋友能及时使用，我就会缝好挂上。有一天，一三小朋友看见我在缝毛巾，就和我说：‘王老师，我家里的毛巾挂绳也坏了，请帮我也缝一下，好吗？’我笑着说：‘家里人不会缝吗？’她郑重地说：‘嗯，他们不会。’‘好吧，你带来，我帮你缝。’超可爱的孩子，谢谢你对老师的信任！也谢谢你把老师当家人一样看待。”

这是一件很不起眼的小事，却传递出教师、幼儿和家长之间真挚的爱。试想一下，倘若在一个不能让幼儿感到安全与温暖的环境里，如果幼儿没有把教师当作家人一样看待，她会毫无顾虑地提出这样的想法和要求吗？在妈妈不同意的情况下，她还能依然认真地坚持自己的想法和行为吗？答案自然是否定的。另外，也只有在和家人一样的教师眼中，一三小朋友才可能是“超可爱的孩子”吧。爱是流动的，不仅一三小朋友和家长感受到了教师的爱，他们的言行对教师来说也是一种积极的回馈。爱有神奇的力量，爱能传递并温暖彼此，也许就会在不经意间产生很多妙不可言的力量，这样的力量很神奇，也最强大。

在陶行知先生看来，富有真爱的教育才能养育出鲜活的生命，并且可以使生命在爱的滋润下生生不息、健康成长。他曾指出：“我们加入到儿童队伍里去成为一员，不是敷衍的，不是假冒的，而是要真诚的，在情感方面和小孩子站在一条战线上……我们要加入儿童队伍里，第一步要做到不失其赤子之心。做成小孩子队伍里的一分子”[①]我们认可并践行这样的观念：

孩子对一切充满好奇，拥有天马行空的想象，并执着于追问和探索。谁是银杏树爸爸，谁是银杏树妈妈？甘蔗的籽在哪儿？怎么种？藏在地下的竹鞭有几节？小池塘里长的是啥？小石桥究竟有多少岁？蚂蚁和蜗牛的家到底在哪？下雨后雨水到哪里去了？他们会带着无数个“为什么”开始探究。于是，我们和孩子在银杏树下观察，在菜地里翻土挖泥、填拢育苗，我们一起参访古城墙和六朝博物馆，探寻泥土里的秘密，追踪蚂蚁的路线……

孩子以最美好的童心感受一切生命，用纯真的慈悲之心对待自然万物并与之真诚对话。我们珍视孩子们纯真善良的童心，真诚地和他们一起经历过程、用心支持。于是，大家一起为死去的小鸟举办一场隆重的葬礼，为掉落的树叶写上一首送别诗，为冬天里怕冷的香泡树穿上衣裳，帮饲养的小鸭子洗澡，给生病的桂花树找来树医生。我们精心饲养蚕宝宝，结茧时有的孩子想象自己是一只蚕蛹，一动不动地蜷缩在吊床上，老师偷笑着并不打扰，破茧成蝶后，有的孩子披上纱巾把自己扮成一只漂亮的蝴蝶时，老师为他们准备好适合的音乐。

孩子喜欢大胆想象与创造，也渴望与不同人交往。于是，大家一起收集生活中各种各样的材料，老师欣赏这些材料在孩子们手中发生的奇妙变化，并记录下他们的想法和过

---

① 江苏省陶行知研究会，南京晓庄师范学校.陶行知文集(修订本)[M]. 南京：江苏教育出版社，1997：917－918.

程；支持孩子们用各种质地的板材制作巨大的恐龙，用树枝搭建可以进入的房子和汽车，用各种材料打造南京城地下的世界；欣赏孩子们在春节前夕剪的窗花、写的春联并表示感谢；当吃到孩子们亲手制作的元宵、蛋卷等美食时，点赞、拥抱、请教制作的过程；当不会踢球的老师收到足球赛邀请时，诚恳表示自己的不足并认真学习、刻苦训练；当孩子们想要为新建的卫生间添置物品时，老师和他们一起调查、比较、统计、规划并实地购物……

我们努力以孩子般的赤子之心和他们生活在一起，此时，我们对幼儿的理解和尊重已不再是口头上的，也不再是理论的，而是发自内心深处。这让我们体会到童年生活的丰富和有趣，感受到与幼儿共同生活的乐趣，并倍加珍惜与幼儿共同生活的机会与感动。这让我们更进一步发现和重视他们的思想和行为，哪怕有些思想和行为看上去显得那么的微不足道，甚至不可思议。我们回归自然、纯净、美好的童心状态，当我们的赤子之心与幼儿的赤子之心相遇，我们就更贴近了他们的内心世界，真正成为他们队伍里的一员。在此基础上，创设有利于他们实践和思考的环境，也只有在此时，我们的专业性才能真正发挥应有的作用。毕竟，马斯洛需要层次理论明确地告诉我们，当人的某一级的需要得到最低限度的满足后，才会追求高一级的需要，如此逐级上升，成为推动继续努力的内在动力。教育目标的实现必须基于生理需要、安全需要、归属和爱以及尊重的需要，只有在安全、愉悦和充满感情的氛围中，我们所期待的教育目标才能得以实现。

用心观察，共同成长

我园教师用心观察了解幼儿的兴趣、需要和经验，理解幼儿的生活需要和向往，继而为他们创设支持性环境，共建集体公约，并在与幼儿充实而满足的每日生活中实现共同成长。在让幼儿感受到爱与尊重的前提下，充分地了解幼儿并给予适宜的支持是提高共同生活质量的关键。杜威相信，教育必须起源于儿童的兴趣和他们对世界的真实经验。了解幼儿的兴趣、需要和对世界的真实经验是我们与幼儿共同生活的前提，无论是教育理论工作者的研究，还是长期的幼儿园工作实践都明确地告诉我们，观察是了解幼儿的唯一通道，教师必须成为很好的观察者与倾听者，以更好地开启与幼儿的共同生活。

我园教师一直重视观察意识和能力的提升，将其作为自己必备甚至是首要的一种能力。我们从儿童立场出发，观察他们做了什么、说了什么，用的哪些材料，遇到什么问题，又是如何解决的，并通过交流记录等方式了解、分析他们的想法、感受、面临的困难以及经验发展状况等，在把握行为产生背景的基础上解读他们行为的意义，并在此基础上思考他们可能需要什么、自己还可以做些什么等，这就是我园教师观察、反思和支持幼儿行动的基本思路。概括来说，我们认为，观察不仅仅是用眼睛看、用耳朵听，还需要用心思考。另外，我们也认为，观察幼儿并不意味着仅仅把幼儿作为观察对象，还意味着应该从幼儿的视角出发，与幼儿共同观察和感受他们所经历的生活，努力和他们共有同一个世界。尽管观察、倾听与了解幼儿是教师的重要职责，也是发挥教育作用的前提，但是，教师仅仅成为观察者、倾听者及幼儿的伙伴是远远不够的，必须努力发挥专业优势，依据观察到的信息推论幼儿的需要和可能，然后决定自己的工作与行为。在了解、理解幼儿的基础上,我们思考如何有效推进活动的开展、如何推进幼儿经验的发展,我们努力运用智慧的对话方式与幼儿共同生活。由此,我们与幼儿的共同生活不但充实、美好,而且有了不断生长的意义。

我们关注幼儿一日生活整体质量的提升。事实上,在幼儿一日生活的各个环节,用心观察及有反思精神的教师随时可以发现幼儿的兴趣、需要和生活向往,由此展开温暖而有意义的共同生活。

《孩子带我去散步》,这是一个关于餐后散步时光的故事,故事要从一张抓拍的照片说起。午饭后,孩子们来到大操场上,阳光正好,几个孩子自发地把鞋子脱下来躺在草地上晒太阳,你一言我一语聊着天:"哈哈,太好玩了,我明天还想来这样晒鞋子。""我想就这样躺着晒太阳,爬也行。""老师快看,我们摆的鞋子像一道彩虹!""老师,我们明天还能来这里这样玩吗?"……孩子们对这次自由的餐后散步感到非常开心。

"咔嚓",我拍下了此刻,把它分享到年级组群中,没想到引发了大家的"吐槽":"每次吃完饭我决定好散步路线,带着孩子排着队散步,总有孩子掉队。""我很多时候顾不上队伍后面的孩子,孩子们有时会奔跑打闹。""每天重复的散步形式,孩子们不喜欢。"孩子们的聊天和同事的交流,引发了我的思考。当下散步中的问题如何解决,孩子们对散步的兴趣又是什么?如何让孩子更期待、更享受餐后的散步时光呢?一连串的问题让我迫不及待地想去找答案。我想,不妨先听听孩子们自己的想法吧。

我和孩子们围绕这张照片展开了讨论:"餐后散步时,你们有没有特别想去的地方?"孩子们立马说出了自己的想法:"就让我们待在一个地方玩一会儿。""跟好朋友在一起散步就好了。""我想回我们小班时的那个草坪去玩玩。""可以在草坪上躺躺。""去看小树,找小芽芽,到小池塘走小桥、看小鱼。"孩子们的讨论在我的心里激起了水花。的确,有些孩子提到的是我之前没有考虑到的,从他们的谈话中,我知道了在孩子们眼中,餐后散步应该是"像游戏一样快乐,好玩,有意思的,自由的,去自己想去的地方,做自己想做的事"。这次讨论打破了我原先对餐后散步的理解,餐后散步活动就应该是舒适的、自主的、有趣的。于是,我建议孩子们商量并制订可行的散步方案,孩子们兴致很高。他们讨论、计划、调查地点、制订公约,大家热火朝天地忙碌着,我把活动的自主权真正交给孩子,这激发了他们的热情和创造力……小雨还从家里带来了绘本《肚子里有个火车站》,读给小朋友们听,佐证自己提出的"散步要舒适"的规则。很快,班级餐后散步的约定就出来了:舒适愉快,注意安全,探索发现大自然,不乱跑乱叫。孩子们制订的规则虽不是面面俱到,但却让他们印象深刻。

愉快的餐后散步活动开始了,当然过程中的一些矛盾不可避免。比如大家想去的地方比较多,意见不统一怎么办?有时线路不太清晰,有些孩子不太明白等。不过没关系,也不需要我立即给出解决方案,大家在一起通过讨论、协商、合作,这些问题都得到了较好的解决。

在整个过程中,我需要留心观察,用照片、视频等方式做好记录,鼓励孩子们各抒己见，学习倾听、接纳同伴提出的问题和建议，在轻松的氛围中去收获如何与同伴商量解决问题的经验。一个阶段后，我们有了多个不同的餐后散步方案，有晴天的、雨天的，有室内的、室外的，有赏花路线图或是迷宫图等。我发现，和平时一样，散步时孩子们依然喜欢自由地亲近自然、探索自然，喜欢把他自己的发现和同伴分享。于是，我和孩子们商量，是不是可以准备一个"宝贝盒"，散步的时候将自己的小发现放进"宝贝盒"里和同伴、亲人分享。这个小小的改变让孩子更期待，更投入地想方设法让自己的散步活动更有趣。他们走进种植园，走进小树林，走进花丛中，捡一捡落叶，拾一片花瓣，去数一数小竹笋长了几根，去研究小蜗牛的身影，去思考西瓜虫为什么会卷成一团。"宝贝盒"的出现带来了更多的改变：孩子多了分享的途径，我提醒孩子们不乱跑的次数明显减少，孩子们更愿意围在一起分享自己的发现。有的孩子吃饭变得快了些，因为他们在散步活动中有事可想，有事可做。不同年龄阶段、不同班级之间孩子交流的形式和内容也变得更为丰富。在导师团老师的建议下，我鼓励孩子们将这样的活动延续到家庭生活中。

回顾整个活动，我的角色不断发生变化，从我牵着孩子去散步到陪着孩子去散步，从原先的"领走"变为"跟走"，我更多关注孩子们的情绪，与他们共情，静下来反思自己的行为，为他们架桥搭台。在活动中，我不再凌驾于孩子之上，也未曾远离孩子，和孩子"在一起"的感觉真好！①

餐后散步是教师与幼儿每日最为平凡的共同生活之一，方老师这个《孩子带我去散步》的故事生动地告诉我们，在与幼儿的共同生活中，教师观察、倾听幼儿是了解并理解幼儿生活向往的重要途径，教师时刻反思并改进自己的观念和行为是改善共同生活质量的关键。教师的观察、倾听、反思、改变、陪伴、支持等构成自己与幼儿共同生活的点点滴滴，更重要的是推动了与幼儿共同生活质量的提升。

餐后散步活动日复一日地进行着，以往，餐后散步往往被认为是过渡环节，且时间不长，大多数教师并没有对这一生活环节给予较多的关注与反思。方老师随手抓拍了这张照片，我想也许正是被幼儿似生活、似游戏地享受餐后时光的温暖所打动，事实上，在与幼儿共同生活中，教师经常会被幼儿的童真童趣所打动和影响。幼儿的对话和同事的感受进一步引发方老师对这一生活环节的关注，于是，她有意识地通过谈话等方式倾听幼儿的想法和愿望，幼儿的讨论又打破了方老师原先的认识。反思之下，方老师建议幼儿商讨、规划散步方案和活动公约，把主动权还给幼儿，由此展开了一系列自主规划开展的餐后散步活动。过程中方老师留心观察，做好记录，并及时提出建议，如发现幼儿喜欢收集和分享时，建议他们准备一个"宝贝盒"，从而让散步活动更有趣，并带来更多有意识的观察、发现与交流活动。方老师从最平常但令她触动的一个瞬间开始反思，引发与年级组、幼儿和园导师团等同事的互动，同时不断调整自己的实践和思维方式。她在观察与反思中不断改变儿童观、生活观，对于如何与幼儿共同生活、如何建构

① 作者方佳，南京市太平巷幼儿园教师，选用时略有删节。

积极有效的师幼关系等的思考和理解更加深入,与幼儿的角色、关系以及活动也在悄然发生改变。我们看到,幼儿能够根据兴趣、环境、天气条件等情况协商、规划路线及可以开展的活动;会认真地完成或调整自己和同伴的规划;尝试发起活动,出主意、想办法,清楚地表达自己看法和意见并学习客观评价;逐步懂得关爱生命和保护自己的健康,养成良好的习惯,感知季节的变化,爱护身边的环境……这样的师幼共同生活不仅令人满意,而且,教师与幼儿的发展也显而易见。

协助幼儿规划自己的生活

在我园,幼儿是自己生活的主人,我们认为幼儿有规划自己生活的权利,并且相信他们有主意、有想法,能在成人的协助下较好地规划自己的生活,而且随着年龄的增长,他们规划生活的意识和能力也在不断增强。于是,大班教师在与幼儿的共同生活中更加大胆放手,倾听并尊重他们的想法,以适合的方式支持幼儿展开属于自己的生活,当然也包括和教师、家长在一起。随着“我要上小学了”主题活动的推进,大班幼儿离毕业的时间越来越近,在和小伙伴以及教师的讨论中,他们表达了有些不舍,同时也很期待丰富、有趣的毕业活动的想法,因为他们在小班、中班时就知道一些哥哥姐姐的毕业活动。通过讨论,教师了解到他们对毕业活动有自己的期待和想法,他们想像哥哥姐姐那样摆摊设点开展爱心义卖、看表演、吃美食,可是这样还不够,他们还想来一场毕业旅行,也想在幼儿园睡一晚。三年的幼儿园生活即将结束,幼儿的美好愿望应该得到满足,更何况这些活动都是综合性的,对幼儿来说也有着不小的挑战性。每个大班的教师都和幼儿展开了充分讨论,认真倾听他们的想法和期待,建议他们用多种方式表达和规划自己的活动,并真心实意、竭尽所能地作为其中一员参与到活动中,和他们共同度过幼儿园最后一个阶段的美好时光。

表5-1　大班幼儿毕业系列活动列举

活动名称	活动来源、线索与挑战	具体内容
毕业旅行	幼儿的愿望和想法	● 旅行很好玩,我们想去旅行,和老师、小伙伴坐大巴去,到有山有水的地方玩 ● 我和爸爸妈妈一起去旅行过,从来没有和我们班的小朋友一起去旅行,要去远的地方……
	主要活动线索	● 确定并规划路线 ● 讨论规划旅行当天的活动 ● 准备自己所需的物品 ● 安全学习与演练 ● 去旅行、考察秦淮河源头、参观展览馆和幼儿园分园 ● 回顾与总结

续 表

活动名称	活动来源、线索与挑战	具体内容
毕业旅行	教师的工作	● 和幼儿共同讨论，规划旅行目的地，提出建议 ● 和幼儿共同准备各类物品 ● 申请、联系旅行车辆 ● 和旅行目的地的社区及分园相关人员对接，进行实地环境考察；讨论现场情境可开展的活动 ● 考量路途及目的地安全因素及对应方案 ● 邀请交警、司机到幼儿园，对幼儿进行集体乘车及路途中的安全教育，组织幼儿进行实景演练（集体上下车，系、解安全带等） ● 观察、记录活动中的幼儿，回顾反思
	幼儿经验发展	● 在成人的帮助下，能制订简单计划并用图画和符号表现，提升活动规划能力 ● 能在较热的户外环境中连续活动半小时以上 ● 能适应车辆造成的轻微颠簸 ● 能连续行走 1.5 公里以上（途中适当停歇） ● 能按类别整理好自己的物品并保管好 ● 能自觉遵守基本的安全规则和交通规则 ● 喜欢结交新朋友，主动发起活动或在活动中出主意、想办法，能认真负责地完成自己所接受的任务 ● 爱护身边的环境，注意节约资源
爱心义卖	幼儿的愿望和想法	● 我们以前看到哥哥姐姐义卖，觉得很有意义 ● 毕业前，给××班的弟弟妹妹送去爱心 ● 爱心义卖赚到的钱可以捐给江豚基地，可以给弟弟妹妹买玩具，留下自己的爱心，我觉得这样很有意义
	主要活动线索	● 规划义卖的时间、地点、参与买卖的人员 ● 准备自己的义卖物品、设定价格、制作价格牌、准备零钱等 ● 在全园发起宣传 ● 义卖开始啦 ● 义卖捐赠，举行捐赠仪式 ● 回顾与总结
	教师的工作	● 了解幼儿的具体计划和想法 ● 帮助幼儿认识人民币及进行 10 以内数的运算 ● 和幼儿一起划分班级和公共空间，做好场地划分及材料准备 ● 作为购买者和观察者积极参与义卖活动 ● 向家长介绍义卖活动的意义，邀请家长参与 ● 协助幼儿和家长联系捐赠机构，完成捐赠活动 ● 观察记录活动中的幼儿，回顾反思

续 表

活动名称	活动来源、线索与挑战	具体内容
爱心义卖	幼儿经验发展	● 自主决定,独立做事,增强其自尊心和自信心 ● 能想办法吸引同伴和自己一起活动 ● 尝试有一定难度的任务,与同伴协商解决活动中的冲突,感受努力带来的成就感 ● 发现生活中许多问题都可以用数学的方法来解决,体验解决问题的乐趣 ● 能关注别人的需要,并能给予力所能及的帮助 ● 学会表达爱心,体验生活中爱的情感
夜宿幼儿园	幼儿的愿望和想法	● 我想晚上睡在幼儿园,平时晚上都睡在家里,我想和老师、小朋友睡在一起 ● 住在幼儿园可以搭帐篷,我从来没有在外面露营过 ● 我想在属于我们的教室里,再多待上那么一会儿 ● 我想晚上睡在幼儿园,和老师、小朋友一起睡 ● 我想看看幼儿园夜晚的样子 ● 来场真的足球比赛,好吗 ● 我想戴上望远镜来幼儿园探险,当小小特种兵
	主要活动线索	● 讨论:晚上在幼儿园做什么? 睡在哪里? 和谁一起睡? 睡觉之前玩些什么? ● 和"同寝室"的小伙伴共同准备 ● 和老师一起讨论晚间游戏内容,共同准备材料 ● 准备需要的物品,整理行李箱、搭帐篷、铺床铺 ● 萤火晚会 ● 睡前游戏(游戏大集合、睡衣秀、看露天电影、寻宝等) ● 温馨睡眠夜、晨跑拉练
	教师的工作	● 参与幼儿的讨论,师幼共同确定活动的时间、游戏及睡觉地点 ● 与幼儿共同准备活动材料、布置场地,活动前仔细检查 ● 为幼儿准备"神秘礼物",创设温馨、丰富、有趣的环境 ● 向家长介绍本次活动的价值和意义,动员家长满足孩子的心愿,支持孩子留宿幼儿园 ● 协调家园之间的各项准备工作,细致帮助幼儿及家长解决过程中的问题,保障活动的顺利进行 ● 仔细考察和规划各项安全准备工作 ● 精心做好值班工作,确保幼儿的安全与健康

续 表

活动名称	活动来源、线索与挑战	具体内容
夜宿幼儿园	幼儿经验发展	● 愿意挑战自我，学习克服晚间离开父母的焦虑情绪 ● 积极承担任务，自己的事情自己做，不会的愿意学 ● 主动发起活动，制订计划并按计划行事 ● 每天早晚主动刷牙，活动时能与同伴分工合作，遇到困难能一起克服 ● 接纳、尊重与自己的生活方式或习惯不同的人 ● 积极参加集体活动，在集体中情绪愉快 ● 和父母或他人分享有趣的事，回顾与总结

近两个月的毕业系列活动如火如荼地进行中，每个大班的幼儿和教师除了规划、开展了毕业旅行、爱心义卖、夜宿幼儿园的活动，他们也像上一届哥哥姐姐那样举行了一场毕业典礼，还邀请爸爸妈妈来到幼儿园走秀、摄影、观演、话别。在与幼儿共同生活的这一阶段中，大班教师尊重幼儿的兴趣、需要，在基于已有经验和价值分析的基础上，非常用心、专业地采用多种方式支持幼儿开展了一系列属于自己的毕业活动，以幼儿为主体的系列活动不仅满足了幼儿情感的需要，更使得幼儿、教师、家长之间的真挚情感得到满足、不断升华，令大家久久不能忘怀。同时，幼儿园、家庭和社区之间的联结也更为密切，在一系列丰富、有趣、综合性的活动中，幼儿不断面临更多挑战，也因此带来更多的经验发展。从关键发展性指标来看，在主动性、计划、问题解决、利用反思等学习方式方面，在自我认同、胜任感、建立人际关系、合作游戏等社会性和情感发展方面，在身体知觉、个人护理、健康行为等身体发展和健康方面，在数字与符号、数据分析、空间意识等数学方面，幼儿都有了更多学习、迁移、运用及发展的机会，他们在情感得到满足的同时，综合性经验获得和发展也显而易见。

回顾和反思这一阶段教师与幼儿的共同生活，我们进一步确信，一旦教师有了很好的儿童立场、课程意识和专业实践能力，教师就会相信幼儿具有自我教育、自我成长的能力，就会在活动中基于幼儿的兴趣、需要和经验，创设适宜环境，提供选择机会，引发并支持幼儿在各种不同类型的活动中主动活动，并时刻观察与思考幼儿有益经验的发展。此时教师的陪伴和支持更加适宜幼儿的发展水平，愉快而有意义的生活体验也能不断激发教师的热情与投入。总之，这样的师幼共同生活不但有趣、温暖，而且有利于幼儿经验的生长和教师的专业性发展。

归根到底，教师不断提高自己与幼儿共同生活的质量，关键在于不断提高自己的专业性。教师的专业性突出体现在是否能站在儿童的立场看待问题。如果能，教师就能用欣赏的眼光观察幼儿，用耐心的态度倾听幼儿，用真诚的爱陪伴幼儿，尊重他们的需要，满足他们的情感需求，释放他们的天性，包容他们的个性，珍视他们的创造，这样教师就能真正走进幼儿的心灵,让自己的心与他们的心同频共振。如果不能,而是从自己的视角出发,那么,教师就会对幼儿的行为、愿望、内心需求等视而不见、充耳不闻,就会忽视幼儿的发展过程、学习特点与规律,也不会承认和关注幼儿的个体差异,不能以发展的眼光看待他们,不能耐心地等待幼儿并允许他们有充足的时间去尝试错误,更不能提供适宜的帮助和指导。如此,即便教师与幼儿生活在同一空间,从事着看似一样的活动,仍不是真正意义上的与幼儿共同生活,因为教师的心和幼儿的心没有贴近,教师并没有真正进入幼儿的生活世界,更无法支持幼儿向着他们自己的最近发展区迈进。

与同事共同生活

随着田野课程建设的不断推进,课程对每一位教师的专业性提出更高要求,对团队学习以及团队精神有了更多呼唤,对幼儿园管理及文化也提出了新的挑战,由此,我们对幼儿园也有了重新的认识和定义。从某种意义上说,幼儿园不仅是幼儿和教师共同生活的地方,也是教工与同事以及更多成人展开生活的场所,这是一个应该让所有人都能感受到乐趣、温暖并能展开共同生活、获得持续成长的地方,而不仅仅是幼儿。当然,这样的生活不仅是友好的、平等的,也必然带有探究和学习的特性。基于这样的认识,我们每个人与同事的关系也发生了改变,从以前的共同工作更多地转变为共同生活,工作成了专业生活,是共同生活的重要组成部分。这一转变优化并丰富了我园同事间的关系和内涵,也促进了教师专业性的不断提升。

概括来说,与同事共同生活首先意味着民主平等、温暖友好,还意味着目标一致、共同成长。其中实际上隐含着多个话题,包括:如何看待他人? 人是怎样的? 人们内心的需要和期待是怎样的? 团队如何形成? 一致的目标如何达成? 如何促进个体的发展并不断增强对集体的贡献度? 等等。从本质上看,与同事共同生活可以看作幼儿园管理和文化建设中的一个重要话题,它考验管理者的观念与智慧。在田野课程建设中,我们一直重视对幼儿的再认识,并在此基础上思考和探究如何与他们共同生活。事实上,作为管理者,我们也一直高度关注如何科学认识与理解教工,因为我们知道管理就其本质而言是对人的认识。另外,我们也充分认识到了团队的重要性,田野课程建设单靠一个人或少数人的力量是远远不够的,需要大家齐心协力、形成共识、聚力前行。从教师个体来看,要想较好地应对每个阶段田野课程建设都会带来的新挑战,教师就需要不断学习新理论、挖掘新资源、探索新经验,并且学着改变自己的信念和价值观。然而即便这样,每位教工仍会时常面临多样复杂的问题情境而难以独立作出准确的判断,这就需要得到同事、专家、家长以及更多人的鼓励、支持和帮助。事实上,如何科学认识教工并支持大家与同事共同生活,一直是我和伙伴们努力探索的一项重要而艰巨的工作,这项工作可以概括为以下两个方面。

一方面,我园通过观念的自我更新,转变管理理念,倾听教工的心声,探索授权赋能,健全管理机制,从而营造民主、平等、真实、互惠的幼儿园文化,激活每一个教工的内驱力和潜能,在支持个体不断成长的同时增强每个人对于集体的贡献度。基于管理理论、领导理论的学习，并与幼儿园的实际相结合，我们清醒地意识到管理的核心价值就是激活人。要激活教工，首先需要弄明白，教工是怎样的呢？对管理者来说，对作为个体的教工有科学的认识是非常重要的一件事情，我们越来越清晰地认识到：教工的天性是追求自由、打破约束的；每个人都期待他人对自己的关注、尊重与理解；教工的发展是有差异的；教工是追求公平的；每个人有自我实现发展的需要，尝试让自己有不同的价值贡献，以实现自我认知，提升获得成长的可能性；教工对自我的期待也是不断变化的……随着我们对教工群体和个体的认识更为客观、清晰，管理的效能也随之增强。

作为幼儿园一分子，我对幼儿园管理的一些常规做法有些感触。

从我2006年进入南京市太平巷幼儿园起，十几年来，幼儿园一直有个传统，那就是每年末都会召开"民主座谈会"。因为每个人都会参与这个座谈会，通常会连续召开四到五场，会中老师们畅所欲言，不仅谈幼儿园比较好的方面，也会提出意见和建议。幼儿园领导对这个活动相当重视，汪园长只要没有特殊事情，都会参加这个活动。

活动一开始，汪园长会就去年的座谈会中提出的问题和建议给大家做个反馈，有哪些问题已经解决，没有解决的原因是什么，下一步怎么办。每次这样的开场，都会让大家感受到"事事有回音，件件有落实"。紧接着，汪园长会恳请大家继续提出宝贵的意见和建议。

在民主生活会中，老师们除了说一些好的方面，更多的是结合自己在工作中遇到的困难，提出希望幼儿园给予解决的问题。一件件关乎老师、幼儿切身利益以及课程建设的事情，汪园长和工会组织都会一一记下来，再反馈给不同部门，在最短时间内予以解决。在这种良好的氛围下，幼儿园的发展越来越好。

开放活动、岗位晋升等机会是每个老师都需要的，但谁说了算呢？自己！机会对每个人都是平等的。学期开始，业务园长会在工作群里发布活动领域及时间，感兴趣的老师报名并先行规划，幼儿园统一安排，最后商议由最适合的老师代表参加。我经历过，虽然没有成功，但心服口服。还有每年的小岗位晋升等机会，也都是靠自己平时的积累，当然，这不仅包括量化的业绩，还有日常工作的投入。这种制度让我们觉得公平，也时刻激励我努力做一个有追求的人。

孩子的需要老师看得见，老师的需要幼儿园也看得见。幼儿园定期了解我们对培训的需求，再通过专题培训和分层培训等方式，实现着我们的需要。有针对刚工作教师开展的观摩骨干教师半日活动、与导师团教师的对话，有专题沙龙研讨，有理论加油站，有读书故事会，有论文案例撰写分享，有保育老师种植经验分享，有文化传承人带来的皮影戏……①

在管理中，让每位教工感到被公平对待、被理解尊重并能得到激励，无论是对于教工还是幼儿园都是相当重要的事情。关于这一方面，我们努力做到以下三点：

① 作者胡思彤，南京市太平巷幼儿园教师，选用时略有删节。

其一,确保公平公正。从某种程度看,公平可以被认为是管理活动需要坚持的第一原则,让教工有公平感是幼儿园管理的基石,是幼儿园制度是否完善的重要标志,也是确保个人与个人、个人与集体能否达到有序和谐状态的重要前提。公平感要求幼儿园中的每个人,特别是管理者拥有恪守公正、正直无私、伸张正义的品德和情操,也要求幼儿园制度的不断合理与完善。胡老师的随笔表明,虽然那次她没有得到自己想要的机会,但因为有了公平感而心服口服,这不但没有挫伤她的积极性,反而让她得到了激励。

其二,尊重每位教工。感到自己被理解尊重是人的基本需求,获得别人的认同是人的基本渴望。我和管理团队一直在努力地了解并满足每一位教工内心真实的想法和需要,同时充分认可他们在幼儿园管理中的主体地位。一方面,通过多种方式了解教工的需要、想法、建议和意见并认真对待,正如胡老师提到的那样,我们不仅通过座谈会、沙龙、问卷调查等正式的方式和途径,也会通过日常随机交流等方式,倾听每位教工的声音。如同教师认真倾听幼儿那般,我们采用多种方式用心感受和理解教工内心真实的想法并开展合作与支持。事实上,要做到这一点并不容易,这需要建立在教工充分感受到管理者的真诚并对管理者充分信任的基础之上,这就需要管理者真心实意、公平公正、言行一致、真实友善,这也意味着一个好的管理者必须持续加强修身养性。另一方面,从 2004 年开始,我园一直倡导并践行从“我”到“我们”,以及从“做有奖赏的事”到“做本身就是奖赏”的理念,通过讲坛、论坛等方式传递“我们”的内涵与外延,让教工意识到幼儿园是由“我们”组成的,每一位教工都是幼儿园的主人,每个人都拥有毋庸置疑的权利和理所当然的责任。在这个集体中,教师自己有权利充分发表想法和建议,提出需求与期待,同时不但要对自己负责,还要对他人、对幼儿园尽到一份责任和义务。在幼儿园,自己已不仅是“我”,而是“我们”,每个人有着平等的权利和共同的价值、利益与责任,在集体中献计献策并积极行动,最大程度地发挥自己的力量和优势。同时,大力倡导“做本身就是奖赏”的观念,在实践中让教工深刻理解到自己参与和做事的价值与意义,将愉悦生活、高效工作当作自己在园的生活信条,将自己更好地纳入广阔的以组织精神、组织成长、个人实现为核心的动机策略中,从而不断获得认同感、满足感和成就感。

其三,激发内在动机。采用多种方式激发每个教工的内在心理动机,努力导向每位教工追求自我管理的境界。在坚持公平公正、理解尊重的基础上,激励每个教工的内驱力,支持他们在获得个体成长的同时,努力提高自己对集体的贡献度,就成了我和管理团队成员一项非常重要的工作。通过学习与实践,我认为激励的策略主要有授权参与决策、授权分工负责、增加工作特性和引导准确定位等四个方面。授权参与决策,授权赋能,让每位教工个体或团队有选择权和决策权。幼儿园有不同类型的教工团队,教工或整体或作为某个团队成员参与到幼儿园的各项重大决策中,通过参与决策更多了解幼儿园全局工作,并为幼儿园各项管理工作贡献自己的智慧和力量,这是我们建立的向上沟通的一种机制;授权分工负责,指的是给予各部门及教工更多的工作控制权,鼓励教工成为自己工作的主人，同时畅通沟通渠道，促进各部门分工协作，不断提升管理效能；增加工作特性，即工作内容的丰富、挑战的多样化、任务的重要性与完整性以及工作的自主性与反馈性等，对工作特性的增加事实上是对教工认可度与教工自主性的增强；引导准确定位，这本质上是对人的差异性的认识，我们与每位教工深度沟通，在对个人发展进行优势、劣势分析的基础上准确拟订个人发展规划，并使之与组织目标紧密联系。通过基于现实的多方面激励，大家追求自我管理，在不知不觉、自觉自愿中朝着更有价值的目标努力，不断成长为更好的自己以及尽力为集体作出贡献的个体。

什么使人成长？答案会有很多。时间、经历、机会、挑战……加入太幼这个集体以来，很幸运，虽然工作的时间不长，收获却有很多。在这里，机会与挑战并存，在时间的见证下，在经历的打磨下，在大家的帮助下，每一次学习、历练让我不断成长……

尤记得，那时我工作刚满三年。一个稀松平常的工作日，我接到一个任务，下一周第三批江苏人民教育家培养工程对象——孟园长名师工作室成员来园交流，幼儿园想请我分享近期班级正在开展的一个主题活动。我的第一个反应是："我行吗？这么重要的活动怎么可以由我来承担？"仍然记得当时汪园长说的话："心态放轻松，不要想谁来参加活动，就把你们和孩子一起做的事回顾梳理一下、讲出来，把我们常态化的想法和做法展现出来就行。"这让我的心安定下来不少。我忽然兴奋起来，因为这是一次难能可贵的锻炼机会；但又很焦灼，我真的能圆满完成这项任务吗？在期待与不安中我立即行动起来。

首先，梳理近期活动的线索和资料，这个准备的过程对于我来说也是一个反思的过程，从活动的来源到孩子的探索实践，处处都体现着孩子和老师的思考与行动。在准备过程中，我和班级师傅进行了多次讨论，她给了我许多很好的建议。初稿完成后，教科室老师、副园长、园长又陆续给了一些修改建议。一遍遍的打磨，分享稿终于慢慢变成了我理想中的样子。在打磨的过程中，我收获了很多，也更加深刻地理解了课程审议及团队的重要性。

在这次活动中，我不但是分享者，还要负责会务工作，找帮手、组团队、讨论分工，然后分头行动，场地布置、人员接待、设备准备等环节都要认真考虑。我不由心生感叹，负责一次活动果真不是一件简单的事情。

激动又忐忑的日子终于到了，看到这么多陌生的面孔落座，我又开始紧张起来，可是当我拿起话筒后，却渐渐地没有了紧张感。看着照片里熟悉的孩子，回想着这段时间来我们一起的经历，我娓娓道来。此刻，我是一个讲述者，把我们和孩子们的这段旅程分享给大家，所有的老师都凝神静听……"今天的活动让我深受启发，做课程原来是一件这么有意思的事情。""活动丰富、挖得深，怎么做、为什么这么做，说得到位。""交流形式很生动，让人很有收获。"……那一刻，我是多么幸福啊，因为实践、因为分享、因为被肯定、因为被鼓励……

很多人见过、听过田野课程中的孩子是什么样的，田野课程中的教师又是什么样子的呢？刚刚入职时，我对幼儿园里的每一位教师都充满好奇和崇拜，因为他们有想法、有理念，敢于创新、勇于实践。在这里，“我”就是“我们”，大家都是合作者、管理者、参与者、实践者，在相互吸纳融合中，将个体经验变为集体智慧。在这里，每个人都能得到同伴的帮助与支持，大家智慧碰撞、共同提高。当我扎根在田野这片土地后，我不断地汲取营养，田野是我们成长的沃土，也是我们的试炼场，让我们和幼儿共成长！①

认可每一位教工的日常付出与发展潜能，为每一位教工搭建学习锻炼与展示的平台，是我和团队成员在管理中坚持的基本原则和思路。幼儿园的互访交流、开放展示等活动如何安排、谁来承担？这对我园来说并不是一个难题。因为我们有明确的思路，那就是针对本次活动的目的与主题，根据幼儿园当下课程实践的真实情况，选择最适宜的活动内容、方式和人员。案例中的张老师工作刚满三年，在有着悠久历史的我园应该是名副其实的年轻教师，为什么决定由她来担任本次活动的分享者和组织者呢？我们有两点理由，一是因为那段时间，张老师所在的班级正在进行一个具有反思和研讨性质的课程实践活动；二是因为我们信任年轻教师，并期待一个个年轻教师能在活动中磨炼成长。事实再一次证明，每一个教工都有发展潜能并渴望得到发展机会，每一个教工都能较好地反映田野课程的实践与思考，即使是经验并不丰富的年轻教师。本次活动中，张老师以分享交流为载体，细致回顾实践过程，并通过与师傅及其他同事的讨论，梳理分享线索、明确关键问题、凝练观念与经验，这一过程对张老师来说是一次宝贵的基于自我反思和同伴互助的专业生活历程。张老师不但是分享者，还承担了活动的部分组织工作，这是因为我们对于激励策略的思考。对教师来说，提供分享展示的机会是激励，通过丰富工作内容、增加工作任务的完整性和挑战性等方式增强工作的特性也是激励。这样的工作任务更全面完整，更具挑战性，同时，教师在推进过程中也会有更多的自主空间和弹性，这对锻炼教师的综合能力以及内驱力的激发都具有积极的意义。

另一方面，我园通过搭建适宜开放的交流与对话平台，确保每位教工与真实的自己对话，并真诚地与他人对话，由此形成相对一致的信念、知识和行动规范，建设一种与田野课程相适应的课程文化，从而使得志趣相投、目标一致、文化相融的一群人过上愉悦且不断成长的专业生活。优秀适宜的课程文化是推进田野课程发展的强劲动力，在推进课程内容、实施等的同时，我园高度重视课程文化的建设。在认同“人人都是课程建设者”的观念下，我园的组织结构也发生了改变，变得扁平并呈现出网状，管理层级的减少为教工提供了更多与他人关联、交流与合作的机会，大家的合作与交流变得更为便捷和频繁，相互之间的积极影响也不断得到加强。课程研讨日、田野智慧论坛、读书分享会、教育故事会、专题沙龙、每周学习等都是基于对教工需求调查的基础上搭建起的对话与交流平台。此外，各种正式与非正式的团队组织及其活动，也让一些志趣相投的人员聚在一起，大家定期或不定期聚会，开展丰富多彩的活动，也会就一些特定话题展开

① 作者张晓文，南京市太平巷幼儿园教师，选用时略有删节。

积极讨论、分享经验、相互学习，大家通过积极互动提高工作热情，形成相对一致的愿望、共识和品质，因而也使得大家在友好对话中彼此温暖、充满热情并向着共同的目标迈进。

2020年3月，一个春光明媚的早晨。花喜鹊与布谷鸟奏着嘹亮的曲调，把树枝上那一抹抹鲜脆欲滴的绿，透过玻璃窗流淌进我的书房。我整理着工会活动的照片，那一幅幅定格的画面让我的记忆鲜活起来。

“春游、秋游”活动凝聚力量，来一次田野远足。每次的春游、秋游活动，工会都会细致地规划好活动的安排，大家乘坐大巴一路欢声笑语来到郊外。去年秋天，不同部门、不同园部的教职工因相同的目的地而团聚在一起，有说不完的话，显得格外热闹、亲切，话语中聊得最多的除了家人就是幼儿园的孩子啦！远足路上，许多老师随手拾起飘落的树叶，有青绿色的、有黄色的、有黄里透着红的，有的叶子的颜色像是调色盘里特地混合好的，逐层晕染铺散开来，美丽极了。老师们眼里透着兴奋的光，互相欣赏着，嘴里还念叨着：“我要带回班，给班上的孩子欣赏欣赏。”有的老师对树枝、芦苇感兴趣，随手一扎，就像一束别致的花束，特别有艺术气息，说是带回班送给孩子们，开展区域活动就可以用到啦！休息的时候，大厨到处转悠，我问大厨在看什么。大厨幽默地说：“我看看大家都带什么好吃的了，看看周围店铺里有什么好吃的，可以回去试一试再改良一下，变成孩子或者老师的食谱。”那我能为孩子们做些什么呢？喜欢摄影的我拿定主意，拍摄了许多不同角度的树叶、果子、花朵、山湖景色及大家的笑脸。回到幼儿园，我把精心挑选出来的照片洗出来布置成了展板，让大家可以欣赏镜头里的风景。后来有更多的老师、家长和小朋友也带来了自己拍摄的照片并展示在艺术大厅，你来我往一同欣赏着、交流着，我们的快乐延续着，我们的课程资源也更丰富了！

工会活动让我们愉悦，我们从中也学到许多，这些美好的瞬间让我不断建构自我，建构与同事、与幼儿的关系，在多元互动中提升自我，也为园本文化建设添砖加瓦！①

这是一次平常的秋游活动。然而，在罗老师眼中，除了自然的美好、欢聚的愉快外，活动中的每个人无不展现着浓浓的田野课程文化。大家在一起聊家人、聊幼儿园的孩子们，欣赏美景的同时，收集着课程资源、想象着区域活动的开展，大厨在享受美食的同时惦记着师幼的膳食，每个人自然而然地将生活与工作紧密地联系起来，教工已然成为自觉的课程文化建设者。作为管理者，我常常被这样一幅幅充满爱意、生机盎然的景象所打动，我感动着、幸福着。田野课程文化的形成并非一日之功，它既是理念也是行动，它是在这个充满爱的大家庭中，大家在以“支持幼儿更好生长”的价值追求下，通过较长时间逐渐形成并被“我们”所认同与践行的。在田野课程实践及教工积极友好地互动交流中，我们梳理形成了一些共同的信念，这些信念来自我们的思想和行为，也是我们每个人都需要坚守的。我们知道，对我们来说儿童的安全与发展最重要，我们相信每个儿

① 作者罗奕，南京市太平巷幼儿园教师，选用时略有删节。

童都有内在生长的力量，也相信自己的投入和专业可以更好地帮助幼儿成长；我们知道，创设环境就是提供机会，共同生活也是学习成长；我们知道，“我”已不仅仅是自己，也知道作为一名太幼人理应勇做幼儿园课程改革的先锋……这些信念激励着我们不断学习，我们读经典、学理论，努力用知识武装自己的大脑，在信念与知识的引导下，我们也形成了一系列被大家认同的行为方式，我们知道应该怎么做、不应该怎么做、为什么要这么做。于是，我们的思维方式和行事方式进一步优化，它们反过来又塑造着我们的信念，从而生生不息、源源不断。

践行共同生活的理念是对管理理念和课程理念的巨大挑战。我的领导风格和行事方式必然影响着教师的思维方式和行事方式。作为园长，我越来越意识到跨领域学习的重要性，于是在努力学习学前教育专业知识的基础上，进一步学习财务管理、行政管理和学校管理专业知识。通过多个专业的学习，我对管理与领导的本质和功能有了一些了解和感悟。我尤其意识到，在任何决策与活动中，方向与价值都是最重要的。我们应该做正确的事，而不仅仅是把事情做正确，我们应该通过引领、沟通、激励来激发每位教工的内在动机，而不是通过控制和监督，让教工成为工作程序的一部分。我也深刻理解了文化、信念、思维方式、团队精神，以及学习与创新意识和能力是多么重要。“温暖的家”，这几乎成了家长和外来人员对我园一致的印象，他们喜欢这种感觉并享受其中，他们对如何营造这样的气氛以及教工始终保持乐观积极的状态感到好奇。我想这也许就是文化的力量吧，它像黏合剂一样使得广大教工、幼儿和家长团结起来，并如同空气般弥散在四周，滋养着我们。

我和伙伴们与田野课程相伴而行已有二十余载。在此期间，为了幼儿，为了更好地促进一个个活生生的幼儿富有个性的发展，也为了我们自己生活与生命的丰富与充盈，我和团队中的每个人都在奋力前行，我们的幼儿园也因此成为更加人格化的心心相印的组织体。我们从一代代幼儿园老前辈所培育的优秀文化中汲取营养，我们也努力继承与发扬、传承与创新，于是，一种仰望星空、脚踏实地、勇于挑战、乐于创新的文化自觉与精神也印刻进了幼儿园的文化基因中。我坚信，它也将引领并支撑我们向着心中神圣的教育田野高歌前进！

致 谢

完成本书的撰写，对我来说是一次特别重要且难能可贵的经历，它既是一项非常艰辛的工作，同时也充满了温暖快乐的体验。在此之前，我和同事们聚焦“田野课程”已出版过四本（套）书，应该说，“田野课程”已深入我心。然而，在得知作为江苏人民教育家培养工程的培养对象需要出版专著时，我仍然在很长一段时间内感到惶恐和焦虑。幸运的是，我得到了许多人的鼓励、引导和帮助，正如那首歌中所唱的“这世界有那么多人，多幸运，我有个我们”。

作为培养对象，我和同学们一起度过了“痛并快乐着”的五年，五年时光虽匆匆而过，却在我生命中留下了浓墨重彩的一笔，我感受、体验了井底之蛙、一筹莫展的窘境与痛苦，欣赏领悟了大师风范、凤凰涅槃的气质与精神。作为一名新时代的幼儿教师，我是江苏省一系列大力推进师资建设政策红利的受益者，要感恩的实在太多。我要感恩这个美好的时代，是它让我得以无忧无虑地加入幼儿园课程改革的滚滚浪潮中学习、创造。我要感恩江苏省教育厅，正是这种前瞻引领、强大支撑和严格要求，我才有了如此多的感悟和收获，才会有决心着手本书的撰写。我要特别并深深地感恩导师团队超级阵容中的每一位，他们分别是杨九俊会长、虞永平教授、陆志平会长、倪娟所长、汪霞教授、周兢教授、吴永军教授、陈明选教授、丁锦宏教授。时任江苏省教育厅师资处的马斌处长在精心谋划推动项目的同时，常常亲临现场指点。正是导师和领导们的智慧引领、悉心教导与耐心激励，让我茅塞顿开、醍醐灌顶、信心倍增。

虽然这本书的封面上只出现了我的名字，但这绝不仅仅是我一个人的努力成果，本书付梓，归功于许多人的共同努力。借此机会，请允许我向在本书写作过程中给予我引领和帮助的人们衷心地说一声：“谢谢！”首先我要感谢和我一起并肩作战的所有同事们！如果没有你们源于内心对幼儿的真爱与尊重，辛劳付出与智慧创造，如果没有你们给予我的无私支持和信任鼓励，我将无法梳理经验、形成文稿，你们是幼儿教育真正的实践研究者和创造者。感谢我的前任园长臧勤主任，是您给予我极大信任和热切期待，带领我们走向科研兴园之路，现如今这种传统已成为生生不息的前进力量。感谢我的搭档陆晓民、陈丹琴、邱梅蓉三位副园长，你们的敬业、专业和鼎力支持为我完成各项任务提供了宝贵智慧和强大力量，你们是同事、是伙伴，更是挚友。感谢孩子们，是你们用行动告诉我“其实有一百”，让我始终心怀感动、满怀激情、勇于挑战，你们是滋润我心灵成长的源泉，你们给予我无与伦比的美好体验和生命意义。特别感谢成尚荣先生，自从我们踏上田野课程之旅，您挚爱的目光就未曾离开，您的耐心倾听、寻根究底、智慧点拨，给予我们无限温暖和力量。真挚感谢历任领导和教研人员，你们的引领、信任和支持给了我前进的动力，尤其是马瞬琴主任、俞洋老师的知音之情十分感人，你们的批评、引导和点赞是最好的礼物，我念念不忘。

感谢导师虞永平教授！是您用自己的人格魅力和实际行动不断影响和激励着一批批太幼人，我们心怀感恩。无论是理论学习还是实践创新，无论是课程建设还是文化培育，您都在其中发挥着重要作用。是您激励我们勇于前行、守护儿童，每当我们身心疲惫或遭遇挫折时，只要想到您就会心平气和、充满活力。您是我的专业导师，近三十年的悉心教诲让我受益终身。在此书撰写过程中，您和我一次次面谈书稿提纲，耐心指导与鼓励，让我有了完成撰写的信心和勇气。您更是我重要的精神力量，始终引领我不断求索、超越自我。

感谢导师杨九俊会长！您用令人愉悦的幽默感和平易近人的智慧，为我拨云见日，引我深度反思。您的诸多教育金句时常在我的耳畔回响，启示我思考幸福学前教育的样子。您那些精彩纷呈的报告常常让我感觉还没听过瘾。是您在耐心听完我与田野课程的故事和体悟后，为我指明了写作方向，是您在酷热的三伏天审阅这本书的初稿，给予宝贵建议，并为拙著作序。我深感幸福！

感谢我的家人！长期以来，你们无怨无悔，陪伴我、支持我，以爱的力量让我得以心无旁骛，追寻梦想。在我的写作遇到困难进展缓慢之时，你们为我加油鼓劲，默默奉献，让我倍感温暖！

最后，我无限真诚地对帮助我成长和完成此书的人表示感谢！是你们给我资料、给我启发、给我鼓励、给我惊喜，在这本书的引用中可以看到其中一部分，但事实上远不止这些。

我难以在此列出所有给予我支持、鼓励和启发的人们，你们的付出、友好和慷慨对本书的撰写功不可没。深深地感谢你们！

这段经历值得我永远铭记，它是我最值得珍藏的记忆，更是弥足珍贵的精神财富。